葛剑雄 主编

# 中国移民史

## 第七卷 上　清末至20世纪末

安介生　张根福　陈鹏飞　著

复旦大学出版社

# 目录

绪论 ································································· 1
第一节　20世纪中国疆域政区变迁简况 ····························· 1
　一　清朝疆域政区建设的复杂过程 ······························· 2
　二　中华民国时期疆域政区之改革(1912—1949年) ············· 3
　三　中华人民共和国建立以后疆域政区的调整与变革 ············· 8
第二节　20世纪中国移民史的阶段性特征 ························· 10
　一　20世纪前半期移民运动的阶段性特征 ······················ 11
　二　20世纪后半期移民运动的特征 ····························· 16

## 上编　清末至民国时期 ·········································· 23

第一章　清朝至民国初期移民问题的认知与移民政策法规的制定 ······ 25
第一节　清朝前期人口管理制度与移民政策的制定与实施 ············ 27
　一　清朝前期的招垦移民政策及其局限性 ······················· 27
　二　户籍及保甲制度的完善与封禁政策的实施 ··················· 34
第二节　清代后期移民问题认知与边疆移民政策的重大转变 ········· 43

1

|   |   |   |
|---|---|---|
| 一 | 清代后期边疆移民开放过程与移民政策的改变 | 44 |
| 二 | 20世纪最初十年的社会思潮与移民问题认知 | 57 |

第三节　清末边荒全面开放与相关章程法规之分析　71
　　一　清末边疆开发的全面开禁　71
　　二　招民垦荒相关章程条例分析与说明　75
第四节　民国初年移民舆论潮以及相关法规的制定　88
　　一　民国初年有关移民实边的舆论热潮　88
　　二　民国初年移民垦荒相关法规条例评述　101

**第二章　清末至民国前期东北地区的移民运动　107**

第一节　清朝至民国前期东北地区行政区划演变简况　108
第二节　清朝前期与中期东北地区的移民与人口增长　113
第三节　清末民初东北地区移民潮与人口增长　120
　　一　清末民初东北地区人口数量激增与相关统计数字　121
　　二　光宣之际（20世纪最初十年）第一波移民高潮的评估　130
第四节　清末民初东北各地区移民与边疆政区及社会建设　138
　　一　奉天地区（今辽宁省域部分）　140
　　二　吉林地区　148
　　三　黑龙江地区　157

**第三章　20世纪20—30年代中国灾荒与移民高潮　169**

第一节　20世纪20年代中国北方各地的灾荒与难民潮　170
　　一　20年代前期中国各地的灾荒与移民潮初起　171
　　二　20世纪20年代晚期"北方危机"中的大移民浪潮　176
第二节　"北方危机"中华北各省灾荒与移民活动　189
　　一　山东、河北、河南等地区的灾荒及移民活动　189
　　二　山西、察哈尔、绥远等地的灾荒与移民潮情况　197
　　三　陕西、甘肃等地的灾荒与移民潮　204
第三节　20世纪20—30年代初期东北地区的移民安置与数量统计　213
　　一　20世纪20年代中后期东北地区的移民安置　214

二　20世纪20年代与30年代东北三省移民数量统计……………… 225
第四节　学术界关于边疆移民潮的认知与评估……………………………… 230
　　一　关于边疆移民潮的动因(即推力与拉力)及时代背景………… 232
　　二　边疆移民的数量、类型与移民来源(省籍构成)……………… 241
　　三　边疆移民迁入地之安置及移民分布状况……………………… 249
　　四　东北移民运动之成效与展望…………………………………… 255

## 第四章　抗战时期的人口迁移……………………………………………… 263

第一节　人口迁移概况……………………………………………………… 263
　　一　战时人口迁移的数量…………………………………………… 264
　　二　战时人口迁移的过程…………………………………………… 266
　　三　战时迁移人口的地域分布……………………………………… 271
第二节　有组织的社会群体的迁移………………………………………… 277
　　一　国民政府的迁移………………………………………………… 277
　　二　高校的迁移……………………………………………………… 282
　　三　工厂与职工的西迁……………………………………………… 294
　　四　银行的西迁与西部金融网的构建……………………………… 302
第三节　难民的迁移………………………………………………………… 311
　　一　华北地区………………………………………………………… 311
　　二　长江中下游地区………………………………………………… 335
　　三　东南沿海地区…………………………………………………… 364
　　四　其他地区………………………………………………………… 377
第四节　人口迁移对西部地区的影响……………………………………… 384
　　一　人口迁移与抗战局势…………………………………………… 384
　　二　人口迁移与大后方的经济开发………………………………… 386
　　三　人口迁移与西部地区的社会变迁……………………………… 392
　　四　人口迁移的负面影响…………………………………………… 405

### 下编　中华人民共和国建立(1949年)以后 ………………… 415

**第五章　中华人民共和国建立初期的移民运动（1949—1959 年）……** 417

**第一节　移民台湾** ……………………………………………… 421
  一　台湾早期移民历史回溯 ……………………………… 422
  二　20 世纪中期台湾移民潮概况 ………………………… 430
**第二节　"干部南下"：新中国政治性移民运动** ……………… 433
  一　"干部南下"政策的制定与实施 ……………………… 434
  二　"南下干部"的来源及分布情况 ……………………… 441

**第六章　20 世纪后半期边疆建设及跨区域开发与移民** ……… 446

**第一节　新中国成立以来边疆建设与垦荒性移民运动** ……… 449
  一　向西部地区的垦荒性移民 …………………………… 451
  二　向东北地区（"北大荒"）的垦荒性移民 ……………… 470
**第二节　新中国成立以来工业移民与西部边疆建设** ………… 479
  一　"一五"与"二五"期间的工业移民运动 …………… 482
  二　"三线建设"期间的工业移民运动 …………………… 493

**第七章　新中国成立以来的水库移民** ………………………… 508

**第一节　新中国成立以来全国水库移民与安置概况** ………… 510
  一　华北地区 ……………………………………………… 510
  二　东北地区 ……………………………………………… 516
  三　华东地区 ……………………………………………… 518
  四　华中地区 ……………………………………………… 524
  五　华南地区 ……………………………………………… 529
  六　西南地区 ……………………………………………… 533
  七　西北地区 ……………………………………………… 535
**第二节　新中国成立以来重大水库移民活动** ………………… 540

| 一 | 黄河三门峡水库移民 | 540 |
| 二 | 新安江水库移民 | 543 |
| 三 | 丹江口水库移民 | 544 |
| 四 | 山东东平湖水库移民 | 550 |
| 五 | 广东新丰江水库移民 | 553 |
| 六 | 黄河小浪底水库移民 | 555 |
| 七 | 长江三峡水库移民 | 557 |
| 结语 | | 558 |

## 第八章 知识青年"上山下乡"运动与移民 …… 562

### 第一节 知识青年"上山下乡"运动的兴起与终结 …… 563

一 1955年至1962年,知识青年"上山下乡"的初始阶段 …… 564

二 1962年至1968年,国家有计划地组织知识青年"上山下乡"阶段 …… 565

三 1968年至1978年,知识青年"上山下乡"运动阶段 …… 566

四 1978年至1981年,知识青年"上山下乡"逐步缩小和结束阶段 …… 567

### 第二节 "上山下乡"的数量与区域分布 …… 572

一 华北地区 …… 572

二 东北地区 …… 578

三 华东地区 …… 584

四 华中地区 …… 596

五 华南地区 …… 601

六 西南地区 …… 605

七 西北地区 …… 609

结语 …… 616

## 第九章 中国现代城镇化移民运动 …… 618

### 第一节 改革开放之前中国城镇化移民运动概况 …… 621

一 新中国成立初期城镇化移民运动的序曲 …… 621

二 "大跃进"时期与"文革"时期城镇化移民运动概况 …………… 635
　　小结 …………………………………………………………………… 643
第二节 改革开放以来城镇化移民浪潮 ……………………………… 646
　　一 改革开放初期户籍制度改革及20世纪80年代城镇化移民
　　　的发展与特征 ……………………………………………………… 650
　　二 20世纪90年代城镇化移民高潮及其影响 …………………… 672
　　结语 …………………………………………………………………… 678

第十章 结语 中外移民法则（规律）研究及其现实警示意义 …… 680
　　一 中外学术界移民法则研究成果回顾 ………………………… 681
　　二 20世纪中国移民运动的成功经验与失败教训 ……………… 691
　　余论 …………………………………………………………………… 700

附　录 20世纪中国移民史大事年表 ………………………………… 703

主要参考文献 …………………………………………………………… 727

后记 ……………………………………………………………………… 772

## 表目

表1　北京国民政府时期省级政区简表 …………………………………… 4
表2　民国（1949年前）时期中国行政区划简表 ………………………… 6
表3　1951年底中国（大陆部分）大行政区简况表 ……………………… 8
表4　中国东西人口分布对比简表 ………………………………………… 12
表1-1　通肯等地放荒田地简表 …………………………………………… 53
表2-1　清代东北地区政区建置比较简表 ………………………………… 112
表2-2　清代前期奉天将军所辖兵防情况简表 …………………………… 116
表2-3　清代前期吉林与黑龙江将军辖地兵士驻防情况简表 …………… 117
表2-4　乾隆时期东北地区户口数量变化简表 …………………………… 119
表2-5　嘉庆年间东北地区户口数量简表 ………………………………… 120

| 表 2-6 | 全国各省及各口岸人口统计表 | 123 |
| 表 2-7 | 宣统三年户口调查数据 | 124 |
| 表 2-8 | 清末民初黑龙江地区户口数量变化简表 | 126 |
| 表 2-9 | 宣统三年(1911年)东北三省户口数量简表 | 127 |
| 表 2-10 | 民国十一年(1922年)人口统计数据 | 129 |
| 表 2-11 | 1933年《中国经济年报》所载东三省人口数据 | 132 |
| 表 2-12 | 吴希庸先生所作东三省人口统计数据 | 133 |
| 表 2-13 | 清代至民国前期东北地区汉族人口数字统计简表 | 134 |
| 表 2-14 | 清末至民国农安县人口增长简表 | 154 |
| 表 2-15 | 清朝后期呼兰县人口增长情况简表 | 165 |
| 表 2-16 | 清末民初宾县户口简表 | 165 |
| 表 2-17 | 东三省荒地之调查简表 | 168 |
| 表 3-1 | 中国进口米面数量简表 | 185 |
| 表 3-2 | 民国十八年(1929年)绥远各县受灾人口统计表 | 203 |
| 表 3-3 | 民国十二年(1923年)至十七年(1928年)之东北移民数量简表 | 227 |
| 表 3-4 | 民国十二年(1923年)至十八年(1929年)间前往东北三省的移民情况 | 228 |
| 表 3-5 | 大连、营口、安东、辽宁四处入境出境人数统计表 | 228 |
| 表 3-6 | 民国元年(1912年)至十八年(1929年)东北移民数量简表 | 242 |
| 表 3-7 | 东北移民省籍来源简表(1929年) | 248 |
| 表 3-8 | 民国十六年(1927年)上半年东北移民分布简表 | 254 |
| 表 3-9 | 东北移民区域简表 | 255 |
| 表 4-1 | 战区各地难民及流离人民数量统计表 | 265 |
| 表 4-2 | 抗战时期高校迁移一览 | 283 |
| 表 4-3 | 1937—1942年中、中、交、农四行在西南西北新设行处表 | 305 |
| 表 4-4 | 1942年西南西北各银行总分支行处数目表 | 306 |
| 表 4-5 | 1937年7—11月北平市市民迁徙户数、人数、月别表 | 312 |

| 表 4-6 | 沦陷时期天津城市人口迁移情况表 | 314 |
| --- | --- | --- |
| 表 4-7 | 河北省战时各县难民人数统计表 | 316 |
| 表 4-8 | 河南省战时各县流迁人数及流迁原因统计表 | 320 |
| 表 4-9 | 沦陷期间山东移民东北人数统计表 | 327 |
| 表 4-10 | 山西省各县战前战时人口比较表 | 329 |
| 表 4-11 | 察哈尔省难民人数估计表 | 334 |
| 表 4-12 | 镇江等32县1941年人口密度与战前人口密度的比较 | 343 |
| 表 4-13 | 抗战时期江西省伤亡人数及流亡难民数统计表 | 351 |
| 表 4-14 | 湖北省境内全部沦陷各县难民估计数 | 354 |
| 表 4-15 | 湖北省境内局部沦陷各县难民估计数 | 354 |
| 表 4-16 | 湖北省境内一度或数度被敌侵入各县难民估计数 | 354 |
| 表 4-17 | 福州、闽侯等13县市房屋损失及难民人数统计表 | 369 |
| 表 4-18 | 广东省各市县难民人数及迁移情况 | 372 |
| 表 4-19 | 九一八事变后东北入关难民分布表 | 378 |
| 表 4-20 | 敌伪时期热河省集团部落迁移户数、人口比较表 | 378 |
| 表 4-21 | 广西战时难民人数统计 | 380 |
| 表 4-22 | 1945年西南西北地区银行分布 | 391 |
| 表 4-23 | 1940年西部各省农村粮食借贷调查表 | 407 |
| 表 4-24 | 抗战期间后方各县市工人生活费指数、实际收入指数及真实工资指数 | 410 |
| 表 5-1 | 移民台湾数量统计简表 | 432 |
| 表 6-1 | 宁夏回族自治区1956—1958年外来移民安置情况简表 | 462 |
| 表 6-2 | 1956—1957年集体性垦荒移民简表 | 465 |
| 表 6-3 | 内蒙古自发性移民安置简表 | 466 |
| 表 6-4 | 内蒙古自发性移民来源地及数量简表 | 468 |
| 表 6-5 | 宁夏煤炭系统外来移民简表 | 489 |
| 表 6-6 | 1958—1960年上海及外省企业内迁贵州情况简表 | 492 |
| 表 6-7 | 1965年西北地区搬迁企业人员数量简表(1) | 496 |

| 表 6-8 | 1965年西北地区企业迁移情况简表(2) | 496 |
|---|---|---|
| 表 6-9 | 青海省迁入重点工业企业情况简表 | 500 |
| 表 6-10 | 1965—1971年迁入宁夏重点企业数量及职工数量简表 | 501 |
| 表 6-11 | "三线建设"期间贵州重要工业移民简表 | 506 |
| 表 7-1 | 河北省大型水库移民情况 | 513 |
| 表 7-2 | 山西省40座水库移民情况 | 515 |
| 表 7-3 | 浙江省大中型水电站水库移民情况 | 519 |
| 表 7-4 | 安徽省主要大型水库移民情况 | 521 |
| 表 7-5 | 福建省大型水库移民概况 | 522 |
| 表 7-6 | 河南省丹江口水库淹没区人口迁移情况 | 525 |
| 表 7-7 | 河南省大中型水库人口迁移情况 | 526 |
| 表 7-8 | 湖南省大型水库移民概况表 | 528 |
| 表 7-9 | 广东省大型水库和水电站移民人数 | 530 |
| 表 7-10 | 四川省主要大型水电站和水库移民情况 | 534 |
| 表 7-11 | 贵州省主要大中型水库移民情况 | 535 |
| 表 7-12 | 陕西省大型水库移民情况 | 536 |
| 表 7-13 | 甘肃大型水电站水库建设及移民情况统计表 | 537 |
| 表 7-14 | 1956年陕西省三门峡水库移民安置情况 | 539 |
| 表 7-15 | 湖北省丹江口水库移民外迁分布情况 | 549 |
| 表 7-16 | 1959—1960年梁山县、东平县救灾和支边移民情况 | 551 |
| 表 8-1 | 全国知识青年"上山下乡"人数(1962—1979年) | 568 |
| 表 8-2 | 城镇知识青年跨省区下乡人数(1962—1979年) | 569 |
| 表 8-3 | "上山下乡"知识青年调离农村人数(1962—1979年) | 571 |
| 表 8-4 | 1955—1980年北京市"上山下乡"知识青年地区分布情况 | 573 |
| 表 8-5 | 河北省城镇知识青年下乡人数统计表(1963—1980年) | 576 |
| 表 8-6 | 山西省知识青年"上山下乡"情况统计表(1964—1979年) | 579 |

| 表 8-7 | 辽宁省知识青年"上山下乡"人数情况统计表 | 580 |
|---|---|---|
| 表 8-8 | 辽宁省下乡知青安置情况表 | 581 |
| 表 8-9 | 吉林省接收京、津、沪、浙知识青年人数（1968—1976 年） | 582 |
| 表 8-10 | 黑龙江省城镇知识青年"上山下乡"情况表（1963—1978 年） | 583 |
| 表 8-11 | 1955—1966 年上海市知识青年"上山下乡"人数及去向表 | 584 |
| 表 8-12 | 1968—1978 年上海市知识青年"上山下乡"人数及分布表 | 586 |
| 表 8-13 | 浙江省城镇知识青年"上山下乡"人数情况 | 589 |
| 表 8-14 | 1967—1980 年安徽省城镇知识青年"上山下乡"人数统计表 | 590 |
| 表 8-15 | 1962—1981 年福建省动员城镇知识青年"上山下乡"统计表 | 592 |
| 表 8-16 | 1965 年、1966 年、1970 年山东知青支边人数 | 596 |
| 表 8-17 | 1968—1980 年河南省知识青年"上山下乡"人数 | 597 |
| 表 8-18 | 湖北省城镇知识青年"上山下乡"人数表 | 598 |
| 表 8-19 | 1968—1980 年湖南省知青"上山下乡"安置情况表 | 600 |
| 表 8-20 | 1962—1979 年广东省知识青年"上山下乡"人数统计表 | 603 |
| 表 8-21 | 1962—1979 年广西知识青年"上山下乡"人数 | 604 |
| 表 8-22 | 1969—1980 年四川省动员和安置知识青年人数 | 606 |
| 表 8-23 | 贵州省历年知识青年"上山下乡"人数统计表 | 607 |
| 表 8-24 | 1968—1971 年云南省安置的省外知识青年人数 | 609 |
| 表 8-25 | 1962—1979 年陕西省城镇知识青年"上山下乡"安置情况 | 610 |
| 表 8-26 | 1968—1978 年甘肃省知识青年"上山下乡"人数统计表 | 612 |
| 表 8-27 | 1965—1980 年青海省知识青年安置情况统计表 | 613 |

表 8-28　1962—1978 年宁夏回族自治区知识青年安置情况统计表 …………………………………………………… 615
表 9-1　20 世纪 50 年代制定的户籍制度相关法规政策简表 …… 651
表 9-2　20 世纪 80 年代中国"流动人口"数量简表 ……………… 670

# 绪论

20世纪是中国历史上极不平凡的一百年,可以称得上是变化最为剧烈的一百年。在这一百年之中,中国先后经历了从专制帝制向共和制度的转变,又由共和制度向社会主义社会迈进,经历了军阀混战、漫长的国内战争与惨烈的抗日战争,以及中华人民共和国成立等重大历史转折。

20世纪的一百年,也是中国移民史上的一个特殊时段。中国社会的剧烈转型以及影响中国历史发展的重大事件,都不可避免地引发大规模的人口变动与迁徙,因此这一阶段的移民史具有独特的研究价值与现实意义。而剖析与研究这个世纪的移民特征及其社会历史背景,对于研究中国移民通史以及认识中国社会内在的发展规律是必不可少的。

## 第一节

## 20世纪中国疆域政区变迁简况[1]

疆域与政区变化是国家政治发展最明显的体现之一。中国传统

---

[1] 本节内容,主要参考下列著作:《中华民国史地理志》编纂委员会编:《中华民国史地理志》(初稿),台北俊仁印刷事业有限公司1990年版;郑宝恒:《民国时期政区沿革》,湖北教育出版社2000年版等。

政治形态,最集中地表现于行政区划以及与之相配套的官僚体制方面。就政治体制而言,20世纪的一百年中,中国经历了极其剧烈的政治体制革命,从大清王朝覆灭至中华民国的创立,再到中华人民共和国诞生。与之相对应,中国境内的行政区划也发生了相当巨大的调整与改革,这种政区变革是20世纪中国政治、经济、社会复杂变化的重要组成部分。而认识与研究政区变革对于中国移民史的研究是必不可少的。

## 一 清朝疆域政区建设的复杂过程

20世纪的前十年,清朝走向了终点。然而,就在这最后的十年之中,清朝的疆域与政区却面临着巨大的挑战与变故。关于清朝疆域政区的演变状况,《清史稿·地理志》曾经进行了简要的回顾:

> 有清崛起东方,历世五六。太祖、太宗力征经营,奄有东土,首定哈达、辉发、乌拉、叶赫及宁古塔诸地,于是旧藩札萨克二十五部五十一旗悉入版图。世祖入关翦寇,定鼎燕都,悉有中国一十八省之地,统御九有,以定一尊。圣祖、世宗长驱远驭,拓土开疆,又有新藩喀尔喀四部八十二旗,青海四部二十九旗,及贺兰山厄鲁特迄于两藏,四译之国,同我皇风。逮于高宗,定大小金川,收准噶尔、回部,天山南北二万余里毡裘浑貊之伦,树领蛾服,倚汉如天。自兹以来,东极三姓所属库页岛,西极新疆疏勒至于葱岭,北极外兴安岭,南极广东琼州之崖山,莫不稽颡内乡,诚系本朝。于皇铄哉!汉、唐以来未之有也。
>
> 穆宗中兴以后,台湾、新疆改列行省;德宗嗣位,复将奉天、吉林、黑龙江改为东三省,与腹地同风:凡府、厅、州、县一千七百有奇。自唐三受降城以东,南卫边门,东凑松花江,北缘大漠,为内蒙古。其外涉瀚海,阻兴安,东滨黑龙江,西越阿尔泰山,为外蒙古。重之以屏翰,联之以昏姻,此皆列帝之所怀柔安辑,故历世二百余年,无敢生异志者……

从疆域开拓到政区调整,清朝疆域与政区发展也经历了起伏变化的复杂过程。清朝前期疆域建设与疆域维护的成就是巨大的,基本形成了"大一统"的政治局面,达到了中国历史时期疆域建设最辉煌的阶段。与此同时,清朝针对边疆不同民族地区施行不同的管理方式,也取得了一定的成功。

疆域政区在大清王朝前后的变化也颇为引人注目。然而,自19世纪40年代鸦片战争之后,西方列强处心积虑地对清朝这个老迈的东方帝国进行了全方位的蚕食与侵夺。与极盛时相比,清朝晚期的疆域已有较大缩减,且列强虎视眈眈,边疆形势相当严峻。清朝也不得不利用政区建置这种方式来进行应对。因此,同治以后,清朝政区发生了相当剧烈的变化,台湾、新疆相继改为行省。光绪继位以后,又将奉天、吉林、黑龙江三个将军辖地改为东北三省。

## 二 中华民国时期疆域政区之改革(1912—1949年)

1912年1月1日,孙中山在南京就任中华民国临时大总统,宣告了民国新纪元的开始。然而,当年4月1日,袁世凯接任临时大总统,临时政府迁往北京。至1916年,袁世凯丧心病狂,公然称帝,引起全国军民的讨伐,不久病死,中国就此陷入北洋军阀混战时期。而从此直到1927年南京国民政府成立为止,为民国前期。这一时段也被称为北京政府时期。

在行政区划制度方面,中华民国初期继承了元明清以来的行省之制。民国二年(1913年)1月8日,中央政府正式颁布了《划一现行各省地方行政官厅组织令》,将各省所有之府,一律予以撤废,并将所属州县一律改置为县,而直接施行省、县二级体制。而又鉴于省域过大、县数繁多,故而又于同年颁布《划一现行各道地方行政官厅组织令》,在省、县之间划分出道,置道尹,将清代的省府县三级制变为省道县三级制[1]。

---

1 参见商立文:《中国历代地方行政制度》,台北正中书局1981年版,第364—365页;郑宝恒:《民国时期政区沿革》,第2—6页。

由于中国疆域辽阔,民族众多,各地自然与人文状况千差万别,建立完全一致的行政区划体制并不现实。然而,不进行适当改革,也难以适应新时期的需要。如北京政府时期所辖政区分为以下几种类型:

一是首府,即顺天府,沿袭了清朝顺天府建置,后改为京兆地方,即今北京市。

二是行省区,在顺天府之外,北京政府前期主要辖有22省,即直隶(治天津)、奉天(治沈阳)、吉林(治吉林)、黑龙江(治龙江)、山东(治历城)、河南(治开封)、山西(治阳曲)、江苏(治江宁)、浙江(治杭县)、安徽(治怀宁)、江西(治南昌)、福建(治闽侯)、湖北(治武昌)、湖南(治长沙)、广东(治番禺)、广西(治邕宁)、云南(治昆明)、贵州(治贵阳)、四川(治成都)、陕西(治长安)、甘肃(治皋兰)、新疆(治迪化),也是基本沿袭了清朝的建置[1]。

三是特别区域。如热河特别区域、绥远特别区域、察哈尔特别区域、川边特别区域、西康特别区域、青海、阿尔泰区域、西藏、蒙古等(参见表1)。

表1 北京国民政府时期省级政区简表

| 省级政区名称 | 治所(今地) | 道数 | 道 名 | 县 数 |
|---|---|---|---|---|
| 顺天府(京兆地方) | 大兴(今北京市) | 0 | 无 | 20 |
| 直隶省 | 天津(天津市) | 4 | 津海道、保定道、大名道、口北道 | 119 |
| 山东省 | 历城(济南市) | 4 | 济南道、济宁道、东临道、胶东道 | 107 |
| 山西省 | 阳曲 | 3 | 冀宁道、雁门道、河东道 | 105 |
| 河南省 | 开封(开封市) | 4 | 开封道、河北道、河洛道、汝阳道 | 108 |
| 陕西省 | 长安(西安市) | 3 | 关中道、汉中道、榆林道 | 91 |
| 甘肃省 | 皋兰 | 7 | 兰山道、渭川道、泾原道、宁夏道、西宁道、甘凉道、安肃道 | 79 |

---

[1] 参见郑宝恒:《民国时期政区沿革》"前言",第2页。

续表

| 省级政区名称 | 治所（今地） | 道数 | 道　名 | 县数 |
|---|---|---|---|---|
| 江苏省 | 江宁（南京市） | 5 | 金陵道、苏常道、沪海道、淮阳道、徐海道 | 60 |
| 浙江省 | 杭县（杭州市） | 4 | 钱塘道、会稽道、金华道、瓯海道 | 75 |
| 安徽省 | 怀宁 | 3 | 安庆道、芜湖道、淮泗道 | 60 |
| 江西省 | 南昌（南昌市） | 4 | 豫章道、庐陵道、赣南道、浔阳道 | 81 |
| 湖北省 | 武昌 | 4 | 江汉道、襄阳道、荆宣道、施鹤道 | 69 |
| 湖南省 | 长沙 | 3 | 湘江道、衡阳道、辰沅道 | 75 |
| 四川省 | 成都 | 5 | 西川道、东川道、建昌道、永宁道、嘉陵道 | 146 |
| 福建省 | 闽侯 | 4 | 闽海道、厦门道、汀漳道、建安道 | 63 |
| 广东省 | 番禺（今广州市） | 6 | 粤海道、岭南道、潮海道、高雷道、琼崖道、钦廉道 | 94 |
| 广西省 | 邕宁 | 6 | 南宁道、苍梧道、桂林道、柳江道、田南道、镇南道 | 89 |
| 云南省 | 昆明 | 4 | 滇中道、蒙自道、普洱道、腾越道 | 96 |
| 贵州省 | 贵阳 | 3 | 黔中道、镇远道、贵西道 | 81 |
| 奉天省 | 沈阳 | 3 | 辽沈道、东边道、洮昌道 | 57县、1设治局 |
| 吉林省 | 吉林 | 4 | 吉长道、滨江道、延吉道、依兰道 | 41 |
| 黑龙江省 | 龙江 | 4 | 龙江道、黑河道、绥兰道、呼伦道 | 33县、13设治局 |
| 新疆省 | 迪化 | 8 | 迪化道、伊犁道、阿克苏道、喀什噶尔道、和阗道、塔城道、阿山道、焉耆道 | 50县、3设治局并附1盟、3部、10旗 |

资料来源：郑宝恒《民国时期政区沿革》中"北京政府时期"的内容。

为了讨伐北洋政府，广州国民政府于1925年成立，致力于北伐。至民国十六年（1927年），攻克江南，定都南京，并于不久后形式上统一了全国。从1927年南京国民政府成立至1949年中华人民共和国建立，为民国后期，又常称为南京政府时期。

新建立的南京国民政府对于政区也进行了一系列的调整与改革。如废除道制，又将热河、察哈尔、绥远、川边四个特别区改为行省，同时增置宁夏、青海两省。直到民国二十六年（1937年）抗日战争全面爆发，全国共设有28个省，行政院直辖市6个（南京、上海、北平、天津、青岛、西安，与省同级）、省辖市15个、县1935个、设治局43个、行政区2个、地方2个。抗日战争胜利后，沦陷各地重新建制，台湾光复回到祖国怀抱，受到伪满洲国政区建制的影响，将原来的黑龙江、吉林、辽宁三省改置为9个省，并增设海南特别行政区。至1949年中华人民共和国建立之前，中国境内共设有35个省、2个地方（蒙古、西藏）、1个特别行政区（海南）（见表2）。

表2 民国（1949年前）时期中国行政区划简表

| 行政区名称 | 治 所 | 今 地 | 所辖市县情况 | 面积（平方公里） |
| --- | --- | --- | --- | --- |
| 江苏省 | 镇江 | 镇江市 | 62县、2市 | 107 608 |
| 浙江省 | 杭州 | 杭州市 | 79县、1市、1管理局 | 146 303 |
| 安徽省 | 合肥 | 合肥市 | 63县、1市 | 146 303 |
| 江西省 | 南昌 | 南昌市 | 81县、1市、1管理局 | 166 259 |
| 湖北市 | 武昌 | 武汉市 | 70县、1市、1管理局 | 186 229 |
| 湖南省 | 长沙 | 长沙市 | 77县、2市 | 204 771 |
| 四川省 | 成都 | 成都市 | 141县、2市、3设治局、1管理局 | 303 318 |
| 西康省 | 康定 | 康定市 | 48县、4设治局 | |
| 台湾省 | 台北 | 台北市 | 8县、9省辖市、2县辖市 | 35 564 |
| 福建省 | 福州 | 福州市 | 67县、2省辖市 | 121 112 |
| 广东省 | 广州 | 广州市 | 84县、3市 | 186 433 |
| 广西省 | 桂林 | 桂林市 | 99县、4市 | |
| 云南省 | 昆明 | 昆明市 | 119县、1市、12设治局 | 420 465 |
| 贵州省 | 贵阳 | 贵阳市 | 79县、1市、1设治局 | 170 196 |
| 河北省 | 清苑 | 保定市清苑区 | 132县、1市、2设治局、1管理局 | 140 123 |
| 山东省 | 济南 | 济南市 | 108县、3市、2设治局、1管理局 | 145 383 |

续表

| 行政区名称 | 治所 | 今地 | 所辖市县情况 | 面积（平方公里） |
|---|---|---|---|---|
| 河南省 | 开封 | 开封市 | 111县 | 165 141 |
| 山西省 | 太原 | 太原市 | 105县、1市 | 156 419 |
| 陕西省 | 西安 | 西安市 | 92县、2设治局 | 187 701 |
| 甘肃省 | 兰州 | 兰州市 | 69县、1市、2设治局、1管理局 | 391 506 |
| 宁夏省 | 银川 | 银川市 | 13县、1市、2设治局、2蒙旗 | 233 320 |
| 青海省 | 西宁 | 西宁市 | 19县、1市、1设治局、29蒙旗 | 667 218 |
| 绥远省 | 归绥 | 呼和浩特市 | 20县、3市、18蒙旗 | 329 397 |
| 察哈尔省 | 张垣 | 张家口市 | 19县、1市、19蒙旗 | 278 957 |
| 热河省 | 承德 | 承德市 | 20县、19蒙旗 | 199 091 |
| 辽宁省 | 沈阳 | 沈阳市 | 22县、4市 | 68 219 |
| 安东省 | 通化 | 通化市 | 18县、2市 | 62 906 |
| 辽北省 | 辽源 | 辽源市 | 18县、1市、6蒙旗 | 122 538 |
| 吉林省 | 吉林 | 吉林市 | 15县、2市 | 85 273 |
| 松江省 | 牡丹江 | 牡丹江市 | 15县、2市 | 85 273 |
| 合江省 | 佳木斯 | 佳木斯 | 17县、1市 | 129 144 |
| 黑龙江省 | 北安 | 北安市 | 25县、1市、1蒙旗 | 208 382 |
| 嫩江省 | 齐齐哈尔 | 齐齐哈尔市 | 18县、1市、3蒙旗 | 77 326 |
| 兴安省 | 海拉尔 | 呼伦贝尔市海拉尔区 | 7县、1市、11蒙旗 | 265 337 |
| 新疆省 | 迪化 | 乌鲁木齐市 | 77县、1市、4设治局 | 1 711 930 |
| 蒙古地方 | 库伦 | 乌兰巴托市 | 喀尔喀四汗部、科布多、唐努乌梁海 | 1 621 200 |
| 西藏地方 | 拉萨 | 拉萨市 | 72县 | 1 215 780 |
| 海南特别行政区 | 海口 | 海口市 | 16县、1市 | 33 571 |

资料来源：中华民国史地理志编纂委员会编：《中华民国史地理志》（初稿），台北"国史馆"1990年版，第3—12页；郑宝恒：《民国时期政区沿革》，第248—604页。

## 三 中华人民共和国建立以后疆域政区的调整与变革[1]

1949年中华人民共和国建立之后,中国行政区划也经历了一个十分复杂的变化过程。如配合解放战争中战略调整与军事斗争的需要,在1949年中华人民共和国中央人民政府成立之前,中国大陆区域内已初步形成了东北、华北、西北、华东几大省级以上行政区域(即大行政区)人民政府以及内蒙古自治政府。1949年12月16日,中华人民共和国政务院第十一次政务会议通过了《大行政区人民政府委员会组织通则》(见表3)。

表3 1951年底中国(大陆部分)大行政区简况表

| 大行政区名称 | 行政区政务机构名称 | 成立时间 | 管辖省区及省级市 |
| --- | --- | --- | --- |
| 华北区 | 华北事务部 | 1950年9月 | 北京市、天津市、河北省(治保定市)、山西省(治太原市)、绥远省(治呼和浩特市)、察哈尔省(治张家口市)、平原省(治新乡市) |
| 东北区 | 东北人民政府 | 1949年8月 | 辽东省(治安东市)、辽西省(治锦州市)、吉林省(治吉林市)、松江省(治哈尔滨市)、黑龙江省(治齐齐哈尔市)、热河省(治承德市)、沈阳市、旅大市、鞍山市、抚顺市、本溪市 |
| 西北区 | 西北军政委员会 | 1950年1月 | 陕西省(治西安市)、甘肃省(治兰州市)、宁夏省(治银川市)、青海省(治西宁市)、新疆省(治乌鲁木齐市)以及西安市 |
| 华东区 | 华东军政委员会 | 1950年1月 | 上海市、南京市、山东省(治济南市)、浙江省(治杭州市)、福建省(治福州市)、台湾省(治台北市,待解放)、苏北行署(治扬州市)、苏南行署(治无锡市)、皖北行署区(治合肥市)、皖南行署区(治合肥市) |

---

[1] 本节内容参考范晓春:《中国大行政区(1949—1954年)》,东方出版中心2011年版。

续 表

| 大行政区名称 | 行政区政务机构名称 | 成立时间 | 管辖省区及省级市 |
|---|---|---|---|
| 中南区 | 中南军政委员会 | 1950年2月 | 武汉市、广州市、河南省（治开封市）、湖北省（治武汉市）、湖南省（治长沙市）、江西省（治南昌市）、广东省（治广州市）、广西省（治南宁市） |
| 西南区 | 西南军政委员会 | 1950年7月 | 贵州省（治贵阳市）、云南省（治昆明市）、西康省（治雅安市）、川东行署（治重庆市）、川西行署（治成都市）、川北行署（治泸州市）、重庆市 |

资料来源：《中国大行政区（1949—1954年）》，第104、105页。

省级政区的数量与范围，是中华人民共和国建立初期调整与改革的中心课题。政区范围与数量的制定不仅有着客观而复杂的历史地理背景，而且与国家管理制度与体系、治理能力、历史渊源、经济发展状况及需求等因素密切相关。如至1954年，中国省级行政区又进行了一次重要调整，撤销了辽东省、辽西省、松江省、绥远省等，沈阳、旅大、鞍山、抚顺、本溪、哈尔滨、长春、武汉、广州、西安、重庆等城市由中央直辖市改为省辖市[1]。

中国幅员辽阔，地理区域差异突出，民族众多，客观上存在多种经济与生活方式并存的状况。而纵观历史政区变迁，可以看到郡县制以及州府制主要是为了适应农耕制度下民众的管理需求，对于其他经济生活生产方式的管理并不能完全适合。因此，为了适应中国境内多民族并存、多种经济生活方式并存的现实状况，民族自治区的建立就成为中华人民共和国政区建置的一大特色[2]。最早建立的民族自治区为内蒙古自治区，于1947年5月建立，隶属于华北行政委员会。1955年9月，新疆维吾尔自治区建立。1958年3月，广西壮族自治区成立。同年10月，宁夏回族自治区成立。1965年7月，西藏自治区成立。截至1967年底，中国大陆地区省级行政区共计有30个，其中

---

[1] 方海兴：《国情国力的重要表征——建国以来省级行政区划沿革》，《党史纵横》2001年第10期，第42页。
[2] 参见田烨：《新中国民族地区行政区划研究》，中央民族大学出版社2010年版。

有3个中央直辖市(北京、天津、上海)、22个省与5个民族自治区。[1]

改革开放以来,中国省级行政区划的重大改革有海南建省与重庆直辖区的建立。秦朝建立的南海郡拉开了中国海洋开发的序幕,而限于物质生产力水平与交通条件等诸多因素,历史时期南洋开发的步伐显得相当迟缓。而1988年海南建省,正是中国充分重视海洋开发与海洋资源的重大举措。截至1990年底,全国(大陆地区)共辖省级行政单位31个,包括23个省、5个自治区、3个直辖市[2]。而1997年3月,四川省重庆市改制为中央直辖市,不仅结束了西部地区没有中央直辖市的历史,同时也为西部大开发创造了又一次重大发展契机。

"一国两制"不仅是结束耻辱的殖民历史遗存问题的合理方案,也为中国行政区划的发展历史开辟了新篇章。"特别行政区"自此成为中国行政区划管理体系的重要组成部分。1997年7月香港特别行政区的建立,1999年12月澳门特别行政区的建立,充分证明了"一国两制"方案的合理性与可行性,从而也为中国现代政治体系建设与中国领土的全面统一提供了宝贵的经验。至2000年底,中国共有省级行政区34个,其中直辖市4个、省23个(台湾省等待回归)、民族自治区5个以及香港、澳门两个特别行政区。

## 第二节

## 20世纪中国移民史的阶段性特征

与国内外政治、经济形势变迁紧密相连,20世纪的中国移民运动

---

[1] 参见王刚:《新中国成立后省级以上和省级行政区划的沿革》,《党史博采》(纪实版)2018年第7期,第50页。
[2] 谭其骧主编:《中华人民共和国时期图说》,《简明中国历史地图集》,中国地图出版社1991年版,第2页后。

呈现出十分突出的阶段性特征,即每一个时段的人口迁移活动均具有与前一时期迥然不同的特点。这种突出的阶段性特征在中国移民历史上是相当不寻常的。

笔者在以往研究成果与相关统计数据的基础上,试图从宏观及总体上梳理及刻画出20世纪移民运动的阶段性特征,审视与剖析其中发挥关键性作用的主导因素及社会历史背景,目的在于强调20世纪的移民运动在中国移民历史上的特殊地位与重要研究价值,以推动学界对于中国移民历史发展规律的探索。

## 一 20世纪前半期移民运动的阶段性特征

20世纪的前50年,中国社会经历的变迁与震荡可以说是古今罕见的。封建王朝的最终崩溃、边地垦荒热潮的持续兴起、军阀连年混战、日本侵华战争、国共内战与频繁的自然灾害等,都不可避免地对中国境内人民的生存状况与人口的分布造成强烈的冲击,并在很大程度上引发了一次又一次规模庞大的人口迁徙事件。

而20世纪前半期中国的环境状况与人口分布状况也是造成移民运动的重要因素。环境问题的本质,归根到底是人的生存问题。而人口问题的本质,则是环境的承载力问题。进入20世纪之后,世界范围内人口总数激增,环境承载力的问题变得尤为突出。20世纪前半期社会动乱频发,人口以及环境承载力问题实为最重要的促进因素之一。

很久以来,谈到中国的地理与环境状况,"地大物博"之说颇为流行。而随着近代西方地理学的传入,以实地勘测为主要手段的中国现代地理学在20世纪前半期也得到了长足的发展。通过科学工作者的长期努力,人们对于中国地理及环境状况有了更为全面与真切的认知。与此同时,中国人口问题也成为中外学术界关注的重大问题。在社会生产力处于相对停滞的情况下,中国人民的生存困境与中国境内人口分布的不平均有着极为密切的关联或因果关系。

人口分布的不均匀或不合理,不仅引发了中国严重的环境超载问题,引发了极其严重的生存危机,直接影响了中国人口的发展,也成为引发中国人口迁移潮的最直接的因素。然而,如何评判人口分布问题,依然是一个相当棘手的难题。20世纪前期,著名学者胡焕庸对于中国人口分布状况进行了长期深入的研究,提出了著名的"瑷珲—腾冲线",从而为学术界评判人口分布问题提供了新的角度:

> 根据著者之计算,如自黑龙江之瑷珲,向西南作一直线,以达云南之腾冲,划分全国为两部,则东南半壁之面积,计四百万方公里,约占全国总面积之百分之三十六;西北半壁之面积,计七百万方公里,约占全面积之百分之六十四。依人口之分布,则东南半壁计有居民四万四千万,约占全国人口之百分之九十六;西北半壁计有居民一千八百万,约占全国总人口之百分之四。如以平均密度计算,则东南半壁每方公里,计一百十人,西北半壁每方公里,计得二.五人,依据上述统计,则西北与东南半壁人平均密度之相差,几达四五十倍……[1]

可以说,引发20世纪中国人口迁徙与再平衡的最直接原因,便是中国众多区域之间人口分布的不均衡(见表4)。东南拥挤,西北稀少,正是20世纪中国人口分布最显著的特征,也成为影响中国社会全面发展进步的最大因素之一。

表4 中国东西人口分布对比简表

| 区 域 | 瑷珲—腾冲线以东地区 | 瑷珲—腾冲线以西地区 |
| --- | --- | --- |
| 土地面积 | 400万平方公里 | 700万平方公里 |
| 人口总数 | 44 000万 | 1 800万 |
| 占全国人口之比重 | 96% | 4% |
| 人口密度 | 110人/平方公里 | 2.5人/平方公里 |

除土地资源之外,直接影响或威胁中国人民生存的另一种危险,便是频繁肆虐的自然灾害。中国自古是一个多灾多难的国度,而这一特点到20世纪达到了极致。美国学者马罗立(Walter H. Mallory)

---

[1] 胡焕庸:《我国人口分布与国内移民问题》,《社会科学研究》1935年第3期。

所著《中国：饥荒的国度》(China: Land of Famine)一书便是研究民国灾荒问题的学术名著，而其将中国称为"饥荒的国度"(land of famine)的说法，也为很多人所熟知。正如研究者指出的："如果说一部二十四史，几无异于一部中国灾荒史（傅筑夫语），那么，一部中国近代史，特别是38年的民国史，就是中国历史上最频繁、最严重的一段灾荒史。"[1] 当然，自然灾害与饥荒的统计也是一个富有挑战性的学术难题。著名学者邓拓在《中国救荒史》中指出："民国成立以后，灾害也是连年不断。自民国元年（1912）至民国二十六年这一段历史时期中，单说各种较大的灾害，就有七十七次之多。计水灾二十四次，旱灾十四次，地震十次，蝗灾九次，风灾六次，疫灾亦六次，雹灾四次，歉饥二次，霜雪之灾二次。而且各种灾害，大都是同时并发。"[2] 而当代学者进行了更为精确而全面的统计，结果令人触目惊心：

> 若将造成万人以上死亡的灾害列为巨灾的话，那么整个民国时期共发生这样的巨灾75次，其中10万人以上的18次，50万人以上的7次，100万人以上的4次，1000万人以上的1次；若按灾型分类，则旱灾（包括由旱灾引发的瘟疫）10次，水灾30次，瘟疫18次，地震7次，飓风5次，冷害2次，另有"水旱蝗雹"、"水风虫旱"、"水旱疫"等混合灾型3次。[3]

其实，我们可以看到，在20世纪前期，"人祸"更甚于"天灾"。军阀混战、日本侵华战争、国内战争等影响全国的战争与战役接连不断，造成惨重的伤亡。而基层社会的混乱与失序更成为20世纪前半期的一大社会痼疾。土匪繁多，横行肆虐，百姓生活苦不堪言。因此，许多民国年间人士将"兵祸"与"匪祸"都列为主要的灾害类型。

在人口非正常死亡之外，为求生存，人口的大批流亡与迁移是战乱与灾荒影响最直接与最突出的表现之一。这种类型的移民，古文献中通称为"流民"，笔者则以为称之为"灾荒性移民"更为准确合理。在

---

[1] 夏明方：《民国时期自然灾害与乡村社会》，中华书局2000年版，第5页。
[2] 《中国救荒史》，《邓拓文集》第二卷，北京出版社1986年版，第35页。
[3] 《民国时期自然灾害与乡村社会》，第42页。

20世纪前半期的移民活动中,灾荒性移民占了很大的比重。

1. 清朝末年及民国初期的移民运动(1900—1930年)

20世纪的第一个十年,是清朝行将就木的时段,但是这个十年却是中国移民史上不可忽视的时期。随着边疆全面放垦政策的实施,清代移民史的发展奏出了一段颇具震撼力的尾声。学术界通常认为:自1902年清朝正式批准山西巡抚岑春煊关于开垦蒙地的奏请起,蒙地放垦"由暗转明",禁垦蒙地的政策被迫放弃,"走西口"也成为北方各省百姓光明正大的选择。而在光绪三十年(1904年)之后,东三省移民活动也进入了全面开放时期,"闯关东"的人们从此摆脱了政治的束缚。如以光绪三十四年(1908年)黑龙江巡抚程德全奏准并刊布的《沿边招垦章程》五章二十四条为标志,不仅官府从被动承认进入了主动招徕,而且移民招垦政策的制定与实施自此也有了法律保障[1]。这无疑大大激发了各地民众北迁黑土地的热忱,也使得东三省的户口数量在短短数年内激增。据本书第六卷的研究,清代后期北疆的放垦,仅东北三省招徕的移民就达1 344万人。而几乎与此同时,塞北蒙古地区的招垦政策也取得了显著的成效,据研究者估计,至1912年,进入内蒙古地区的汉族人口超过了400万人[2]。

民国政府继承了清末鼓励移民实边的政策,推出了一系列招垦及鼓励移民的法规条例,东三省地区依然是当时移民政务的重点所在,所制定的相关章程条例有《国有荒地承垦条例》《边荒承垦条例》《黑龙江清丈兼招垦章程》《吉林全省放荒规则》《绥远清理地亩章程》《奉天试办山荒章程》等。以张作霖、张学良为首的东北地方政府进而提出了《移民与开发计划》,并为此设置了移民局及东北招垦委员会,这些积极的招垦措施对于移民运动无疑会起到有力的推动作用。

当然,清末及民国时期中国北方地区频繁而严重的自然灾害,对于东北移民运动的影响与推动也是至关重要的。与中国传统社会灾

---

[1] 参见朱家骅等编:《浙江移民问题》所附移民章程内容,浙江省民政厅1930年印行。
[2] 参见闫天灵:《汉族移民与近代内蒙古社会变迁研究》,民族出版社2004年版;范立君:《近代关内移民与中国东北社会变迁(1860—1931)》,人民出版社2007年版。

荒性移民运动相类似，残酷的自然灾害的侵袭与无法忍受的生存环境，最终迫使北方大批农民无奈逃离故土，将移民东北作为逃离灾难及开创新生活的希望，在这种状况下，移民东北实际上成为一种"逃荒之举"，1930年出版的陈翰笙等人所著《难民的东北流亡》一书已开始对东北地区灾荒性移民进行系统研究。与此同时，一些地方政府将向外移民作为纾解民困的有效方法，积极支持与协助移民外迁。种种主客观条件造就了20世纪20年代向东北地区的"移民的狂潮"，而这又被人称为"人类有史以来最大的人口移动"。

可以说，从20世纪之初，直到日本发动侵华战争之前，中国境内发生的规模最大且最有影响的移民运动，无疑是向东北地区的移民。移出区域主要是河北、山东、河南及山西等华北诸省，尤以山东、河北两省移出人口最为众多；其次便是向内蒙古及西北边疆地区的移民，这些移民以来自山西及陕西等省份的百姓居多。

2. 抗日战争期间与解放战争时期的人口移徙与调整（1931—1949年）

自20世纪30年代开始，日本军国主义者发动的侵华战争，以直接而野蛮的方式阻断了中国社会努力向前发展的脚步，也引发了一场在中外历史上罕见的、涉及面极广的人口迁徙运动。至1931年"九一八"事变之后，东北地区的移民形势已发生了根本性的逆转，不仅众多有移民东北意愿的民众无法北上，而且出现大批逃难人口返迁回山海关以南地区的趋势。1937年，日本全面发动侵华战争，中国东部沿海地区成为侵略者首先进犯的目标。国民政府从南京迁都重庆，在实际上引导了一场全国性的战略大转移。众多的沿海城乡居民、大批民族工业企业与高校随之西行，因而，在很短时间内，以重庆市为核心的西南地区成为中国政治中心与人口高度密集区。另据学者统计，除政府官员、学者及工商业者之外，抗战期间西迁的难民人数高达6 000万，仅浙江一省外迁的难民就超过了500万人。这不啻一场中华民族的浩劫，绝大多数难民外迁以躲避战乱为主，既没有政府的整体规划与组织，也无明确的迁移目的地与政府合理的安置救助，迁移过程等同于逃难，极其艰苦而凄惨，由之带来的人口损失极为惨重。甚至在万般无奈之余,不少难民被迫选择返迁原籍[1]。

另外,就东北地区而言,日本官方在强制阻止中国汉族移民迁往东北地区的同时,也按步骤地实施了移民侵略计划。关东军提出了20年间向中国东北迁移日本农民100万户500万人的总体计划,而为了掩盖其侵略性质,日本政府将日本移民更名为"开拓民",将移民侵略政策称为"开拓政策",并成立了专门机构——满洲拓殖株式会社。据统计,以吉林省为例,自1935年至1943年吉林20个市县迁入的日本农业移民就达8 200户23 885人。大批所谓日本"开拓民"迁入东北地区,无疑成为日本侵略中国计划的重要组成部分[2]。

抗战胜利之后,中国全境进入了一个人口全面恢复与调整时期。随着国民政府回迁南京,大批西迁的工厂、院校及避难的民众也逐步返回故土,真正留居下来的西迁人口较难统计,但可以肯定只是原来西迁人口中很少的一部分[3]。同样,迁居于东北地区的日本移民绝大多数也被分批迁回日本。

## 二 20世纪后半期移民运动的特征

1949年中华人民共和国的成立,无疑是中国历史上一件划时代的政治事件。但是,经过多年国内战争的破坏,以及严重自然灾害的侵袭,新中国在"一穷二白"的经济困境中开始了国民经济与国防事业的建设。加强国防实力、保障新兴国家的独立与完整,与发展经济、保障人民生活均是新中国迫切需要解决的头等大事。因此,实行计划经济,最大限度地调动与掌控有限的资源就成为经济建设成功与否的关键,中央政府往往采取全国统筹安排的方式对人口问题进行处理,政治主导性的特征极为突出。另外,我们也可以看出,丰富的劳动力资源是现代中国发展经济的最大优势与最大资本,因此,最有效地调

---

1 参见张根福:《抗战时期浙江省人口迁移与社会影响》,上海三联书店2001年版。
2 参见王胜今:《伪满时期中国东北地区移民研究——兼论日本帝国主义实施的移民侵略》,中国社会科学出版社2005年版。
3 参见苏智良等编著:《去大后方——中国抗战内迁实录》,上海人民出版社2005年版。

整劳动力资源,就成为1949年以后影响中国大陆地区经济建构与布局变化的极为关键的一环。

1. 新中国成立初期经济性与国防性移民运动(1949—1959年)

新中国成立后的最初几年,摆在新政权面前的第一要务是巩固新兴政权与保持稳定,因此,人口政策与移民行动也是围绕这一核心而展开的,军事与政治性的人口迁徙在这一时期的比重是相当突出的。

国民党政府在大陆地区统治的覆灭以及退守台湾,引起了一场复杂而影响深远的移民运动。移民台湾,即国民党政权机构的官员及其军队、眷属、随从人员向台湾地区迁徙,是这一时期移民运动中规模最大的一支。综合台湾官方历年公布的人口统计数据,学者们推定,从1945年台湾光复至解放战争结束后的数年内,大陆迁台人口至少应在100万人左右。而据《中国人口·浙江分册》著者估计,仅浙江一省就有17万人以上迁往台湾[1]。

新时期的移民运动与新中国的政治、边防与国民经济状况密切相关。新中国成立以来,新疆地区的移民问题颇具代表性。如新疆解放初年,部队转业屯垦戍边,形成这一地区数量最大的人口迁移。1952年,进驻新疆的解放军与整编后的新疆民族军(大多为新疆本地居民)集体转业成为工程建设部队,1952年总人口达273 229人,1954年成立新疆军区生产建设兵团,这些特殊移民为新疆地区经济的恢复与国防安全做出了重大贡献。

1953年至1958年是新中国第一个五年计划时期,百废待兴,中国大陆地区开始从战后调整时期进入了全面的经济建设时期。自20世纪50年代开始,为了冲破帝国主义国家的政治与经济封锁,更为了迅速改变"一穷二白"的极度贫困落后的面貌,新中国的决策者们极为有效地调动起广大人民投入国家建设的热情,服从祖国建设的需要,建设型的移民运动此起彼伏,成为新时代移民运动的主旋律。与经济建设相关或为满足劳动力需求而实施的移民数量迅速增加,影响巨

---

[1] 参见孙敬之总主编:《中国人口》丛书(包括32个省区分册),中国财政经济出版社1987—1990年版。

大。人口的输出不仅仅是劳动力的输出,更是生产技术与文化资源的输出。如作为全国最大的老工业基地,上海市责无旁贷地承担了繁重的支援外省市经济建设的任务。据相关统计,仅从1950年至1957年,上海为支援其他省份建设迁出的人口就超过42万人,主要迁往辽宁、吉林、黑龙江和西北各地。

大批外来建设性移民的到来,使许多西部省份的人口迅速增加。以宁夏为例,据统计,自1950年至1957年的八年中,迁入的外来人口超过了62万人。又如山西省煤炭资源丰富,为将山西建设成为能源基地与机械工业基地,新中国成立以后即大批调入外省市管理及技术人员、职工等。大型工矿业基地所在地往往成为外来移民集中区域。如从1950年至1960年,山西省净迁入人口就超过了125万人。再如江西省是南方地区人口数量变化较大的区域,从1954—1957年,江西每年人口迁移量都高达100万—200万,1956年净迁入量竟达10万人以上,而这些移民大都是为了支援江西的经济建设而来。

水库移民是新中国成立之后所出现的一种新型移民。水利是农业的命脉,对于中国这样一个农业大国而言,水利建设的重要性是不言而喻的。在一些水患频发地区,没有水库的建造,就没有当地百姓的生命财产安全与经济发展,但是,在水库建设过程中,往往有必要将淹没地区的人口迁出,重新安置。据世界银行公布的相关报告估计,中国自1950年至1999年水库移民数量高达1 200万,而自1950年至1959年的第一个十年的水库移民就有460万人,是水库移民数量最多,也最集中的阶段。如浙江地区的新安江与富春江水库建设之初,就制定出移民32.3万人的计划,最终完成移民安置20余万人,其中10万人迁入了江西。河南省著名的三门峡水库淹没区移民数量超过了42万,其中陕西省28.7万人、河南省7.1万人、山西省6.3万人。移民外迁涉及的问题非常复杂,安置工作相当棘手。三门峡移民的妥善安置经历了一个漫长的过程。根据1997年的统计数字,因三门峡水库修建而引发的三省移民数量实际超过了62万人[1]。

---

[1] 参见雷亨顺主编:《中国三峡移民》,重庆大学出版社2002年版。

众所周知,至1958年,中国经济建设出现了严重的虚夸风气,在人口政策上也出现了过急过快的倾向。如中央政府提出从国内人口密集的江苏、安徽、湖北与上海等省市向新疆移民200万人的计划,据估算,自1957年至1960年,从江苏、安徽、湖北三省迁入新疆的移民就超过了80万人。又如中央政府当时发出了动员内地青年支援边疆建设的号召。浙江省在1956年与1960年两年之内先后动员了两批共97 453名青年及其家属迁往宁夏地区。与此同时,城镇人口急剧增长,大批人口涌入城市,在中国城镇经济不甚发达、物资供给相当匮乏的情况下,这种过于匆忙、不合理的移民行动,造成了严峻的经济困难与复杂的社会矛盾,这也就是20世纪60年代至70年代人口调整的客观背景。

2. "三年困难"时期及"文革"时期的人口调整与波动(1959—1979年)

20世纪50年代末、60年代初期,中国经济与社会面临严峻的困难,这种困难迫使原来不合理的移民政策与成果发生了急剧的调整。当时出现的一种重要的移民类型便是以精简城镇人口为目的的移民运动,其目的就在于减少城镇商品粮供应与财政负担。据统计,从1961年至1967年,浙江全省共有100余万人迁离城镇。而据估算,自1959年至1965年,河南一省迁出人口就达275万人,成为人口变动最为剧烈的省份之一[1]。

20世纪60年代,在当时复杂的国际斗争背景之下,以毛泽东为首的中共中央提出了"三线"的建设规划(即沿海为一线,中部为一线,西北与西南为一线),重点加强西北与西南建设,而加强这些相对边远地区的发展的重要举措之一便是调入大量干部、技术人才、职工及其家属。四川等西南地区被视为中国的"大后方",也成为"三线建设"工程的重点地区,如从1965年至1971年,大批工厂、科研单位与大专院校迁入四川,其中随迁职工人数就达到40万。为有效改变中国经济分布不平衡的状况,中央政府也着手有步骤地将沿海地区的企业向

---

[1] 罗平汉:《大迁徙——1961~1963年的城镇人口精简》,广西人民出版社2003年版。

西部转移,如青海便是主要的转移地之一,在"三五"至"四五"期间,迁入青海省的外地职工及其家属达12万人。

由"上山下乡运动"引发的人口迁徙影响十分深远,但是,由于过于强烈的政策性干预与时代局限等因素,其最终的移民成果是相当有限的。为了纾解城市就业问题并改变农村落后的状况,根据党中央的号召,大批生活在城镇的青年进入本省或其他省份的农村,从事农业生产劳动。知识青年迁出地集中于大、中、小城市及城镇,而迁入地则涉及成千上万的各地乡村。据统计,1968年至1976年,上海市共迁出了60余万名知识青年。20世纪60年代大约有5万多名知识青年到山西落户,主要来自北京与天津两地。河北省接收安置外省市的知识青年超过72 000人,他们主要也来自天津与北京。同时,各省内的知识青年迁移数量更为庞大,福建省在60年代与70年代下放的知识青年超过了36万人。大批外来青年的迁入,往往是在迁入地政府与百姓毫无准备的情况下发生的,这不仅大大增加了迁入地政府与民众的负担;同时,对于大批知识青年来讲,长期从事最为简单的农业生产劳动,也无疑成为难以接受的现实状况。正是这些弊端与现实问题,在很大程度上导致了这种迁徙活动的失败。

3. 改革开放以后的人口迁徙特征(1980—2000年)

改革开放初期,中国人口发展又进入了一个重大调整与发展时期。就调整而言,大批"上山下乡"的知识青年返迁成为当时具有明显时代特征的现象。绝大部分"上山下乡"的知识青年得以返回原籍,而在短时期内,如此庞大的人口涌入城镇之中,必然造成城镇生活、就业及供给等方面的严重问题。

改革开放的主要目的在于发展经济,改善人民生活,因此,必须突破原来僵化的理念与管理机制,同时,现代经济需要大批劳动力,而农村劳动效益低下,于是,大批农业人口进入城市参加建设,便成为当代经济发展中的一大特征,"农民工""外来务工者"等的称谓流行一时,表现出新时期人口迁徙所产生的复杂的社会影响。又据研究者分析,1985年至1990年的五年间,中国人口迁移存在6个吸引中心与5个迁出中心。6个吸引移民中心分别是广东、江苏、河北、辽宁、上海与四川，5个迁出中心为四川、黑龙江、河北、江苏和甘肃，其中，四川、江苏、河北三省既是移民迁入中心，又是主要的移民迁出地，可见，改革开放后实际的人口迁移情形是相当复杂的[1]。

改革开放以来，由一些著名的大型水库建设而引发的人口迁移引起了国内外的高度关注，其中以三峡水库建设的影响最为突出，涉及的移民总数达到了100万。为了妥善安置移民，中央及各级地方政府均做出了艰苦的努力，并注重将迁移安置工作纳入法制化轨道，如全国人大七届五次会议于1992年4月通过《关于兴建长江三峡工程的决议》，国务院于1993年8月就颁布了《长江三峡工程建设移民条例》[2]。

20世纪是中国移民历史上极不寻常的时段，20世纪的历史就是一部剧烈变化的历史，一部中华民族备受磨难的历史，同时也是一部民族重新走上崛起之路的历史。而20世纪剧烈而复杂的社会变化直接影响并决定了这一时期发生在中国境内的移民运动的特征。政治事变、自然灾荒、战争冲突、经济建设等都会引发人口的大规模迁移。

纵观20世纪的中国历史，移民运动与政治、经济、军事等诸多因素的密切相关性与互动性，非常引人注目。而20世纪移民史所呈现的阶段性特征，也是中国移民历史上值得深入探讨的内容。形成20世纪中国移民史阶段性特征的历史与地理背景是相当复杂的，概括言之，以下几方面的影响因素是非常关键的。

首先是政治体制变迁与国家安全方面的影响因素。在一个世纪之内，中国从极度落后的半封建、半殖民地的专制社会，转变为一个新兴的社会主义大国，其间所经历的政治、社会变革是非常惊人的，甚至是惊心动魄的。人口是一种基本的、极为重要的政治、军事力量，因此，任何重大的政治与社会变革都会引发人口的相应波动。就政治转

---

[1] 参见田方、张东亮编：《中国人口迁移新探》，知识出版社1989年版；阎蓓：《新时期中国人口迁移》，湖南教育出版社1999年版；俞路：《新时期中国国内移民分布研究》，上海三联书店2008年版等。

[2] 参见王茂福：《水库移民返迁——水库移民稳定问题研究》，华中科技大学出版社2008年版。

型而言,中国从一个贫困落后的专制王朝向一个社会主义现代化国家迈进,这一过程是相当困难与艰辛的,其中免不了歧路、弯路甚至是教训、失败。20世纪的前50年,中国社会几乎是在血雨腥风的磨难中度过的,而20世纪的后50年中,残酷的政治运动又曾让整个社会濒临崩溃的边缘。人口迁移活动带有明确的时代特征,亿万中国民众为此付出了巨大的代价。

其次是经济发展方面的影响因素。纵观20世纪的100年,积贫积弱的中国必然寻求经济崛起,于是,求强求富成为一个落后民族的最强音。改革开放的总设计师邓小平同志的一句话,无疑是中国数千年民生史最凝练的总结:"穷了几千年了,是(追求富强的)时候了。"丰富的劳动力资源是中国发展经济的强有力的支撑,而人口分布的不均衡不可能满足经济发展的需要。因此,与经济发展相关的、自发的或有组织的移民运动可谓此起彼伏。20世纪前半叶,向东北地区的大规模移民潮,是不少移民要求改变经济状况的自愿选择,而经济因素对于移民运动的推动力在20世纪后50年更得到淋漓尽致的体现。现代经济发展的过程,往往表现为城市化的过程,而城市化过程的最重要的表象之一,便是大量农民向城市的聚集与转移。

三是自然环境(包括自然灾害)及地理因素的影响。自然灾害对于中国传统社会及移民运动的影响是众所周知的,这种状况在20世纪前半叶并没有根本性的改变,外徙逃生成为众多灾民的无奈选择,自然灾害甚至成为人口重新分布的主要助推力之一。即使在新中国建立之后,即使是在整个社会生产力水平与防灾减灾水平得到较大提升之后,严重的自然灾害对于中国人口及移民发展的影响也是不容低估的,20世纪60年代初期中国社会面临的严峻困难便是极为典型的例证之一。

# 清末至民国时期

# 第一章

# 清朝至民国初期移民问题的认知与移民政策法规的制定

"民为邦本,本固邦宁。"人口,作为一种基本而无可替代的政治与经济力量,对于国家建设与民族发展来讲,都是至关重要的。中国历史上的各个政权及政治势力都极为注重人口(或户口)的数量变化,以及疆域内各族人口的管理问题,20世纪同样也不例外。而移民(人口迁移)是影响人口空间变化最直接、最重要的方式,更是宏大历史与社会演变的重要组成部分。一般来讲,移民运动是社会发展的一种重要的外在表现形式,与社会变迁存在着密不可分的内在关联,因此,要了解移民运动的内在动力及影响因素,必须对社会变迁形势进行全面客观的认识与分析。而就移民研究本身而言,移民认知问题与移民政策的影响是相当关键的。移民政策及相关法规,不仅反映时代变化与需要,同时也对移民运动的开展及持续发挥着重要作用。

20世纪前十年,正处于清末民初社会剧变之际,也是中国移民历史发生巨变的转折时期。对于中国移民历史发展而言,不同时期之间的传承性与因果性是极为直接的。为了了解与认识20世纪移民的历史及深厚的社会背景,必须对清代的移民问题与移民历程进行一番较为全面的认知。清末及民国以来的许多研究者业已指出：清代及民国前期人口迁移的最重要的基调之一，是移民实边[1]。移民实边运动可以说贯穿了20世纪上半叶，甚至持续至60—70年代。因此，清代乃至民国前期移民政策的变化，主要体现于边疆移民政策的巨大改变。

与移民问题认知以及移民政策演变相关，有清一代移民运动的变化表现出相当明显的阶段性发展特征，即不同时代的移民政策具有相当大的差异。如以清代东北及边疆地区移民运动为例，不少研究者对于发展的阶段性特征进行了细致的分析与说明，结论大同小异，即多数观察者与研究者认同三个阶段的划分：奖励移民时期、禁止移民时期、开放移民时期[2]。应该说，这三个时段的划分，在整个清代移民发展史上都具有普遍意义。

第一阶段，从明末到清朝康熙七年（1668年）之前，为奖励移民时期。所谓奖励移民的标志，便是顺治年间所颁布的《招民奖励条例》（或称"辽东招垦令"）。另外，康熙初年，因与俄国发生边境争端，清朝有意增加边防力量，开放广宁、宁远两县土地供外来移民耕种，又修筑瑷珲、墨尔根、伯都讷等多处军事要地，吸引了大批汉族军士及百姓的到来，均可作为奖励移民的重要表征[3]。然而，至康熙七年，"辽东招垦令"被莫名废止，自然标志着清朝初年积极鼓励向东北地区移民的时代结束。

第二阶段，封禁以及弛禁时期。乾隆与嘉庆时期是清朝实行封禁政策最为严格的时期。而咸丰及同治时期，又进入所谓"部分开放"或"弛禁"时期。有学者指出：自从清朝入主中原、定都北京之后，即以盛京（今辽宁沈阳市）为旧京，为了保卫陪都，同时有意隔离满汉，实行所谓"封禁主义"，开始了所谓"封禁时代"[4]。不过，这种观点不免言过其实。

---

1 中华民国建立以来，中国移民问题成为国内外学术界研究的一大焦点，论著成果相当丰富，这些论著为笔者研究及编撰20世纪移民史工作提供了极为重要的前期准备，也成为提高编撰水平的关键。如民国时期关于清代移民研究的最重要的成果之一，是刘选民所撰《清代东三省移民与开垦》（发表于《史学年报》第二卷第五期）。作者在文章中引述大量文献资料，对于清代东北地区移民运动的变化状况，以及清朝后期东北放垦问题进行了全面而详尽的论列与分析，也为笔者认识及论述相关问题提供了可靠的线索与参考。
2 参见让慈：《中国移民满洲之过去及现在》，《湖南大学期刊》1933年第8期，第115—125页。
3 同上。
4 参见朱偰：《满洲移民的历史和现状》，《东方杂志》第35卷第12号，1928年。

必须指出的是,清朝封禁与否,主要是针对汉族普通民众而言的,而向东北地区及其他边疆地区的移民活动并没有因此而全面终止。如清代前期,东北成为流放犯人的集中地,出现了所谓"东北流人"群体。清朝前期,又被称为所谓"屯垦时期",也就是军事移民垦荒时期,即军队的移殖屯垦[1]。当时的开垦由旗民或八旗军士承担。当然,对于普通民众而言,带有明显军事戍卫性质的屯垦时期,也即封禁时期。

第三阶段,就是部分开放与全面开放时期。通常认为,咸丰、同治时期为部分开放时期,而从光绪年间开始,则为全面开放时期。边疆地区开放移民也是清代边疆政策变化的直接结果。

无论如何,移民问题是纷繁复杂的,是中国社会问题的一部分,中国移民历史也是中国社会变迁史的组成部分。就东北而谈东北,就汉族移民而谈移民问题,肯定是不够全面的。例如谈论东北平民移民,不能忽略满族及其他境内民族的迁徙。大多数研究者都没有关注到户籍管理制度与移民运动之间的关系,而东北移民问题只是清朝乃至民国初年全国边疆移民运动的一个组成部分而已,因此,全面而系统地回顾一下清朝边疆移民政策的演变,以及不同时期、不同地区的移民动态与发展,对于我们真正理解20世纪中国波澜壮阔的移民发展历史是极其必要的。

## 第一节

### 清朝前期人口管理制度与移民政策的制定与实施

一 清朝前期的招垦移民政策及其局限性

移民管理政策是清朝社会管理体制的重要组成部分之一。然而,

---

[1] 参见[美]兰特模(今译作"拉铁摩尔")著,任美锷译:《汉人移殖东北之研究》,《新亚细亚》1932年第5期。

有清一代，并没有制定与坚守"一以贯之"的人口管理与移民政策，政策时段差异性极强，显示出一定的历史传承性与突出的时代应对性的特征。每个时段的移民管理政策出现的背景均相当复杂，与当时政权建设状况、所面临的社会历史发展形势以及人口、移民管理需求等诸多因素有着直接的关系。

关外时期，后金及满洲政权将人口掳掠作为削弱明朝实力以及充实自身力量的主要方式之一。因此，我们在当时文献中不难发现大量有关人口掳夺的记述。就人口迁移而言，大量强掳而来的关内百姓，实质上形成了一次又一次的移民。如天命三年（1618年）闰四月，"十六日，约八旗兵于抚顺城西旷野会齐，由此班师。至边界附近嘉板之野驻营，分人畜三十万，编千户"[1]。《满洲实录》对这次大规模的强制移民有着更为详细的说明：天命三年四月，"帝驻抚顺十六日，留兵四千，拆抚顺城。大兵回至抚顺城东旷野处，会各营兵出边。至嘉班安营论功行赏，将所得人畜三十万散给众军，其降民编为一千户，有山东、山西、涿州、杭州、易州、河东、河西等处商贾十六人，皆给路费，书'七恨之言'付之令归。其拆城兵四千亦至，遂令兵六万，率降民及所得人畜前行归国"[2]。这次战役，后金一方可谓战果累累，掳掠人畜总数竟达30万之多。

随着强掳人数的激增，后金政权对于这些强制性移民也进行了编籍管理。如天命十一年（1626年）九月丁丑，"先是，汉人每十三壮丁编为一庄，按满官品级分给为奴。于是，同处一屯，汉人每被侵扰，多致逃亡。上洞悉民隐，务俾安辑，乃按品级，每备御止给壮丁八、牛二，以备使令，其余汉人分屯别居，编为民户，择汉官之清正者辖之"[3]。出于满族及后金政权自身发展的局限性，这些强制移民大多充当了八旗军士的奴仆。再如天聪六年（1632年）六月，"初二日，命将俘获人口，各旗按甲士分之，其跟役不与。于是……所赉书云：汗曰：'所获人口，按旗分给，每旗随营听用之各项匠人等，合编为五十

---

1　《满文老档》第六册，中华书局1990年版，第59页。
2　《满洲实录》卷4，《清实录》，中华书局1985年版，第209—210页。
3　《清太宗实录》卷1，第26页。

户，每户给牛一。每旗取妇女十口、女童十口及其所骑驴二十……至其强横不宜为俘之男丁，戮之。老幼不可携还者，释放勿杀。可晓谕被遣还者曰称：尔等先来归降，甚善。我等将还，遂杀其叛逃之人。至安居者，编为户口携还，我等岂为尔等永居此地耶？'"[1]根据《满文老档》等文献记载，当时八旗军士数量已相当庞大，而蒙古八旗的人口数量也相当可观。如崇德元年（1636年）十一月，"初六日，先是，遣阿什达尔汉舅及达雅齐塔布囊往外藩蒙古编牛录，至是还。彼等所赍书云：奈曼部达尔汗郡王八百家，编为十六牛录。……总计家数：一万九千五百八十家，牛录数：三百八十四牛录……总计甲兵数目：五千四百五十六人"[2]。

至于后金政权末期，随着与明朝战事的激烈展开，人口的掳掠及强制性迁徙进一步加剧。如崇德四年（1639年）三月，"丙寅，左翼多尔衮疏曰：臣等率兵，毁明边关而入，两翼兵约会于通州河西，由北边过燕京。自涿州分兵八道，一沿山下，一沿运河，于山河中间纵兵前进，燕京迤西千里内六府俱已蹂躏，至山西界而还，复至临清州，渡运粮河，攻破山东济南府，至京南天津卫。仗皇上威福，大军深入，克城三十四座，降者六城，败敌十七阵，俘获人口二十五万七千八百八十，将士凯旋，无一伤者"[3]。一次战役俘获的人口竟达到25万人之多，确实令人震惊。

显而易见，如此频繁而大规模的强制迁徙行动，固然是出于后金政权为了削弱明代边防实力、恫吓明朝抵抗势力的考虑，但在实际上也构成了规模相当可观的移民运动，而这种边界地区的移民无疑对于当时后金政权的建设以及东北地区的发展发挥了重要作用。而从另一个侧面可以说明，大批汉族及其他民族人口的加入，使得后期的后金政权已不再为单一民族政权，而东北地区也不再是非汉族区域。这种局面与辽金时期东北的移民运动及社会发展状况是极为相近的。

攻克北京之后，在相当长的一段时间里，东北地区的移民形势发

---

[1] 《满文老档》第五十四册，第1288页。
[2] 《满文老档》第三十四册，第1661—1674页。
[3] 《清太宗实录》卷45，第601页。

生了根本性的逆转,大批清朝皇族及八旗士兵向北京以及京畿地区迁徙,被称为"东来满洲"。为了安置这些满族移民,清朝官府在京畿地区展开了大规模的"圈地运动",而京畿附近的汉族居民则被迫向外迁移[1]。

在明末清初政治鼎革、社会动荡之后,出现了多次全国范围的大规模移民潮,除满族入关外,还有著名的"江西填湖广""湖广填四川"等移民运动,不少已涉及向边疆地区的移民。这些移民潮的出现,既有在人口及移民规律的作用下所出现的中国人口的自发调整,也与清朝官府的政策推动及鼓励有着直接的关系。如从顺治年间到雍正年间,为振兴农业、稳定社会、发展经济,构建新的军事与人口分布格局,清朝官府默认及推出了一系列鼓励及支持人口移动的政策,从而直接引发了全国范围的人口大调整与大迁移。

为了鼓励各地开垦荒地,尽快恢复生产,清朝官府推出了一些鼓励政策。如顺治元年(1644年)议准,"州县卫所荒地无主者,分给流民及官兵屯种,有主者令原主开垦,无力者官给牛具籽种"。就全国范围而言,东北地区开发程度最低,农业开发的条件极为优越,而地广人稀的状况又最为突出,发展当地经济,稳定当地社会,对于所谓"龙兴之地"是必不可少的。因此,顺治十年(1653年),"是年定例:辽东招民开垦至百名者,文授知县,武授守备;六十名以上,文授州同、州判,武授千总;五十名以上,文授县丞、主簿,武授百总。招民数多者,每百名加一级,所招民,每名口给月粮一斗,每地一晌给种六升,每百名给牛二十只"[2]。这就是学者所强调的"辽东招垦令"。我们看到,在这条记载的下面有注文云:"康熙七年(1668年)例停。"即至康熙七年,招民开荒奖励的条例被废止,但是,这并不意味着当时已完全禁止南方移民北迁。如"康熙二十六年奏准:盛京地方旷土甚多,令发遣之人屯种"[3]。

---

1 关于满族人在京畿地区移民与圈地的情况,参见刘家驹:《清朝初期的八旗圈地》,台北:文史哲出版社1978年版。
2 《盛京通志》卷35,辽海出版社1997年版。
3 《钦定大清会典则例》卷35,《景印文渊阁四库全书》本。

对于在边疆及边远地区大力开展农业耕作的必要性,康熙皇帝本人通过实地考察也有很深的体会。他曾对大臣说:"边外地广人稀,自古以来从未开垦。朕数年避暑塞外,令开垦种植。见禾苗有高七尺、穗长一尺五寸者。今年南巡,曾以此语张鹏翮,伊未敢深信。近值边外收获之时,命特刈数本,驿送总漕桑额,转示张鹏翮矣。且内地之田,虽在丰年,每亩所收止一二石。若边外之田,所获更倍之。可见地方不同,然人力亦不可不尽也。"[1]

事实证明,清朝初年移民垦荒政策的效果是较为有限的。顺治十八年(1661年),奉天府府尹张尚贤的一篇奏疏十分形象地描写了当时以盛京(今辽宁沈阳市)为代表的东北地区荒凉落后的情形,称得上是触目惊心,一时间引起了朝廷上下对于东北地区的强烈关注:

> 盛京形势,自兴京(治今辽宁新宾县西)至山海关,东西千余里。开原至金州(今辽宁金县),南北亦千余里……东至盘山驿、高平沙岭,以至三岔河之马圈。此河(即指辽河)西边海之大略也。合河东、河西之边海以观之,黄沙满目,一望荒凉。倘有奸贼暴发,海寇突至,猝难捍御。此外患之可虑者。以内而言,河东城堡虽多,皆成荒土。独奉天、辽阳、海城三处,稍成府县之规。而辽、海两处,仍无城池,如盖州、凤凰城、金州,不过数百人。铁岭、抚顺,惟有流徙诸人,不能耕种,又无生聚。只身者,逃去大半;略有家口者,仅老死此地,实无益于地方。此河东腹里之大略也。河西城堡更多,人民稀少。独宁远、锦州、广宁,人民凑集。仅有佐领一员,不知于地方如何料理。此河西腹里之大略也。合河东、河西之腹里观之,荒城废堡,败瓦颓垣,沃野千里,有土无人,全无可恃。此内忧之甚者。臣朝夕思维,欲弭外患,必当筹画堤防。欲消内忧,必当充实根本,以图久远之策……[2]

时值顺治末年,张尚贤所指的区域是以辽河水系为中心的盛京地区,盛京地区尚且如此荒凉,位置更北、更偏僻的黑龙江、吉林地区

---

1 《清圣祖实录》卷231,康熙四十六年丁亥,冬十月己亥,第310、223页。
2 《清世祖实录》卷2,顺治辛丑(十八年)五月丁巳,第64—65页。

的荒凉及地广人稀的程度更是可想而知。边疆地区空虚少人的状况,不仅对于国家经济发展没有丝毫裨益,而且对于当时边疆社会建设以及边防安全更是有害无益、隐忧难测。

对于全国范围的垦荒运动而言,政策的宽松与优惠是至关重要的。如康熙七年(1668年)四月,云南道御史徐旭龄就在上疏中指出当时垦荒运动效果不理想的症结所在:

> 国家生财之道,垦荒为要。乃行之二十余年而未见成效者,其患有三。一则科差太急,而富民以有田为累;一则招徕无资,而贫民以受田为苦;一则考成太宽,而有司不以垦田为职。此三患者,今日垦荒之通病也。朝廷诚讲富国之效,则向议一例三年起科者,非也。田有高下不等,必新荒者三年起科,积荒者五年起科,极荒者永不起科,则民力宽而佃垦者众矣。向议听民自佃者,非也。民有贫富不等,必流移者给以官庄,匮乏者贷以官牛,陂塘沟洫修以官帑,则民财裕而力垦者多矣。向议停止五年垦限者,非也。官有勤惰不等,必限以几年招复户口,几年修举水利,几年垦完地土,有田功者升,无田功者黜。则惩劝实而督垦者勤矣。[1]

徐旭龄的见解相当精辟,触及当时垦荒政策的严重局限性。垦荒政策的推行,本身面临一系列棘手的难题,用简单划一的政策不仅无助于矛盾的解决,而且还会引起更多的问题与冲突。如荒地可简单分为新荒地、积荒地与极荒地,其地力恢复时间存在很大差距,如开垦荒地后不论土地贫瘠程度,一律规定三年起科,征收田赋,那么对于开垦积荒地与极荒土地的垦民而言,是极不合理的。通常,开垦荒地的农民是难以在数年之内收回成本的,更不要说上缴田赋了,因此,只有"永不起科"的政策才能较大程度地调动起人们开垦的积极性。

当时,另外一个耕地与人口矛盾极为突出的区域,便是四川。时任四川湖广总督蔡毓荣的上疏,同样也反映出招垦政策的局限性:

> 蜀省有可耕之田,而无耕田之民。招民开垦,洵属急务。但

---

[1]《清圣祖实录》卷25,康熙七年戊申夏四月辛卯,第356—357页。

招民限以七百名之例，所费不赀，能招徕者甚少。臣谓非广其招徕之途，减其开垦之数，宽其起科之限，必不能有济。请敕部准开招民之例，如候选州同州判县丞等，及举贡监生生员人等，有力招民者，授以署职之衔，使之招民，不限年数，不拘蜀民流落在外，及各省愿垦荒地之人，统以三百户为率。俟三百户民，尽皆开垦，取有地方甘结，方准给俸，实授本县知县。其本省现任文武各官，有能如数招民开垦者，准不论俸满即升。又蜀省随征投诚各官，俟立有军功，咨部补用者，能如数招民开垦，照立功之例，即准咨部补用。其开垦地亩，准令五年起科。如此，则人易为力，而从事者多，残疆庶可望生聚矣。[1]

无论如何，经过数十年的努力，在广大北上移民的推动下，口外地区农业生产得到了一定程度的恢复。在这种状况下，清朝官府对于外来移民的态度也不得不有所调整。如康熙五十一年（1712年）五月壬寅，康熙在诏谕中指出："山东民人，往来口外垦地者，多至十万余。伊等皆朕黎庶，既到口外种田生理，若不容留，令伊等何往。但不互相对阅查明，将来俱为蒙古矣。嗣后山东民人，有到口外种田者，该抚查明年貌姓名籍贯，造册移送稽察。由口外回山东去者，亦查明造册，移送该抚对阅稽查，则百姓不得任意往返，而事亦得清厘矣。"[2] 康熙五十四年（1715年）二月癸巳，奉天府府尹郝林疏言："奉、锦两府，多系招徕民人，恐愚民一时窘迫，将子女卖与别省人，携去或典卖旗下，请敕部定议作何禁止。又旗民地土虽各有圈开界分，但互相交错易于侵占，以致争竞且贪占已成熟田，必不肯尽力以垦未开荒地。亦请敕部通行严饬，勿许侵占，以杜争端。"[3]

总而言之，清朝初年，朝野对于向边疆地区的移民持开放而又宽容的态度，这无疑对移民边疆与移民垦荒起到了很好的推动作用。如康熙五十五年（1715年）七月丁亥，吏部尚书富宁安在上疏中讲道："臣遵旨于达里图等处耕种，田苗茂盛，丰收可期。但军需莫要于粮

---

[1] 《清圣祖实录》卷36康熙十年辛亥六月乙未，第485—487页。
[2] 《清圣祖实录》卷250，第478页。
[3] 《清圣祖实录》卷262，第582页。

米,臣复细访,自嘉峪关至达里图,可垦之地尚多。肃州之北口外,金塔寺地方,亦可耕种。请于八月间,臣亲往遍行踏勘,会同巡抚绰奇,招民耕种外,再令甘肃陕西文武大臣,及地方官,捐输耕种。无论官民,有愿以己力耕种者,亦令前往耕种。俟收获之后,人民渐集,请设立卫所,于边疆大有裨益。"[1] 官员的这种态度对于开发边疆、发展边疆地区农业生产是大有好处的,但是,我们更要看到,真正阻挡广大内地百姓前往边疆开垦的"拦路虎",是严格的户籍(保甲)管理制度以及相关的法律条例。

## 二 户籍及保甲制度的完善与封禁政策的实施

必须看到,清朝初年,积极鼓励开荒垦荒只是当时官方政策的一个方面,实际上,清朝官府同时面临着全国性户籍人口管理工作的重大挑战。入关以后,清朝统治阶层面对面积广袤的疆域与众多的人口,开始着手制定与实施较为全面的户口管理政策与制度。"顺治元年(1644年),令州县编置户口、牌甲。"三年(1646年),颁定《人户以籍为定及脱漏户口律》:"凡军、民、驿、灶、医、卜、工、乐诸色人户,并以原报册籍为定。若诈冒脱免,避重就轻者,杖八十,仍改正。凡一户全不附籍,及将他人隐蔽在户不报,或隐漏自己成丁人口及增减年状,妄作老幼废疾者,分别罪之。"[2]

"人户以籍为定"是中国传统时代户籍制度的实质性特征,类似的内容很早即列入了王朝律法条目之中,具有高度的权威性与强制性。这就意味着,在中国传统时代,自由迁徙是非法的,受到官方法律的禁止及官府的排斥,这就为广大普通百姓进行自由迁徙活动树立了可怕的壁垒。如《大清律》的"户律"中同样特别强调了"人户以籍为定"的基本原则:

> 凡军、民、驿、灶、医、卜、工、乐诸色人户,并以(原报册)籍为

---

1 《清圣祖实录》卷269,第639页。
2 《皇朝文献通考》卷19。

定。若诈（军作民）、冒（民）、脱（匠）、免、避（己）重就（人）轻者，杖八十；其官司妄准脱、免，及变乱（改军为民，改民为匠）版籍者，罪同（军、民、人等各改正当差）。若诈称各卫军人，不当军、民差役者，杖一百，发边远充军。

户籍管理制度为古代王朝赋役制度建设以及政治体制运转的最根本的基础，因此，强化户籍与保甲制度是历代王朝维护王朝政治与经济稳定的必然行为，清朝也不例外。又如《大清律》中"逃避差役"条又云："凡民户，逃往邻境州、县躲避差役者，杖一百，发还原籍当差，其亲管里长、提调官吏故纵，及邻境人户隐蔽在己者，各与同罪。若（邻境）里长知而不逐遣，及原管官司不移文起取，若移文起取而所在官司占吝不发者，各杖六十……"清代法律研究者对此作出了这样的注解：

> 州县人户，分土定籍，各相统摄。凡民当安其土，以供本等差役。若逃于邻境而躲避之者，是谓奸民，杖一百，发还当差。其原管里长、官吏知其逃而故纵不问，是纵奸也；邻境人户知其逃而隐蔽在己户内，是同奸也，各与逃避人同罪，亦杖一百。邻境里长知其人户内有隐蔽逃户，而不遣逐回籍；原管官司知其逃避所在，而不起文移取；所在官司听其逃避，而占吝不发者，是养奸也，各杖六十……[1]

"分土定籍"的目的，就是让"民当安其土"，即将广大百姓强制附着于地籍之上。森严的户籍管理制度，与广大百姓自由迁徙的权益是针锋相对、难以兼容的。也就是说，在清代的户籍管理体系之下，百姓的自由迁徙是非法的，是不会受到法律保护的。这一点在中国移民史以及清代移民史上都须特别加以强调。

在户籍编定制度之外，清代制定并实施了相当严格的关禁政策，对于平民百姓的出行同样起到了巨大的阻碍作用，当然，全面禁止广大百姓的出行，不仅是不可能的，也不利于贸易及商业的发展，因此，必须出台一些辅助的措施，来规范与管理百姓的外出行动。"边票制

---

[1] 〔清〕沈之奇撰，怀效锋、李俊点校：《大清律辑注》卷4，法律出版社2000年版，第192—212页。

度"便是强制限止内地百姓自由出关进行生产与经济活动的制度之一，由此，也开启了备受后世诟病的"封禁时代"。如"康熙元年，题准各关口出入人等须按名验票，察对年貌，籍贯注册放行。将出口人数花名造册，按季送部察核。三十四年，覆准内地民人不许在边外居住，如有私出边外居住者，察出，将守口旗员一并严加治罪"[1]。清代实施关禁制度涉及的关口相当多。其中，通往边疆地区的关口，如山海关等，无疑是"重中之重"。如：

> （乾隆三年）又令奉天府寄寓人民愿入籍者，听；不愿者，限十年内回籍。至十五年，议准奉天流民归籍之期，已满十年，其不愿入籍而未经回籍者，令查出速行遣回，并令奉天沿海地方官，多拨兵役稽察，不许内地人民私自出口山海关，喜峰口及九边门，亦令一体严禁。[2]

可以看出，号称"视民如伤"的乾隆皇帝对于口外移民的态度也是相当矛盾的。一方面，面对大量寄寓已久的关外移民，一概驱赶回乡，过于粗暴，也不现实，况且，关外地区的繁荣与发展同样依赖关内移民的到来，因此，允许移民入籍。另一方面，又加大山海关、喜峰口及九边门的稽查，以限制自由迁徙。不过，后来，兵部左侍郎舒赫德的"八款"奏议将封禁政策引向了极端。

乾隆五年（1740年）四月，兵部左侍郎舒赫德在上奏中称："奉天地方，关系甚重。旗人生齿日繁，又兼各省商民辐辏，良莠不齐。旗人为流俗所染，生计风俗不如从前。若不亟为整饬，日久人烟益众，风俗日下，则愈难挽回。臣等恭抒管见，列为八款。"舒赫德所列八款主张及措施完全得到了乾隆皇帝的批准，下令东北地区的将军及府尹依照办理。舒赫德所列八款措施分别为：

（1）山海关出入之人，必宜严禁。
（2）严禁商船携载多人。
（3）稽查保甲宜严。

---

[1]《钦定大清会典则例》卷114"兵部关禁"下，《景印文渊阁四库全书》本。
[2] 乾隆朝《皇朝文献通考》卷19《户口考一》，《景印文渊阁四库全书》本。

(4) 奉天空闲田地,宜专令旗人垦种。

(5) 严禁凿山以余地利。

(6) 重治偷挖人参,以清积弊。

(7) 宗室觉罗,风俗宜整。

(8) 出关旗人给予凭记,以便查察。[1]

与舒赫德所列八款主张及措施相对应,《大清律例》对于百姓出行的种种限制达到了一个极端。如《大清律例·兵律·关津》中就开列种种禁律,对于普通百姓私自通过关津进行严格限制,并制定惩罚措施,如有"私越冒度关津""诈冒给路引""盘诘奸细""私出外境及违禁下海"诸律及条例等[2]。

如"私越冒度关津律"规定:

> 凡无文引私度关津者,杖八十。若关不由门,津不由渡(别从间道)而越度者,杖九十。若越度缘边关塞者,杖一百,徒三年。因而(潜)出(交通)外境者,绞(监候)。守把之人知而故纵者,同罪(至死减一等)。失于盘诘者(官),各减三等,罪止杖一百。军兵又减一等,并罪坐直日者。

其下"条例"又规定:"凡民人无票私出口外者,杖一百,流二千里。缘边关口,每季将出入人数造册,取具并无匪类,出口印甘,各结申报。倘守口官不验明印票,及贿纵出入,该管官察出,即行详报该管将军、督抚、提镇题参,交部严行治罪。若该管将军、督抚、提镇通同徇庇,不行查参及稽察不严,以致匪类越境生事者,一并从重议处。"

我们从清代的法律条例中也可以发现,北方长城沿线关口地区是防越私渡、私闯的重点区域。如"私越冒度关津律"下"条例"又规定:

> 一、凡雇倩口内之人,往口外种地及砍木烧炭者,户、工二部照例给票出口。回日仍察收。无票之人,令各处察拿,若捏称种地及砍木烧炭名色起票前往,而将票转卖与人及买者,一并拿送

---

[1]《清高宗实录》卷115。
[2] 乾隆《大清律例》卷20,《景印文渊阁四库全书》本。

该部治罪。

……

一、缘边关口，有熟识路径奸徒引领游民私自偷越，或受贿引送夹带违禁货物之人出口者，除将偷越及夹带本犯各照律分别治罪外，其引送之人如审系仅图微利并无别情者，照违制律杖一百，加枷号一个月，交该管官严行管束。如偷越之人出口，别有奸谋，该犯明知引送，婪索多赃，照守把之人知情故纵律治罪，兵弁失于查拿，照例参处。

除北方沿边地区外，东部及东南沿海地区同样是清朝严禁私自移民的区域。如"私出外境及违禁下海律"规定："凡将马、牛、军需、铁货、铜钱、缎匹、绸绢、丝绵私出外境货卖，及下海者，杖一百，挑担驮载之人减一等。物货船车并入官于内，以十分为率，三分付告人充赏。若将人口军器出境及下海者，绞；因而走泄事情者，斩。其该拘束官司及守把之人通同夹带或知而故纵者，与犯人同罪；失觉察者，减三等，罪止杖一百。军兵又减一等。"其下"条例"又称：

一、凡沿海地方奸豪势要及军民人等，私造海船将带违禁货物下海前往番国买卖，潜通海贼，同谋结聚，及为乡道劫掠良民者，正犯比照谋叛已行律处斩枭示，全家发近边充军……

……

一、奉天锦、复、雄、盖四城，俱系海疆，嗣后无论天津、山东等处商船俱著于设有官兵处所停泊上岸，以便稽查。仍饬轮班兵役，严行访查。如拿获无票船只私渡民人者，船户、民人俱照越度缘边关塞律治罪，船只入官。若有票商船私带票内无名之人，查出将本人照私度关津，递回原籍，船户照违制律治罪，船只免其入官。[1]

而更应强调的是，户籍保甲制度更是成为清朝各级官府防范普通百姓自由迁徙最重要的手段之一。如"盘诘奸细律"下"条例"规定：

---

[1] 乾隆《大清律例》卷20。

> 凡州、县、城、乡，十户立一牌头，十牌立一甲头，十甲立一保长。户给印牌一张，书写姓名、丁数。出则注明所往，入则稽其所来。其客店亦令各立一簿，每夜宿客姓名几人、行李牲口几何，作何生理，往来何处，逐一登记明白。至于寺观，亦分给印牌，上写僧道口数、姓名，稽察出入。如有虚文应事，徒委捕官吏胥需索扰害者，该上司查参治罪。[1]

即便是沿海船舶与渔民也同样适用于严格的保甲管理制度。如"私出外境及违禁下海律"下"条例"又规定："凡商渔船只，分别书刻字样，其营船刊刻某营第几号，哨船舵工水手人等俱各给与腰牌，刊明姓名、年貌、籍贯。如船无字号，人有可疑，即严加究治。"

嘉庆时期，同样延续着严格的封禁政策。如嘉庆八年（1803年）五月，嘉庆皇帝在上谕中提出了"禁贫民携眷出口"的问题。这份上谕对于封禁政策实施的必要性进行了一番解释：

> 山海关外，系东三省地方，为满洲根本重地，原不准留寓民人，杂处其间，私垦地亩，致碍旗人生计。例禁有年。自乾隆五十七年（1792年），京南偶被偏灾，仰蒙皇考高宗纯皇帝格外施恩，准令无业贫民出口觅食，原系一时权宜抚绥之计，事后即应停止。乃近年以来，民人多有携眷出关，并不分别查验，概准放行。即因嘉庆六年秋间，畿南州县，被水成灾，间有穷黎携眷出口之事，迨至上年，直隶收成丰稔，民气已复，何以直至今春，尚有携眷出关者数百户？……嗣后民人出入，除只身前往之贸易佣工、就食贫民，仍令呈明地方给票，到关查验放行，造册报部外，其携眷出口之户，概行禁止。即遇关内地方偶值荒歉之年，贫民亟思移家谋食，情愿出口营生者，亦应由地方官察看灾分轻重，人数多寡，报明督抚据实陈奏，候旨允行后始准出关。仍当明定限期，饬令遵限停止，毋得日久因循致滋弊端。此次定立《章程》以后，并著直隶山东各督抚接到部咨，遍行出示晓谕，以现在钦奉谕旨饬禁民人携眷出口。该民人等当各在本籍安业谋生，不得轻去其乡，希

---

[1] 乾隆《大清律例》卷20。

图出口谋食,相率赴关,以致半途而返。庶民人知干例禁,不致徒劳跋涉也。[1]

嘉庆皇帝这份上谕的主旨,在于确立章程,重申关禁制度,然而,移民问题涉及面极大,全面封禁的难度是相当大的。例如尽管官府三令五申限制平民出关,但是,广大百姓仍然想方设法向东北地区迁徙,如山东地区的百姓更多地选择海路。对于这种局面,嘉庆皇帝及各级官员也感到力不从心。如嘉庆八年七月庚申,嘉庆谕示军机大臣等道:"……向闻山东民人前赴奉天多由海道行走,较之陆路尤为径捷。今山海关定例禁严,民人既不便于携眷出口,则此后乘桴者必众,自不可不防其渐。著该抚督饬沿海口文武员弁于所管地方,实力稽查,毋许民人私行偷渡为要。"[2]

时至嘉庆十三年(1808年)九月壬辰,户部议覆盛京将军富俊等完成并奏报的《严禁流民出口私垦章程》,其中规定:"……嗣后民人出山海关至奉天属各处者,令由原籍起关照一张,填注姓名及前往处所,到关验明放行,仍令在原籍起随身护票一张,填注所往地方,缴官备查,如出山海关至威远堡法库边门外,令由原籍起关照二张,一照山海关存留,一照边门存留,应如所请。"[3] 新订章程的出笼,无疑将关外及口外移民限制政策更加规范化与常态化了。

大批移民的到来,需要清朝对于关外及东北地区加强行政管理。如郭尔罗斯地方就因大批流民前来开垦而设立了长春厅。尽管有种种限制,前来开垦的移民仍然络绎不绝,对此,嘉庆皇帝也深感无奈,只好接受现实,惩戒官员而已:

> (嘉庆十一年七月乙丑)谕内阁:郭尔罗斯地方从前因流民开垦地亩,设立长春厅管理,原议章程除已垦熟地及现居民户外,不准多垦一亩,增居一户。今数年以来,流民续往垦荒,又增至七千余口之众。若此时概行驱逐,伊等均系无业贫民,一旦遽失生

---

1 《清仁宗实录》卷113嘉庆八年五月乙未条,第496—497页。
2 《清仁宗实录》卷117,第563页。
3 《清仁宗实录》卷20,第685页。

计,情亦可悯,著仍前准令在该处居住,但国家设立关隘,内外各有限制,该处流民七千余人,非由一时聚集,总由各关口平日不行稽查,任意放行,遂致日积日多。今事隔数年,其经由各关口,亦难一一追查,所有失察各员姑从宽免究。嗣后各边门守卡官弁,务遵例严行查禁。遇有出口民人,均询明来历呈报,不得任听成群结伙,相率流移。若仍前疏纵,定按例惩处不贷。至所垦地亩,均系蒙古地界,毋庸官征丁赋,所出租银,仍听蒙古征收,亦不必官为经理。[1]

嘉庆十五年(1810年)四月庚子,为了加强管理热河地区的移民事务,特增设热河统辖大员。当时,嘉庆特别谕示内阁大臣云:"口外沿边地方,自康熙年间已有内地民人在彼耕种居住,百余年来流寓渐多,生齿益众。雍正元年以后,节次添设官员,现在吉林、盛京、直隶、山西、口外毗连一带,共设有一府、一州、五县、十二厅,此内各厅有隶吉林将军统辖者,有隶奉天府尹统辖者,有隶山西巡抚统辖者,至承德府所属各州县及宣化府口外三厅,皆属直隶总督统辖,地方辽阔,于吏治察覈、刑名审转诸多不便。朕意当于热河地方设一大员,将承德府等处附近各属专令统辖,应如何改建、统属并建置各事宜,著大学士会同各该部妥议具奏。……至民人租种蒙古地亩,向无存官册档,自应及时清厘,并交理藩院行文。该盟长扎萨克等,谕以皇上轸念蒙古久远生计,虑及开垦益多有妨游牧,嗣后各部落内除先经开垦地亩外,不准再有私招民人开垦之事。现在该地聚集民人既有十万八千六百余户,应责成理事司员州县等严查,勿令再添外来流民,庶可杜蒙古地亩日逐增垦,其穷苦者得以孳息牧产,流寓民人安居耕种,该扎萨克等亦长得租银津贴办公,一切均有裨益。"[2]以嘉庆皇帝为典型,清代前期诸位皇帝对于移民问题的矛盾态度是相当突出的。一方面,这些帝王意欲昭示天下其"爱民如子"的仁慈精神,另一方面,又不得不以各种名目限制天下百姓的自由迁徙,并不断加强户籍管理与保甲制度。嘉

---

[1]《清仁宗实录》卷164,第137页。
[2]《清仁宗实录》卷228,第59—60页。

庆皇帝本人常常表现出两难选择、摇摆不定的态度。如嘉庆十九年（1814年）五月癸巳谕示内阁云："又各省流民一概不准出口一条，国家生齿日繁，无业贫民出口佣趁谋食，势难一概禁止，但于关口严设禁令，不过使贫民多罹于法，其绕道偷越者仍所不免，既于民生有碍，亦于关政无益。又口外商民赴热河生理及由此厅赴彼厅者悉由各厅给票查验一条，口外各厅，境壤相连，若商民来往均须领票报查，是使胥吏日饱囊橐，商民被累，必群相裹足不前，其弊岂可胜言？此条苛细浅陋，皆断不可行之事，无庸再行置议。"[1]

不过，我们看到，时至道光六年（1826年），清廷依然坚守着严格的关禁政策。如道光皇帝在上谕上指出：

> 吉林为我朝根本重地，所有潜住流民，必应全行驱逐；因恤其无业可归，前经降旨富俊，妥议章程，饬令依限迁徙。兹据该将军奏，该流民陆续搬进卡伦以内，分散居住，共有六百余户，尚有三百余户，月内总可搬移净尽。惟额赫穆屯卡伦至黄沟卡伦，相距六十余里，并无界限，必须添立封堆，移设卡伦，俾资巡查周密……务须勒限搬移，不准容留一户。嗣后仍当随时认真稽查，断不准再有民人潜往居住，毋得日久玩忽，仍蹈故辙，致干重咎。[2]

根据现代学者的研究，清代对于边疆地区的封禁，并不限于东北地区，长城以北的蒙古地区、南方的"苗疆"地区、东南沿海的台湾地区同样是封禁政策的施行区域。如乾隆二十六年（1761年），"定归化城等处禁止私垦例，凡归化城大青山十五峪三百余户垦地民人，令归化城都统派员会同地方官按年巡查，倘于现有民人外再多容留一人违禁私垦地亩，将容留及私垦之人递回原籍治罪。""又定番界苗疆禁例。一、台湾流寓民人自去年停止搬眷之后，不准内地民人私行偷渡。一、台湾民人不得与番人结亲，违者离异，其从前已娶生子者不许往

---

[1] 《清仁宗实录》卷290，第963—964页。
[2] 《东华录》道光六年十一月，参见朱偰：《满洲移民的历史和现状》，《东方杂志》第25卷第12号，1928年。

来番社。"又"民人无故擅入苗地及苗人无故擅入民地,均照例治罪。其民人有往苗地贸易者,取具行户邻右保结报官,给照,令塘汛验收,逾期不出,严查究拟"[1]。

清朝前期,朝廷在移民政策上的态度始终是模糊不清的。从区域发展上、全国经济、国防安全以及民生出路等方面来看,大力实行垦荒移民无疑是有百利而无一害的,甚至可以说是必由之路。就全国范围而言,区域人口分布与农业发展的不均衡,迫使清政府在人口政策方面做出调整,甚至也在某些区域持续实施了招垦政策。这一点在"湖广填四川"移民运动中得到了较为充分的体现。

但是,就古代王朝专制权力体系的建设而言,建立户籍、保甲制度又是必不可少的重要手段与方式。两者之间的矛盾与对立决定了清朝官府在移民问题上的摇摆不定,在具体实施过程中,前后也存在较大的差异。从根本上讲,封禁政策无疑是皇权的一种滥用,封禁制度的危害与恶果最终会伤害到专制政权本身。因为若没有国防安全与民生基础,专制政权必然陷入风雨飘摇之中。

## 第二节

## 清代后期移民问题认知与边疆移民政策的重大转变

某一历史时期整个社会对于移民问题的认知,在很大程度上可以反映出当时社会变迁、人口状况以及移民潮发生的复杂而深刻的历史地理背景,也是促使当时官方移民政策产生及保证其效果的基础。清朝后期直至20世纪初,整个中国社会对于移民问题(特别是边疆移民)的认知产生了重大转变,由此引发官方移民政策根本性的改变。这在中国移民历史上也具有十分典型的意

---

[1] 乾隆朝《皇朝文献通考》,《景印文渊阁四库全书》第632册。

义与价值。

当然,清代晚期对于移民问题认知的转变,更源于当时深刻的社会危机与边疆危机。作为移民认知状况的一种特殊表现形式,清朝官方移民政策的转变经历了一个相当漫长的过程,且有不同地域间的政策差异。自从道光时期第一次鸦片战争与第二次鸦片战争接连失败以后,清朝的边防形势陡然发生了剧烈的变动,大片国土的丧失以及严重的边疆危机的出现,迫使清朝官府重新考量边禁政策的得失,并开始重视长期边禁政策所产生的负面影响。

## 一 清代后期边疆移民开放过程与移民政策的改变

时至清朝后期,偌大的清朝帝国已显露衰微之势。随着西方列强对于中国侵略的进一步加深,中国传统社会内在的危机全面暴露。清朝官府被迫改变以往限制向边疆移民的态度,转而鼓励甚至支持向边疆的移民。因此,清代边疆移民历史呈现出十分突出的阶段性变化,这也为研究者们的分期研究提供了依据。如《黑龙江志稿》卷8《垦务沿革》就将有清一代黑龙江地区的开垦过程分为"屯垦期""部分丈放期(始于咸丰十年,1860年)"与"全体开放时期(始于光绪三十年,1904年)"等几个阶段。现代学者也大都遵从这种分期观点,如云:"清末对东北的开禁放垦,经历了一个逐渐演变的过程,从大部开放,局部封禁,到走向全面的开放。大体说来,从1860年(咸丰十年)到1903年(光绪二十九年)为局部开禁时期;1904年(光绪三十年)至1911年(宣统三年)清王朝覆亡,为全面开放时期。"[1]

当然,对于东北地区而言,移民开垦乃至塞外移民社会的构建,是一个相当复杂的发展历程。对于咸丰以后清代边疆移民政策发生重大转变的原因与背景,不少研究者进行了较为全面的归纳。如指出大量汉族人口移民出关的事实,是迫使统治者改变政策的主要原因;近代东北边疆的危机加速了清末移民实边政策的出台等[2]。应该说,日

---

[1] 范立君:《近代关内移民与中国东北社会变迁(1860—1931)》,第50页。
[2] 参见马平安:《近代东北移民研究》,齐鲁书社2009年版,第28—39页。

益紧迫的边疆危机对于清朝政府的冲击与影响更为直接与剧烈。

### (一) 兵屯、旗屯及官屯时期

所谓"屯垦期",就是"兵屯""旗屯"与"官屯"时期,即指东北地区准军事性的移民建屯开荒时期。事实上,有清一代,东北地区的农业开发与移民史,并没有因所谓"封禁政策"而完全终止,而存在着一个耕种主体以兵士、旗民为主向以汉族平民为主的转变,耕地管理组织制度也有一个由官屯向民垦的转变。以往这一时段的移民史研究更多地集中于汉族移民的活动,自然有失偏颇。事实上,清朝所谓"封禁政策",主要是针对汉族平民而言的,清政府不但不限制旗民向东北地区的移徙行动,甚至还特别鼓励居住于北京地区的旗民移往东北地区,从事农业开垦工作,即所谓"京旗移驻",或"移旗就垦"。因此,旗民向东北地区的移居,以及旗屯的大量出现,理应在清代东北地区移民及经济开发史上占有重要的一席之地[1]。

清朝开国初年,大批满族民众移往京畿地区,并因此掀起一场声势浩大的"圈地运动",满族移民又被时人称为"东来满洲"。大批满族人口的南迁,是造成日后东北地区人口空虚的重要原因之一。而随着时间的推移,大批聚居于京畿地区的满族人不仅自身生存陷入困境,还造成了相当严峻的社会问题。因此,在这种情况下,不少官员提出了重新将部分满族人口迁回东北关外地区的建议与计划,不仅最终得到了最高决策者的同意,而且早在乾隆年间已进行了较为成功的尝试。

呼兰(今黑龙江哈尔滨市呼兰区)及拉林(今五常市拉林镇)等地区是乾嘉时代满族旗屯移民最为集中的区域。据《黑龙江志稿》卷八记载,乾隆二年(1737年)设立呼兰官庄(又称为呼兰官屯)四十所,由盛京将军在八旗户中选取善于耕种的壮丁400名,携带家眷前往开垦。每位壮丁拨给荒地六十亩、草房两间,每十丁合为一庄。乾隆五年(1740年),又增设呼兰官庄十所,择壮丁50名前往耕种。又据《黑

---

[1] 石方:《清朝中期的"京旗移垦"、汉族移民东北及其社会意义》,《人口学刊》1987年第4期;林士铉:《清季东北移民实边政策之研究》中"旗屯与移民实边"的相关内容,台北政治大学历史学系2001年版。

龙江外纪》记载,当时官屯分布区主要有:"齐齐哈尔官屯领催三名,壮丁三百名,设官庄三十;墨尔根官屯领催一名,壮丁一百五十名,设官庄十五;黑龙江城官屯领催四名,壮丁四百名,设官庄四十;呼兰官屯领催五名,壮丁五百十名,设官庄五十。"据此合计,当时黑龙江地区的官屯已有 135 所、壮丁 1 360 名。如果加上这些壮丁的家眷,可知当时这一地区的官屯移民数量已初见规模了[1]。

拉林地区的放垦始于乾隆六年(1741 年)户部侍郎梁诗正等人的奏疏,而乾隆七年以后,清廷已着手安排将京旗的满族人迁往拉林等地,并且迁徙规模远大于官屯。如有研究者在实地调查后指出:"乾隆九年及以后陆续迁移来的京旗满族人在拉林前后共建立二十四个屯子,分作八旗,每旗三屯,分布集中,每屯六十户,土地按旗丁分配,每户分三头耕牛。"[2]据此合计,当时满族屯丁已有 1 140 户,若按每户 5 口计算,这批屯丁户口就有 5 700 口之多。而双林堡一带所建旗屯则更为众多,共有 120 个营子,分属 24 个旗,每旗 5 个屯。按建置时间的前后,称为"陈营子""新营子""新旗"等。其中,陈营子每旗为 248 户,5 旗合计为 1 240 户;新营子每旗为 124 户,5 旗合计为 620 户;新旗数量与新营子相同,同为 620 户。三部分旗屯合计 2 480 户,按每户 5 口计,那么,双林堡一带旗屯户口应有 12 400 口。可见,当时拉林及双林堡地区的京旗满族人数量已相当可观了[3]。

更为重要的是,招垦章程的出现,不仅有力地推动了当时招垦工作的顺利开展,还为后来招垦活动的大规模开展提供了宝贵的参照。京旗移垦是一项相当艰苦的工作,因为长期生活于京畿一带的旗民大都不愿离京而远赴关外从事开垦边荒的工作,因此,长期以来京旗移垦工作举步维艰,效果很不理想。而招徕东北其他地区的旗民从事荒地开垦工作的潜力则相当大,因此,有必要订立新的招垦章程,招收其他地区旗丁的参与。正是在这种情况下,嘉庆十九年(1814 年)与

---

1 参见《黑龙江志稿》卷 8《经政志》,第 790 页引文。
2 参见陈伯霖:《黑龙江省满族移民旗屯建置述略》,《黑龙江民族丛刊》1990 年第 2 期。并见《黑龙江省满族、朝鲜族、回族、蒙古族、柯尔克孜族社会历史调查》(黑龙江朝鲜民族出版社 1987 年版)一书相关内容。
3 参见陈伯霖:《黑龙江省满族移民旗屯建置述略》,《黑龙江民族丛刊》1990 年第 2 期。

道光元年（1821年），吉林将军富俊先后提出了《拉林试垦章程》与《吉林屯田移住京旗闲散章程》，均得到了清廷的赞同。其主旨为："此时预筹试垦，莫若先计屯田。通盘合算，应请先于吉林所属无业闲散旗人内，合旗共拣丁一千名，出结保送，作为屯丁。每丁由备用项下给银二十五两，官为置办牛具，自行搭盖窝棚，由阿勒……于前勘定拉林、东南夹信子沟地方，每名拨给荒地三十坰，垦种二十坰，留荒十坰。试种三年后，每坰交谷一石……"《拉林试垦章程》中所附《拨设官兵屯垦章程》与《试垦事宜》对于官办试垦管理工作进行了较为详细的安排与规范[1]。

然而，我们看到，虽然《拉林试垦章程》为屯田开垦移民安置管理工作开创了一个新的模式，但是，当时这种垦荒模式依然是在"官办"与"官屯"的模式及范畴之内进行的。一方面，官屯由官府派官员直接管理，等级分明；另一方面，开赴垦荒之前，地方官府需为屯丁提供相当丰厚的物质保障，包括启动经费及牛具等。这突出地反映出当时官府对于边远地区开垦活动的主导思想，即想将一切开垦活动完全控制在官府管理体制之下。但是，且不说这种管理模式是否长期有效，即便就如政府出资这一问题来讲，清朝官府恐怕也难以承担。因此，种种因素最终造成当时招垦的效果很不好，官屯之内的荒田依然是由附近的汉族代为垦种，这无疑也为日后开放汉民开垦创造了机缘[2]。此外，垦务局在咸丰年间设立，也被视为清朝官府将边疆移民规范化、合法化的一项重要举措[3]。

对于新招徕的垦荒旗丁而言，依旧按照旗屯、官庄等官办开垦工作模式进行统一管理，这显然是行不通的。

### （二）边疆危机时期与东北放垦的开始

不少研究者已经指出，咸丰至光绪年间是清朝边疆移民政策的

---

[1] 参见黑龙江省双城县档案馆：《嘉庆二十年拉林试垦计划及章程史料》，《历史档案》1987年第3期。
[2] 参见石方：《清代黑龙江移民探讨》，《黑龙江文物丛刊》1984年第3期。
[3] 朱家骅等编：《浙江移民问题》第四编《对于移民东北的认识》，第16—17页。

重大转折时期。绝大多数的研究者在清代移民政策研究中有一个重要的共识,即咸丰、同治以来清朝全境所面临的日益严重的边疆危机,是促成清朝官方重新思考禁边政策的最关键的因素。以咸丰年间为例,虽然经过中英第一次鸦片战争的冲击,但是,时至咸丰初年,清朝政府依然坚守着封禁政策。如咸丰二年(1852年)四月乙未,咸丰皇帝在上谕中指出:"固庆奏请饬禁无票流民私出边卡一折。吉林为根本重地,向不准无业流民私往潜住。近闻各边卡稽查疏懈,难保无逃亡人户,溷迹潜踪,冀图私垦。若不严行禁止,于旗民生计风俗,均有关碍。著山海关副都统、盛京将军等严饬各属,按照旧例,于要隘地方,往来行旅,认真稽查,概不准无票流民私往潜住。毋任因循积久,致滋弊端。"[1] 清朝前期东北的边禁政策,主要是针对关内的广大汉族百姓,其主要目的之一在于保护关外满族或旗民的权益,显然是带有不公平的民族歧视色彩的政策。

但是,国际国内形势已在发生不可逆转的变化。咸丰八年(1858年),清朝政府被迫与英法等国侵略者订立了《天津条约》,增开牛庄等十处城市为通商口岸。清朝一败再败、一退再退的惨况,让朝野上下受到极大震动。咸丰十年(1860年),清朝政府又与沙俄签订了《中俄瑷珲条约》,割让中国北部边疆上百万平方公里的土地。列强环逼,外侮日迫,清政府已至无路可退之地步,求变求存的危急情形促使清朝官方重新考虑移民政策。

咸丰十年(1860年),黑龙江将军特普钦在上奏中针对当时黑龙江省防省经费严重不足的情况,提出放垦建议,特普钦的建议被视为清朝官方移民政策转变的重要标志之一。特普钦在奏疏中称:

> 窃查黑龙江省地处极边,官兵困苦,皆指俸饷过度。即城乡一切生计,亦皆赖俸饷周转。而历来俸饷均仰赖内省拨解。近年以来,经费支绌。虽迭奉恩旨,饬部催办,而拨解寥寥。续领未至,拨欠已增,每每不敷支放。现复亏欠两年余俸银六十万两之多。加以巡防坐守,差务日增,解款久虚,拮据日甚。臣特普钦署

---

[1] 《清文宗实录》卷59,第781页。

任以来,目击时艰,与臣那敷德熟商审计,焦虑时深。采访舆情,缘所属各城地土瘠薄,类皆沙漠,仅有旗站屯丁,稍知耕作。每年刈获,亦属无多。歉收之年,皆赖邻封接济。惟呼兰地土较为肥沃,曾经奉旨查办,嗣复中止……臣等兹复详细筹商地方情形,今昔不同,有不敢不为我皇上详陈者。查该处地面因与官屯毗连,当未经议垦以前,已不免偷垦之弊。自议垦以后,邻封居民闻风而至,尤不免与官屯有影射、伙种之地。年复一年,积聚日众。臣等于上年冬间访闻其弊,严饬呼兰城守尉并该管界官确查详报。嗣于官屯附近查出私垦地八千余垧,农民二千五百余名。时至严冬,若概行驱逐,势必致[叹?]流离且无所安置,亦难立时究办。第既经清查,曷敢更为容隐?再该处东南数百里,与三姓接壤,松花江一水可通。上年六月间,曾有俄人乘船至呼兰属界之吞河地方窥探……臣等反复熟商,通盘筹计。地方既属拮据,私垦之民一时又难驱逐,与其拘泥照前封禁,致有用之地抛弃如遗,而仍不免于偷种,莫若据实陈明,招民试种。得一分租赋,即可裕一分度支。且旷地既有居民预防,俄人窥伺,并可藉资抵御,亦免临时周章。[1]

据特普钦奏疏可知,呼兰率先实行开放招垦,实在是水到渠成、大势所趋。在官屯长年经营之后,大批私垦农民的聚集以及私垦地亩的大面积出现,再加上俄罗斯方面的窥探侵略之威胁,以及边防经费的拮据与难以为继,可以说,开放民垦已到了迫在眉睫的地步,招民垦荒成为清朝各级官府扭转危局的"救命稻草"。顺势而动,清朝在东北的治理方有转机。

正是在这种状况下,特普钦的奏议很顺利地得到了咸丰皇帝的允准并开始实施。"此为江省出放民荒之始。所有放荒办法悉照《吉林夹信沟招垦章程》办理。每里见方,作毛荒四十五垧。内除沟洼壕甸房园井道三成,实以七成三十一垧五亩计算,每垧征收押荒钱二吊一百文,二吊解省,一百文为办公经费。五年后纳租,每岁大租六百,

---

[1] 《黑龙江志稿》卷8《经政志》"垦丈",第794—797页。

小租六十。大租解省,小租充驻防领催经费。"特普钦的建议实施之后,得到了积极响应[1]。据统计,"自咸丰十一年(1861年)起,至同治七年(1868年)止,共放毛荒二十余万晌……自后屡放屡停,直至光绪二十三年(1897年),历年均有出放之地"[2]。

所谓《吉林夹信沟招垦章程》,即前文所述《拉林试垦章程》,依旧是官办模式,因此,其真实的效力值得怀疑。实际上,边疆地区开荒过程中还有一个重大原则性问题,便是土地所有权问题。以往在"官办"体制之下,开垦经费由官方出资,行政方面也由官方直接派人督导,并不会触动开垦土地的国有性质。这显然对于开垦荒地的民众没有特别大的吸引力。开垦荒地的土地归属问题,到同治元年(1862年)有了一个重大突破。"同治元年定:查出私垦地亩,就地安置,当年升科。"[3]此项建议同样由特普钦提出,虽然"当年升科"的处置方式有些过于严苛,但是,承认"官荒"周边"民荒"的存在及合法权益,无疑具有重要意义。

光绪时期,清朝边疆移民政策发生重大的转变,清朝政府推出了一系列鼓励与支持边疆移民的政策,有力推动了边疆移民运动。光绪四年(1878年),吉林将军铭安建议整顿满洲八策,其主要内容有:(1)增设行政区域;(2)军政操于满人,汉人于民政管理之下;(3)提倡保甲团练,防止盗匪;(4)奖励士子,晓谕良民,教育子弟;(5)稽查汉人占有地,征收财源;(6)官有土地,给予民间,无论满汉,均得沐其恩典;(7)取消禁止汉人妇女逾越长城的法律;(8)淘汰昏庸官吏。"整顿满洲八策",称得上是东北或满洲地区全面"内地化"的一项"革命性"的举措。虽然包含有"军政操于满人"等带有民族歧视性的内容,但是,这些政策将"满洲"与内地视为一体,不再将"满洲"神秘化,设置政区、发展教育,对于东北地区的全面发展至关重要。其中,对于汉族移民而言,这些政策的最大福音,便是完全确认了移民土地所有权,开始与内地地区一样征收赋税。据称,"整顿满洲八策"经清

---

1 据《黑龙江通志纲要》称:"同治元年,特普钦奏招垦黑龙江荒地(原注:是为招垦之始)。"
2 《黑龙江志稿》卷8《经政志》"垦丈",第799—780页。
3 同上书,第780页。

朝官府批准后,全面实行,取得了令人满意的效果,"不及数年,商安于市,农安于野,东北地方,日增繁荣,满洲的殖民事业,实于此时开一新纪元"[1]。

根据学者们的研究,光绪初年东北部分地区的放垦工作有着重要的开拓性意义,实际上为今后大规模的放垦进行了先期的尝试与探索。光绪七年(1881年),清政府批准在原来吉林东部禁地放垦,这些地区包括三岔口、万鹿沟、绥芬河、穆棱河、蜂蜜山、珲春、汪清、荒沟等,并设立招垦局,招徕民众从事开荒,按照军事屯兵体制进行管理。同时,也同意开放图们江东北的荒地,在建吉、珲春、汪清、和龙四县设置招垦局。光绪八年(1882年),又设立三岔口招垦总局,下设穆棱河招垦分局。又于宁古塔设立招垦局。为了鼓励垦民积极前来认荒,清政府还采取了免交押荒钱,以及官府优惠为垦户购买耕牛等优惠政策[2]。

在清末东北垦荒历史上,光绪二十二年(1896年)通肯(即今黑龙江省海伦市)和克音(今归黑龙江绥棱县)等地的放荒具有特殊的意义。通肯、克音一带被认为是黑龙江省土壤最为丰腴的区域。然而,该地段的放垦奏议一直没有获得朝廷允准。当时经过勘丈,通肯共有毛荒99万垧,克音共有毛荒12.9万余垧,面积相当可观。直到光绪二十二年五月,查办黑龙江事件大臣延茂与黑龙江将军恩泽会同上奏,才得到最后批准。特别值得关注的是,延茂与恩泽等人在提请放荒的同时,在制度规划与管理上也进行了充分的准备,提出了《通肯开荒章程》,这为通肯等地顺利开展放荒工作提供了保障。这一章程也得到后来学者们的高度评价,被视为清代末年边疆移民垦荒政策的重大成果。"其所拟章程颇为详密,后多师之,井田出放法自此始。"[3]

《通肯开荒章程》(以下简称《章程》)的主要条款有:

一、勘丈之先,逐段行绳,以分界也。(下略)

一、勘丈后,画井开方以安屯也。(下略)

---

[1] 参见《浙江移民问题》第四编《对于移民东北的认识》,第17页。
[2] 参见许淑明:《清末吉林省的移民与农业的开发》,《中国边疆史地研究》1992年第4期,第19页。
[3] 《黑龙江志稿》卷8《经政志》"垦丈",第814页。

一、画井既毕,亦照井图,以注册也。(下略)

一、拨分荒段,宜凭掣签,以领田地也。(下略)

一、无论旗、民,领荒均须一律呈缴荒价也。(下略)

一、预定升科年限,均须依限交纳大租也。(下略)

一、公田余地,宜设法经营也。(下略)

一、井外散田宜变通零放也。(下略)

一、新设旗、民各屯,宜安设保甲而靖闾阎也。(下略)

一、城署基地,宜豫为酌留也。(下略)[1]

此《章程》义理明晰,内容丰实,结构紧凑,设计合理,且兴利除弊,切实可行,堪称典范,不仅为通肯等地放荒工作的指导性章程,实际上也成为整个黑龙江放荒工作的核心性规章制度。其中,还回溯历史,针对以往放荒中出现的问题,分别采用更为严密可行的方式进行解决,显然会大大提升该《章程》的可行性与影响力。

首先,放荒工作必须秉承公开公允之原则,否则弊窦丛生,有百害而无一益。为此,加强管理工作,对于放荒工作是必不可少的。在通肯等地放荒的同时,不仅在黑龙江省设置了招荒总局一所,还在通肯、汤汪河分别设置了一所行局,直接负责开荒、放垦的管理工作。这无疑是顺利进行放垦工作的保障。否则,放垦工作混乱无序,在根本上不利于边疆地区的稳定与发展。

其次,讲求勘丈与放垦工作的技术与操作方法,也是此《章程》的一大特色。条文详细规范及解说了勘丈中的"画井之法"与领荒中的"掣签之法",简便易行,应该是以往放荒工作中的宝贵经验,无疑为顺利开展放垦工作提供了方便。

再次,放垦的过程,不仅是移民领荒开垦及发展东北地区农业生产的过程,同时由于涉及地域广大,加强基层管理必不可省,所以领荒开垦的过程同时也是移民社区、移民聚落以及新的政区形成与构建的过程。此《章程》因此列出了"新设旗、民各屯"、设置保甲与预先留出城署基地的条目。

---

[1] 《黑龙江志稿》卷8《经政志》"垦丈",第815—826页。

延茂、恩泽的奏疏得到朝廷方面的全力支持,《通肯开荒章程》也得以全面推广,数年之间,开垦成效十分显著。"遂设立通肯招垦局,派员勘拨,至二十四年(1898年)奏报,放出荒地一百四十井,核计二十二万四千垧,折七成实地十五万六千八百垧。"[1]以后数年的放荒工作也取得了十分突出的成效(表1-1)。

表1-1　通肯等地放荒田地简表（每垧：15亩）

| 年　　份 | 出　放　地　段 | 荒　地　数　量 |
| --- | --- | --- |
| 光绪二十五年(1899年) | 通肯、克音、柞树冈段 | 231 584垧8亩2分1厘5毫,合七扣实地162 109垧3亩7分1厘5丝 |
| 光绪二十六年(1900年)、二十七年(1901年) | 因"俄乱"未进行放荒工作 | (空缺) |
| 光绪二十八年(1902年) | 通肯段毛荒 | 38 252垧5亩8分 |
| | 克音段 | 5 748垧1亩 |
| | 柞树冈 | 3 371垧5亩1分5厘 |
| 光绪二十九年(1903年) | 通肯段毛荒 | 12 750垧2亩6分 |
| | 克音段 | 8 953垧5亩4分 |
| 光绪三十年(1904年) | 通肯段 | 208 166垧5亩4分8厘 |
| | 克音段 | 17 563垧2分 |
| | 巴拜段 | 351垧 |

资料来源：黑龙江将军恩泽及程德全奏稿,引自《黑龙江志稿》卷8《经政志》"垦丈",第826—827页。
说　　明：文献中"垧"通常写作"晌"。

黑龙江等地毗邻内外蒙古东部,其中大片蒙地也有农业开垦之条件,在畜牧业不发达的状况下,对于部分蒙荒进行放垦,也是建设东北边地、推动边疆地区农业及粮食生产的重要方式之一。光绪二十五年(1899年),同样根据将军恩泽的奏议,札赉特蒙古荒地开放招垦,这也是东北地区开发史上的一大突破。同时,恩泽等人在奏疏中附上的《札赉特蒙荒开荒章程》,也具有重大意义,"此为出放蒙荒之始",

---

[1] 《黑龙江志稿》卷8《经政志》"垦丈",第826页。

"其章程为开放蒙荒之先导,后多仿行"[1]。该《章程》内容翔实,对于开放蒙荒工作进行了相当细致的规定,不仅确认了所开放蒙荒的地域范围、租赋政策,还提出了管理机构设置的具体步骤,其主要条款包括:

> 一、此荒座落扎赉特南界,南接郭尔罗斯前旗之他虎城,东靠嫩江,西接图希叶公界,北至玛尼图迤南,南北约长三百余里,东西宽或三四十里,或五六十里,或百余里不等,约计毛荒在一百万晌之谱。(下略)
>
> 一、江省现放通肯等处之荒,均订价中钱二吊一百文。此次系为筹款起见,已与该蒙旗议妥,加倍订价四吊二百文,以二吊一百文归之蒙古,作为生计;以二吊一百文归之国家,作为报效。(下略)
>
> 一、放荒之后,自须按照定章,六年升科,征收租赋。查奉天之昌图府,吉林之长春府,均系蒙古荒地,而昌图之租系中钱六百六十文,长春系中钱四百二十文,微有不同。此次系为国家筹款起见,已与该蒙旗议妥,租赋虽仿昌图,订作六百六十文,而蒙旗所得则仿照长春之四百二十文,以二百四十文归之国家,为安官设署之经费。(下略)
>
> ……
>
> 一、此荒经蒙员报明,有喀尔沁蒙人寄居该旗者数十家,向在荒界之内垦种多年,人情皆安土重迁,自未便强令转徙。现经议妥,该喀尔沁如愿迁居,该旗另指给荒段。如不愿迁移,即仿照《热河章程》,与民人一律将所种之地丈清,按晌收价,并六年升科时,亦令一律纳租,免致有弃产之累。
>
> 一、此荒距该旗颇远,向来游牧不及,因有喀尔沁寄居垦地,故民人混迹其间,偷垦亦所不免。今既议出放,则驱逐亦可不必。拟将此项私户免追既往花利,自开放之日,将其所垦之地,一律丈清,征收荒价,发给执照。但此系熟地,如亦俟六年升科,未免无

---

[1]《黑龙江志稿》卷8《经政志》"垦丈",第831、838页。

所区别,应由行局查勘,随时酌量,或四年,或五年升科,以恤民力而昭平允。(下略)

一、办理此荒,须由省城另设蒙古荒务总局,派委总理以下各员,并书役人等,刊刻关防文曰"总理黑龙江札赉特等部蒙古荒务省局关防"。再于荒段设立行局,派委总理以下各员,并书役人等,刊刻关防,文曰"总理黑龙江札赉特荒务行局兼理词讼关防"。以及下段委员四起,带同绳兵人等,均以随时派定。至所拟人数与薪水数目,另缮清单,送部立案。

一、总局、行局以及起员人等,拟请少派,务须一人有一人专司之事,不得滥竽充数以糜款项。(下略)

……

一、开放之初,尚未设有地方官,而荒事放竣,约须二三年之久,所有民间一切词讼,必须由行局秉公讯办。拟请稍假事权,以免掣肘。设遇事体重大,行局不可擅主者,仍解省,交司审办。

一、此荒北界距省约四百里,南界约七百里,土旷人稀,一旦领户麇集,各有银钱、骡马,而行局收款未解省时,既虑慢藏,将解省时,又须护送。(下略)

一、此荒放竣,约计形势,足有一厅官局面。其行局到段,除民居、村落与地亩一律出放外,更须随时踩勘城基一处,酌留衙署、庙宇、书院等地,其余即出放街基。所有价值届时另定。至各处更有可为市镇之所,并沿江有可设立水埠、渡口之区,亦应一并踩勘,订价招放。

一、开放之初,尚未有设有地方官,而民间遇事亦不可略无管束,拟即由行局先验放乡约数人、甲长数人,将地方乡社牌甲均列齐整,验放乡甲后,由局发给执照,归乡甲充当。有事则报经乡甲,转禀行局,庶有线索,俟设有衙署,即饬归地方官另换执照,经部议准,派委协领、荣环等办理,旋改派主事、庆山接办。

与以往开荒章程相比,《札赉特蒙荒开荒章程》不仅更为细致,还充分考虑到蒙古开荒过程中的特殊性。蒙地与汉地生产与生活方式客观上存在差异,其移民开垦及管理方式自然应有所不同,《札赉特蒙荒开荒章程》特别强调了这一特点,充分照顾朝廷与蒙古地方利益之均衡,是该《章程》的一大特色,这在押荒钱与租赋的分成上有着充分的反映。另外,重视蒙古牧地原有牧民与汉民的利益,也是值得称道之处。

前文已经提到,放垦开荒的过程,同时也是聚落社区以及行政区划形成的过程。此《章程》明确指出:此次出放的荒地面积,相当于一个厅的地域范围,不仅包括耕地,还包括民居、村落之地以及衙署、庙宇、书院之地。另外,《章程》还考虑到将来市镇、渡口的建设,也是难能可贵的。

### (三) 中东铁路建设与移民

铁路建设在近代东北地区的经济开发过程中占有极其重要的地位,其与移民运动的关系同样极为密切。中东铁路,实为"中国东方铁路"(Chinese Eastern Railway)之简称,清朝官方名称为"大清东省铁路",或简称为"东清铁路"。

所谓"中东铁路",即指19世纪末至20世纪初俄国根据《中俄密约》《合办东省铁路公司合同》等条约,在中国东北地区所修建的从满洲里至绥芬河之间的铁路,全长1 481.2公里。正如以往研究者所指出的那样,中东铁路的修建最直接的动因是沙皇俄国等列强侵夺中国经济资源的需要。中东铁路的建造是以沙俄为代表的帝国主义列强侵夺中国经济资源的重要标志[1]。

然而,就东北地区的开放、开发而言,中东铁路修建的客观影响当然也不可一笔抹杀。如就移民运动而言,有研究者指出:光绪二十三年(1897年)中东铁路的开建,是清末东北地区移民运动的重要转折点。"在中东铁路未筑以前,汉人虽也有移住到满洲的,但是断续的、少数的移民,不发生何等影响……自一八九七年中东铁路开始修筑以来,俄国方面有每年移民六十万至满洲的计划,于是清廷警惧,中国的移民始向北满一带移住。所以移民真正开始之年,要以一八九七年

---

[1] 参见程维荣:《近代东北铁路附属地》,上海社会科学院出版社2008年版,"绪论"第1页。

为始。"[1]显而易见,正确认识中东铁路在近代东北经济开发史与移民史上的重要作用,对于全面认识东三省移民史具有重要价值。

在光绪二十三年(1897年)中东铁路修建之前,东三省北部地区(即所谓"北满")依然处于地广人稀的状况,仅有三处重要的移民聚居区。这三处移民区为齐齐哈尔、呼兰、宁古塔。中东铁路对于移民运动的推动,首先体现在对于大量铁路工人的招募上。研究者指出:在中东铁路的修建过程中,除俄籍管理及工程技术人员之外,几乎所有的体力劳动均由中国筑路工人来承担,绝大多数筑路工人并不是在东北当地招聘而来,而是由中东公司从山东、直隶(即今河北省)等地招募而来的破产农民与手工业者。铁路开工之时,中国工人已有1万人之多,以后逐年增加,至1900年,参加中东铁路建设的中国工人已有17万之多[2]。

到光绪二十九年(1903年),中东铁路正式修筑完成,实际上这成为大规模移民运动的开始。其导火线为俄国宣称要借助中东铁路移民的计划,这种计划让清廷上下大为震惊。于是乎,大力提倡移民实边成为朝野上下的共识。其次,中东铁路大大方便了中国民众的北上移民,甚至连俄国人也承认:"例如中东路对输送货物固有极大之功能,实则此等货物之搬运,又多与俄国本来之企图不副,结果徒便利中国住民,将俄国农民怀中之金钱,源源由该路榨取以去而已。据某种统计所载,俄国之三亿金卢布,殆已落入北满华人手中,而造成华人永住其地之一因。"[3]如此表述,难以尽信,不过,中东铁路在客观上改变了东北交通及经济状况,加速了中国民众往东北地区的移民过程,这应该是俄国人所始料不及的。

## 二  20世纪最初十年的社会思潮与移民问题认知

清朝的最后十余年,也是20世纪最初的十余年,是整个中国移民

---

[1] 参见朱偰:《满洲移民的历史和现状》,《东方杂志》第25卷第12号,1928年,第9—22页。
[2] 程维荣:《近代东北铁路附属地》,第27—28页。
[3] 引自吴希庸:《东北近代移民史略》,《东北集刊》第2期,第31页。

垦荒政策发生剧变的十年。为何在清末十年间,官方移民政策产生了如此的巨变?这无疑是许多移民史研究者都在尽力探讨的重大问题。引发如此巨变的原因当然是多方面的,以往研究者做出了多方面的解析,而笔者以为,当时倡导开放边荒、鼓励边疆移民的社会思潮此起彼伏,难以抑制,在当时发挥了极为关键的推动作用。

时至清朝末年,东北地区仍然是地广人稀的局面,即所谓"土满"之状并没有得到明显的改善。而东北地区这种地广人稀的局面,不仅影响到清朝的边疆安全以及东北地区的经济开发,而且对于社会治安状况也提出了极大的挑战。如《盛京时报》光绪三十三年(1907年)四月十四日"论说"栏目刊登《论移民垦荒为东三省之要务》一文,对当时东北地区的治安情况与移民问题之相关性进行了阐发:

……窃考三省之地,面积数千里,其未垦之荒土荒田,犹一望而渺无涯际,村庄落落,草莽离离,满目荒凉,增人悲噫。致令宵小得以匿迹,奸宄易以潜踪。商旅惊心,行人丧胆。浸且联群结队,胡匪横行,放火杀人,肆行劫掠,并敢与官兵抗拒,俨然藐视王章。嘻嘻!以中国沃肥之地,而致为贼盗出没之场;以中国少壮之民,而致为伏莽兴戎之类。操政柄者,抑独何心,而不留意于此耶?

或者曰:现时垦务已设局所,子何事哓哓为哉?予应之曰:局所之设,夫固闻之矣,然窃叹其办法之未善也。何以言之?夫开垦之事,不宜仅为目前之计,当为久安长治之谋。考内地人烟稠密,生齿日蕃,土地之所生,几几不能以自养。于是势出无奈,行多出洋,而别觅生活。所以南洋各埠,新旧金山,华人之流离于此者,殊不可以亿万计。而逼作苦工,甘受困辱,飘零海外,莫望生还,而中国边境荒凉,反寥寥无人家烟火,致令强俄得计,并不劳一兵之力,即将混同江东,二千里茫茫土宇,从容卷席而括囊,岂不可惜也哉!向使其地有十万华民,以耕以牧,吾知俄人虽强,亦未必遽泰然而窃据也。今虽设局开垦,然究其所垦之地,非为巨商渔利,即为富户并吞。试问买地者,究属何人?不过仍归本地之民焉而已,以为目前筹款。夫固少有得耳。若为永远计,则非吃紧之著也。

为今之计,莫如将三省所有之荒地,丈量清楚,画界分疆,绘图帖说,详细奏闻。然后按一夫百亩核算,招内地无业之民,携家前往,籽粒牛种,官给以赀;舍宇堤防,官助其力。三年之后,再为升科。迨民既各得安居,复仿管子内政军令之规,效古昔寓兵于农之意,闲则讲武,忙则务农,将茕茕之编氓,即为桓桓之劲旅,固我边防,无须筹饷,此何如之利益哉……

虽然这篇文章的论述无法做到面面俱到,但是对于东三省移民问题的见解仍是相当深刻的,对于当时移民的状况进行了精到的总结与评述。首先,由于地处边远,历史时期东北地区开发很晚,这是客观事实。直到20世纪初叶,东北地区地广人稀的状况并没有得到根本的改善,而地广人稀对于当地社会发展的影响是极其严重的,最突出的问题便是社会治安状况恶劣,土匪横行,公然杀人放火,治理困难,商旅止步,更让有意前来者畏葸不前。因此,有识之士指出,大力发展移民开荒是改变东北边疆地区面貌的必由之路:

东省,农国也。不耕之土,弥望皆是。而每岁所出之农产品,若大豆等,已输出海外,驰誉于英、美各大市场。然则占地者苟日以加多,必更能吸集海外之金钱以自殖也。夫若筑路、开矿各项实业,非不有大利之可操券,然薄有资本者,不能兴于是。希冀速成者,又万不敢涉足于是。是固不若垦地之较易入手。其获利亦较为稳妥也。当事者注意于垦[殖?],确乎为振兴东省唯一之方法。某知闻风而起者,必不乏其人,其成绩必有可观者矣。

……

东省虽介居两大,时虞外力之侵入,然止以民居之不稠,农业之不发达,因遂示人以乘虚而入机耳。若既从事招垦,并设法销去阻害垦务之种种障害,彼以求食来者,有不愿落籍于是间者乎?三五年后,来者踵接,沿边村屯,行见星罗棋布,其沟洫已足以限戎马之足,其赋税并足以赡军队之驻守者。使更简其壮者,以兵法部勒之,则农田庐舍,即为无形之壁垒。彼纵狡焉思启,其犹敢踰越鸿沟一步乎?农民聚斯农业兴,农业兴斯工者、商者皆得藉之以谋食,而其他事业,若路、矿等,亦以有所凭,有所丽,而可设法以振兴之。尔时东省应不患贫,应可练捍圉之新式军队……今者屯垦局虽甫经成立,然其影响于东省之前途者,固至巨极大。谓予不信,请验之于将来可乎?[1]

其次,时至20世纪,各界人士对于世界形势已有较充分的认知,中国人民从来不缺乏对外移民开发的勇气与能力,南洋各地及美国旧金山地区等地,华人移民数以万计,为当地经济发展做出了巨大的贡献。然而,华人在海外受尽欺凌,地位低下,为什么中国广大边地不能成为内地贫民新的生存之地呢?因此,向内地百姓开放东北三省之荒地,由官府资助并加强管理,是发展边疆、建设边疆的必由之路。

光绪三十三年(1907年)十月十四日,《盛京时报》"论说"栏目又发表了《论东三省宜速移民开垦》一文,同样表达了当时有识之士对于移民东北的迫切心情:

> 今夫东三省者,固所谓国家之根本重地,而须殚精竭虑以相经营者也。故近三二年间,放荒开垦,惨澹经营,一变其当年游牧之旧习,而为国家巩固边防之起点。然土地可日计其加辟,而人民未能日见其加聚。则东三省之人民,只有此数。以东三省有限之民,而垦东三省无限之地,纵国家开放荒墟,而受招认领之不乏其人。然或一人而数百亩、数千亩之承领,人事未能精勤,即地利仍有所弃遗。举目荒凉,安在其不转有务博而荒之叹耶?是移民开垦之政策,为东三省所不容稍缓者矣。
>
> 然国家知东三省之开垦,而不知东三省之移民以开垦,岂有所弊而不为,抑畏难苟安耶?……故民虽有赴东三省开垦之愿,而困于道路之遥远,国家又不为之计,亦惟望洋生叹而已。而东三省亦不得大收开垦之实效,岂非不知移民开垦之弊也哉?
>
> 而吾谓东三省幅员旷廓,地气肥厚,而欲实行移民开垦之政

---

[1] 《屯垦者其救东省唯一之政策乎》,《盛京时报》宣统三年五月二十一日"论说"栏目。

策,则移民亦不患其无术。当此化除满汉畛域,宽筹旗丁生计之际,朝廷正有移植京旗驻防于东三省之意,设使八旗正丁,仍披甲为兵,而捍卫帝室,而次丁余丁,本无正业可操,则国家厚其饷糈,备其牛种,移之于东三省开垦区域,受田为氓,则比较在旗之游惰无赖,固甚优矣。而各直省贫民之流离失所者,亦比比皆然,惟无所依归,则强者轻犯法,而弱者转沟壑,使于各处设置移民局,凡贫民有愿赴东开垦者,则局中为之招待。海路以上海、烟台、营口为总汇,陆路由关内外铁路相迁转,则东三省不三四年间,将成人为辐辏之一大省会,岂非朝廷之所以注重经营东三省之要道哉?

况俄人之实逼处此,经营东三省之野心,犹为叵测莫测,而日冀扶植其竞争之势力,我则以空虚落寞之东三省,将何以聊固吾圉,而为东三省开百年有道之长基。是以移民开垦,实为东三省今日之第一要义也。国家正不得以需款之钜,而置诸膜外,使一旦国家果能畅然行之,则生聚益滋,而内足以免人满之患,开辟日广,而外足以严疆域之防,经营东三省之机宜,固未有善于斯策者矣。当道者盍急图之!?

在西方列强在全球范围内大行"殖民主义"政策之时,中国境内尚有大片无人涉足的荒地,本身就是一件令人困惑的事情。东北移民垦荒工作虽有一定之进展,但是,远远没有达到改变边地面貌的效果。与此同时,中国内地省份人满地少之患已至相当严重的程度,况且,强邻俄国对于中国领土之野心,也已是"司马昭之心——路人皆知"。因此,开发边疆、鼓励移民实在是刻不容缓的。当然,对于中国百姓而言,脱离故土,前往边疆,困难重重,因此,东北地区的移民活动虽然受到各方面的支持与鼓励,收效却不明显,其原因是相当复杂的。

这篇文章的一大亮点在于,提出设置移民局的主张。移民工作千头万绪,如果没有强有力的行政管理机构,任凭广大移民自发、自由地行动,其结果只能是混乱无序、事倍功半,移民权益得不到有效保障,甚至可能引发严重的社会问题。因此,设置移民工作管理机构便是迫在眉睫之事。与此相呼应,当时有官员建言设置东三省垦牧大臣,作

为东三省发展之积极举措。《盛京时报》为此发表了《论议设督垦大臣事》一文,专门就此事作了高度的评价:

> 顷日,枢府以条陈开垦各省荒地者,颇不乏人。其所陈入手办法,妥协周详,不无可采。爰拟实行设立督办垦务大臣,将各边荒一律放垦,以辟利源。壮哉!谋国之远猷,救时之正策也。夫腹地各省,诚不乏可耕之土,然率零星小段,责成就地士绅,劝令垦辟于事已足。若夫边省,则地之未辟者,亘数百或至千里。各都市户口,稍见殷阗,其余则皆荒落,寥寥若晨星焉。其他不具论。即以东省言之,设地无不辟,一年所同之农产物,尽足以养我四百五十兆之同胞而有余。然则,垦荒之利之伟大无比,盖可想已。
>
> 其他实业,若路矿等,率需绝大之资本,专门之人才,始克从事,而获利则犹须之数年以后。至若垦荒,则固不必有绝大之资本也,不必有专门之学识也。有三五人,便足以占地一二百亩,有数百金者亦如之。且也垦地一亩,秋成后便有一亩之收入。百亩千亩,亦周不然。然则业之易举,而又适合于吾民今日之程度者,莫垦荒若也。
>
> 腹地各省,人满为患,无所得食,则乱事以萌。若概向相距较近之各边省,从事于农业,则双方俱沾有莫大之利益。为弭乱计,固釜底抽薪策也;为殖边计,则又适合兵屯之遗意。夫吾国惟有此上腴,任令荒弃,所以来他族之觊觎。若急起直追,则不数年间,可使沿边村屯星罗棋布,彼思狡启者,恐亦无从着手焉耳矣![1]

在该文中,边疆垦荒的重要性已被推崇至无以复加的高度,"垦荒之利之伟大无比"。然而,边疆开发与经济建设的重任却不是空谈所能承担的,专门人才与充足的资金更是不可或缺。最后,作者同样以边疆安全为由,呼吁朝野上下积极从事边疆开发。

作为一项重大社会举措,向边疆移民之影响与作用是相当深远

---

1 《盛京时报》宣统三年三月初一日"论说"栏目。

的。其对于解决当时的社会矛盾所能发挥的积极的作用,也得到了当时有识之士的推重。清朝末年,京畿地区的旗民生计与重新安置问题又成为朝野关注的一大焦点,国势倾危,清朝政权的核心集团不得不重新考虑大批八旗军民的未来命运,因此,将在京旗民迁往东北故土的建议,一度又成为朝野议论的焦点。如光绪三十四年(1908年)三月十六日《盛京时报》"论说"栏目又发表《论移京旂(旗)开垦东三省》一文,极力主张将京畿旗民迁往东北三省从事开垦,为天下民众做出表率与引导。其文云:

> 东三省幅员辽阔,人民稀少,久为满蒙游牧之墟,而不知务于耕垦。自近年政府注意于移民实边之政策,而倡办东省荒务,特派东三省垦牧大臣,以专司其事,于是东三省之垦务,亦渐有进步焉。又适当化除满汉畛域时代,朝廷孳孳焉。以广筹旂丁生计为念,而安插旂丁之计画,乃以撤旂归农为第一主义,而东三省为丰镐发祥之地,地广人稀,旂丁先代之庐墓存焉。使之移垦东省荒务,当便莫便于旂丁者矣。
>
> 况东三省北邻强俄,东接韩国。韩国本不足以为虑,而吉林延吉厅之间岛,韩人越垦,况酿成中韩之交涉,而俄则虎视鹰瞵,夙据侵略主义。东清铁路,横贯吉黑两省,直接西比利亚,计以扩张其在东三省之势力。近又议筹款数百万卢布,建筑黑龙江铁路,其惨淡经营之意,当久为谋国者之所深知矣。且俄人于中国,久存藐视之心,得寸进尺,莫可谁何?而我中国东三省之边防,直如无人,数千百里之沙草荒寒,又安在不为外人之所觊觎耶?故当此国际竞争之会,而强邻偪处,我中国不得不注意于移民实边之政策也已。今政府有移置京旂开垦东三省之消息,吾人殆将为中国幸焉。夫东三省,独立于中国之东偏,前途渺渺,富强无期,而俄则在东三省之经营,不遗余力。爱国者不当为之动心乎?故政府有移京旂开垦东三省之意,诚善乎其善者矣。
>
> 盖京旂为当年从龙将士之遗蘖,尚武精神,犹有存者,原非寻常人民之可比。而东三省又系旂丁生长之旧域,风土习惯亦不至

有所扞格,更足仰副朝廷广筹生计之至意,而潜消敌国侵略边疆之野心,一举而数善备焉,岂非睦邻安边之要图乎?

回顾清代东北地区的移民历史,将京畿地区的旗民迁往东北故地,曾经是一段时期内东北地区的主要任务,所谓边禁政策不过是针对汉族平民而言的。历代清朝帝王也积极鼓励京旗重返故土,为开发东北与捍卫边疆出力。但是,众所周知,京旗移民大多习于安乐,不愿向东北迁徙,移民的成效极为有限,最终在东北地区长期居留下来的依然还是汉族平民。而当清王朝行将灭亡,生活在京畿地区的满族士民的生计问题成为困扰朝野各界的重大问题。因而,移徙京畿地区的满族八旗居民前往东北,从事农业开发,不啻为一条重要出路。然而,同以往一样,京旗移民的阻力极大,京畿八旗军民本是享有特权的社会集团,且迁居京畿已有数百年,子孙繁衍,对于东北故土早已相当隔膜,缺乏积极的迁居意愿。最后,本文作者对于官府的移民成效产生了质疑与批评:"呜呼!我政府日言移民,日言实边,而真见诸实际者几何哉?勿怪耽耽者之日伺于侧也。"

当然,东北移民也面临诸多困难,气候寒冷、交通不便等不利因素都加深了人们对于东北地区移民的畏难情绪。《盛京时报》光绪三十四年(1908年)五月初二日"论说"栏目发表《论经营东边先宜开通道路》一文,重点探讨了借鉴西方国家经验以发展东北交通的问题。其中指出:"我国榆(即榆关,山海关)东三省,幅员辽阔,经营未施。论者以沙漠奇寒,颇难整理。不知有土有财,古有明训。泰西殖民政策,虽寒、热两带,舟车所至,日月所照之地,及至丸土,无不宝贵。或开商埠,开为军屯,或为农场,足迹所至,建筑立兴。穷荒之地,转瞬而宫馆林立矣;不毛之地,俄顷而为烟稠密矣。自汽车通而崇山所积之石炭(今称煤炭),足供世界之燃料。幽谷所产之木材,足为工程之应用。若海参崴,若哈尔滨,前后十年,层楼耸云,道平若镜。游其地者,仰观俯察,以今日之富丽,况昔日之荒凉,几有天下人间之别,益信人力之可为。而所以盗贼充斥,胡匪横行者,是皆当官不恤民隐,有以放弃之也。"应该说,地尽其利,是世界各国开发的终极目标,借鉴西方国家殖民开发的经验,当时,以汽车、蒸汽机车为代表的现代交通工具在先进的工业化国家已为经济开发与社会发展提供了强大的推动力。海参崴与哈尔滨建设的成功经验,已起到了十分震撼的效果,极有效地改变了时人的观念。

对于大批进入东北的开垦者而言,当地农业生产环境不理想,也成为影响开荒效果的关键因素。水利是农业的命脉,欲大力推动东北地区的经济开发,水利兴修也是当务之急。有时人发表《东流放荒宜先治其水》一文,重点讨论东北开发中的生活用水及水利建设问题。"东三省近来放荒开垦,为国家开一处利源,即为人民增一层生机。谋国富民之策,当推此为要着了。但开荒一事,关系甚大,原不能只见目前征收荒价的利,将这荒地放出,就算了事。也必定为这领荒的人儿,谋一个长久万全的道,才算有始有终的事哩。据在下所闻,奉天东流水一带山荒,近来颇不易放,无论在事人员,有无舞弊的事儿,但这东流水一带之地,水泉甚恶,胡匪亦横。就这两件事儿说去,若是不能为垦户们谋个万全之道,这荒却实在是难放的呀!"[1]显然,如果新来移民的生活生产用水都无法得到保障,那么,开垦的事业只好止步不前了。

天灾流行,古今所不能免,中国内地不少地方灾荒频发,人民生命与财产屡受威胁。而向边疆地区移民垦荒,同样是一种救灾脱患之良策。"凶年饥馑,盗贼多有……而益信殖民政策为弭乱之道。"因此,不少爱国人士忧心如焚,力求积极推动移民政策之实行。其中移民开发边疆地区丰富的矿产资源,不啻为一条富民强国的必由之路。有识之士指出:

> 呜呼!吾读吾国历史,与欧西历史相比较,未尝不废书而叹也……曷以言实边政策为今日之急图者。盖国家既无多财力以经营八表之资,而移内地之美民,以实边方之旷土,既可省筹边之费,且可减内地人满食寡之虞……国家宝爱土地者,非以土地故,以土地上之权利,于国家有直接之影响也……故于今日根本之

---

[1] 《盛京时报》宣统元年三月十五日《盛京时报附张》。

治理,莫若移民实边,试陈其利如左:

一、边荒大陆,为世界殖民视线所集者,以土地沃饶,气候尚不奇寒,诚农业之上国也!而土著者既以求食之易,从事于畜牧,而不复注意于耕稼,不知俄人于荒寒之西伯利亚,犹集巨资以经营,而吾人竟放弃其耰锄,而不思开垦,此吾国之所以日陷贫困者,[有]可耕之地,而无能耕之人,实有以贻其戚也。

一、吾国矿质[丰]富,塞外宝藏,所在多有,西起天山之麓,东穷渤海之滨,绵延二万余里,悉千古未开之富源也。以此包藏之富源,以绌于资财及人力故,而无术以开辟之,万一为垂涎者所藉手,不知又费如何之交涉。讼直后之固复为吾家之故物与否,又未可必也。故以今日之自谋,莫若合内地之财力以经营之,则所出矿产,既足以供国家之用,而外人亦无所容其要求,此非计之至得耶?

以上二者,以最近之事效言之耳。以国家平均言之,使内地灭无业之民,边省无荒芜之土,人数愈众,财源愈辟,国势亦愈强,不及十年,安见沙漠荒落之地,不足媲美江南乎?[1]

上述分析切近实理,不为空论,着重强调了边疆经济与自然资源开发的必要性与可能性。正如文中所云,中国大部分边疆地区,因为气候与地理环境各方面的原因,经济开发程度较为落后,然而,这绝不能成为漠视边疆的理由。任其自然发展,只能使边疆与内地之间的差距越来越大。环观世界各国,对于开发难度较大的边疆地区反而是投入更多资金进行经营。开发边疆,绝不只是投入没有回报的亏本生意,中国边疆地区蕴藏的丰富资源正在成为列强觊觎中国的主要目标,而丰富的资源也是内地经济开发所必需的,因此,开发边疆最终可以收到内地与边疆双赢的美好结局,边地媲美江南并不是不可能实现的梦想。

其实,内地各地区之间贫富差距也普遍存在,东南各地也不例外,并不是人们所想象的"人间天堂"。东南各省人口繁多,人均土地偏

---

[1] 《论移民实边为筹备要策》,《盛京时报》光绪三十四年六月二十日"论说"栏目。

少,再加上地权不均,激化了社会矛盾,已直接威胁到贫困人民的生存,因此,移民实边实为脱贫救困之一大良策:

> 东南各省,率患人满。贫者无立锥地,强且悍者,矜人臂而得食,其可惨为何如乎?政府巨公,边省大吏,有鉴于此,提议徙民者数矣。卒以费钜款绌而中止。是亦知一不知二。昧于大计之甚者也。……他族之所垂涎,乃在彼而不在此,毋亦以土广而不治,矿富而不开,林木参天而不知伐,鱼盐遍地而不知收,我明明以瓯脱视之,而彼乃不妨狡焉思启耶?且也东南各省,民智已开,民居又密,稍思染指,则群起而抗拒。以视西北之民,坐视宰割而不知痛,任其取求而不瑕疵者,其相去为奚若耶?是亦谈国防者所当措意也。
>
> 徙民以实边,费果钜耶?款果绌耶?是亦一可细加研究之问题也。主任国家者,应就全局统筹之,苟有大利,固不得以费钜难筹,而不别谋一进行之方法也。况乎吾国行政费,若练兵,若治河,若办警察等,年不下数千万金,亦未闻以款绌中止也。徙民实边,乃保全土地之无上妙法,问题之重且大,不啻与前数事相等,而又过之。谋其常者,而遗其创者,亦适以形我国政府之惰且窳耳……[1]

移民之举关系到中国整个社会的生存与稳定,特别是整个边疆地区的稳定与开发,其重要意义已为时人所公认。但是,徙民实边,自然需要国家财力之支持,而各级官府往往以筹措移民经费困难为由,在徙边问题上犹豫不决。如果将徙边困难与边防危机相比较的话,实在是轻重悬殊。作者力劝当政者放长思量,为国家久远之计,加大徙边治边力度,这确实是一剂苦口良药,其忧国忧民之心亦难能可贵。

移民之举,对于传统中国社会而言,确为关涉家族发展之大事。因此,移民阻力之大,亦可想而知。但是,相比而言,推行移民政策,对于朝廷而言,必须有巨大财力的支持,而移民政策之宣传,也属功不可没。有识之士痛陈移民之利弊,呼吁民众参与到移民的热潮中来:

---

[1]《实边浅说》,《盛京时报》光绪三十四年十月初六日"论说"栏目。

"……内地人满,谋生为难,人尽知之。边地寥廓,一望无际,自生之草,长者及丈余。可耕之土,携百金者占千亩,人亦稔知之。夫此间千亩之所入,与内地百金之所入,相去何啻倍蓰,则胡弗毅然决然,投袂而起,为己身谋乐利,而并遗后世子孙以宏业耶?"[1]又如有《论移殖之利》一文指出:

> 安土重迁者,吾民之恒情也。顷朝野上下,乃竞言移殖,移殖之效果,足使各地方之土满人满,渐剂于平,是固最切合于吾国之现势者。决以行之,又安得谓为救时之良策乎哉?第天下事无财不可以为悦,移殖奚独不然。是故朝野上下,虽明知是举之有利无弊,而以窘于财力故,率未能见之实行。是亦最无可如何者矣。顾际此水穷水尽之际,必一举而徙至千百户,事固綦难,若夫善其说以诱导之,资俾群焉知移殖之不可缓,而复于一己有大益。或稍加资助,以歆动之。则固未必无投袂而起者。往者得所,以为来者之招。而来者之络绎不绝,乃可预券。着手之初,虽似迂阔而远于事情乎,而其收效,则且高出于耗费巨额之资者。是固好言移殖进之所当晓也。[2]

正如该文作者所云:"言论者,事实之母。"社会各层的宣传与引导,对于掀起边疆移民热潮是极为必要的。但是,从根本上讲,移民实边实则是一项复杂而艰巨的社会改造工程,一经实施,千头万绪,断非一些简单而痛快的议论文字所能奏效。在当时的移民工作中出现种种问题与弊端,似乎也在情理之中。当时有报纸刊文指出移民工作中出现的主要问题:

> 第一为缺支配之能力。因乏能力,故一切设备,多不之讲。其间有实际者,盖不过船车之减费耳!其始事也,如何征集之?出发时,如何援护之?经过各地,如何免其阻滞?抵目的地后,如何分拨而安插之?彼预其事者,始皆未之念也。意者重视饥民,以为一切皆能自筹,可不需吾指划之劳耶?抑提议者自提议,赞

---

1 参见《论移民政策之将见实行》,《盛京时报》光绪三十四年十一月二十二日。
2 载《盛京时报》宣统二年六月初四日"论说"栏目。

成者自赞成,而于实行一节,则固未之措意也耶!由前之说,推诿也。由后之说,漠视也。而均之皆为不负责任之确据。即为乏能力之确据,虽有强词,弗能辨也。

第二为无联络之精神。凡隶属各省之官吏士民,非有利害相同之点,则不免有尔我之见存。……他国殖民事业,蓬蓬勃勃,如日方升。而吾国则实边之移民,且犹不能办到,他更不必言尔。某谓以后不筹划是事则已,否则当先注意于支配及联络二者。斯二者不独官吏应担其责,即士民亦应弗忘。况乎今日一省大事,咨议局例得与闻。以各省咨议局为各省之联络之机关、支配之机关,则纲领得而事亦易以集。且与其以利害切身之大事,托之与我痛痒毫不相关之官吏,则曷若自为谋之之为得也耶?呜呼,有志者可以奋然起矣![1]

移民过程中出现之乱象,对于移民事业的发展是极为有害的。而这些乱象的出现,与当时官府的管理与引导不力有着极大的关系。如果没有"全国一盘棋"的统筹协调,那么移民工作的成效会大打折扣:

我国士夫,迩来盛唱移民实边之说,意盖欲使土满、人满之两巨患,藉之以消弥也。然而议及着手进行方法,则彼此殆无联络之精神,又乏支配之能力。其不至徒托空言,或反以酿成事变者,盖亦仅矣。查各国殖民方法,必先注意于调查,必择水土之与移殖之民相适者。苟稍有不宜,必不敢贸焉从事也。继则勘定移殖之民,概去其病与弱者。已复编定保护方法,及其程度之浅说,以晓移殖者。三要既备,乃着意于移殖时期。譬之移殖于东省,则以三月或四月为最宜。失其时,则糜费多而成功反鲜。是皆为言移殖者之所当知也。

虽然,今日之言移殖者,果奚若乎?事前无种种之预备,临事则竭蹶而从之。且其来也,并不由官吏之发遣,以故中途因无监督之者,而骚扰与逃荒者等。比至移殖之地点,则又苛索供给。稍不遂意,便肆咆哮。其不合于移殖之资格也又若此。然则若辈

---

[1]《论移民实边之要点》,《盛京时报》宣统二年六月二十七日"论说"栏目。

之来,即适当耕种时,亦恐其不耐劳苦,不旋踵而流为匪类。而况又失其时也耶? 安插非易事,资遣[遣?]更非易事。任其流为盗贼,毙于饥寒,又大与谋移殖之初心相刺谬。是殆所谓无一而可者耶! [1]

人口迁移涉及面极广,如果移民事业完全依赖所谓"两地之官绅",而没有更高层的权力机构的介入,定然没有成功之希望。而在当时专制体制没有推翻的情况下,建立全国性的移民管理机关,似乎很难实现。

可以说,时至清朝末年,移民政策在朝野的认同程度,达到了史无前例的水平。其后的时代背景不难理解。尽管移民政策之实行还需要相当长的适应与调整阶段,但是,人们对于移民实边的未来依然充满了憧憬:

> 移民政策之有裨于边人,夫人而知之。……东省患土满,而内省患人满。夫苟移民政策,实见之施行,是即酌盈剂虚之妙术也。内省人民,亦自怵于生计之艰难,特无为之筹善法者,斯不得已百于无可插足中求插足耳。夫在各国所最虑者,亦为生齿之过繁,因之而海外殖民之政策,乃以发见。夫殖民海外,与吾之移殖于国内,其难易何啻霄壤? 外人有如是之决心,而谓吾独无如是之毅力乎? 各省咨议局亦备悉库款之异常支绌,然必求于无可设法中,设法以举行是事焉。是亦国事前途之幸。被其益者,当不仅救死不瞻之民已也。
>
> 各省咨议局既代表一省人民之同意,而谋组织妥善之机关,则以后之进行方法,自择其最妥适者无疑。夫在浅见者流,必以为大利所在,人将争趋,固无烦乎官长之诰诫,与咨议局之诱导也。然而事有未易一概而论者。夫在国力充裕、家给人足之际,安土重迁之观念牢固而不可拔。诰诫、诱导两无当也。而今则非其时,故就人民不愿移殖之一方面言,则今日之所规画者,殆为多事;而就今日人民企图移殖之一方面言,则有诰诫者,究胜于无

---

[1] 《移民问题之评判》,《盛京时报》宣统二年七月二十二日。

谆谆诫之者；有诱导之者，究胜于无诱导之者，是亦至易明了之事也矣。

　　是故我国移民政策，可谓由理论而渐趋于实行，三五年后，成效必益著。即素抱安土重迁之观念者，亦且涎于利而愿尽室以行。夫内省之起哄，率由人满，而边省之为人觊觎，则又率以土旷而鲜居人。由是之故，而实边之议以起。今也各省咨议局闻风响应，而关于移殖之各项机关，亦将一一备设，移民政策之大发展，其殆在此三五年中乎？[1]

在20世纪之初，作为全民族的共识，移民实边已然成为各级政府的首要政治任务之一，也进入了由"理论"进入"实行"的初步阶段，这在中国移民史上是具有里程碑意义的事件。这一切都似乎让人们看到了老大帝国复兴的希望。但此时却已是清王朝的"最后一抹晚霞"了。推翻封建专制体制的大革命风暴即将到来，势不可挡。

## 第三节

## 清末边荒全面开放与相关章程法规之分析

### 一　清末边疆开发的全面开禁

光绪三十年（1904年）是清朝末年边疆发展最为重要的一年，正是在这一年，开启了清朝末年全面开放边疆荒地垦殖的新时期[2]。虽然此举主要是受到了日俄战争最直接的胁迫与冲击，但是，在今天的人们看来，这些补救措施对于挽救王朝命运而言，似乎为时已晚。然

---

[1]　《移民实边之进步观》，《盛京时报》宣统二年十月三十日。
[2]　参见张士尊著《清代东北移民与社会变迁（1644—1911）》（吉林人民出版社2003年版）与范立君著《近代关内移民与中国东北社会变迁》（人民出版社2007年版）的相关论述。

而，如果不是将全面开放边荒与大清王朝的命运作简单对接，而是从中国整个历史发展的长时段进行观察，这种边疆地区的全面开放与开发，符合中国历史的发展趋势，具有划时代的价值与历史借鉴意义。

以黑龙江省荒地开放进展为标志。据《黑龙江志稿》卷8《经政志》记载，光绪三十年，黑龙江将军达桂与副都统程德全向朝廷奏请并获得允准，全面开放东北荒地。为了适应荒地放垦工作的需要，清朝官方于省城设置垦务总局专司其事。

全面开放政策的实施首先带来了放荒规模的急剧增加。据统计，光绪三十一年（1905年）至三十四年（1908年）也是清末黑龙江地区放出荒地最多的时段[1]。根据《黑龙江志稿》的整理与说明，黑龙江省放荒的主要地段及面积规模如下：

（1）通肯、克音、柞树冈、巴拜等地段开垦。自光绪三十一年至三十二年十二月，通肯、克音、柞树冈三段升科之地七十五万三百九十垧八亩三分四厘，又陆续放夹荒之地十八万二千三百九十八垧九亩六分八厘。巴拜段放垦毛荒八十一万二千九百垧五亩九分二厘。又通肯段放垦零荒一万二千五百二十四垧三亩五分，巴拜、柞树冈两段共放垦零荒一万六千四十五垧二亩八分九厘一毫。

（2）光绪三十一年，出放郭尔罗斯后旗铁道迤西蒙荒。合计共放毛荒十五万二千八百六十六垧二亩。

（3）同年九月，出放汤旺河一带荒地。自光绪三十年七月至三十三年十二月，合计丈放毛荒六十三万九千八百零三垧九亩，查出熟地七百零四垧九亩二分。

（4）同年九月，出放甘井子荒地，至三十二年十二月，放垦毛荒三十一万三千七百三十六垧五亩，至三十四年三月，又放垦毛荒一万七千七百八十五垧，查出熟地一万四千一百六十九垧。

（5）同年十一月，奏请并获准将黑龙江地区官屯、驿站所有地亩清查升科。根据程德全奏折称：黑龙江官屯之设，始于康熙五年（1666年），至雍正三年（1725年），又迁移奉天开户旗丁至呼兰设屯。

---

[1] 参见《黑龙江志稿》卷8《经政志》。

乾隆十年(1745年)，又援引呼兰设屯之例进行扩充。黑龙江墨尔根、齐齐哈尔等地共设官屯六百六十所，新旧屯丁一千七百名。经程德全奏请并获准，黑龙江各城屯官一律裁撤，所有屯丁改归民籍，照屯地一例升科。屯丁自种地亩有五万二千七百十五垧三亩二分，呼兰屯丁地六千九百四十垧零一亩八分，又有屯丁出卖民地四万二千零七十九垧五亩八分，站丁出卖民地一千八百三十七垧二亩四分。

(6) 同年十二月，奏请并获准丈放讷谟尔河荒地。自光绪三十二年四月起至年底，出放毛荒五十三万五千九百十八垧七亩三分二厘。自三十三年正月至十一月，出放毛荒六万一千九百三十一垧五分。又陆续出放南段夹荒六万八千九百三十垧七亩。又遵照黑龙江奏定设治章程，划留学田毛荒四万三千六百二十四垧。又勘放拉哈博尔、多喀、迷尼喀、依拉哈等四站熟地二万一千二百六十八垧四亩七分八厘。

(7) 同年十二月，奏报出放札赉特蒙荒完毕。自光绪二十八年开办至三十年止，共丈放毛荒十六万二千三百五十八垧五亩五分，查出熟地二万四千五百七十垧一亩六分。三十一年丈放毛荒二十九万四千六百二十二垧五亩。前后共出放毛荒四十五万六千九百八十一垧五分，先后共放熟地二万九千六百九十垧六亩六分。

(8) 三十二年三月，奏请出放郭尔罗斯后旗沿江荒地。前后共放毛荒十三万零一百七十九垧零一分八毫。

(9) 三十二年四月，出放省城(即墨尔根城，今黑龙江嫩江县)附郭荒地。据统计，共出放旗民屯站毛荒十一万二千二百七十四垧一亩八分八厘二毫，勘丈旗丁屯民熟地十五万二千二百五十一垧二亩八分三厘一毫。

(10) 同年七月，奏放白杨木河暨大硙子等段荒地，白杨木河段共放毛荒九万五千一百三十二垧五分，大硙子段共放毛荒六万四千零十二垧五亩。

(11) 同年七月，奏放依克明安公荒地，共丈放毛荒四十五万六千七百五十四垧八亩八分。

(12) 同年九月，奏放墨尔根荒地。至宣统元年，共放毛荒七万六千二百二十五垧零六分二厘，又查出熟地一万七千九百十垧零六亩四分。

(13) 同年九月,奏放杜尔伯特沿江荒地,共勘放毛荒六万余垧。

(14) 同年十二月,杜尔伯特铁路两旁荒地放竣,共出放毛荒二十万八千四百十七垧七亩。

(15) 三十三年二月,清厘郭尔罗斯旗两旁荒地,共丈放毛荒二十九万零五垧七亩三分。

(16) 同年三月,郭尔罗斯旗西北段蒙荒放竣,共丈放北段毛荒四万四千九百十垧,南段毛荒一万四千五百八十垧。

(17) 同年十二月,绰勒河山荒地丈放完毕,共丈放毛荒四万三千垧。

(18) 三十四年三月,奏放兴东道岭东岭西荒地,共丈放毛荒二万零三百零三垧。

(19) 宣统元年二月,丈放海伦厅一带地亩。至宣统三年八月,共计有原放毛荒七十四万九千七百二十三垧八亩七分五厘,又放原留公田一千一百四十垧,浮多熟地一万八千七百二十一垧六亩,浮多荒地十二万四千三百二十垧零四亩五分五厘,又闲荒官地及不可垦地等项十八万三千八百九十垧零七亩一分一厘。

(20) 同年八月,恒升堡地方查放完毕,共丈出六屯熟地九千一百九十六垧六亩四分,出放六屯毛荒五万零七百七十垧零八亩七分。又出放柞树冈东坡毛荒一万零一百八十六垧。

(21) 宣统二年二月,奏请屯垦地亩改招民佃,并将扎赉特旗等荒务归屯垦局办理。屯垦局后于民国二年(1913年)改为设治局,放垦工作由清丈局核办。

就边疆地区移民进程而言,丈放与认垦荒地的过程,也正是移民定居的过程。庞大面积荒地的丈放与认垦,也正是大批移民迁入边疆地区最直接的印证。当然,丈放与认垦荒地,只是边疆地区移民迁移完成与移民社会建设的第一步。要想让广大垦民真正稳定下来,定居于边区,与垦荒移民相适应的垦荒社区兴建势在必行,而想要建设稳定而长久的边区社会,保证迁边移民安居乐业,相关制度保障与物质基础同样是不可或缺的。光绪三十年(1904年)以后清朝官府颁布了多种招垦章程，即致力于全面规范招垦工作与建设边区社会。

## 二 招民垦荒相关章程条例分析与说明

作为清末边疆地区全面开放移民更为关键的标志，多部鼓励移民垦荒的法规陆续出台，拉开了 20 世纪初年全面开放边疆的序幕。

研究者已经指出，移民安置的法制化，是清朝后期以至民国年间中国边疆移民开发与移民安置发展历程中的一项极有代表意义的事件[1]。据前文所述，从本质上讲，移民是一项重大的社会变更行动，涉及社会生活的方方面面。移民活动的开展，离不开相关法规的制定。在清代后期的移民过程中，清朝官方制定了一系列的招垦管理章程，如《拉林章程》《热河章程》等，均涉及移民安置以及移民社区、政区建设问题。光绪三十年（1904 年）以后的放垦过程中，作为全面开放的主要标志，一系列更为全面的招垦章程陆续出台。这些章程不仅为我们展示了当时移民管理工作的种种具体规定，而且对于我们了解当时边疆移民社会构建、移民社会保障等问题也具有不可或缺的重要价值。

全面开放边荒之后，社会建设的法制保障问题更为迫切。如光绪三十四年（1908 年）十二月，当时朝臣奏称：

> 垦地殖民，为筹边第一要义。江省（黑龙江）密迩强邻，地广而荒，启人觊觎。从前收价放荒，多在苏兰、林庆一带，以其土地既属上腴，道途又非绝远，因而直、东、奉、吉之户，频年麇聚，成邑成都。至今江省以东荒为腴区，近则荒段逾远，边境愈寒。若复照章收价，势必领户裹足，垦辟无期，自非另订办法，不足以招致远人。查沿边一带，自呼伦贝尔起，越瑷珲、兴东辖境，皆与俄界毗连。弥望榛芜，无人过问。量度情势，拟改收经费，以广招徕，另定奖章，以示鼓励。拟定《沿边招垦章程》五章二十四条。其章程大致第一章系招徕办法，由本省刊成《荒地图说》，咨行奉、吉、

---

[1] 参见杨俊海：《清末民初东北地区移民政策与移民安置》，复旦大学硕士学位论文（未刊）。

直、鲁、晋、豫等省,劝导人民来江垦地,各处派员招待。轮船、火车减免票价。第二章系授地办法,每户给地一方,每晌收经费四钱,至第三年垦熟升科。第三章系资助及奖励办法。第五章系附则,指定本章程适用区域。[1]

作为东部极边省份,黑龙江省的移民垦殖管理工作显得更为迫切。而改定新章程,显然是发展垦荒工作的现实需要。虽然经过长时期的招徕与劝导,但是,时至清末,东北地区的招垦工作依然遇到了巨大的阻力。出于位置与周边环境的差异,不同地段的荒地区别巨大。土质肥腴且交通便利的荒地受到了外来垦民的青睐,而大片边远地区的荒地却无人问津,荒芜依旧。如果不改变招垦方式、加大奖励力度,就很难改变这种冷热不均的态势,也难以推动放垦事业的前进。

宣统元年(1909年)七月,《黑龙江沿边招民垦荒章程》终于获得朝廷批准。从相关记载可以看出,朝廷虽然对于新制招垦章程的部分内容表达了疑虑,但是,对于放垦的态度却没有丝毫改变。之后,短短数年之内,作为清末全面推行开放边荒工作的标志,又有浙江《移民办法大纲(十条)》《东三省办理殖民事务章程》等数种招民垦荒章程陆续颁行,成为我们认识与理解当时移民工作状况的重要参考,也是我们再现当时边疆移民社会构建的重要依据。

### (一)《黑龙江沿边招民垦荒章程》[2]

《黑龙江沿边招民垦荒章程》(下简称《章程》)是清末全面放垦后的第一个省区级招垦章程,其制定与施行无疑是近代东北移民史上的一件大事,这标志着清末民初的移民运动开始进入了一个法制化的新阶段[3]。关于此《章程》的颁布,还有一个必须提到的细节。我们从《黑龙江志稿》内容的考定中得知,《黑龙江沿边招民垦荒章程》到宣统元年(1909年)七月才获得朝廷的最后批复,而在当年二月初一日

---

1 《黑龙江志稿》卷8《经政志》所引,第885—886页。
2 参见《盛京时报》宣统元年二月初一日附张。
3 参见杨俊海:《清末民初东北移民政策的法制化进程——基于招垦章程的分析》,《黑龙江史志》2008年第22期。

《盛京时报》上已经刊登了全部内容，也就是说，在中央朝廷对于新的垦荒章程尚没有正式批文的情况下，东北地方官府已经迫不及待地将章程全部内容通过新闻媒体公布出来，由此也可见当时地方官员招民垦荒的急切心情。

《黑龙江沿边招民垦荒章程》的内容共分为"招徕""授地""资助""奖助""奖励""附则"等。第一章主题为"招徕"，其主要内容即为如何通过各种途径宣传章程，更多地招徕外地民户前来垦荒，这无疑是该章程最核心的内容之一。为了广泛地宣传这一《章程》，黑龙江官方特别规定：待该《章程》允准之后，编印成册，并绘制《荒段图说》，广泛散发，广为指导。这显然是极为必要的，黑龙江省地域广袤，外地移民前来垦荒，具有很大的选择空间，然而也容易陷入盲目或无所适从的境地。因此，当地官员有必要也有责任进行广泛宣传与耐心指导，让广大垦民在迁居之前对于所承垦的区域有较为真切的了解，这对于今后移民的顺利安顿及开展农业生产、减少官民矛盾是十分必要的。

对于移民输出地，《黑龙江沿边招民垦荒章程》特别希望奉天、吉林、直隶、山东、山西、河南、江苏、安徽、江西、湖北各省督抚给予配合，这足以说明上述各省是黑龙江移民重要的来源地。这些省份既有东北地区及与东北相邻的省份，如奉天、吉林、直隶等，也有传统移民大省，如山东、山西与河南等省，同时也有不少南方省份，如江苏、安徽、江西及湖北等省。输出省份的选择既有出于各地经济社会发展状况的考虑，也有路程及交通便利与否的因素。

其次是一些招垦工作的具体举措。如黑龙江官府准备于汉口、上海、天津、烟台、营口、长春各处，设立黑龙江省边垦招待处，接待与照顾有意前往的领垦者。当然，为了避免鱼龙混杂，保证垦户的合法性及合法权益，前来垦荒的民户需要所在地方开具保结（即保证书），证明其在当地为合法务农之良民，并非无赖无能之辈，拥有保结的民户才能从边垦招待处领到赴江垦户执照，由此获得前往黑龙江从事垦荒活动的合法资格。

交通问题也是影响招垦工作进展的一项重要因素。边区距离内地各省相对遥远，在交通不便的状况下，广大垦民如何到达垦区会是一个相当棘手的难题。如果道路交通受阻，垦户也只好望而兴叹，止步不前。为此，该章程特别规定前往黑龙江地区的官办铁路对于垦户一律减价或半价，而对于随从家眷则免其费用，以资鼓励。同时，为了避免贻误农时问题，该章程也特别规定垦户通常应于每年前三个月内到达垦区，从事开垦。

《黑龙江沿边招民垦荒章程》第二章主题是"授地"，这也是该《章程》最核心且最让人关心的内容。其内容胪列如下：

一、民户赴段领垦者，每垧征收经费银四钱，以充各处办理垦务之用。惟本省毕拉尔路土人向以牧猎为生，该处协领拟招民户，导引耕种，应于民户领地时，暂行免收经费，俟垦熟后，仍照章补收，以归一律。

一、每户领地四十五垧为限，惟垦地公司认领荒地不在此例。

一、各户所领地亩，到段立予拨给，但非垦熟后升科后，不得展界续领。

一、公司所领大段荒地，非经垦熟后，不得辗转让卖，如于领地之后并不实行开垦，但思转贩渔利，坐令荒芜不辟者，一经查出，确有贩卖生荒情事，立将所领地照撤销，原缴经费概不发还。

一、凡领垦地亩，除领地之年不计外，统于领垦后第三年起一律升科。

一、各户领地除领垦之年不计外，均于第二年起勘查一次，查明垦成熟地若干，分别发给大照。

一、垦户领荒之地，至勘查年分，其垦熟地亩在三分之二以上者，其余未垦生荒，应准一律填入大照，照章升科。如垦熟地亩不及三分之二者，应照已垦地亩数目，填给大照，其余未垦生荒概行撤佃另放，原缴经费概不发还。

一、凡报领荒地经营林业者，查其已种树木地方，均照熟地一律升科。

一、前条所定垦地期限,苟因大灾事变,迫于不得已缘由,不能依限垦辟者,准其呈候查明办理。

一、垦户报领荒地后,应于四围接界处开挖沟渠,[各于沟渠]之旁种植适宜树木,以资引蓄而清界限。

从章程条文中,我们看到,当时到达黑龙江所属荒段进行垦荒的主体单位,分为民户与公司两大类。每个民户认领荒地数量为45垧,而每垧要征收经费银4钱。对于民户而言,另外一个重要问题便是升科的年限,该章程规定统一在领垦后的第三年升科缴税。此外,该章程还特别强调了杜绝公司转卖生荒地的问题。

《黑龙江沿边招民垦荒章程》第三章为"资助",内容较为简单,即垦户在青黄不接、生活困难的时间,可以到附近官办银行寻求贷款资助,并可以分期偿还;而为了保证垦户的利益及避免纠纷,官方将择时制定具体的《贷助章程》。该章程的第四章为"奖助",其主要内容为如何奖励在招垦工作中有突出表现及成绩的人员。如规定"各该省所属招送垦户在五千人以上,领地过六万垧;或二千五百人以上,领地过三万垧者,准其呈请各该省督抚咨报江省,分别照异常寻常劳绩请奖"。又"各处招待员,除各省招送垦户外,其由招待处招致垦户在五千人以上,领地过六万垧;或二千五百人以上,领地过三万垧者,准照异常寻常劳绩分别请奖。其有招徕不力者,随时由本省撤换"。可见,有奖有罚,都是为了大力推动招垦工作的进展。

从《黑龙江沿边招民垦荒章程》的这些内容,我们更可以确定,招垦章程在本质上就是移民章程。垦荒不过是移民从事的职业而已,从这个意义上讲,招垦章程就是一种特殊行业的移民章程。该章程对于开垦、招垦工作的积极意义是不言而喻的,但是,其局限性也是显而易见的。如征收经费问题,每垧4钱银两,认领45垧荒地的经费就是一个不小的数量,这对于离乡背井的广大垦民而言,是一个相当沉重的负担。异地开始定居生活,已经是举步维艰,本身就需要经济支持,因此,广大贫苦的垦民只好"望地兴叹"了。另外,三年之后,无论垦地情况如何一律升科,也会引发不少的问题。

### (二) 浙江《移民办法大纲(十条)》

清朝末年,向东北地区招垦及移民事业得到了一些内地省份地方官员的积极响应。与此同时,经过数十年移民开发之后,东北地区的移民条件已大为好转,这大大增加了各地方官员从事移民开垦工作的信心。在内地各省份地方向东北及边疆地区的移民行动中,出人意料的是,地处东南的浙江省走在了前面。

浙江虽地处江南水乡,但是,地少人多的情况十分突出,与边疆地区地广人稀的状况形成了鲜明的对比。加之清末民初东北及边疆与内地交通条件大大改善,直接激发了内地民众向边疆地区移民的热忱。"松花江、嫩江、乌苏里江各流域船车可通,气候、土壤亦称佳胜,锦洮铁路不日先筑。"对此,浙江省官员指出,向东北地区的移民意义重大,社会与经济效益显著,大有可为:"浙省地狭人满,加以连年荒歉,小民生计日艰。东省土沃人稀,一经移殖,则贫窭可化为富有,榛芜可变为良田,于国计民生实多裨益。"[1]该《大纲》的制定者对于当时边疆的移民问题有着较为清醒的认识,这也说明了其发起移民行动的主客观原因:

> 查东省边防,自安东县起,沿鸭绿江、长白山、图们江,至三春止,约六七百里,为奉吉两省所属,与朝为邻。自珲春起,沿乌苏里江、黑龙江,至呼伦贝尔止,约六千里,为黑吉两省所属,又与俄毗连。现在日韩合邦,朝人越垦者愈增。俄人每岁迁民数十万于远东,乌苏里江、黑龙两江对岸,俄之村落已棋布星罗。惟一至我境,则弥望榛芜,并无民迹,此沿边之情形也。至于腹地,沿东清铁路及新定锦瑷路线,与嫩江、松花江流域,未辟之区,尤十居八九。总之,无论边地、腹地,皆称沃壮[土?],农产畜牧及森林各业,一经着手,无不坐获厚利,且大荳及大、小麦为每年出口大宗,尤其特产。故移民之地,以东三省为最也。

这种宣传在很大程度上代表了当时内地官员对于移民边疆的态度,而这种积极的态度对于当地缺地少地的民众而言,影响力是不容

---

[1] 《移民实边之议案》,《盛京时报》宣统二年十月二十四日。

小觑的。

当然，口头的宣传是远远不够的，为了让移民活动合法有序地进行，浙江省地方官员特别拟定了《移民办法大纲（十条）》(下简称《大纲》)[1]，对于移民工作的细节进行了相当详尽的说明与规定。《大纲》主要内容分为如下几个部分：

一是移民局的设置与移民经费的筹集。《大纲》第一条即申明："奏设移民局，为办理移民事务之总机关，局内人员选派官绅之熟悉垦务者充任。（理由）移民事务殷繁，不可不特设机关，专理其事。局内人员为事实上便利起见，官、绅参半用之。"在移民管理机构中，官员与士绅参用，显然是一种新的尝试，有利于协调官方与民间的关系，了解民情以及调动士绅的参与热情。

如果没有经费的支持，移民工作只能是纸上谈兵。而在财政普遍困窘的情况下，该《大纲》特别设计了分年筹集的办法。如《大纲》规定："移民局的款以六十万为额，分五年筹措。其法如左：（甲）本省担认三十万金，每年应筹六万金。拟将陆军截旷银两，奏咨机关不敷之数，由银行息借，自第六年起，至第十年，分期偿还。此项截旷银两，经奏咨，应候部议。（乙）咨商东三省担认三十万金，作为补助，亦每年筹六万金。自第六年起至第十年，分期偿还(此项尚待咨商，不能指定)。（理由）豫计民移垫款收入，时期确有把握，除截旷外，故不妨息借补助，一层查本年湖北饥，移民住黑龙江，房井牛粮均由黑龙江预备，自可援案办理。"此外，《大纲》还规定，为了协助移民顺利进行，移民局还可以从事商业以及买卖粮食的业务。

二是移民的选择与资助。移民的素质事关重大，不仅关系到移民工作的顺利进行，而且关系到迁入区的稳定，因此，该《大纲》在移民选择上还是较为慎重的。如其规定："所移之民，先尽退伍兵，凡本省常备军退伍者，均可移之。如不足时，再招募农户补之。惟均须携有家室，以免流亡之弊。（理由）常备军退伍后，年复一年，人数众多，不思安插，恐滋事端，为各省通患。如移至边陲，不惟一切困难可以解决，

---

[1]《移民实边之议案》，参见《盛京时报》宣统二年十月二十四日"专件"栏目。

且隐然增无数之兵力,以固国防,一举数善,莫此为甚。"移民以退伍兵优先,显然是考虑到边疆地区艰苦而复杂的社会环境,而且"寓兵于民"有助于边疆的稳定,取法了中国古代边疆军事屯田的精神。

关于移民的具体措施,该《大纲》规定:"所移之民,凡川资及庐舍、牛粮之费,均由官垫给,以一千户为额,分五年筹办。自宣统二年起,至宣统七年,每年移二百户,俟办有成效,再酌量推广。(理由)每户垫给之数,平均约需五百金。……除二百户需十万金外,尚有二万金可以作为预备费,及兼营各种商业。"官方所垫付的款项最后仍由垦户开始垦殖后逐年清还。如《大纲》第七条规定:"所垫之款。移民到屯后,自第三年起至第五年,分期将本利还清。如遇灾歉,准其顺延一年,惟所收利息,以原借之数为限,不准多加分文,以示体恤。(理由)东三省地质肥沃,所垦之荒,本年即可有利,每户给荒一方,二年可以垦齐。自第三年起,分期还垫,实绰绰有余。"

为了便利移民前往,与其他章程相仿,该《大纲》也在旅费方面做出了优惠的规定。如《大纲》第九条规定:"商之邮传部及东三省督抚,凡招商局轮船、京奉铁路及松黑官轮搭载移民,照原价减十分之七八,所带眷口一律免价。(理由)查黑龙江所奉《边垦招待章程》本有半价及免价之规定,京奉铁路每年贫民赴东亦有减价办法,本条所定,较之原数,再减几分,当可办到。"

三是领荒、开荒以及移民社区的构建。浙江移民的领荒与开荒工作,同样依照东北地方政府所制定的放荒章程(《东三省放荒章程》与《黑龙江边垦章程》)进行,该《大纲》并无特别说明,只是在移民社区的构建上提出了设想:"移民村落,宜六里设一屯,每一屯三十六户。凡系亲族均令其聚于相近地方,既收指臂相助之效,亦可免离乡背井之思。(理由)《东三省放荒章程》:每里方圆为一井,每井计荒三十六方,每方计荒四十五垧,即四百五十亩。现在移民每户拨给荒一方,故以三十六户为一屯。距离里数亦较整齐。"为了稳定移民效果、安抚移民思想,该《大纲》第八条规定:"移民所垦之地,即永为世业,并奏明免缴荒价及经费,缓至十年再行升科。(理由)查《黑龙江边垦章程》,每垧仅缴经费四钱,本可免价,其升科年限虽定为三年,亦多有展缓者。

如奏明一律免缴及缓行升科,尚属易事。"

在这种由移民输出省份制定的大纲中,我们可以分辨出当时内地官员对于边疆移民迫切性的认识,以及在移民工作中所提出的新的思维、问题以及应对之策。然而,总体而言,浙江省所制定的《移民办法大纲(十条)》过于简单与乐观了。也许是因为浙江地方官员对于边疆移民工作的艰苦性与复杂性缺乏深入的了解,其局限性与不足也是显然易见的,其间不少臆想之词。如移民所用的川资路费,只是由官方先行垫付,然后由移民到达垦区后再清还。这种条件是谈不上优惠的。广大移民之所以选择离乡别土,往往是因为在浙江本地经济上存在困难与压力,进入移民区重建家园,同样面临着巨大的困难。

### (三)《东三省办理殖民事务章程》

东北三省作为当时边疆移民最为集中、最为重要的迁入区,移民事务浩繁,统一移民工作口径、协调地方官员的措施,已经到了刻不容缓的地步,为此,需要制定一部协调边疆开垦以及内地移民事务的章程制度。

《东三省办理殖民事务章程》(又称为《东省移民实边之办法》)是又一部清末东北地区移民开垦活动的重要法规[1]。该《章程》同样是以往章程内容的集大成之作,内容涉及广泛,不仅是东北地区移民工作的指导性文件,对于全国其他移民输出省份的移民工作也具有重要的参照与借鉴价值。

第一章"总纲"共分四条,主要规定了移民事务的管理机构及权限,如第一条规定:"凡属于本章程所规定之事务,概由东三省总督(下称东督)主持办理,并商同各省督抚暨各省绅民办事团体(如咨议局、教育会、农会、商会、自治会等是)请求协赞。"这也就规定了东三省总督是东北地区移民事务的最高管理者,权重极大。第二条规定移民事务的主管机构为东三省殖民总局,下设分局,由局长总揽事权:"由东

---

[1] 引自《盛京时报》宣统三年五月十二日、十三日所刊布内容。

督先就奉天省城奏设东三省殖民总局(下称殖民总局),以局长一人总揽殖务上行政范围之事务,并得就各办事地方呈设分局。"

移民工作中最重要的环节之一,是移民资费的筹集,如果没有较充足的经费,移民工作的推进便举步维艰。《总纲》第三条提出东北移民工作采用"垦务公司"机制:"由东督奏请部拨垦殖务经费,于该经费内酌拨款项,并电请各移民省份协济银两,兼招商股,组织一殖务公司(下称公司)。公司选举一人为公司总理(说明:该总理承受本省暨各省所拨经费,应以资本股东为重,故定为由本省暨各省凡入资于公司者公同选举。其选举之方法,届时由东督与各省协商规定),经画殖务上之营业事务,并得提用资本,敷设各营业机关。"与以往各省设立移民招待处相对应,《总纲》第四条规定:"由东督商请各移民省份设殖民招待局(下称招待局),经理移民就东之各项事务,并得随时与殖民总局接洽办理。"

第二章为"筹备时间之计画",主要是关于移民工作的前期准备问题。如垦荒移民区的划分,第五条规定:"由东督督饬殖民总局调查三省官荒地段,分别核明,或宜耕种,或宜牧畜,或宜树艺,并将该荒地坐落郡县及交通途径,绘图列说,勒为专书,报告移民各省。一面先由东督指定一处,作为移垦入手地方,先行筹办。"东北地方广袤,外来移民缺乏确切的地理环境认识,预先指定移民区,对于外来移民确定移民目的地是极为必要的。第七条至第九条则是外来移民的经费筹集及往来交通问题。章程规定:所有移民的川资路费由各移民省份自行筹集。同时,对于前来垦荒的移民,先由移民省份预定移民数量,并认定协济银两;再由东三省总督与邮传部商量,减收移民船、车费的半价。

第三章是"垦户东来之待遇",内容包括第十条至第二十四条,显然是移民最为关注的内容。这些条目的内容规定较为细致丰富,实际包括了"垦民待遇"与移民社会建设等多方面的内容,需要作进一步的说明。

首先,垦户到达垦区之后,由殖民总局负责接待,查明人数,并发放川资、口粮,护送到垦荒地段,这就为垦民的安全到达提供了保障。

其次,也是垦民们最为关注的部分,即"授荒"。垦户到达垦荒区之后,即由殖民局分别发授荒地,殖民局按照发授荒地的数量征收荒价。考虑到垦户的经济承受能力,所应缴荒价可以分为三年还清。关于发授荒地数量,该章第十二条规定:

> 授田分上、中、下三等。上地每丁百亩,中地二百亩,下地三百亩(亩量由局另订画一办法)。

与发授荒地关系最为密切的事宜,当然就是升科纳田赋的问题。该章第十三条规定:"凡上地限令一年成熟,五年升科;中地二年成熟,七年升科;下地三年成熟,九年升科。"

第三章第十六条到第二十四条是关于移民社区建设的内容。移民聚落的稳定与发展,对于边疆社会的稳定与发展是至关重要的。对于移民安置及长期居住而言,安全而便利的生产生活环境至为重要,因此,如何建立完善而安定的移民社区,无疑是移民安置工作中的"重中之重"。《章程》对此也进行了全面的考量,故其中有多达八九条的内容加以规范。

首先,边疆移民社区建设与经济发展、基础交通设施的建设不可或缺。如该章程第三章第十六条规定:"凡垦民经过之处,先期由殖民总局派员开通道路,安设驿站,并由公司多设客店以便行旅。"第二十二条又规定:"凡垦户于农隙时得由殖民总局分局给以相当之势力金,修治荒段内桥梁、道路、河渠、沟壑,以利交通。"这显然都是针对垦区交通建设而言的。

其次,该章程第三章第十七条规定:"凡垦户安插之处,先期由殖民总局派员勘定村落基址,并由公司修造房屋,以备居住。"大批垦民及家眷的到来,意味着新的移民聚落的组建。村落的选址对于移民的生产生活环境是十分关键的。而没有合适的房屋,则无法做到安居乐业,由垦荒公司进行先期房屋建设,是十分明智的安排。

要加强移民社区的凝聚力与亲和力,商业物资流通、社区医疗保障与公益活动也必须与之相适应,为此,第三章第二十四条又规定:"凡垦户聚居已定,由殖民总分局倡设旅东殖民俱乐会联络情谊以固团体，并附设通信处，俾与乡里通信。如户口众多渐成村落者由局呈请筹设邮政分局暨医院、学堂及其他便利殖民各机关以谋公益。"俗语云"无商不通"，边疆移民社区的发展，需要大量物资源源不断地供给，这依赖于民间商贾的积极参与，因此，第十九条又规定："凡垦户较多之处，殖民总局暨公司设法多招商贾前往营业以资利用。"

最后，移民社区的人身、财产安全以及法律纠纷问题，当然也是关系移民社区发展与稳定至为关键的条件。如第十八条与第二十条都规定：凡垦户所住之处及聚集之处，均由殖民总局呈请设置警察局及分设派出所，从事社区管理，并委派兵警择要驻扎，常川梭巡，以资保护。第二十一条更明确规定垦户参与社区保卫的义务：于农闲时由殖民总局、分局或该管地方官查照奉天预备巡警章程，进行编队教演，以提高地方自卫的能力。移民的聚集以及移民社区的发展，不可避免地会出现民间争讼的问题，如果不能及时得到调解与平息，就直接关系到社区稳定以及移民的利益。因此，第三章第二十三条对此进行了规范："凡垦户于荒段内寻常争执非成讼事件，由殖民总分局就近处理，成讼者由局移送该管地方处理，以平争讼。"

第四章也就是最后一章为"殖民总局之责任"，明确而简要地提出了殖民总局所承担的主要责任及权属。如第二十五条明确指出："殖民总局有总揽殖民事业上之责任，对于各省招待局应遇事报告之，对于所辖各分局应指示监督之，对于各地方官吏应竭诚协商之。"显然，殖民总局以督办移民垦荒为主要任务，是一个相对独立的机构，其权属主要限制于移民事务之中，对于地方行政机构并没有直接干预的权限。其下又规定了殖民总局所应操办的具体事务：

  第一项 依第五条之规定，编辑殖务书籍图说，刷印成册，报告移民各省。

  第二项 依第五条及第六条所规定查办各项荒务，编定荒地字号，分列等第，登记于簿，并绘具荒段区域细图，以便届时指示各分局安置垦户。

  第三项 依十六条所规定派员分勘路工，呈请酌拨兵队开通道路,并酌量请款安设驿站。

第四项 依第十六条所规定,派员勘定荒段内拟建村落基址,绘图列说,限期完竣。

第五项 依第四条所规定,随时与各省招待局遇事接洽。

总体而言,《东三省办理殖民事务章程》是清末东北地区移民垦荒工作的经验汇总,不少内容似乎仍失之于宽泛,但是,作为一个指导性的移民垦荒章程,其作用与影响还是值得肯定的。特别是对于民国前期的移民垦荒工作而言,这些宝贵的经验更是值得好好借鉴的。

虽然我们有些惊喜地看到,整个大清帝国是在一个边疆地区全面放垦的大移民声浪中进入20世纪的,但这个全面放垦运动是在国势倾危、王朝即将走向最终覆灭的情形下展开的,未免为时过晚了。不过,其价值仍是不可低估的。

国内外学者对于清末放垦运动大多给予了非常积极的评价。应该肯定,清朝时期中国境内"大一统"的疆域规模得到了进一步完善,疆域建设取得了前无古人的巨大成就。然而,在幅员辽阔的中国国土上,各个区域间的差异与发展不平衡的矛盾始终存在,尤以人口分布不均衡的问题最为突出。边疆建设、边疆地区全面放垦的意义,不仅在于保卫边疆、发展边疆、建设边疆,也在于解决内地人多地少这一社会经济发展难以逾越的巨大矛盾,以最终实现内地与边疆协同发展,共同奠定中国政治、经济与社会发展的基石。

可惜的是,清朝末年所制定的"移民实边"的规划与章程大多停留在纸面上,并没有更多地在实践中得到运用。然而,开放与开发边疆的道路并没有错,后人应充分肯定并总结当时移民工作的成就与经验,其中关于移民安置的种种设想,更可为之后的移民安置提供宝贵借鉴。

近代以来,开放边疆与建设边疆是势不可挡的历史大潮,人心所向,大势所趋。而开放边疆与鼓励向边疆地区移民,也正是从清末开始的。

## 第四节

### 民国初年移民舆论潮以及相关法规的制定

中华民国建立以后，政治局势动荡不安，普通民众生活极度贫困，面对内外交困的严峻局面，全国上下处于一种忧心如焚的焦虑状态之中。为了摆脱当时中国"积贫积弱"的状况与列强侵迫的民族危机，不少有识之士忧国忧民，献计献策。其中，很多有识之士都意识到：切实加强边疆地区建设，扎实推进清末以来移民实边的做法，鼓励内地民众向边疆地区迁徙，发展边疆地区的农耕水平，是扭转当时中国衰败状况的选择之一。为了引起全国人民对于移民问题的重视，他们在报纸杂志上发表了诸多鼓励移民实边的文章，

此外，民国初年，国民政府的执政者一方面有意延续清末以来的移民实边政策，另一方面也受到国内关注边疆建设与鼓励移民以解决内地困局思想的影响，陆续推出了一些支持与鼓励移民的政策法规，在一定程度上推动了向边疆地区的移民。其中，以黑龙江省表现最为突出。

#### 一 民国初年有关移民实边的舆论热潮

清末民初，政局动荡，列强试图趁机侵夺中国权益，尤其是东北三省边境复杂危急之情势，使不少有识之士忧心忡忡，他们在报刊上发表文章，探讨边疆移民问题及相关问题，希望借此以纾国难，进而形成了一股舆论热潮。应该说，当时波及全国的移民问题的大讨论，对于移民实边政策的实施是十分必要的，也起到了极为重要的宣传与引导作用，应潮流而动，领风气之先，理应得到鼓励与高度评价。

民国初年，在国内移民问题的讨论中，其关注的焦点及主要论点

有以下几个方面。

## (一) 强调边疆危机,宣扬移民实边的伟大意义

国土安全,是民国初年移民实边政策的主要考量之一,没有边疆及国土安全,也就不可能有中国的稳定与发展。民国初年,以东北三省为代表的北部边疆地区仍然没有改变地广人稀的状况,使外部侵略势力侵吞边疆领土有可乘之机,移民边疆是阻止外敌入侵最有力的途径之一。如《论移民实边确为东省今日应行政策》一文云:

> 东省特别之碍难,曰外交之棘手、土匪之窃发,而实则酿成此碍难者,土旷人稀也。沿边五千里,或虚无人居,外人焉得而不生觊觎之心? 盗贼焉得不踞之以为蔽奸之域? ……嗟呼! 外人既恝我移民以实边,我曷不投其所忌,以实行此政策也耶。

> 地辟则民来,而土匪之窃发也难。沿边村屯,星罗棋布,其沟塍且足以限戎马之足,而其他重不必言矣。此直接之利显而易见者也。其间接之利,则为增加国家岁入。平昔以政费之不给,而求接济于中央,行且以其所余,接济中央矣。简其丁壮,以兵法部勒之,沿边可省戍军无数。则利于军事之计画者也。人烟稠密,交通亦必日趋便利,商贾之输出入者,年无虑数千万吨。其间更可容纳失业之民不少。国力藉是以增。民生藉是以厚。殆所谓一举而数善备焉者耶! 断而行之,是在负东省外交军事责者。[1]

移民问题的关键在于边防。边境危急,国难当头,实边政策迫在眉睫,此类言论见诸报端者,比比皆是,充分表现了作者爱国忧民之心境。该文作者在关注边疆安全的同时,也重点提到移民对于边疆地区政治稳定、经济发展以及民生改善等诸多方面的重要推进作用,具有一定的战略眼光。

又如《徙民实边赘论》一文云:

> 我国数十年前,已盛唱徙民实边之说,迄乎今日,实行盖已有

---

1　载《盛京时报》1912 年 11 月 7 日。

望。夫国家既无多财力,以为经营八表之资,则移内地之羡民,以实边方之旷土。既可省筹边之费,且可减内地人满食寡之虞。一举而数善备。又何乐而不为耶?窃谓徙民实边之举,利于边地者二,利于内地者亦二。记者不敏,请试言之。

其利于边地者,一曰矿。吾国矿产之富,北胜于南,而尤以塞外为最。自天山之麓,以迄渤海之滨,绵延二万余里,悉千古未开之富源也。吾民向者绌于财力,限于官禁,不得任意开采,而外人乃得紾而夺之。今什之五六,已非吾家故物矣。然利源之厚,犹未可悉数。国家既无暇及此,边人又不能自谋,使非合内地之人力财力,以共担任之,几何其不沦胥以亡也。二曰农。满洲全部,土壤膏腴,水泉布护,诚农业之国也。日、俄两强,昕夕谋殖民于此,其情已可概见。蒙古虽龙沙万里,而如乌梁海、唐努山之阳及河套,千里沃壤,要自不乏。夫以绝瘠荒寒之西伯利亚,而俄人百计经营,开垦阡陌,不遗余力,不惜掷黄金于虚牝,况以蒙地之肥沃,彼肯须臾而忘侵略哉?而新疆则天山以南,土膏沃衍,内地殆无其比。瓜蓏之属,硕大数倍,稻脂香胜江浙。倘吾犹偃然高卧,不急自为谋,他日者悉为外人之禁脔耳!

其利于内地者。一曰均贫富。近年以来,吾国大而省会,僻而乡村,其生计界皆有不可终日之势。舍三五商埠外,一入内地,观其人民景况,迥非昔比。苟不设法维持,自今而往,吾恐富者不富,而贫者日贫。人数虽众,靡所得食。其故盖由地狭人稠,生之者寡,而食之者众耳。若移民之策一行,则内地户口之多寡,既无其悬殊,而人民谋生之途,亦日以扩广。衣食既饶,自不致流为饿莩以死矣。二曰遏乱源。食货之源既艰,积之日久,其贤者尚能安守本分,其悍悍者,迫于冻馁,计无复之,则不得不早夜叫号以求乱,振臂一呼,应者云集,而内乱生焉。苟不为安插,有铤而走险已耳。故宜将无业,移作垦边之用,罔论其为农夫为矿工,皆足以辟地源而资温饱,尚何复有生心好乱之举哉?[1]

---

[1] 载《盛京时报》1914年6月18日。

随着近代勘测技术的进步,边疆地区富藏的重要资源已逐渐为国人所知。上文作者提到了当时边疆地区最值得重视的两类资源:一是矿产资源。"吾国矿产之富,北胜于南,而尤以塞外为最。自天山之麓,以迄渤海之滨,绵延二万余里,悉千古未开之富源也。"进入工业化时代以来,世界范围内的能源争夺已日趋激烈,殖民主义与帝国主义国家对于中国侵略与控制的图谋,在很大程度上是出于对中国矿产资源的觊觎。而中国矿产资源的分布却是极不均衡的。边疆地区的矿产资源十分丰富,资源开发极为迫切。另一是农业资源。中国内地农业开发历史悠久,但是,人均可耕地面积极为有限,人满为患;而广大边疆地区地广人稀,可供开发的土地资源极为丰富。比较而言,人口有限的沙俄却积极开发极为荒僻的西伯利亚地区,扩张领土的野心难以遏止。

该文作者同样指出了当时大力实行边疆移民的重大社会效益,如"均贫富"与"遏乱源",可以说,二者关系密切,相互影响。中国内地长期处于落后的农耕社会阶段,农业生产技术发展滞后,土地分配不均,造成了粮食生产效率低下、粮食供给严重不足,社会矛盾难以调和,各种冲突此起彼伏。而边疆开发的最大特征之一,就是土地资源的重新分配,这对于解决内地土地问题与粮食问题是最为直接的,因而也就成为解决各类社会矛盾最有效的方式之一。

### (二) 提出移民实边政策实施必要性与急迫性

出于传统"家天下"与"朝廷天下"观念的禁锢,中国历代专制王朝在边疆治理方面存在着致命的缺陷,以自我为中心,不能充分考虑边疆地区的实际情况,治边政策往往生硬僵化,治边手段严重缺失与单调,致使边疆治理工作迟滞,边疆地区经济发展相对滞后,社会矛盾严重的区域甚至引发边疆叛乱,导致社会动荡,疆土流失,引得无数爱国人士扼腕叹息。这种状况应该在新的时期获得根本性的改变。如当时有识之士指出:

> 中国人有开边之伟略,而无植边之能力。征之汉唐及前清雍

乾以降已[之?]事,盖历历可见。是故地既得矣,留兵戍守,或竟置为郡县,宜若十年百年以后,其治化将与内地无殊焉。而抑知较其成绩,盖不过羁縻之而已,他无闻焉。在国威足以镇慑,彼此若相安于无事然。迨国威稍稍凌替,则叛者叛,役属于他人者役属于他人。俄顷之间,舆图变色,其他更不必言耳。至是,前所谓开边伟略,乃不过历史上一可夸耀之名词,而其实固已荡焉无有也矣。

夷[夫?]考列强殖边之策划,则凡壤地与之相接,而其部落确为蒙昧无知,或顽强不服者,盖无不犁庭扫穴而郡县之。若其土地肥沃,而风土气候,又甚适宜,可以长子孙,则移本部过剩之人,以实此过余之地。[若?]其地甚为荒碛,亦必设法以变其地味,驱其瘴疠,断未肯听其终古不毛也。准斯义以观吾国之殖边,则正与之相反。夫蒙、满、西藏之富,久为世界各国所垂涎,吾乃视之若不甚爱惜,外患迫则言实边者盈庭,而筑室道谋,乃迄无成议。然则逆世界大势之进行,而欲以粗疏陋略之策划,保持与列强互相接触之地域,虽至愚者,亦有以知其必不能矣。虽然,鉴于前者失败之所由,后此即可以免于失败。吾国纵以无殖边之能力,著闻于世界,而要不难谋补救于将来。某窃以为今日要务,凡属于列强计画、名人论述,苟可以资考证者,当悉数收罗。一面则揆度现势,参酌近情,定一正确而有系统之政策,以为边吏执行之标准。十年二十年后,边患庶稍稍纾,不复如今日之凌杂无纪,忧惶杌陧矣……[1]

近代以来,中国边疆地区的复杂形势远非传统时代所能比拟,列强为争夺中国边疆地区的土地及资源不择手段,反观中国官府方面,能够洞悉世界大势者少之又少,在边疆发生争端时往往屈辱退让,甚至丧权辱国。当然,书生空论时政,一直是为社会所诟病的中国传统学界的一大弊病。一针见血地指出时政之弊端,固然重要,而负责任

---

[1] 《论殖边政策》,《盛京时报》1914年3月10日"论说"栏目。笔者注:民国初年的报纸,印制质量参差不一,有些字迹漫漶不清,有些文字校对不精,故有疑问之处,用[?]说明。

地提出相应的解决方案与具体的施政措施,则更为关键。又,《筹边赘论》一文云:

> 边地荒旷,亘百里十里,或阒寂无人烟,而实则地皆上腴,徒以榛莽勿理,致弃之如瓯脱。然近数年来,亦朋谋开发,以尽地之利。顾事业难重,财、力二者,均未之逮。程功又远,因而歆羡之念,缘畏惮而稍澹,俄焉如消阻于无何有之乡矣。然而外族耽耽互思进攫,以慢藏而诲盗,以不自垦辟,而浸且为人所劫持,终恐键镝不固,一日磋跌,致无可挽回。夫古昔形势,虽与今迥异,而遴选有威望富于干济者,使负筹边之重任,则古今殆无二理。宽其文法,久其任期,俾有以竟其设施,而边事又何至不可问耶?
> 
> 着手之初,诚非厚应用之资金不可,至少应以千万为限。盖筹边云者,军事非要,浚辟财源,经营实业,乃为其至要者,而尤不应枝枝节节而为之,致功业于半途,而反不能达生利之目的。夫运输交通,必资轮轨,非先以此植进行之干,则障碍尤多。今者,财既不足以济其事,而办事者之心理,则率朝耕而夕获者。其手续则又东涂西抹,以故机关虽已遍设,形式亦已粗具,而收效盖寡。此征之近今数十年之所行,而无可讳言者也。
> 
> 夫就实业之范围言之,矿业则至有定者也,其附属之虚糜,亦较其他实业为少。顾公家或从事采掘,而损失乃恒至数十数万金,岂不以矿丁之入沟,食用需求,无不仰给于公家。开山寻碛,不可必得,一碛失败,势须另求,如是三四,寸金未得,而款且告终。丁已逃亡,厂遂解散,即或明知鼓勇直前,终获厚利,而外间之责间频至,母金又涓滴无余。其焉能继?实则所操者狭,所望者奢。前无专门指导之矿师,后无坚持到底之毅力。正如盲童求食,一不当,辄号泣以去,将安所得食耶?然则矿业以外,若移民招垦,若矿业边利,其艰困亦大略相同,设持有限之资财,求兴无穷之事业,欲枝枝节节而为之,庸有幸乎?
> 
> 夫个人创一事业,求以赡其身家,诚不妨得寸进尺,以渐进为主义。顾政府则安能者?夫凡事运以毅力精心,得寸则寸,得尺

则尺,比向之置不理会者,自胜一筹。顾任事者,若竟持此观念以往,则不待终局,吾已有以测其所至。此岂政府命使筹边之本意,命世英雄之所厚自期许者,恐亦不尔尔也。[1]

近代以来,国人对中国边疆问题有了更为深入的认识,"边疆观"实现了从"瓯脱"到"国土"的重大转变。以往千里边疆等同荒漠,实在令人浩叹。但是,开发与建设边疆也诚非易事,"财""力"二者不可或缺,否则只能是纸上谈兵。然而,近代以来,中国积贫积弱,财政状况极为困难,因此,现实中开发边疆资金的筹集工作往往一波三折,阻碍重重,这也是边疆开发工作迟迟无法推行的重要原因。

又如《论今日宜厉行实边政策》一文同样提到大力开发边疆问题:

> 自晚清以还,士大夫之创实边者,踵相属也。然而言之匪艰,行之惟艰。迄于今日,边备之空虚也如故。无事时,敌国之兵若民,犹时时闯入边陲,以肆其虔刘荼毒,而我则以壤地相接,形势之大相悬殊。自卫尚且未能,遑言抵制耶?一旦有事,夫复何幸?守边之吏,与夫秉国钧而有统筹全局之责者,其奚以为未雨之绸缪也欤?
>
> 沿边万余里,地非不毛也,而我向以瓯脱视之,于是逐渐而折入他人之手中,而与我邻者之经营边备也,则不遗余力。……边吏之剥民以自肥,而惟恐边民之繁殖也如故。然则与我邻者,纵无狡焉思启之心,乘[权?]蚕食之念,而我则确然无以自立,其又奚所恃而支持此危局耶?
>
> 国体更新以后,沿边之空虚,仍无人顾问及之。顾与我邻者,则且暂时戢其雄心,以一探我之措施奚若。顾迟之久而仍寂然焉,则疆场之间,必浸以多事。而况国中迭起无谓之哄争,现政府方且穷于应付,边境之安危奚若。惟一般持空论者涉想及之,其有裨于事实者几何耶?夫边备不修,则国是以削,盖为不可逃之公例。当国者其曷不瞿然以惊,而急筹一亡羊补牢之策,以弭后此之巨患乎?

---

[1] 载《盛京时报》1913年4月5日。

夫防边云云,仅注重于戍兵。无论国力不足以及此,即勉为之,亦仍予人以可乘隙也。惟厉行实边政策,则沟塍足以限戎马之足,当地所产粮食,足以资饱腾,且交通便利,则驻一军得两军之用,而并可伐敌谋于未形也。与我邻者,其布置亦几经审慎而来,我正不妨仿行之,以为肆应地步。然则当事者苟无以地资敌之心,而犹思设法以善其后也。则慎选边吏,假以便宜,使厉行实边政策。此固为其不可失之时焉耳![1]

应该说,自清末以来,有识有志之士建言边疆开发与建设者,并不在少数,但是,真正投身于边疆建设的人却极为有限。这就是所谓"空谈误国",纸上谈兵,贻误天下。这往往与周边其他国家形成鲜明对比,因此,边疆危机由此渐入深重。近代以来,中国内地的知识分子也从各种渠道得知不少域外的消息,关于周边国家"不遗余力"进行边疆建设的情况让中国的有识之士忧心忡忡:"遇扼要处,屯置大队。凡可耕者,移民以实之。沿边村屯,棋置星罗,与隶我时,盖已有间。而又纬之以铁道线,辅之与轮船及汽车。交通上俾无毫发之遗恨,于是消息固极灵通,转输又极利便,工商业遂随之而浮然以兴。纵为新辟之区,与旧有之都会,又奚以异也耶?"相比而言,中国边疆建设的情况如何呢?"……则人烟之寥落也如故。戎备之不修也如故,交通之阻碍也如故。边吏之剥民以自肥,而惟恐边民之繁殖也如故。"长此以往,边疆之危殆,可想而知。因此,摒弃空谈,提出具体的边疆建设政策已迫在眉睫。

此外,与国内移民实边问题相联系,放眼世界,民国初年,中国移民海外的数量已相当庞大,因此,制定《国籍法》保护广大侨民,也已刻不容缓。如《中国移民之发展观》一文指出:"中华民族之发达,系环球注目之一问题也。然人类丛生于两间,其惧贫喜裕,竞利谋优,汲汲然图谋生存之热诚,无论何种何族,均系出于天赋之特性,固不能因国家强弱而抑制其适当之竞争。知此理者,应无歧视异种,二三其恃遇,自贬其文明国人之声价也。顷据最近统计云,中国国民持国籍而蕃衍于

---

[1] 载《盛京时报》1913年5月21日"论说"栏目。

国外者,约总计有五百四十万人以上。香港三〇七三八八八[人?],南洋诸岛一三六〇五〇〇人,新嘉坡〇[?]三〇〇〇〇人,暹罗一四〇〇〇〇〇人,马莱半岛五三〇〇〇〇人,法属印度一九〇〇〇〇人,英属缅甸一七〇〇〇〇人,濠州(澳洲)一四〇〇〇〇人,纽芝兰二五〇〇人,北美合众国九〇一六七人,坎拿大一七〇四三人,墨西哥二八三四人,秘露四五〇〇〇人,檀香山二五〇〇〇人,西伯利亚五〇〇〇〇〇人,南非虎代坡一二〇〇〇人,南美、中美一三〇〇〇〇人,此外,散处世界各地者二〇〇〇〇〇人,共计五百四十二万二千四百三十二人。然此项额数,不过仅列梗概,其他不表明国籍之侨民尚不知凡几。盖以中国国籍法之不备,而揆其飘泊流离于天涯地角,贡献民族之发达者,彼此积算,大约亦不下一千万人……"[1]而当时中国政局混乱、政党林立,国内民众尚处于水深火热之中,更无暇顾及海外华人之权利。

### (三)对于移民实边措施的评价

移民筹备局的设立,是民国初年移民工作步入正规化、法制化轨道的一大标志。然而,真正的移民措施的实施却举步维艰。当时有社论《论移民筹备局之设置》指出:

> 农民之趋利,盖亦如水之就下。然初无俟当局者之谆谆诰诫也。其所以踟蹰不前者,无他,则交通之不便,盗贼之出没无常而已。是故当局者,诚有意兴利以殖也,则但注意于此二者而已足。但使地方官以时平治道途,剪除弗稜。沿途尖宿处所,分驻营队,则负耒者,已有如归之乐。平时又认真缉捕,使农民各安其居,则不数年间,荒凉寂寞之乡,可以变而为繁盛殷服[?]之域矣。夫似此办理,公家经济,所耗无几也,而殖边计画,则已因之确立。倘亦倡言移民实边者所乐闻欤?
>
> 东省现有之计划,有所谓"移民筹备局"者,果见之实行与否,今日固犹未便臆断,然即见之实行,其收效何若,恐亦如屯垦局之虚应故事而已。查东省现有之事实,若内蒙改设行政区域,若四

---

[1] 载《盛京时报》1914年5月3日。

平街、洮南间之修筑铁路,若齐、黑之通道,若江省东荒一带举办清乡。虽各有其主旨之所在,而于垦荒实边一层,实有息息相关之妙用。盖办事必挈其要领,以上所拟各事实,则挈垦荒实边之要领而已。与空言为移民之筹备者,盖不可同年而语也。夫移民之烦累,必非公家之力所能胜,故不若以移民听民之自为,而为之去其障害。盖障害去,则各省之企图殖民兴业者,必源源而来。地方官以后但力任保护之责斯可耳。夫若东省可垦之荒犹非少数,一转移间,农产物将充牣于市,其他事业,亦且伴农业之发达而进行。当局者其好自为之,于以启天府之藏,而并以之绝他人之觊觎乎?[1]

官员的敷衍塞责是移民工作迟迟不见成效的重要原因之一。多一事不如少一事,官员们对于移民工作并无真正的热情。如东北地区已有设置移民筹备局的倡议,但是实效如何,有待观察。因为随着迁移规模之扩大,移民数量之增多,移民迁入地所出现的种种严重社会问题,已成为阻碍移民工作持续发展的难题,如交通道路之险恶、盗匪横行等,这无疑也大大增加了地方行政工作的责任。移民筹备局正是在这种状况下出现的。

民国初期,移民开发的区域指向还是十分明确的,也就是北部及东北边疆地区,其中,向东北及蒙古地区的移民受到极大的关注。这两个地区地域广阔,资源丰富,人口稀少,开发潜力极大。如《满蒙移民问题》一文指出:

> 满蒙之地,幅员辽阔,可耕之地,以万里计。其他森林、矿产,藏富于地,不可枚举。此所谓天府之国,人民生活之良所也。今我国人民之在内地者,无不汲汲焉惟贫是忧,究厥原因,有谓自甲午、庚子两役以后,外债日积,不得不增加赋税,以资挹注。于是物价日昂,谋生遂难者。有谓处今日经济竞争之世界,舶来之品,广销内地,土产各物,受其影响,渐次淘汰者。斯二者,固未尝非我国贫困之一端,然以吾观之,尚非最大之总因也。盖我国自洪

---

[1] 载《盛京时报》1914年2月25日"论说"栏目。

杨以后,迄今四十余年,其间人口之增,不知凡几。欧美社会学家论人口之生殖,苟无钜灾,二十年将增一倍。我国虽水旱疾疫,不时发现[生?],然终不及所生之多。所谓"四万万"之一名词,犹数十年前一约略统计耳。故至今日,地力之出既有限,而资生之人日益多,供不给求,困遂日甚。此殆其总因也。今者,政府拟增修铁路,实行移民于满蒙,以事开垦……[1]

文中将"满蒙之地"称为"天府之国",可以看出当时民众对于东北地区地位与重要性的认识。早在清朝前期,中国人口据称已突破了"四万万(即四亿)"大关,粮食供给危机日甚一日,已不堪重负,称为"危如累卵",也丝毫不过分,而东北地区广袤的可耕地蕴藏着巨大的农耕潜力,是解决中国粮食问题的最好出路。又如《移鲁实江之移民政策》一文指出:

财政、交通两部会核黑龙江巡按使等电呈(空阙二字)。其原呈略称:原电内称胶澳事起,莱州一带陷入战地,加以淫雨经旬,河海漫溢,胶、潍、密、墨等属几成泽国。灾区既广,来日方长,庆澜悉膺边寄,见夫沃野千里,半付荒芜,历年披荆斩棘,实以鲁人居多。值此灾变非常,若择真正农工,移徙江省,既足以惠灾黎,亦藉以实穷边。此项移民经费,体察现在财力,原拟定为六十万元,拟请财政部拨助二十万元,并请交通部对于灾地移民视为特别经过,轮船、火车一概免价,余由江、鲁两省分认,嗣以鲁省灾变频仍,二十万巨款遽难筹拨,惟将遣送各费,允由鲁省担任,资遣之事,亦由儒楷等派员办理。招待之责,由庆澜任之。塞外严寒,行将封冻,现已赶办不及,拟即筹备一切,定于明春实行。儒楷等妥订详细办法,会呈核示祇遵等语。查鲁省人民每年自备斧资,出关力作,实繁有徒,转徙无常,久成习惯。比者,胶澳启,淫雨成灾,小民荡析流离,嗷嗷待哺,非预筹补救之策,曷以济赈抚之穷?江省地广人稀,芜榛满目。历年从事垦辟者,本以鲁人为多。该巡按使等拟请移徙灾黎赴江垦殖,于因势利导之中,寓移民实边

---

[1] 参见《盛京时报》1915年11月6日。

之意，荒徼可期日辟，灾黎亦得所依归，洵于国计民生两有裨益。[1]

中国自古多灾，北方地区灾患频仍的问题更为严重，如何救灾是摆在这些地区民众面前的巨大考验。如果单纯实行"赈粮""赈贷"等措施，只能解救一时之急，无法改变灾区多灾多难、贫民无以求生的困境，而"移民救灾"应被视为救灾的一项重要举措。然而，移民需要巨大的人力、物力，在缺乏统一管理的传统时代里，除非万不得已，政府很难实施移民救灾等措施。

中国历代多有边疆屯军屯垦的措施，主要是为了解决边疆保护与军队粮食供给之间的矛盾。有清一代，东北地区同样有大批军士从事边疆屯垦，民国初年是否应延续这种做法？《移军实边私议》一文正是回应了这种问题：

> 边境空虚，人烟寥落，荒芜之地，一望无际，吾国人不自爱惜，故为外族之尾闾，骎骎焉亟谋侵入。至近年始有"移民实边"说者。然因困于财政之故，而又未得提倡之道。所谓移民实边者，尽属诸空文而无实际。此次政府筹民军善后问题，有移之实边之说，洵乎得治体之大者矣。
> 
> 民军之在今日，以国势言，初不必养如许军队。以财政言，更不能养如许军队。此皆事理之显然者也。夫既不能养，则各省前此所骤增二三十万民军，势不得不出于遣散之一途。然遣散需费，财匮之政府，几无以应付。若不遣散，则更无以支给。何如借遣散之资，而使民军往青海、蒙、藏各边境，以从事种植、畜牧、开矿、垦荒诸要端，庶几费不虚糜，民有恒业。国家既免边境之忧，而国民经济亦可赖以发展矣。一举而数善备。为计之得，无逾于此。
> 
> 若使内省人民移居边地，无论一时不克骤有此数，即使人民应募实边，一切费用，尚须另行筹措。不特事之难易，判若霄壤，

---

[1] 《盛京时报》1914年11月28日。

即揆诸经济,亦大相径庭。况安土重迁,为吾国人已固有之根性,甚至有利诱而仍不少动者。彼为民军者,遣调异地,本职分之当然,倘使之尽室偕行,既无从军之苦,而有室家之乐,畴不奉令唯谨,争趋于边疆绝域,以开利源而长子孙。此移民军实边,较之移民实边,其相去为何如耶?

且也腹地各省,土地愈蹙,(新筑房屋庐墓)生齿愈繁,人满之患,已在目前。傥不预为之所,一省之地力,不能养一省之人民,势必有供求不给之一日。边荒各地,遂为欧亚各国之殖民地,而吾国人民转无以栖息,际此而言实边,岂独为遣散民军,谋财政上一部分之利益,实与全国人口问题,大有关系。使国家而放弃边境也,则亦已矣。如为保全领土计,实边政策,万不容缓。乘此遣散民军之时,亟谋移之实边,诚为握要之图。若拘拘于财政一方面,其所见未免浅隘矣。吾深愿政府勿蹈坐而言,不克起而行之病焉可也。[1]

文章作者提出"移军实边"的倡议,有一定的客观历史背景。保护边疆安全,必须采取移民实边的措施,已得到全社会的共识。但是,"移民实边"既要得到国民的响应,又要得到官方的大力扶持,实施过程往往困难重重,举步维艰,一时难以达到满意的成效。比较而言,"移军实边"则是一种两全其美之策。一方面,国家内政外交需要维持与其规模相称的军事力量,但是,军费开支又往往成为政府面临的重大难题。因此,鼓励军队驻扎于边疆地区开垦农耕,既能负保卫边疆之责,又可减轻政府军费开支的负担。在清末民初之际,各省各地区均遗留了大量前朝军士或军队富余人员,遣散安置工作十分繁重,处理不合理则极易引发社会动乱,因此,将这部分军人及家眷迁往边疆地区安置,从事种植、畜牧、开矿、垦荒等各种实业,既可以减轻内地就业安置之压力,又可使国家建设边疆与保卫边疆的费用合而为一,可谓高明之策。

应该说,民国初年,社会各界对于边疆问题的认知与移民实边、开

---

[1]《盛京时报》1916年10月4日。

发边疆的呼吁,有唤醒民众之功,保护边疆、建设边疆逐渐形成社会共识。这些文献对于后人了解当时的国内国外形势具有重要价值,对于后人而言,更是拉近了时空距离,大大增进了我们对于那个时代的了解。

## 二 民国初年移民垦荒相关法规条例评述

民国时期,社会体制转变的一个最重要的特征,是"以法治国"理念的普及与法制化措施的实行,从"封建帝制"转向现代法治国家的任务十分繁重与艰巨,而当时最为尴尬与急迫的事实就是"无法可依",即旧时代与旧体制下形成的法制与条例已无法适应新时代的需求,因此,在较短时间里改变"无法可依"的困难局面,尽快制定适应时代需要的法律与条例,便成为当务之急。民国初期是中国法制建设的特殊时期,一大批法规与条例在相当短的时间里出现,也成为中国现代法制建设中的一大奇观[1]。

与移民相关的法规条例的制定,同样是民国初期法制化与法规制定工作的重要组成部分之一。如上文所述,民国初年,为了大力推进边疆地区开发以及移民垦荒工作,在较短的时间里,政府出台了一批相关的法规及条例,对于当时的移民垦荒工作进行法制化及规范化管理。且不说这些法规条例在实践中实施的效力如何,对于推进移民垦荒工作而言,这些法规与条例的及时出现是十分必要的,应该予以肯定。

民国三年(1914年)推出的《国有荒地承垦条例》应该是民国政府推出的最早的一部移民垦荒法律章程。该《条例》共分四章及"附则",其四章名称分别为"总纲""承垦""保证金及竣垦之年限""评价及所有权"。"总纲"部分首先界定了"国有荒地"所涉及的地域范围及使用权限问题。如第一条规定:"本条例所称国有荒地指江海山林,新涨及旧废无主未经开垦者而言。"第二条规定:"凡国有荒地除政府认为有特

---

[1] 参见蔡鸿源主编:《民国法规集成》,黄山书社1999年版。

别使用之目的外,均准人民按照本条例承垦。"第四条则特别规定:"非有中华民国国籍者不得享有承垦权。"这对于建立公民意识与国民意识、维护国民的合法权益有很积极的示范作用。

从第二章"承垦"开始,主要规范承垦的具体手续,包括呈请立案、"呈请书"内容填写的要求等。第三章"保证金及竣垦之年限"的内容相当重要,如第七条规定:"承垦人提出呈请书经管官署核准后,须按照承垦地亩纳银一角作为保证金,前项保证金以公债票或国库券缴纳。"也就是说,当时荒地的承垦并不是完全无偿的,而需要交纳一定数额的保证金,承垦人需要购买公债票与国库券实行缴纳。

荒地承垦工作涉及的问题相当复杂,其中,垦荒年限及竣垦年限是十分关键的,直接涉及承垦者的切身利益与移民的稳定。第三章第十条较为详细地规定了当时各类荒地不同的"预定竣垦年限","预定竣垦年限"一方面与荒地类别有关,另一方面则与承垦荒地数量相关联:

> 一、草原地 一千亩未满者一年,一千亩以上二千亩未满者二年,二千亩以上三千亩未满者三年,三千亩以上四千亩未满者四年,四千亩以上五千亩未满者五年,五千亩以上一万亩未满者六年,一万亩以上者八年。
>
> 二、树林地 一千亩未满者二年,一千亩以上二千亩未满者三年,二千亩以上三千亩未满者四年,三千亩以上四千亩未满者五年,四千亩以上五千亩未满者六年,五千亩以上一万亩未满者七年,一万亩以上者九年。
>
> 三、斥卤地 一千亩未满者四年,一千亩以上二千亩未满者五年,二千亩以上三千亩未满者六年,三千亩以上四千亩未满者七年,四千亩以上五千亩未满者八年,五千亩以上一万亩未满者九年,一万亩以上者十一年。

在垦荒工作基本完成之后,还有一个十分重要而关键的问题,即荒地的所有权问题。《国有荒地承垦条例》采用了重新购买的方式。该《条例》最后一章"评价及所有权"第十七条规定:"承垦地给承垦证书后即由该管官署勘定地价分别登记。"第十九条规定:"地价按每年竣垦亩数缴纳。"第二十条规定:"缴纳地价得以所缴纳之保证金抵算。"第十八条则按不同类别的状况规定了土地价格:

产草丰盛者为第一等,每亩一圆五角;产草稀短者为第二等,每亩一圆;树林未尽伐除者为第三等,每亩七角;高低干湿不成片段者为第四等,每亩五角;卤斥砂碛未产草之地为第五等,每亩三角。

根据上述数条之规定,承垦荒地工作又变成了土地买卖,这充分显示了这一条例的局限性。该条例并没有提供多少政府对于荒地垦荒工作的优惠与帮助内容,而将荒地承垦工作变成了一种特殊类型的土地交易。这显然不利于鼓励民众积极从事垦荒活动。

当然,就移民工作而言,最值得关注的是,该《条例》第四章第二十七条规定:"本条例除《边荒承垦条例》所定区域外,均适用之。"也可以证明,该《条例》所指地域范围与《边荒承垦条例》互为补充,并不重叠[1]。《国有荒地承垦条例》主要集中于内地的荒地区域,其对于移民的影响较难以确定。

据笔者查考,《办理黑龙江全省清丈兼招垦章程》是民国初年最早推出的区域性移民招垦章程,公开发表于《盛京时报》民国三年(1914年)4月2日"专件"栏目。该《章程》共分五章:总纲、编组、任用及职权、经费及附则。总章第一条规定:"本章程专为办理黑龙江全省清丈招垦而设,凡关于勘丈已、未升科地亩,清理田赋,招民放荒,派员督垦,以及屯基街基各事,宜均依本章程行之。"其实,这部《章程》的内容根本没有包括这么多的内容,其核心内容是关于清丈招垦工作的组织与管理机构——黑龙江省清丈兼招垦总局的设置。

为了更好地组织及领导黑龙江全省的清丈招垦工作,黑龙江省地方政府特别设置了总领导机关,名曰"黑龙江省清丈兼招垦总局",下设有分局。该《章程》第二条至第十六条主要是关于"黑龙江省清丈兼招垦总局"各级机构的设置以及经费来源问题,并没有涉及多少清

---

[1]《盛京时报》1914年3月22日。

丈与招垦工作的具体内容,如第十七条已经说明:"关于清丈招垦放荒各项施行规则,另章规定之。"[1]

应该说,在民国初年的移民法制建设中,黑龙江省无疑走到了前列。我们发现,与《办理黑龙江全省清丈兼招垦章程》相配套,黑龙江省地方政府几乎同时制定与发表了一系列的法规与条例,如《黑龙江省招垦规则》《黑龙江省清丈规则》《黑龙江放荒规则》等,进而组成了一套较为完整的区域性招垦工作法规系统。可以说,这些法规与条例的制定与颁布在民国初年起到了表率作用,对于促进民国前期移民开垦事业有一定的贡献。

比较而言,《黑龙江省清丈规则》[2]《黑龙江放荒规则》[3]等条例偏重于技术操作层面的规定,而《黑龙江省招垦规则》则更多地考虑到招垦工作与垦户的待遇问题,因而也就是与边疆移民问题的关系更为直接与密切。

《黑龙江省招垦规则》连续刊载于《盛京时报》民国三年(1914年)4月3日与4月4日"专件"栏目,向全社会进行公布。为了具有可操作性并适应区域性的特殊要求,其内容应该是前述《国有荒地承垦条例》的具体化与区域化。该《规则》共分为十一章,共37条。这十一章分别是:总则、招待、授地办法、垦齐年限、资助及保护、招垦员职权、招垦员考试、招垦员处分、招垦员奖励、垦户奖励及附则等。

与《国有荒地承垦条例》内容较为笼统不同,《黑龙江省招垦规则》不仅在内容上更为具体并具有可操作性,而且有不少创新之处。如《国有荒地承垦条例》的实施对象是全体国民,并没有移民与非移民的区别,而《黑龙江省招垦规则》则主要针对外来垦户,即比较准确意义上的移民。因此,《黑龙江省招垦规则》特别增加了"招待"一章,主要就是解决接待外来垦户的问题。如第二条规定:"在省城设垦户招待所一处(前城议会驻在地)专待四外,垦户由总局派员随时应接。"黑龙江省为了招徕外来垦户,还加强了招垦工作的宣传力度,如第三条规

---

1 载《盛京时报》1914年4月2日"专件"栏目。
2 连载于《盛京时报》1914年4月4日、4月5日、4月6日"专件"栏目。
3 载《盛京时报》1914年4月8日"专件"栏目。

定:"招待附近各省垦户,得将本规则刷印成册,分行奉天、吉林、直隶、山东、河南等省布告之。"可见,当时奉天、吉林、直隶、山东、河南等省是黑龙江外来垦户的主要来源地[1]。

对于外来垦户而言,荒地权益是最有吸引力的。因此,"授地办法"与"垦齐年限"成为《黑龙江省招垦规则》的核心内容之一,也是招垦工作成功与否的关键。第三章第七条明确规定:"凡未垦者均作安插垦户区域。"显然,将招垦的范围扩大到了全省的未垦荒地。关于各家各户承荒的数量,则根据不同条件与情况进行调整,这些条件包括土地肥瘠程度、是否为有主荒地以及是否有"火犁"等农耕器具等。当然,"承垦荒地"并不完全是没有条件的,该《规则》第十一条规定:"承垦荒地,无论若干,一律取具三户以上连环保结。"这种保结制度当然是为了保证垦荒者的信用及垦荒工作的顺利进行。关于"垦齐年限",该《规则》统一规定为5年。

在边疆地区垦荒创业,是十分艰苦的,且具有很高的风险。因此,为了保证垦荒工作的成效,提高边疆移民的稳定性,地方政府需要尽一切可能来帮助垦户与保护垦户。《黑龙江省招垦规则》对此出台了一些强制性规定,以提高招垦的吸引力。如该《规则》第五章"资助及保护"第十八条规定:"凡领垦之户,由公家借款三十万元,用作接济垦户子种费。每犁一具接济五十元,由始垦之年算起,第二年还一十元,第三年还二十元,第四年还齐。"垦户新到荒地,会遇到各种危险或人为威胁,该《规则》第二十一条规定:"荒区辟远未经设立警察,垦户到段时准由主管分局请派军队保护。"这对于保护垦户及家属的生命与财产安全是至关重要的。

《黑龙江省招垦规则》的一大创新之处,就是招垦员制度的建立。该《规则》第二章"招待"第四条规定:"志愿招垦人员,有二人以上之介绍,经总局许可者,得任为本局招垦员,发给委任状前往附近各省,至由招致并携带规则宣布宗旨,一面由省长或总局行知该员前往所在地之长官。"可见,招垦员成为黑龙江招垦工作的真正实施者与"核

---

[1] 连载于《盛京时报》1914年4月3日与4月4日"专件"栏目。

心",没有"招垦员"的推动及实效,那么招垦工作恐怕会陷入"纸上谈兵"的窘境。《黑龙江省招垦规则》还从立法角度提高了招垦员的权限。如第五条规定:"各户远来就垦,其沿途经过地方遇有应行保护时,得由招垦员随时随地请求军警保护。"该《规则》第六章到第九章,十分细致地对招垦员的职权、"考试"(应为考核)、处分以及奖励等方面进行了规范与解析。

民国时期是中国法制建设史上的一个重要时期,十分典型地反映了中国由传统社会向现代社会的剧变,也是中国法制走向现代化的转型时期。其中,出于时代及形势的需要,移民立法也是当时立法工作中的一个"重中之重"。为了调动全社会移民边疆的积极性,以及保障边疆移民开发工作的顺利进行,必须立法保障广大移民的权益并规定各级政府的权利与义务。

边疆移民对于迁出地与迁入地而言,都意味着一定的调整与变革。对于迁出地而言,移民的外迁,必将导致当地劳动力的流失与土地资源的再调整。而对于迁入地而言,大批外来移民的到来,不仅蕴含着区域发展的新契机,同时也面临区域社会重建的风险。而这一切调整与转变,都需要法制化与规范化的指引与保障,民国初年移民法制建设的意义也在于此。

第二章

# 清末至民国前期东北地区的移民运动

东北地区是大清王朝的发祥地,故而有清一代东北地区地位尊崇,特别受清朝皇族与官府的重视。但是,正如笔者在前面章节里已经反复提到的,长期以来,清朝官府对于向东北地区的移民问题抱持着一种相当复杂的态度。一方面,清朝珍视祖先发祥之地,禁止扰动此地的安宁;同时,也想向天下臣民保持发祥地的神秘感,担心大量关内民众的到来,会打破这种神秘感,增加管控难度,所以长期以来不惜以政令阻止关内民众向东北地区的大批迁徙。另一方面,就客观情况而言,东北地区自古为非汉民族的聚居之地,地旷人稀,本身存在着经济发展与社会进步的客观需求,且地处边境地带,面临外部势力蚕食的危险。如果东北地区长期得不到应有的开发,经济一直处于相当原始落后的状况,那么对于中国边疆地区的社会建设与国土安全有百害而无一利。

随着移民政策的出台与移民运动的发展,清代东三省的人口数量也发生了阶段性的明显变化。清代东北地区的移民过程大致可分为三个阶段,而作为移民运动最直接的体现,这三个阶段也是东北地区人口数量发生重要变化的三个时期:起自清军入关至康熙七年(1668年)废止招垦令为止,可称为"招垦期";从康熙八年至咸丰初年为第二个阶段,称为"封禁期";从咸丰初年到清末为第三个阶段,通常称为"放垦期"。在光绪年间开始出现了向东三省地区移民的高潮[1]。

向原本荒无人迹的边境地区迁移,实际上面临着移民社会创建与稳定的问题。随着移民的大量到来,东北地区也逐渐成为相当典型的移民地区。移民的过程,伴随着东北地方社会的创建与发展,人口增长、政区建设、经济发展、城镇兴起等都是移民社会建设与发展的重要表征。

外来移民的大量增加,为移民社区的建设与管理带来了巨大的挑战。因此,边境地区的移民史,从一个侧面来看,就是一部移民社会建设与发展的历史。其中,行政区划的创建与完善,又是边疆移民社会建设的一个重要指标,与移民历史的发展息息相关。

## 第一节

### 清朝至民国前期东北地区行政区划演变简况

行政区划的建置过程,是一个区域开发及发展的重要标志之一。有清一代,东北地区的行政区划建置发生了巨大的变化,其建置过程、建置等级、治所位置均与当地人口发展及地理分布有着十分密切的关系。

自上古时期开始,地处边远的东北地区的人口及经济发展呈现十分迟缓的态势。而时至明代,东北绝大部分地区又因地处山海关外,实际上与中原地区形成隔绝之态势。明代于"九边"之东端——辽东镇设置辽东都指挥使司(即辽东都司),作为明代管理东北事务的第

---

[1] 参见赵中孚:《近代东三省移民问题之研究》,台北"中研院"《近代史研究所集刊》第四期下册,1974年12月。

一重镇。其治所位于广宁(今辽宁北镇市),后迁于辽阳(今辽宁辽阳市)。据《明史·地理志》等记载,辽东都指挥使司原辖25卫、2州。后州县皆罢。而据《明史·兵志》记载,辽东都司下辖的卫所主要为定辽左卫、定辽右卫、定辽中卫、定辽前卫、定辽后卫、铁岭卫、东宁卫、沈阳中卫、海州卫、盖州卫、金州卫、复州卫、义州卫、辽海卫、三万卫、广宁左屯卫、广宁右屯卫、广宁前屯卫、广宁后屯卫、广宁中屯卫。这些卫所的治所,显然就是当时东北地区汉族官吏及军士所集中的主要聚居地。明代羁縻卫所——奴尔干都司在东北地区的建置,也是东北地区区域发展的一件大事。据《明史·兵志》的记载,奴尔干都司下辖385卫、7站、7地面、1寨,均是在洪武、永乐年间陆续设置的[1]。

关于清代东北地区的政区建置情况,著名历史地理学家谭其骧先生曾经高度评价其建设成就:"白山黑水间为国族发祥之地,初年厉行封禁,自柳边以外,但列旗屯,渺无民居。中叶以后,法令渐弛。长春、昌图,创建于嘉庆;呼兰、绥化,滥觞于咸同。光绪初叶,始以开拓为务。于是鸭绿以西,接畛开原、伊通之东,至于五常、敦化,设官置吏,胥为州里。其后迭遭甲午、庚子、甲辰之难,益锐意于移民实边,下迨丁未建省,宣统改元,而哲盟十旗,多成井邑;长白千里,遍置守令,北极呼伦、瑷珲,东尽挠力、穆棱,举历古屯戍莫及之地而悉郡县之,诚国家之弘猷,民族之伟业也。"[2]根据谭其骧先生等学者的研究,清代在东北地区的政区建置,其实可较为简单地分为前、后两个阶段。

第一阶段为初始期或前期,时间自明朝末年直到清中期。黑龙江地区为清朝满族先民的发祥地,也就是满族先民最早、最重要的聚居区。所谓"白山黑水",即指长白山与黑龙江,黑龙江亦名混同江。最早的聚居地,后称为兴京,即明朝建州卫所在地,位于今辽宁新宾县西老城。从天命年间开始,以满族八旗为核心的后金政权逐渐强大起来,"始祖建国鄂多理城,肇祖徙居赫图阿拉,诒谋考卜实启兴京,太祖

---

[1] 《明史》卷90。
[2] 参见《清代东三省疆理志》,原载于1940年《史学年报》第三卷第一期,后编入《长水集》(上),人民出版社1987年版,第159页。

高皇帝以十三戎甲次第削平诸部,经始沈辽"[1]。天命七年(1622年),建置东京于辽阳,十年,迁置东京于沈阳,即今辽宁沈阳市。天聪五年(1631年),东京又被尊称为盛京,由此成为满族政权控制东北地区的政治中心。清朝入关之后,盛京成为留都。顺治十年(1653年),置辽阳府,下辖辽阳、海城二县。又于宁古塔设昂邦章京,以副都统镇守之。十四年,设立奉天府,辽阳府废为县。

康熙年间,东北地区的行政建置取得了重大进展,进入了所谓"将军时期"。如康熙元年(1662年),改建奉天昂邦章京为镇守辽东等处将军(即奉天将军),宁古塔昂邦章京为镇守宁古塔等处将军(即宁古塔将军)。三年,于原明朝广宁卫驻守之地设置广宁府(治今辽宁北镇市),下领广宁县、锦县、宁远州。四年,改镇守辽东等处将军为镇守奉天等处将军,改广宁府为锦州府,移治锦县,仍属奉天府尹。十年,于吉林乌拉设副都统。十五年,移宁古塔将军驻吉林乌拉,留副都统镇守宁古塔。二十二年,于黑龙江设将军副都统。二十三年,于黑龙江岸筑瑷珲城。二十九年,移黑龙江将军驻墨尔根。三十年,于白都讷设副都统。三十二年,移黑龙江副都统亦驻墨尔根。三十八年,黑龙江将军副都统皆自墨尔根移驻齐齐哈尔。四十九年,于墨尔根设副都统。雍正三年(1725年),于阿勒楚喀设副都统等[2]。

这一时期,又可以称为所谓"七镇"时期。七镇,也就是指当时奉天以外东北地区七个重要的军政要地。如清人方式济在康熙年间所撰写的《龙沙纪略》中称:

> 自奉天过开原,出咸远堡关而郡县尽,外有七镇,曰吉林乌喇,曰宁古塔,曰新城,曰伊兰哈喇,属宁古塔将军辖;由新城之伯都纳渡诺尼江而北,曰卜魁,曰默尔根,曰艾浑,属黑龙江将军辖,皆在奉天府东北。

> ……

> 卜魁,站名(土人谓驿为站),在新城之北八百里。……

---

[1] 参见《钦定满洲源流考》卷8。
[2] 参见《钦定盛京通志》卷22。

默尔根,河名,镇城,依河西,在卜魁东北四百二十里。……
艾浑,在默尔根东三百四十里。

七镇之中,宁古塔与艾浑(即瑷珲)两城特别重要。宁古塔将军辖地原只有昂邦章京及副都统,康熙元年改置为宁古塔将军,起先驻守于宁古塔旧城(在今黑龙江海林市西南),后迁往新城(今黑龙江宁安市)。瑷珲有新旧两城。旧城在今黑龙江黑河市爱辉区南、黑龙江东岸。康熙二十二年,曾经为瑷珲将军驻所。瑷珲新城,又称黑龙江城,康熙二十三年为黑龙江将军驻地。二十九年,黑龙江将军又迁往墨尔根,瑷珲旧城以副都统镇守。又于三十八年奏请,三十九年夏间,由墨尔根迁将军于齐齐哈尔。墨尔根仍以副都统镇守。

从乾隆末年开始,东北政区的建置基本稳定下来,可称为"两府三将军"时期。据乾隆《大清一统志》记载,时至乾隆末年,东北地区设置有二府:奉天府、锦州府。同时,东北地区还设置有三个将军统辖之地,即奉天、吉林、黑龙江。又据嘉庆《大清一统志》,盛京统部下辖二府——奉天府、锦州府(属奉天府),三个将军统辖之地——奉天、吉林、黑龙江。两府三将军奠定了清代前期东北地区基本的政区结构,其特征十分突出,即军政为主,民政次之。可以说,在清代的大部分时间里,东北地区主要作为边疆军镇区域,其区域特征是十分突出的,这也是清朝统治者在东北地区实行特殊而严格的移民政策的背景之一。

清代东北地区政区建置的另外一个重要时期,则可称为"行省时期"。这一时期持续时间较为短暂,十分典型地反映了清代东北社会变迁的"突变"特征。光绪三十三年(1907年),奉天、吉林、黑龙江三地裁将军,设巡抚,建立行省,东北地区也由此从边疆军政体制转变为与内地相同的"行省"体制。各级行政区的设置也进入了一个突飞猛进的时期。如宣统三年(1911年),吉林省下设四分道、十一府、一直隶厅、四厅、一直隶州、二州、十八县,黑龙江下辖三分道、七府、三直隶厅、三厅、一州、七县、一总管和二协领。详见表2-1。

表 2-1 清代东北地区政区建置比较简表

| 地区名 | 前 期 政 区[1] | 后 期 政 区[2] |
|---|---|---|
| 奉天 | 奉天府下辖二州、六县、厅三：承德县、辽阳州、海城县、盖平县、开原县、铁岭县、复县、宁海县、新民厅、岫岩厅、昌图厅。锦州府下辖二州、二县：锦县、宁远州、广宁县、义州 | 奉天共领府八、直隶厅五、厅三、州六、县三十三 |
| 吉林 | 长春厅管辖吉林、宁古塔、伯都讷、三姓、阿勒楚喀、珲春、打牲乌拉 | 吉林共领府十一、直隶厅一、直隶州一、州二、厅三、县十八 |
| 黑龙江 | 副都统管辖齐齐哈尔、墨尔根、黑龙江、呼伦布雨尔、呼兰、布特哈 | 黑龙江共领府七、直隶厅三、直辖道三、厅三、县七与西布特哈、东兴镇、铁山包 |

总体而言，清代东北地区的政区建置可分为前后两大时期，即将军时期与行省时期。就建置时间而言，将军时期从天命十年直至光绪三十二年，时间长达二百余年；而"行省时期"仅从光绪三十三年到清末，只有短短数年。前后变迁如此之剧烈，恰恰正是清代东北地区经济与社会发展的真实写照。行省时代的到来，正是移民政策改变的结果，同时也是大批移民到来之后，东北地区为适应移民运动所采取的应对措施的直接反映。

进入民国以后，直到日本发动侵略战争之前，东北地区的移民运动风起云涌，一浪高过一浪，而为了适应移民所带来的社会建设与行政管理的需要，东北地区的行政建置也随之发生了快节奏的变化，不仅政区数量在迅速增多，而且，行政区层级也在逐步细化，从而奠定了现代东北地区行政区建置的基本格局。1926 年，奉天省(1929 年改名为辽宁省)共计下辖 3 道、57 县、1 个设治局。1927 年，吉林省共计下辖 4 道、41 县。1928 年，黑龙江省共计下辖 4 道、33 县、13 个设治局[3]。

---

[1] 参见嘉庆《大清一统志》。
[2] 参见《清史稿·地理志》。
[3] 民国前期东北地区政区建置情况，参见郑宝恒：《民国时期政区沿革》。

## 第二节

### 清朝前期与中期东北地区的移民与人口增长

作为重要的边疆多民族聚居之地,东北地区的民族与人口构成有着自身的一些特点,特别是在清代前期与中期。康熙年间,清人方式济曾经对东北区域社会的实况有过一个切近的观察,得出了一些看法。他指出:

> (当地)族类不一,客民尤夥,兼以黥徒岁增,桀鹜未化,颇称难治。幸法严无所逃,畏詟不敢肆耳。官廨文案防检甚疏,而无敢为奸弊者,又其风之近朴也。一夫力作,数口仰食而有余,而炊饪浣汲舂硙之事,妇女并习勤苦,故居人置奴婢价尝十倍于中土,奴婢多者为富,以其能致富也。[1]

可见,东北地区除"族类不一"(即民族构成较为复杂)之外,"客民多"与"奴婢多"是当时人口构成的两大特点。早在清代前期,客民(即外来移民)的数量已明显增多,而且已经在当地社会中产生了不可忽视的影响。这类移民不仅包括从事耕种的农民,也有从事工商行业者,方式济在《龙沙纪略》中明确指出:"商贾往来无定,亦立册以稽。"当然,被流放的罪犯(即黥徒)也不在少数。

此外,在当地人口数量构成中,"军民并重"的特点也较为突出。必须强调的是,清代前期与中期,驻扎于东北地区的官员与军士成为东北地区居民构成中不可忽视的重要组成部分。徐宗亮在《黑龙江述略》一书中指出:"按黑龙江省本边徼部落之区,自入版图以来,屯兵镇守,要以讲武为重。咸丰、同治以前,由满洲内大臣简为将军,侍卫出身为多。中俄分江之际,内省军兴,东三省诸将以功建节,往往荐至西

---

[1] 方式济撰:《龙沙纪略》,《景印文渊阁四库全书》本,下同。

北各路将军。黑龙江则不设民官,尤非盛京、吉林之比。"[1] 因此,除官员外,方式济十分详尽地记录下了康熙年间东北地区三大重镇的军士规模、构成与分布:

> 卜魁,兵二千有四十,满洲、汉军暨索伦、达呼哩、巴尔虎充之;艾浑,兵一千二百,无巴尔虎,余同;默尔根,兵九百,皆索伦、达呼哩人。
>
> ……
>
> (原注:卜魁,满洲兵五百八十一,汉军二百二十,索伦七十四,巴尔虎二百四十,达呼哩九百二十五;艾浑,满洲兵五百八十,汉军一百二十,索伦与达呼哩共五百,墨尔根,索伦与达呼哩共九百)
>
> ……
>
> (水师营)水手皆流人充役,卜魁三百一十九,艾浑四百二十七,流人渐多或老孺者,则输费正役,曰帮丁,水手食兵饷之半,故一正予一帮。

当时,卜奎、瑷珲、墨尔根三大镇也是黑龙江地区民户最为集中的区域。《龙沙纪略》为我们留下了相当珍贵的记录:

> 卜魁,户口二万有二十七;默尔根,五千七百三十八;艾浑,一万三千有二十四。汉军、达呼哩、巴尔虎,兵役以及站丁、黟隶,皆与焉,商贾往来无定,亦立册以稽。

即使将上述各类户口数字合计,当地的人口数量也是相当有限的。就军士而言,三大城共有四千多人,水师营仅有 746 人。三大城的总户口数也只有 38 789。

清代前期,东北边远地区的农业组织主要以所谓"官庄"为主,但是规模相当有限。《龙沙纪略》载:"卜魁、艾浑,官庄各二十,默尔根官庄十一。庄二十夫,夫输谷十石(准制斛二十石)、草五百束。岁歉则计分以减。今贮仓者,卜魁积十二万石,默尔根、艾浑各三万石。"《黑

---

[1] 见《黑龙江述略》卷3,《陕西省图书馆藏稀见方志丛刊》,北京图书馆出版社2006年版,第593页。

龙江述略》卷4云:"黑龙江省初无田赋,旗屯官庄,按兵丁原额,岁交仓粮。惟齐齐哈尔、呼兰、墨尔根、黑龙江四城有之。呼兰民垦既兴,则有地租,按响纳银,亦犹田赋之类。"[1]在方式济看来,东北地区的农业开发具有很大的潜力:"窃见国家立官庄给牛种一兵卒之力,岁纳粮十石,则地固非瘠,而力亦可用。今流人之赏旗者且倍于兵,依而行之,则岁征粮不啻万计。而桀骜之辈,使皆敛手归农,又策之至善者。守土者宜亦计及此也。"

长期以来,东北地区又是"流人"聚居之地。大量所谓"流人"的存在,是有清一代东北地区人口构成中相当独特的现象。清代文献中所谓"流人",就是"拟流人犯""应流人犯"或"已流人犯"的简称。流放边远地区是清代刑事处罚的一种重要方式,而东北极边地区便成为主要的流放地之一,由此,数量相当可观的流人进入了东北地区。清代《皇朝文献通考》之《刑考九·徒流》称:"兹《考》所载,自顺治年始。若夫酌罪重轻,量地远近,或因革旧例,或改发新疆,使徒隶有全躯自新之门,无聚处为匪之患,而国家收耕屯防御之益,则窳民皆迁其地而为良,所为圣天子明刑弼教,简不肖以绌恶,而成虞周之盛治者,于是乎在。"可见,流徙人犯不仅是一种惩罚手段,对于边疆待开发地区而言,外来流人的到来,同样是一种特殊类型的人口迁入。

清朝前期,东北地区的主要流放地有尚阳堡、宁古塔、铁岭、抚顺、伯都讷、船厂、黑龙江、三姓、索伦、达呼尔、拉林等[2]。其中,宁古塔是最为著名的流放目的地之一。"(顺治)十二年,定改发宁古塔之例。宁古塔地方严寒,发往人犯易致毙命。是时,给事中魏裔介奏请于辽东地方量其远近,酌罪轻重,流之不必专发宁古塔。从之。"[3]现代著名学者谢国桢先生曾经指出:"清初谪戍,实在是一个迁民实边的政策,谪戍到东北去的人至少也要在数十万人以上,其中流离道路,穷死

---

[1] 《黑龙江述略》卷4《贡赋》。
[2] 参见谢国桢:《清初流人开发东北史》,山西人民出版社2014年版,第4—5页。
[3] 《皇朝文献通考》卷203,《景印文渊阁四库全书》本。

异乡,更不知牺牲了多少人民!"[1] 可见,出于死亡率偏高以及缺乏稳定性的客观因素,这种类型的移民不可能从根本上改善东北地区人口稀缺的状况。

作为边疆军事重镇建设的必要形式之一,清代前期与中期,以"兵防"即军事驻防形式出现的特殊军事性移民,成为东北地区居民的重要组成部分之一。"自呼伦布雨尔北循兴安岭、黑龙江,而东南跨鸭绿,地方五六千里,各因形势险要列屯置戍,以控扼之,兵防之制迈于往古。"[2] 而以兵防驻地为代表的一系列军事堡城,也由此成为清代前期与中期东北地区最重要的一种聚落形态(参见表 2-2、2-3)。

表 2-2  清代前期奉天将军所辖兵防情况简表

| 兵防驻地 | 创置年代 | 兵士最大规模 |
| --- | --- | --- |
| 兴京 | 天聪七年(1633年) | 满洲、蒙古、汉军合计 595 名 |
| 抚顺 | 康熙二十九年(1690年) | 130 名 |
| 巨流河 | 同上 | 200 名 |
| 辽阳 | 天聪六年(1632年) | 449 名 |
| 海城(即牛庄) | 天命六年(1621年) | 377 名 |
| 盖平 | 天聪七年(1633年) | 385 名 |
| 开原 | 康熙二十一年(1682年) | 855 名 |
| 铁岭 | 康熙二十九年(1690年) | 200 名 |
| 复州 | 康熙二十六年(1687年) | 599 名 |
| 宁海(即金州) | 康熙二十年(1681年) | 830 名 |
| 旅顺水师营 | 康熙五十四年(1715年) | 600 名(乾隆十九年撤) |
| 岫岩城 | 康熙二十六年(1687年) | 547 名 |
| 凤凰城 | 崇德三年(1638年) | 635 名 |
| 锦州府 | 雍正五年(1727年) | 786 名 |
| 熊岳 | 康熙三十一年(1692年) | 954 名 |

---

[1] 参见《清初流人开发东北史》,第 85 页。
[2] 乾隆《盛京通志》卷 51《兵防志》序言,《景印文渊阁四库全书》本。

续 表

| 兵防驻地 | 创置年代 | 兵士最大规模 |
|---|---|---|
| 小凌河 | 康熙二十九年（1690年） | 200名 |
| 宁远 | 康熙十四年（1675年） | 200名 |
| 中前所 | 康熙二十九年（1690年） | 200名 |
| 中后所 | 康熙十四年（1675年） | 200名 |
| 广宁 | 顺治四年（1647年） | 400名 |
| 白旗堡 | 康熙二十九年（1690年） | 200名 |
| 小黑山 | 康熙二十九年（1690年） | 200名 |
| 闾阳驿 | 康熙二十九年（1690年） | 200名 |
| 义州 | 康熙十四年（1675年） | 967名 |
| 合计 |  | 10 909名 |

资料来源：乾隆《盛京通志》卷51—52《兵防志》。

表2-3 清代前期吉林与黑龙江将军辖地兵士驻防情况简表

| 兵防驻地 | 创置年代 | 兵士最大规模 |
|---|---|---|
| 吉林 | 康熙十五年（1676年） | 满洲兵2 563名、锡伯兵67名、巴勒瑚兵350名、汉军兵120名、鸟枪营兵674名，共计兵士3 774名 |
| 宁古塔 | 康熙十五年（1676年） | 满洲兵1 400名 |
| 伯都讷 | 康熙三十一年（1692年） | 满洲兵1 000名 |
| 三姓 | 康熙五十三年（1714年） | 满洲兵1 520名 |
| 阿勒楚喀 | 雍正四年（1726年） | 满洲兵406名 |
| 拉林 | 乾隆九年（1744年） | 满洲兵406名 |
| 打牲乌拉 | 国初 | 满洲兵700名、八旗壮丁3 102名 |
| 伊屯 | 雍正五年（1727年） | 满洲兵200名 |
| 鄂摩和索罗 | 不详 | 满洲兵120名 |
| 吉林将军辖地兵士人数合计 |  | 12 628名 |
| 齐齐哈尔 | 康熙三十三年（1694年） | 满洲马兵2 090名、领催160名、前锋10名、驿站领催28名、屯领催3名、鸟枪匠3名、弓匠24名、铁匠32名、鞍匠20名；水师营领催8名、水手268名、造船领催8名、水手300名。合计2 954名 |

续 表

| 兵防驻地 | 创置年代 | 兵士最大规模 |
| --- | --- | --- |
| 墨尔根 | 康熙二十三年（1684） | 满洲马兵856名、领催68名、前锋40名、屯领催1名、鸟枪匠1名、弓匠15名、铁匠15名；水师营领催1名、水手43名。合计1 040名 |
| 黑龙江 | 康熙二十三年（1684年） | 满洲马兵1 209名、耕种公田马兵135名、养育兵135名、领催104名、前锋40名、屯领催4名、鸟枪匠2名、弓匠16名、铁匠24名、鞍匠2名；水师营领催8名、水手419名。合计2 098名 |
| 呼伦布雨尔 | 雍正十年（1732年） | 兵2 274名、领催200名、前锋26名，合计2 511名 |
| 呼兰城 | 雍正十年（1732年） | 马兵452名、领催32名、屯领催5名、弓匠8名、铁匠8名，合计505名 |
| 布特哈 | 康熙三十年（1691年）设，兼管博尔多驻防事 | 马兵1 800名、领催184名，合计1 984名 |
| 黑龙江将军辖区兵士数量合计 | | 11 092名 |

资料来源：乾隆《盛京通志》卷51—52《兵防志》。

应该承认，纵向比较而言，清代前期，东北地区的人口还是有相当显著的增长，这其中，各类特殊形式的外来移民（主要以流人与军士等为主）做出了一定的贡献，改变了一些区域荒无人烟的状况。但是，总体而言，清代前期，东北地广人稀的状况仍极为严重。根据《大清会典》《吉林通志》等书的记载，康熙五十年（1711年），吉林地区有记录的民丁数量仅为33 025人。至乾隆三十六年（1771年），吉林地区的民户仅为8 856户、44 656丁口[1]。又据乾隆《大清一统志》卷37《盛京统部》记载：当时，盛京统部所辖之地基本覆盖了当时东北绝大多数地区，而户口方面"奉天、吉林、黑龙江各属人丁，共五十六万三千一百四十余口"。见表2-4。

---

[1] 李桂林撰：《吉林通志》卷28《食货志一》，清光绪十七年刻本。

表 2-4 乾隆时期东北地区户口数量变化简表

| 年代 | 奉天府属 | 锦州府属 | 吉林各属 | 黑龙江各属 |
| --- | --- | --- | --- | --- |
| 乾隆六年（1741年） | 新编民户共31 500户，男妇共138 190口 | 新编民户共28 557户，男妇共221 432口 | 缺 | 缺 |
| 乾隆十六年（1751年） | 共有36 584户，男妇162 261口 | 共有37 628户，男妇共251 126口 | 缺 | 缺 |
| 乾隆二十六年（1761年） | 共有45 378户，男妇共304 091口 | 共有47 451户，男妇共374 779口 | 缺 | 缺 |
| 乾隆三十六年（1771年） | 51 878户，男妇358 265口 | 52 728户，男妇396 641口 | 新编民户13 027户，男妇56 673口 | 新编民户20 508户，男妇35 284口 |
| 乾隆四十五年（1780年） | 缺 | 缺 | 共有28 053户，男妇共135 827口 | 共有22 246户，男妇共36 408口 |
| 乾隆四十六年（1781年） | 55 497户，男妇390 914口 | 59 697户，男妇398 179口 | | |

资料来源：乾隆《盛京通志》卷36"户口"。

根据记载，清代东北地区户口编审开始的时间并不一致，大概是因为军政各有侧重的缘故。奉天地区及锦州户口编审始于乾隆六年（1741年），而吉林与黑龙江两地户口编审工作则始于乾隆三十六年（1771年）。其中，乾隆三十六年户口资料最为齐整，编审户口总数为138 141户、男妇共846 863口。大约十年之后，到了乾隆四十五年及四十六年，东北地区编审户口又有增加，合计约略为男妇961 328口。这应该是乾隆时代东北地区编审户口统计中具有代表性的数字，即当时统计在案的户口规模接近100万口。

嘉庆年间，东北地区的户籍人口有一定程度的增长（见表2-5）。尽管传统时代的户籍编审存在种种缺陷与不足，但是，依然给我们提供了掌握当时户口规模的基本资料。如根据嘉庆《大清一统志》等官方文件的记载，嘉庆年间，东北地区（盛京统部）编审在案的户口数量总计已在250万左右，几乎超过了乾隆年间户口规模的1.5倍以上，增加的幅度还是相当可观的。不过，与其他统部户口往往在数千万的规模相比，东北地区的户籍人口数量便显得微不足道了。

表 2-5　嘉庆年间东北地区户口数量简表

| 地区名称 | 男 妇 大 小 数 量 |
| --- | --- |
| 兴京 | 原额八旗人丁 4 194 名口，今滋生 8 151 名口 |
| 奉天府 | 原额人丁 23 444 名口，今滋生男妇大小 129 653 户，1 314 971 名口 |
| 锦州府 | 原额人丁 23 680 名口，今滋生男妇大小 434 126 名口，计 61 361 户 |
| 吉林将军辖地 | 原额人丁 131 927 名口，今滋生男妇大小共 566 574 名口，计 111 847 户 |
| 黑龙江将军辖区 | 原编无，今滋生人丁 167 616 名口，计 28 465 户 |
| 盛京统部 | 2 491 438 名口 |

资料来源：嘉庆《大清一统志》卷 57—72，四部丛刊本。

# 第三节

## 清末民初东北地区移民潮与人口增长

必须着重说明的是，清代前期与中期，只是东北地区开发与建设的酝酿与初创阶段。在这一时期，较之以往人烟稀少的"蛮荒"时代，东北等地的人口有了一定程度的增长与累积，各地农业开发也初见成效。不过，总体而言，依然无法摆脱"地广人稀"的印象。清代前期与中期边疆地区的经济开发与移民社会建设只能是片段性的、区域性的。

从光绪末年，即 20 世纪初开始，与边疆全面招垦政策全面推行相呼应，以东北地区为代表的边疆地区迎来了大规模的移民潮，风起云涌的移民浪潮一直持续到民国前期。20 世纪前期，东北三省的移民运动与该地的农业开发有着极其密切的关系，可以说，东北地区招垦的过程，也就是大量外地移民进入并定居的过程。因此，探索 20 世纪前期东北三省移民运动的主要依据，便是东北地区招垦运动的进展。

史料与大量研究成果证明：清末民初，大量内地移民进入了东北地区，东北地区迎来了移民高潮，当地人口数量激增便充分证明了这一点，部分开发较早的地方甚至出现"人满"之状况。笔者据此以为：这在事实上形成了中国在 20 世纪的第一波移民高峰。这一波移民高峰的出现，不仅是清朝末年全面开放移民垦边政策的直接效应、中国传统社会所蕴藏的社会发展动力的一次大爆发，也是中国进入 20 世纪所具有的大移民、大发展的时代特征的初步展示。

## 一 清末民初东北地区人口数量激增与相关统计数字

直到光绪初年，东北地区的人口数字还是相当有限的。以黑龙江为例。嘉庆十三年（1808 年），全省户口统计共有 26 217 户、136 228 口。而到光绪十三年（1887 年），即将近 80 年之后，黑龙江全省户口数量也只有大约 5 万户、25 万口[1]。较之嘉庆十三年，户口总量增长了一倍多，似乎增长速度并不太慢。然而这些人口相对于黑龙江省广大的地域面积而言，实在是过于稀少。至光绪末年，即 20 世纪初，中国边疆地区全面实施开放垦殖，各级官府及社会舆论大力提倡向边疆地区移民，内地各省民众也积极响应；再加上边防危机、铁路修建、内地耕地资源匮乏等国内外诸多因素的交互作用，促成了清朝末年乃至民国前期边疆地区人口的快速增长，形成了人口迁徙的高峰期。其中，尤以东北地区移民规模最大，移民人数也最多。

就整个东北地区的人口变化而言，以光绪年间为例，有研究者指出：

> 光绪二十九年北满全境人口不过二百万，到了三十四年，计达五百七十万之多，十年之中增加了三倍。除大多数的农人以外，工、商、士流无不具备，遂形成完备的社会组织。[2]

---

[1] 参见《黑龙江志稿》卷 12《经政志·户籍》。
[2] 《浙江移民问题》第四编《对于移民东北的认识》，浙江省民政厅 1930 年刊印本，第 18 页。

中国历来并没有严格意义上的人口统计,传统文献中的户口数字又往往与赋税差役相关联。东北地区也是如此。有研究者指出:直至清代末年,即20世纪初,由东三省总督赵尔巽奏免东北地区人丁差役之后,户口数字才与赋税差役完全脱钩。民国《盖平县志》载:"至光绪二十九年,经东三省总督赵尔巽奏免(丁银),人民称便。今将《通志》所载盖平原额及历年所增实在数目表列于后,以存事寔,俾知前代户口纯为丁差也。"[1] 这种说法也过于绝对了。从康熙五十二年(1713年)以后,丁银数量以康熙五十年编审数量为准,不再增加,事实上摆脱了与户口数量的直接关联,因此,之后各级官府文献所载户口数字的准确性已然得到了很大的提升。当然,彻底与人丁银相脱离,应在光绪末年以后。而民国《义县志》的撰著者则将这种具有重大历史意义的年限推至光绪三十四年(1908年):"光绪三十四年,由奉天总督赵尔巽奏将人丁征银一律豁免,并奏准弛旗民交产之禁。"[2] 人丁征银(相当于"人头税")的全面豁免,摒弃了与户口数量的直接关联,对于户口统计工作的独立性与公正性来讲,无疑是十分有利的,会大大提升户籍统计数量的准确性。

根据刘锦藻等人编撰的《清朝续文献通考》等著作提供的数据,早在清道光年间,清朝统计在册的民数已超过了"四万万":"道光二十八年,会计天下民数四万一千九百四十四万一千三百三十六名口。"[3] 自此之后,"四万万"已成为中国总人口规模的一个极具代表意义的数字。然而,清朝后期,全国人口数量也出现过较大的波动。清末宣统年间,全国性的、精确的户口统计工作依然处于起步阶段,所得到的数字依然无法消除模糊与估算的特征。下面,我们仅就几个具有典型意义的数字进行简要的分析。

首先是《清史稿》的数据。《清史稿》卷54至卷67《地理志》记载了宣统三年(1911年)清朝各省的编户及口数。其中,奉天编户为

---

1 石秀峰撰:《盖平县志》卷4《政治志》,民国十九年铅印本。
2 赵兴德撰:《义县志》(中卷)卷6,民国十九年铅印本。
3 参见《清续文献通考》卷25《户口考一》,民国景印"十通"本。

1 650 573，口数为 10 696 004[1]。吉林省编户为 739 461，口数为 3 735 167[2]。黑龙江省有编户 241 011、口数 1 453 382[3]。东北三省合计有户数 2 631 045 户、15 884 553 口。

如据《盛京时报》记载之"税务处关各省人口之调查"：宣统三年（1911年）时统计的全国人口已超过"四万万"（见下表）。当然，这个统计资料显然是极不完整的，既没有西藏、青海、新疆、台湾等地区的人口数字，而且很多省份采用了合计的数字，如东三省合计为 1 700 万人，高于《清史稿·地理志》的数字。这个较为粗略的数字代表了当时统计工作的水准，也让我们了解到当时东北地区户籍数量的基本规模（见表2-6）。

表2-6　全国各省及各口岸人口统计表[4]

| 省 区 名 称 | 人 口 数 |
| --- | --- |
| 东三省 | 17 000 000 人 |
| 直隶省 | 29 400 000 人 |
| 山东省 | 38 000 000 人 |
| 湖南省 | 22 000 000 人 |
| 湖北省 | 34 000 000 人 |
| 四川省 | 78 711 000 人 |
| 江西省 | 24 534 000 人 |
| 安徽省 | 36 000 000 人 |
| 江苏省 | 23 980 000 人 |
| 浙江省 | 11 800 000 人 |
| 福建省 | 10 000 000 人 |
| 广东省 | 32 000 000 人 |
| 广西 | 8 000 000 人 |
| 云南 | 8 000 000 人 |
| 山西、陕西、河南、甘肃、贵州 | 55 000 000 人 |
| 合计 | 428 425 000 人 |

1　《清史稿》卷55。
2　《清史稿》卷56。
3　《清史稿》卷57。
4　载《盛京时报》宣统三年（1911年）六月初十日。

比较而言，刘锦藻等人所撰《清朝续文献通考》记载的数量更为精确一些。根据该书记载，清朝官府在宣统年间进行了数次全国性的人户调查，分别获得了一些边疆地区的民户数量资料。如宣统元年（1909年）民政部上奏了"遵章调查第一次人户总数"情况，其中奉天全省有正户568 603户，附户271 934户，合计为840 537户；吉林全省，正户460 170户，附户276 310户，合计为736 480户；黑龙江省户口数据缺失。宣统二年（1910年）又有一份"京外提前查报人口总数"，其中记载吉林全省有男子2 685 066丁，女子2 096 700口；黑龙江各府所属男子810 042丁、女子637 496口，附查学童104 716名，壮丁468 107名。

宣统三年（1911年），民政部汇造的"京外第二次查报户数清册"数量最为全面。其中，奉天二十八属共有正户549 910户、附户249 926户，合计为799 836户；吉林全省共有正户422 781户、附户316 680户，合计为739 461户；黑龙江全省共有正户145 929户、附户95 082户，合计为241 011户。这样，东北三省民户数量合计为1 780 308户。又据当时的户口调查结果，东北三省中奉天户口总数为12 924 779人，吉林与黑龙江合计为9 258 655人，三省人数合计为22 183 434人。而当时清朝内地及建省之边疆省份，合计总人口数为408 182 071人（见表2-7）[1]。

表2-7 宣统三年人口调查数据

| 省　份　名　称 | 人口数量（单位：人） |
|---|---|
| 直隶 | 30 172 092 |
| 北京 | 4 014 619 |
| 江苏 | 28 235 864 |
| 上海 | 5 550 100 |
| 安徽 | 19 832 665 |
| 江西 | 24 466 800 |
| 浙江 | 22 043 300 |

---

1　参见《清续文献通考》卷25《户口考一》。

续 表

| 省 份 名 称 | 人口数量(单位：人) |
|---|---|
| 福建 | 23 157 796 |
| 奉天 | 12 924 779 |
| 吉林与黑龙江合计 | 9 258 655 |
| 云南 | 9 835 180 |
| 贵州 | 11 216 400 |
| 山东 | 20 803 245 |
| 山西 | 11 114 951 |
| 河南 | 30 831 905 |
| 湖北 | 27 167 254 |
| 湖南 | 28 443 277 |
| 陕西 | 9 465 558 |
| 甘肃 | 5 927 997 |
| 新疆 | 2 519 079 |
| 广东 | 33 178 709 |
| 广西 | 12 258 339 |
| 四川 | 25 763 507 |
| 合计 | 408 182 071 |

从上表中可以看出，在所有建省地区中，广东省人口数量最多，为33 178 709人；其次为河南省，为30 831 905人。《清朝续文献通考》所载的东北地区人口数量最多，而如果我们将这个数据与清代前中期相比较，便可以发现，在这份人口数据表中，东北三省地区的人口数量与其他内地省份之间的差距已然大大缩减。特别是与其他西北各省相比，人口偏少的情况已经得到了极大的改善。尤其是奉天地区的人口数量，已经在当时各边疆省份中居于前列，并远高于陕西、甘肃等省份，由此也可以看出清朝末年东北地区大规模移民潮的历史功绩。

东北各省的人口统计数据也从多方面证实了清朝末年（即20世纪初）东北地区人口数量的激增。以黑龙江省为例，民国时期的学者金梁曾经在《黑龙江通志纲要》之《户籍志纲要》中称：黑龙江地区"自乾隆三十六年（1771年）始行编审，户口乃著于籍"。"清雍正十二年（1734年），黑龙江将军所辖所属新编实在行差人丁二万三千七百零五。乾隆三十六年编审原额新增实在行差人丁三万三千五百七十二。是年，新编民户，户二万零五百零八，口三万五千二百八十四。光绪十三年（1887年），旗民合计，户约五万，口约二十五万。三十三年（1907年），户十八万二千三百五十一，口一百二十七万三千三百九十一。宣统三年（1911年），户二十六万九千四百三十三，口一百八十五万八千七百九十二。民国三年（1914年），户三十三万五千零六十九，口二百四十万二千零七。"[1] 上述户口记载，当然有别于今天严格意义上的人口统计，特别是早期所谓"行差人丁"很难与真实的人口数量画等号。但是，户籍数量的大幅度增长却是不争的事实。如从光绪三十三年（1907年）到民国三年（1914年），黑龙江地区的户籍人口总数从1 273 391口增长到2 402 007口，短短七年的时间里，总人口竟然翻倍，当然不可能是本地人口自然繁殖的结果。

著名学者张伯英主持撰写的民国《黑龙江志稿》为我们提供了更为精确与全面的人口变化数字（见表2-8）。

表2-8 清末民初黑龙江地区户口数量变化简表

| 年　份 | 户　口　数　量 | 较前数量之比率（以口数计算） |
| --- | --- | --- |
| 嘉庆十三年（1808年） | 26 217户，136 228口 | 缺 |
| 光绪十三年（1887年） | 50 000户，250 000口 | 183.5% |
| 光绪三十三年（1907年） | 182 351户，1 273 391口 | 509.4% |
| 宣统三年（1911年） | 269 433户，1 858 792口 | 146.0% |
| 民国三年（1914年） | 335 069户，2 402 007口 | 129.2% |
| 民国十八年（1929年） | 615 790户，3 731 220口 | 155.3% |

资料来源：《黑龙江志稿》卷12《经政志·户籍》。

户口数量的激增，实际上是一个移民高峰期所形成的客观结果。与黑龙江类似，光绪年间，吉林地区的人口数量也有一个激增式的发展。根据当地《册报》，"光绪初，原编人丁二万四千九百三十五。……

---

[1] 金梁：《黑龙江省通志纲要》之《户籍志纲要一·户口》，民国十四年铅印本。

十七年(1891年),编定民户三万九千九百六十四,丁口二十二万四千五百三十四。"[1] 而至宣统三年,吉林全省共有正户 422 781 户,附户 316 680 户,合计为 739 461 户[2]。除了统计方法和覆盖面的差异之外,吉林地区在清朝末年的人口激增也是无法否认的。

民国年间,著名学者王士达整理发表了宣统人口调查情况,为我们了解清末全国人口的状况提供了可靠的依据,受到学术界的高度推崇。为了反映当时东北地区的移民状况,特选取其中东北三省的数字胪列于下(见表 2-9)。

表 2-9 宣统三年(1911年)东北三省户口数量简表

| 政区名称 | 户口数量(单位:户) |
| --- | --- |
| **奉天省合计** | 799 836 |
| 奉天府 | 42 837 |
| 营口直隶厅 | 179 163 |
| 昌图府 | 120 107 |
| 洮南府 | 11 914 |
| 新民府 | 52 765 |
| 锦州府 | 204 742 |
| *京府 | 18 343 |
| 海龙府 | 74 806 |
| 长白府 | 5 214 |
| 凤凰直隶厅 | 89 945 |
| **吉林省合计** | 739 461 |
| 吉林府 | 116 916 |
| 长春府 | 105 332 |
| 依兰府 | 7 205 |
| 宾州府 | 37 693 |
| 延吉府华民 | 41 495 |
| 延吉府韩人 | |

---

1 李桂林撰:《吉林通志》卷 28《食货志一》。
2 参见《清续文献通考》卷 28《户口考一》。

续 表

| 政 区 名 称 | 户口数量（单位：户） |
|---|---|
| 新城府 | 47 281 |
| 密山府 | 1 730 |
| 双城府 | 61 880 |
| 五常府 | 33 984 |
| 宁安府 | 19 501 |
| 临江府 | 2 870 |
| 滨江府 | 3 740 |
| 榆树直隶厅 | 78 503 |
| 伊通直隶州 | 40 389 |
| 濛江州 | 1 497 |
| 敦化县 | 6 920 |
| 桦甸县 | 10 293 |
| 磐石县 | 24 069 |
| 长岭县 | 11 799 |
| 农安县 | 39 075 |
| 方正县 | 6 430 |
| 长寿县 | 14 392 |
| 阿城县 | 26 467 |
| **黑龙江省合计** | 241 011 |
| 龙江府 | 20 614 |
| 呼兰府 | 92 256 |
| 绥化府 | 44 646 |
| 嫩江府 | 2 417 |
| 海伦府 | 43 626 |
| 瑷珲道 | 3 824 |
| 呼伦道 | 1 305 |
| 兴东道 | 7 860 |
| 肇州厅 | 10 752 |
| 大赉厅 | 5 043 |
| 安达厅 | 841 |

续 表

| 政区名称 | 户口数量（单位：户） |
|---|---|
| 东布特哈总管 | 3 789 |
| 西布特哈总管 | 1 919 |
| 铁山包协领所 | 423 |
| 东兴镇协领所 | 1 435 |
| 吉拉林设治 | 155 |
| 杜尔伯特设治 | — |
| 甘井子巡防局 | 106 |
| 木兰镇巡防局 | — |
| 东北三省共计 | 1 780 308 |

资料来源：王士达：《民政部户口调查及各家估计》附录，《社会科学杂志》第3卷第3期、第4卷第1期合订本并附录，社会调查所，1933年，第142—144页。

进入民国以后，户口统计工作趋于多样化。1923年，《盛京时报》登载的《我国户口总数之新调查》一文特别注明："除蒙古、西藏外，（中国）共四万三千六百零九万四千九百五十三人。"又云："中国邮政局近发表民国十一年（1922年）邮务报告，其中附有依据各省当局调查之户口表，计除京兆一县、奉天一县及蒙古、西藏无可调查外，总计全国人口共四万三千六〇九万四千九百五十三人。"[1]（见表2-10）

表2-10　民国十一年（1922年）人口统计数据

| 省　名 | 人口总数（单位：人） | 省　名 | 人口总数（单位：人） |
|---|---|---|---|
| 京兆 | 4 014 619 | 吉林与黑龙江 | 9 258 655 |
| 直隶 | 30 172 092 | 山东 | 30 803 245 |
| 山西 | 11 114 951 | 四川 | 49 782 810 |
| 河南 | 30 831 909 | 湖北 | 27 167 244 |
| 陕西 | 9 465 558 | 湖南 | 28 443 279 |
| 甘肃 | 5 927 997 | 江西 | 24 466 800 |
| 新疆 | 2 519 579 | 江苏 | 28 235 864 |
| 奉天 | 12 824 779 | 上海 | 5 550 200 |

---

[1] 载《盛京时报》1923年7月27日。

续表

| 省　名 | 户口总数（单位：人） | 省　名 | 户口总数（单位：人） |
|---|---|---|---|
| 安徽 | 19 832 665 | 广西 | 12 258 335 |
| 浙江 | 22 043 300 | 云南 | 9 839 180 |
| 福建 | 13 157 791 | 贵州 | 11 216 400 |
| 广东 | 37 167 701 | 总计 | 436 094 953 |

资料来源：《我国户口总数之新调查》，《盛京时报》1923年7月27日。

这份户口调查数据当然是极不全面的，就中国疆域面积而言，蒙古、西藏所占比例相当高，如果这些地区的人口没有纳入，其人口统计的覆盖面是相当有限的。又如其中，东北地区被分为两组进行统计，即"奉天"与"吉黑"，合计户口数为22 083 434人。如果我们与宣统三年（1911年）的数字相比较，会惊讶地发现，同样除去蒙古、新疆的人口不计，在时隔12年之后，中国大部分地区人口的总数非但没有增加，反而有所减少；而东北地区则增加了将近500万人。这种人口增长不仅巩固了清朝光宣年间大移民的成果，也为又一次移民高潮的到来做好了准备。

## 二　光宣之际（20世纪最初十年）第一波移民高潮的评估

与边疆地区全面放垦政策的实施相呼应，清朝光绪末年到宣统年间，出现了20世纪第一波声势空前的边疆移民高潮，当时移民运动的核心区域主要集中于东北三省地区，东北地区人口数量的激增充分证明了这波移民高潮的存在及影响。不少研究者在充分归纳、分析各类人口数据的基础上，对于这次移民高潮进行了较为系统、深入的研究，肯定了这次移民高潮的历史地位与重大影响。

首先，关于光宣之际第一波移民高潮的路径及数量问题，不少研究者都给予了高度关注与评价。如署名"让慈"的作者在《中国（内地——笔者注）移民满洲之过去及现在》一文中指出：

自光绪三十年(1904)以后,移民始有大规模之组织,且有永久居此之意。移民路径,大约可分:(一)利用陆上铁路或徒步前往者。(二)利用海上轮船或帆船前往者。由陆上赴东北,又可分:(一)为徒步或经北宁路赴东北者。(二)为由朝阳、凌源及山海关方面,经过锦县徒步而来者。(三)由山东各地,经津浦、北宁两路前往者。海上搭轮船或帆船,横渡渤海而往者,除少数南方人外,几皆为山东移民。山东人又分二条路线前往。(一)鲁东之人,多经芝罘、龙口、青岛而入东北。(二)鲁西之人,除陆路循津浦出天津而外,尚有由济南下小清河,经羊角沟而前往者。其中,经由芝罘及青岛者占大多数。

该文又指出:"总之,此三千万中国移民,在清朝以前,移入甚少,不及六分之一,其他六分之五强,均系清嘉庆、道光以后移民者,而其总数二分之一,则系光绪三十年以后移入。其趋势是由农牧业移民至工业及劳动的移民,由近几年的人口调查观之,最为明了。"[1] 如刘谷豪在《移民东北之面面观》一文中提到:"……以及光绪二十九年(1903年)时,北满全境人口不过二百万,至三十四年(1908年),计达五百七十万人之多,十年之间,竟增至三倍,其进展之速,诚殊足惊人也。惟此仅就北满一方面之情形而言,若就全部东三省以观,则其人口之增加率,犹有较高之纪录。"[2]

"三千万中国移民"是民国时期学术界对于东北移民数量的一个阶段性估算数字。如王成敬在《东北移民问题》一文中指出:"(清政府)乃于光绪六年(1880年)颁布奖励向东北移民的办法,华北过剩的人口才得大批的向东北移殖。一九○○年时,东北境内的汉人已有一千四百多万人。日俄战后,日、俄两国在东北境内以长春为界,分划势力范围,对于东北的侵略更为积极。东北的危机乃更为显著。因此,在一九○七年(光绪三十三年)设置奉天、吉林及黑龙江三个行省,以提高东北的地位,华北人民之移向东北者便更为增加。到'九一八'的

---

[1] 让慈:《中国移民满洲之过去及现在》,《湖南大学期刊》第8期,1933年,第104页。
[2] 刘谷豪:《移民东北之面面观》,《社会杂志》第1卷第2期,1913年。

前夕,东北人口号称已有三千万之众。"[1]笔者以为,1933年英文版《中国经济年报》4月份第333页所载的一组估计的东北人口数字,大概为当时不少研究者立论的来源(见表2-11)[2]。

表2-11　1933年《中国经济年报》所载东三省人口数据

| 年　代 | 东三省人口总数（单位：人） |
| --- | --- |
| 嘉庆时代（1796—1821年） | 419 983 |
| 1890 | 6 000 000 |
| 1900 | 9 000 000 |
| 1910 | 13 000 000 |
| 1920 | 20 000 000 |
| 1930 | 30 000 000 |

资料来源：吴希庸:《近代东北移民史略》,《东北集刊》第2期,1941年,第59页。

笔者以为,这些学者的估计与分析虽然存在不少的问题(如指出清代中前期东北地区已有接近500万的人口,显然有些夸大了),但是大致反映了清代及民国前期东北地区移民及人口变动的基本状况。特别是提到光绪三十年(1904年)为清代东北移民历史上的一个关键转折点,还是颇有见地的。而光绪三十年以后东北地区移入的人口数量占到3 000万移民数量的一半以上,应该是毫无疑问的。

吴希庸先生较早对东北三省人口变动的情况进行了系统的归纳与总结,他指出:"清代初年,今之吉、黑两省几全部为八旗人口所居,汉人流寓者为数既少,又无户籍可考,故当时东北之人口统计,只限于辽宁……征诸典籍,东三省民人数目自乾隆三十六年起,始有完整之统计,且其可靠性亦不无疑问。但又不得不据此唯一之资料,以进行吾人之研究。(见下表)……自一七七一至一九三〇年共一百五十九年,总计平均增加率为千分之二二、二三,平均每年增加十六万六千余人,增加之速为全国之冠。"[3]

---

[1] 王成敬:《东北移民问题》,《东方杂志》第43卷第14号,1947年。
[2] 引自吴希庸:《近代东北移民史略》,《东北集刊》第2期,1941年,第59页。
[3] 吴希庸:《近代东北移民史略》,《东北集刊》第2期,1941年,第56—59页。

表 2-12　吴希庸先生所作东三省人口统计数据　　（单位：人）

| 年份 | 奉 天 | 吉 林 | 黑龙江 | 合 计 |
|---|---|---|---|---|
| 1771 | 750 896 | 44 656 | 35 284 | 830 836 |
| 1776 | 764 440 | 74 631 | 56 000 | 895 071 |
| 1780 | 781 093 | 114 429 | 80 000 | 975 522 |
| 1907 | 8 769 744 | 3 827 862 | 1 273 391 | 13 870 997 |
| 1910 | 10 696 004 | 4 781 766 | 1 447 538 | 16 925 308 |
| 1914 | 12 924 779 | 吉、黑合计 9 258 655 | | 22 183 434 |
| 1928 | 13 775 000 | 6 764 000 | 3 501 000 | 24 040 000 |
| 1928 | 14 999 000 | 6 764 000 | 3 501 000 | 25 264 000 |
| 1930 | 15 233 000 | 7 535 000 | 3 755 000 | 26 523 000 |
| 1930 | 16 366 175 | 7 339 944 | 3 655 590 | 27 361 709 |

原表说明："一九二八年人口数有二，一为邮政局之估计，一为《东北年鉴》之估计。一九三〇年人口数亦有二，一为内政部所发表者，一为各该省民政厅所报告者。但其数皆颇相似，所差无几。"
资料来源：吴希庸：《近代东北移民史略》，《东北集刊》第 2 期，1941 年，第 56—59 页。

虽然吴希庸先生所作户口统计涉及时段较长，并没有特别提到光宣年间人口激增的问题，但是，他所提供的东北地区户口变化的数据却十分清楚地证实了这一点。东北地区人口发展最大的级差，就发生在 1780 年（乾隆四十五年）至 1914 年（民国三年）的 130 余年间，东北地区的户口（人口）数量从不足 100 万迅猛增加到 22 183 434 口，增长速度之快确实十分惊人。而就绝对数量而言，如以 1900 年东北三省户口 1 000 万计算，十余年间，东北地区的户口数量就达到了 2 000 万以上，纯增长数量就超过了 1 000 万。这显然是移民高潮的最好证明。

现代学者赵中孚对于清代至民国前期东三省移民问题也进行了相当系统的梳理与分析。他特别关注到清朝末年东北地区的人口变化情况，明确指出："最显著的一点，是从光绪十年（1884）至光绪三十三年（1907）的东三省人口的增加曲线，由缓和而骤升。光绪十年东三省人口在四百七十三万左右，到了光绪二十一年（1895），由于（日俄）战争影响反而降到三百万。光绪二十四年（1998）开始回升，人口数达五百五十万。可是到了光绪三十三年（1907），东三省人口却突增到一千五百万上下，换言之，十年间东三省人口作了百分之三百之增加，而中东路和南满支线，刚好也在这一时期中先后完成。"[1] 尽管文献中的户口数字与今天严格意义上的人口数字难以同日而语，清代前期东北地区的户籍数字"可能都不包括居住在东三省的八旗丁口和边疆部族"[2]，也就是以外来的汉族移民为主体，但也从一个侧面说明了东三省人口数量在光宣之际的激增是没有疑问的（见表2-13）。

表2-13　清代至民国前期东北地区汉族人口数字统计简表

| 年　份 | 东三省人口增减数字 |
| --- | --- |
| 康熙廿四年（1695年） | 26 227人 |
| 雍正二年（1724年） | 42 200人 |
| 乾隆十四年（1749年） | 406 500人 |
| 乾隆四十五年（1780年） | 916 920人 |
| 道光廿二年（1842年） | 1 665 542人 |
| 同治三年（1864年） | 2 187 286人 |
| 光绪十年（1884年） | 4 737 000人 |
| 光绪廿一年（1895年） | 3 024 000人 |
| 光绪廿四年（1898年） | 5 413 000人 |
| 光绪卅三年（1907年） | 14 457 087人 |
| 民国四年（1915年） | 20 110 100人 |
| 民国十三年（1924年） | 25 706 307人 |
| 民国十九年（1930年） | 29 951 000人 |

资料来源：赵中孚：《一九二〇～三〇年代的东三省移民》，台北"中研院"《近代史研究所集刊》第2期，1971年6月，第327—328页。

赵中孚的主要贡献在于他发现了光绪三十三年以后东北地区人口统计的关键问题，他指出："从上列数字看，光绪三十三年（1907年）似为东三省人口数字起落的重要关键。是年，东三省改制，为统一归划地方建置，所作人口统计自属普及。"可以说，自光绪三十三年（1907

---

1　《近代东三省移民问题之研究》，台北"中研院"《近代史研究所集刊》第4期下册，1974年12月。
2　引自赵中孚：《一九二〇～三〇年代的东三省移民》，台北"中研院"《近代史研究所集刊》第2期，1971年6月，第327页。

年)开始,东北地区户籍统计数据的质量有了一个根本性的提升。"光绪三十三年四月,清廷宣布改订东三省官制,废除二百余年来旗、民并行的传统,把东北正式划为三省。而这年所作人口统计,包括所有入籍移民、八旗丁口、蒙旗居民甚至打牲部落等少数民族,为数高达一千四百万,较九年前多了两倍。"[1] 也就是说,从光绪三十三年开始,东北三省归并为内地省制,并将境内各民族人口全部统计在内,统计的精确性与全面性有了根本性的提升。

因此,不论从统计精确性而言,还是从实际人口数量而言,光绪末年至宣统时期东三省地区的人口数量呈飞跃式的激增,是有着充分理据的。而这种激增正是笔者强调"20世纪第一波移民潮"的最直接证据。

其次,关于20世纪第一波移民高潮形成的原因与背景,研究者也提出了非常有价值的线索与论证。概括而言,研究者们的观点及依据,除笔者已经论及的移民政策与政区建置的因素之外,主要集中于以下两个方面。

(1) 中东铁路之修建

铁路建设在近代东北地区的经济开发过程中占有极其重要的地位,其与移民运动的关系同样极为密切。研究者指出:1897年中东铁路的开建,是清末东北地区移民运动的重要转折点。中东铁路(Chinese Eastern Railway)到光绪二十九年(1903年)正式修筑完成,实际上成为大规模移民运动的开始。

不少研究者都特别强调了中东铁路建设在东北开发及移民史上的重要影响。如朱偰先生在《日本侵略满蒙之研究》一书中指出:"一八九七年(光绪二十三年)中东铁路开始修筑之时,北满只有三处渐已进行殖民,此三处为齐齐哈尔、呼兰、宁古塔,其余铁路所经荒漠之地,皆为游牧部落所居,各部皆有酋长,不相统属,因中东铁路之修筑,数千工人群居满洲,中国之移民开始北上,该路于一九〇三年(光绪二十

---

[1] 引自赵中孚:《一九二〇~三〇年代的东三省移民》,台北"中研院"《近代史研究所集刊》第2期,1971年6月,第328—329页。

九年)六月正式通车,自此以后,中国移民始逐渐增加,以至于今。"[1] 吴希庸先生对此补充指出:"上文所谓'数千工人……者',实估计过低。按于一九〇〇年时,已有中国工人六万五千名(原注:参见罗曼诺夫《帝俄侵略满洲史略》译本第五章第一段)。当时,中东铁路局在天津、山海关等地招工处,关内劳动者羡其工资之高,众起应募,尤以山东人为最多。此等劳动者因有较优之劳动机会,常能微有积蓄,以为筹备久居之底款。"[2]

朱偰先生在《满洲移民的历史和现状》一文中也特别强调中东铁路修建对近代东北移民潮的重要促进作用。他指出:

> 在中东铁路未筑之前,汉人虽也有移住到满洲的,但只是断续的,少数的移民不发生何等影响。又因清廷封禁政策的结果,吉林、黑龙江一带,往往数千里之地,一望荒芜,空无人烟。自一八九七年(清光绪二十三年——笔者注)中东铁路开始修筑以来,俄国方面有每年移民六十万至满洲的计划。于是,清廷警惧,中国的移民始向北满一带移住,所以移民真真[正?]开始之年,要以一八九七年为始。据尼可莱夫氏调查北满人口,从十九世纪末年至现在,其增加之数目为(参见下表):一九〇〇年顷,南满人口为三百万左右,合北满人口一百五十万。时满洲人口为四百五十万。现在满洲人口约二千二百万左右(或谓二千六百万左右——原注)。所以,二三十年间,满洲人口之增加,由四百五十万至二千二百万,差不多增了五倍,而北满人口则由一百五十万,增至一千三百万,至于八倍以上。此移民之大部分,皆系直、鲁省籍,外国人移殖者不过百分之一二。[3]

显而易见,正确认识中东铁路在近代东北经济开发史与移民史上的重要作用,对于全面认识东三省移民史具有重要价值。朱偰先生所言,同样佐证了笔者所谓20世纪初即光宣年间第一波东北移民高

---

[1] 朱偰:《日本侵略满蒙之研究》,上海商务印书馆1930年版,第109页。
[2] 吴希庸:《近代东北移民史略》,《东北集刊》第2期,1941年,第30—31页。
[3] 朱偰:《满洲移民的历史和现状》,《东方杂志》第25卷第12号,1928年,第9—10页。

潮的存在。

（2）日本、沙俄侵略势力之威胁

以日本、沙俄为代表的外国侵略势力对于东北等边疆地区的觊觎与渗透，是促成东北移民潮的国际大背景。如赵中孚指出："东三省北部边界，根据康熙三十八年（1689 年）《中俄尼布楚条约》，是由额尔古纳河顺外兴安岭直至乌地河口。这一线经由中俄两国藉正式条约划定的边界，保持了一百七十多年。但从一八四〇年代起，俄国不仅逐次把黑龙江以北的中国领土强行占据，并有窥视黑龙江以南腹地的企图……俄国的船只和武装移民，自一八五〇年代初叶起，进入黑龙江、乌苏里江，甚至松花江，在三姓（今黑龙江省依兰县）登陆。这对清廷是极大威胁。"[1] 而以移民扩张方式进行渗透，又是日本、俄国等国在东北地区进行侵略活动的主要方式之一。如据现代学者研究，"由于俄政府采取多种手段鼓励其居民移居黑龙江、乌苏里江流域，所以，定居者人数增长飞快。1882—1901 年，远东地区共迁来 99 773 人，平均每年近一万人……1861 年至 1901 年，经过四十年的移民扩张，不仅增加了'北满'俄国居民的数量，还顺便抑制了中国民众的增加，使俄人在黑龙江、乌苏里江流域一枝独大，战略性地破坏了中国对'北满'的控制"[2]。

日本政府当然也不肯落后。如赵中孚先生指出："日本对于东三省土地的掠夺、诈购，更是无所不用其极。日本政府除在南满铁路沿线照规定征购保留地外，更在奉天、东蒙一带经常利用中国人名义购买土地……此外，根据另一统计，在奉天省及东蒙牧野，日本政府透过私人及商社名义，于民国九年（1920 年）以前，已购地年达二百二十五万九千亩。这种幅度的土地垄断，虽不如北洋军人官僚揽头之动辄数百万晌，但其为害正常的移民开发则如一。"[3]

对于当时东北所面临的危急局势，西方学者也有着相当真切的

---

[1] 参见《近代东三省移民问题之研究》，台北"中研院"《近代史研究所集刊》第 4 期下册，1974 年 12 月，第 638 页。
[2] 参见马伟：《日本"北满移民"研究》，中国社会科学出版社 2015 年版，第 60—61 页。
[3] 参见《近代东三省移民问题之研究》，台北"中研院"《近代史研究所集刊》第 4 期下册，第 651 页。

认识。如美国学者马罗立(W. H. Malloy)在《中国的北部移民》一文中指出:"日本也想开发满洲,但初不过为他本国国民的利益打算。他借着日俄战争的结果所攫得的特殊权利,享有原料和食粮的源源的供给,才建筑成一个近代的国家。在这种进行之下,满州(洲)已然卷进日本的经济组织里去了。……经过一场血战(即日俄战争),他从一个较大的强国手中攫得满州(洲)的特权。当然,他为了保全这种特权,他可以采取任何必要的步骤。"[1]据研究者统计,1906年,大连及满铁附属地有日本侨民16 000余人。正是在日俄战争后,日本政府开始了向东北地区的试点移民[2]。

清代光宣年间,也就是20世纪的第一个十年中,东北地区的人口出现了一次增长高峰期,东三省成为当时中国人口增长最快的区域,显示出当时出现了一波规模巨大的移民浪潮。这波移民潮在中国现代移民史上是一件具有里程碑意义的事件。

## 第四节

## 清末民初东北各地区移民与边疆政区及社会建设

移民是区域开发的最主要动力之一,对于清代东北地区而言,也是如此。前往东北地区的移民大都以农业为生,从这种意义上讲,边疆地区荒地放垦与开垦的过程,实际上就是移民的过程[3]。

自20世纪初叶开始,随着中国边疆移垦政策的全面实施,以及边疆地区的全面开放,内地省份的移民大批到来,不仅形成了一次又一次移民高潮,使东北地区的人口数量出现了激增,同样也使东北边地的社会面貌发生了巨大的改变。

---

1 参见[美]马罗立:《中国的北部移民》,《河北周刊》第20期,1928年,第1页。
2 参见马伟:《日本"北满移民"研究》,第65页。
3 参见刘选民:《清代东三省移民与开垦》,《史学年报》第2卷第5期,1938年。

然而,从迁出地外迁开始,到最终定居于异地,移民其实是一个相当复杂而曲折的过程。对于东北地区而言,大批外来移民的到来,意味着一个新的移民社会建造的开始。东北地区地方社会的兴盛,对于中国边疆安全、经济发展与民族进步具有重要意义。

民国前期,在政府与社会各阶层的积极支持下,东北地区移民社会建设同样发展迅猛。这不仅体现在新的政区建置方面,也体现在一系列社区配套设置的建设上。正如民国《布特哈志略》所称:

> 自清季移民实边之制始见施行,测地分疆,开垦荒莱,民户云集,村屯林立,经界井然正矣。设置县局,缮治城郭,官有职守,事有统属,政制秩然明矣……风气为之遽转,习俗为之递变,一视昔日荒芜之概,迥乎别有天地矣![1]

值得特别关注的是,东北地区自古为多民族聚居之地,在清代以前,这一地区的汉族民众较少。而自清代前期开始,汉族及其他民族人民以"军籍"或"民籍"的形式,落户东北,整个东北地区的民族构成由此发生了巨大的改变。

在这种状况下,全面的边疆社会建设就成为稳定移民成果与维护边疆地区持续发展的当务之急,以东北地区为代表的中国边疆地区进入了政区建置的高峰期。在东北地区,相当多的新的县级政区创置。同时,乡村社区建设也成为当时边疆社会建设的"重中之重"。移民社会建设可以说进入了整体性的、制度性的建设阶段。而基层移民社会的稳定正是近代东北地区移民运动取得成功的保障。

中国自古重视地方史志的编撰。早在宋元时代,地方志编撰便已成为地方文化建设的重要组成部分之一。清代至民国时期,东北地区的地方史志工作也受到了重视。与此同时,东北地区以县为单位的户籍统计得到较大的普及,人口统计质量也有了较前"不可同日而语"式的飞跃。这些保留下来的移民与人口数据虽然不尽完

---

[1] 孟定恭等撰:《布特哈志略》,民国《辽海丛书》本。

善,但为我们今天了解东北各地的移民与人口发展状况提供了珍贵的佐证。

## 一 奉天地区(今辽宁省域部分)[1]

地缘便利使奉天地区成为东北地区开发最早、移民较早大规模迁入的区域。与吉林及黑龙江不同,奉天地区(特别是南部)的人口增长,早在清朝前期就开始出现了。换言之,有清一代,奉天地区的移民是持续性的。奉天南部地区原本属于明朝屯卫之地,明末清初边疆地区的战乱及动荡,给当地社会毁灭性的冲击,人口数量急剧减少,一片凋敝景象。为了迅速改变这种状况,清朝官府提出了辽东招垦的政策,鼓励并积极吸纳外来移民前来垦荒。出于地缘上的优势,奉天各地从清初辽东招垦政策中受益最多,而奉天各地的方志对于当时招垦政策的记载也最为翔实:

> 顺治十年(1653年),定《辽东招民开垦例》:招民至百名者,文授知县,武授守备;六十名以上,文授州同、州判,武授千总;五十名以上,文授县丞、主簿,武授百总。招民数多者,每百名,加一级。所招之民,每名给月粮一斗,每[名?]地一晌,给种六升。每百名,给牛二十只。"奖赉既优,召集斯易。"[2]

可以说,受益于招垦政策与地缘优势,奉天及辽东地区在有清一代的移民与人口增长平稳而持续,与柳条边以外所谓"封禁"地区有很大的差异。

政区建置成为奉天地区开发与建设的突出表征。"回忆清初时,全省仅八州县。乾隆元年(1736年),始增到十四州县,清末增至三十八州县。民国鼎成十数年,又增设二十余县,开发之速,为诸省所不

---

[1] 按:从清代至民国时期,以及新中国建立之后,东北地区的行政区划发生了剧烈的变化,奉天、吉林、黑龙江,很难与今天的辽宁、吉林省域相对应。为了统一及简明起见,本书标题中的东北政区名称,均以今天的行政区域为准。

[2] 王文藻、陆善格编修:《锦县志略》卷6,民国九年铅印本。又见民国《义县志》中卷《户口志》,民国十九年铅印本。

速,军、民两政,尤当首屈一指,民生一项,冠绝全国。"[1] 显然,没有广大移民的迁入,这种成就肯定是无法达到的。

下面试就奉天地区(隶今辽宁省域部分)各县移民及区域开发情况进行一番简要的梳理与说明。

(1) 沈阳县(今辽宁省会沈阳市)

清朝顺治十四年(1657年),设置奉天府。康熙四年(1665年),置承德县。民国二年(1913年),政府下令,旧有府厅县一律改称为县,因此改为奉天县。后因明朝沈阳卫之名,居于沈水之阳,故更名为沈阳县。沈阳县长期作为东北地区的政治中心,人口繁庶,自在情理之中。民国六年(1917年)左右,沈阳"县境人口现额六十八万九千五百七十二,实为各县户口繁庶之冠"。就其历史演变而言,作为盛京的附郭县,沈阳地区的人口增长同样得益于外来移民。而沈阳户口之增长,首先得益于清朝初年的《辽东招垦条例》:"按今提封,本明屯卫,村落甚尠,加以明清之交,频年兵燹,土著益稀。清顺治十年,始定《辽东招垦条例》……此例至康熙七年始停。其奖励垦民之法,亦云备矣。康熙三年,奉天府添设承德县。于时,户无旧籍,丁鲜原额。所有丁口,俱系招民,以故由山东、直隶迁来者居多。"[2] 关于清朝末年沈阳地区的发展,时人都林布指出:"……其人民旧有之土著,皆属旗裔。官制之设备,亦多仿京师,与各行省治化不同。迨后外省之来居者日益众,侨居之客籍几倍于土著之军民,主客杂居,牴触由起,于是添设民官以治之。现又奉上谕,化除满汉畛域,开放满洲地面,辟作商埠,交通繁盛,微特本国外省人纷至沓来,即外洋之贸易于此者,亦先后接踵。今建设行省,改革官制,先已次第施行……"[3] 可以说,外来人口的剧增,是 20 世纪初年东北地区社会巨变的重要组成部分。

(2) 新民县(治今辽宁省新民市)

新民县原为清新民府,处于奉天之中部,为奉天地区最早移民开发的区域。嘉庆十三年(1808年),分承德、广宁辖地为新民厅。光绪

---

[1] 引自王郁云等撰:《盖平县志》卷1《舆地志》,民国十九年铅印本。
[2] 王恭寅、曾有翼等撰修:《沈阳县志》卷3"户口篇",民国六年铅印本。
[3] 王恭寅、曾有翼等撰修:《沈阳县志》之前载《承德县志原序》。

二十八年(1902年),改新民厅为新民府。外来人口之迁入,早在清朝初年即已开始。新民府境内居民大致可分为"旗人"与"民人"两类。"旗人曰占山户,言其先从龙入关,垦辟其地而占有之也。民人则籍隶直隶、山东者为多,言顺治三年移民实边,迁徙以至此者也。"从根本上说,新民县境内的这两类居民都可归为移民之列。至清宣统元年(1909年),当地户口数量也达到一个高峰,合计381 526人,已完全不逊色于内地省份的人口密度[1]。

(3) 辽中县(治今辽宁省沈阳市辽中区)

光绪三十二年(1906年)设县。辽中县设治虽然较晚,但是,其移民状况与新民县十分相近。当地汉族移民之进入,同样可以追溯至清朝开国初期:"劳来蕃殖,始于清初(原注:查顺治十年,定《辽东招垦条例》,其招民系于每岁内按时给粮,接人给地及耕牛)。由是来者日众。其他有自由个人迁徙,及经商落户,与发遣而入籍者,闻亦有之。综覈人数,以来自山东、直隶者居多,而山西及河南次之。"然而,辽中地区的人口数至光绪年间遭受重创:"本邑近三十年来,一遭庚子之变,罹于兵者,十去其一;再遭壬子之疫,殁于疠者,十去其二,近则尚少外迁之户。"民国十九年(1930年)左右,辽中县户口合计男女290 857口[2]。

(4) 辽阳县(今辽宁省辽阳市)

辽阳县为清代东北地区开发与垦殖最早的区域之一。早在顺治十年(1653年)即设置辽阳府,辽阳县为附郭县。为建设需要,设置之初,辽阳府即招徕内地民众前来垦荒。后来,官府方面还提供优惠政策及物质资助,如"官给牛、种"等,在一定程度上调动了民众垦殖的热情。"定都以后,由顺直、山东各省迁来之汉人,皆入民籍,令皆垦田土著……约计本境汉人百之四五,满人百之一八,汉军人百之二七。其蒙、回各族百之十。此四族中,农居十之六……"至雍正年间,开始编查丁户,仅有十甲二十七社。辽阳县人口高峰出现于清末,显然与外来移民潮相关。当时(即1911年左右)辽阳县境内户口合计为"男女七十一

---

[1] 管和编修:《新民府志》之"户口",宣统元年铅印本。
[2] 徐维淮、李嘉植等编修:《辽中县志》四编卷23,民国十九年铅印本。

万八千零六十七名口"[1]。户口数量之繁庶,完全改变了荒寂的面貌。

(5)锦县(治今辽宁锦州市)

原属奉天辽沈道,为锦州府附郭县。县域原为明代中左右屯卫之地,明末清初战乱对当地冲击最为酷烈,城池被毁,人烟稀少。而得益于清初招垦政策,锦县地区很早就发展成为东北地区人口较为稠密的地区之一。"乾隆六年(1741年),新编民户一万一千六百四十九,男妇共七万二千八百七十三。""乾隆四十六年(1781年),编审民户一万九千九百二十九,男妇共十六万四千四百零四。"这种趋势一直持续到民国初期。"迄今百三十余年,岁见加增,蕃庶殷昌,遂为辽右诸邑之冠。现今实数以户计,六万四千五百八十五;以人计,三十万零五千七百八十。"[2]根据县志记载,这应该是民国七年(1918年)锦县的户口规模。

(6)锦西县(治今辽宁葫芦岛市西北)

原为锦西厅。地处辽宁省南部,原为明朝左屯卫之地。明朝末年,受战乱影响,人口稀少。清朝初年,辽东地区实行招垦,当地人口得到一定程度的恢复。乾隆四十六年(1781年)编审户口,锦西县已有民户19 929户,男妇164 404名口,而且"岁见增加,蕃衍益庶"[3]。清朝后期,同样受到边疆垦荒政策的鼓励,奉天南部地区的人口增加也是引人关注的。如据《锦西乡土志》记载,光绪三十二年(1906年),锦县之西部划设锦西厅。当时户口为27 879户,男妇140 744名口。而至民国十五年(1926年),锦西户口增加至37 321户,男妇201 567名口,"较之设治时,已增至三分之一矣"。就移民构成而言,"三百年来,生齿日繁,今竟居全境人数十分七八,原籍山东最多,直隶次之,山西、河南又次之,多以农、工为业"[4]。

(7)兴京县(在今辽宁新宾满族自治县西)

即清太祖努尔哈赤所居之旧地赫图阿拉,乾隆二十八年(1763

---

[1] 斐焕星、白永真编撰:《辽阳县志》四编卷24,民国十七年铅印本。
[2] 王文藻等编修:《锦县志略》卷6,民国九年铅印本。
[3] 张鉴唐撰:《锦西县志》卷2,民国十八年铅印本。
[4] 同上。

年)改为兴京厅。兴京地区原为明代建州卫所在地,长期为满族聚居之地,然而,外来移民的数量及影响同样在不断增加,至民国初年,汉族居民已占当地居民之多数。"兴京原系女真旧地,无土著民户。有清龙兴以后,开边殖民,于是山东、直隶之民渐渐来居,二百年生息蕃衍,汉族实居多数。"[1] 业农之外,外来移民从事商业者较多,"谚以烧(制陶)、当(典当)两行为大贾,土人率鲜从事,直、鲁人为多"[2]。

(8) 义县(今辽宁义县)

义县之地原为明朝义州卫,雍正十二年(1734年)复置义州。民国二年(1913年)复为义县。清朝初年,义州为察哈尔王编旗屯驻之地,部落居民较多。而受到招垦的影响,义州户口早在清朝初年即有一定规模。乾隆四十六年(1781年),义州之地已有登记民数 9 976 户,男妇 51 639 口。因此,与其他后开发地区相比,义县地区在清朝中后期的人口增长规模还是较为有限的。至清末,义州民籍(除旗籍与回民之外)户口仅有 29 108 户,男妇合计 158 487 名口[3]。

(9) 绥中县(今辽宁绥中县)

绥中县处奉天之最南部,移民之迁入则早在清朝初年即已经开始,或者可以说是汉族移民最早大量迁入的区域之一。"康熙三年(1664年),招民垦田令下,汉族迁徙日繁,或经商落户,或流寓入籍,统计大数,山东、直隶居多,山西、河南又其次矣。"[4]

(10) 海城县(治今辽宁省海城市)

海城县原属于奉天辽沈道,处于奉天地区中南部,属最早开展移民垦荒的地区。"……及世祖入关后,以本境田野未辟,民户萧条,遂于顺治八年,拨内地各省汉人来此开垦,另编民籍。嗣后,直、鲁、晋、豫之人复接踵而至,外有回民来自西域,共分汉、满、蒙、回四种。"[5] 可以说,海城县的发展完全得益于大量外来各族移民的贡献。"县境本明海州卫故址,清初始设县治,康熙初年,人烟复寥落,乃招直、鲁两

---

1 苏民等撰:《兴京县志》卷10"氏族",民国十四年铅印本。
2 苏民等撰:《兴京县志》卷8"礼俗"。
3 赵兴德、王鹤龄修撰:《义县志》中卷《户口志》,民国十九年铅印本。
4 文锰撰:《绥中县志》第7卷,民国十八年铅印本。
5 陈荫翘编修:《海城县志》卷2"人类(附)",民国二十六年铅印本。

省人民来此垦田,由官拨给牛、种。嗣后,各省人民源源而来,民户渐众。至雍正十二年,始编审户口,共三千七百五十七丁,分为二十二社半……迄今二百年来,户口日滋,鸡犬相闻,村落渐密,现有人口六十七万以上。"[1] 海城县在民国初年竟有67万人口,人口密度完全不亚于内地。

(11) 桓仁县(治今辽宁桓仁满族自治县)

桓仁县原属奉天东边道,原名怀仁县,后改为桓仁县,地处奉天东部,为重要的满族聚居区之一。汉族移民的大量迁入始于光绪三年(1877年)设治之后。当时全县仅有41保、7 047户、26 531丁口。人口高峰期出现在光绪末年及宣统年间。至光绪三十四年(1908年),当地户口已有21 326户、140 243丁口[2]。宣统元年(1909年),据实地调查统计,全县合计有25 272户、172 212丁口,"较开辟时,户增一万八千二百一十有五,丁口增一十四万五千六百八十有一,归来之速,生齿之繁,于斯可验"[3]。这显然是移民运动的巨大功绩。

(12) 盖平县(治今辽宁省盖州市)

在奉天属县中,盖平县应该是幅员较为广袤的区域之一,也是建县较早的地区。原为明代盖州卫,康熙三年(1664年)改为盖平县,隶奉天府。清初,全境分为十二社,而光绪三十年(1904年),析为九十四区[4]。同其他县域相仿,盖平县较准确的户口统计也始于民国初年。旧县志记载,原来盖平县仅有民籍人丁2 918口,仅为征收人丁银的依据,与真实人口数量严重不符,故有"一丁可当百户"的说法。据《盖平县乡土志》记载,民国初年,该县共有73 687户,男女总数为439 975口。就民族构成而言,汉族居民(包括平民与汉军)占到总人口的80%以上[5]。户口数量同样堪比内地户口繁庶之县。

(13) 复县(治今辽宁省瓦房店市)

复县,原为复州。研究者指出,清代复县户口之恢复与增长,来自

---

[1] 陈荫翘编修:《海城县志》卷2"户口"。
[2] 马俊显编修:《怀仁县志》卷5,清抄本。
[3] 侯锡爵撰:《桓仁县志》卷5《民治志》,民国十九年石印本。
[4] 郭春藻等撰:《盖平县乡土志》卷上,民国九年石印本。
[5] 《盖平县乡土志》卷下"人类篇"。

山东的移民是最重要的动力。"复县地处边隅……清初,横罹兵燹,荡析流离,孑遗无几。今又逾二百五十余年,县民大都由山左(即山东——笔者注)迁徙而来,生齿蕃滋,渐成土著矣。"而据当时方志记载,民国初年,复县城厢及四区共有 2 849 村、54 367 户,男女合计400 377 名口,完全不类边隅之地,而实堪称人口繁庶之乡了[1]。

(14) 安东县(今辽宁省丹东市)

民国时期曾建置安东省。民国《安东县志》卷6"民族"称:"……洎光绪初元开放设治,人民之来者始众,故今日土著之民,皆自他境迁徙而来。世家既无可稽,勋阀又不概见。考其族属,惟汉族是最多,满族次之,回族又次之,蒙族最少。"[2]安东县人口之高峰期,同样出现于光绪三十年(1904 年)开埠之后。光绪三十三年(1907 年),据户口调查得知,当地旗户、民户及回民合计共有 26 038 户,男女合计 132 018口。宣统三年(1910 年),全境七区人口总数量 184 047 人[3]。

(15) 凤城县(治今辽宁省凤城市)

凤城县之户口数量,也在光绪年间达到一个高峰。光绪三十三年(1907 年)全境居民共有 34 212 户,男女合计 241 205 口。宣统元年(1909 年)则稍有所减少,全境户口合计为 35 824 户,男女228 787 口[4]。

(16) 北镇县(治今辽宁北镇市)

北镇县原属明朝广宁卫之辖地,后改称广宁县,民国初年改为北镇县。该地具有较为重要的军事价值,因此,当地居民中军籍较多。"明清交战,广宁久经兵燹,民多迁徙。及清世祖定鼎燕京,拨内地各省人民来垦斯土,愿投旗者编入汉军册档,不愿投旗者,另编民籍。三百年来,生聚日繁,今居全县户口十分之七八。原籍直隶最多,山东次之,山西、河南之人亦间有之,惟为数甚罕。"[5]同样在清朝末年,即 20 世纪之初,北镇县户口数量达到前所未有的水平。"……迄今二百余

---

1 程延恒撰:《复县志略》之"户口略",民国九年石印本。
2 关定保编修:《安东县志》卷6《人事志》"民族",民国二十年铅印本。
3 关定保编修:《安东县志》卷6《人事志》"户口"。
4 马龙潭编修:《凤城县志》卷3,民国十年石印本。
5 王文璞编修:《北镇县志》卷5"人类",民国二十二年石印本。

年,竟增至三万八千二百四十六户,男女共二十四万四千零三十口",完全不亚于内地县域的户口密度水平。"虽由休养生息所致,而直、鲁之人接踵迁入,亦一大原因也。"[1]

(17) 铁岭县(治今辽宁铁岭市)

铁岭县处奉天地区之北部,原为明代铁岭卫之地,康熙三年(1664年)改为铁岭县,也是外来移民较早进入的区域。早在康熙年间,铁岭县已有1 829户、5 329口,属于当时人口较为集中的地区[2]。清朝中期,铁岭地区人口进入了快速增长时期。"……迨有清中叶,始由内地招徕垦民,辟土地,设市廛,而户口始渐稠密,城邑逐渐繁兴。故此地之居民,除最少数旗籍外,强半系直、鲁、晋三省之祖籍,而土著绝少。"[3]至乾隆四十六年(1781年),当地编审民户,合计有4 099户、男女42 669口。至光绪末年,铁岭地区城乡旗民已达到57 500余户、男女370 353口。同时,从原铁岭县划分而出的法库厅至光绪年间,全境各籍也已有53 294户,男女350 446名口[4]。户口之繁盛已完全不逊色于内地县域的水平了。

(18) 昌图县(治今辽宁昌图县)

昌图县,原为昌图府,该地区的户口增长主要发生于清朝嘉庆之后。"当嘉庆以前,汉族之来开垦也,其始不过数千百人,乃未几,三旗之地,汉户口已达数百万,且分为州一县三。旧时蒙古村落,名称已全改易,殖民之效之著何其速哉!"[5]昌图地区汉族户口之盛,令人印象深刻。

(19) 西丰县(治今辽宁西丰县)

西丰之地,原为叶赫部族居留地,清朝初年攻灭叶赫部之后,在其地建成大围场,"禽兽麇集,人烟绝迹"。甚至到了道光年间,清朝官府仍颁布政令,禁止平民迁入这一地区。光绪二十二年(1896年)弛禁招垦,外来移民才开始进入这一地区。"自天命四年,迄招垦,禁闭三

---

[1] 王文璞编修:《北镇县志》卷5"户口"。
[2] 贾弘文编修:康熙《铁岭县志》卷下,民国《辽海丛书》本。
[3] 陈德懿等纂修:《铁岭县志》卷2"地理篇",民国二十年铅印本。
[4] 陈德懿等纂修:《铁岭县志》卷4"铁岭设县之户口"。
[5] 洪汝冲编修:《昌图府志》之《政治志》,清宣统二年铅印本。

百余年,故全境人民无一土著,全系自他县迁来者。汉、满、蒙、回各民族兼而有之。"至民国二十三年(1934)年,西丰县全境有 45 989 户、男女合计 303 142 名口[1]。从杳无人烟的围场,到拥有如此户口规模,当地移民之繁盛确实令人惊讶。

(20) 彰武县(今辽宁彰武县)

彰武县地处奉天北部,开发时间较晚,在相当长的时间里,人烟稀少。至光绪二十三年(1897年)始全面开禁招垦。直到宣统年间,全境人口仅有8万多,且分布较为零散。"彰武县设治未久,草莱初辟,人烟稀少,村屯零星。全境统计六百二十九村屯,均系领户。各就本地修盖房间,即因姓为村……一区、二区、三区所辖界内,开垦较早,人烟稍密,地少旷土。四区、五区、开垦较迟,村散人稀,多半荒芜未辟之地。"[2] 显然,该地还存在较充裕的移垦空间。

综而观之,清代至民国初期,东北三省移民发展状况并不相同。首先,出于地缘的优势,奉天地区(今辽宁省域)外来移民的迁入始于清朝初年,对于很多县域而言,从清朝初年的《辽东招垦条例》的实施中受益最大。很多县域汉族移民的到来,都要归功于当时辽东招垦工作的成效。其次,就奉天(今辽宁省域)全境而言,外来移民进入及分布的情况也存在着明显的南北差异,南部地区外来移民进入较早且人数众多,而北部地区则移民进入较晚,直到清末民初尚有大片地区属于荒落不毛之地,移民开垦的潜力还很大。最后,行政区划的建置与移民运动形成了非常积极的互动关系。正如民国《西丰县志》所称:"丰邑自殖民垦地,建设县治以来,户籍日见繁多,人民日臻颐夥。不独县城如是,即各村各镇亦然。"[3]

## 二 吉林地区

吉林地区处于辽东以东,被视为满族发祥及聚集之地,或曰"满洲

---

[1] 萧德润编修:《西丰县志》之《人类志》卷19,民国二十七年铅印本。
[2] 赵炳燊编修:宣统《彰武县志》之"村镇",民国抄本。
[3] 萧德润编修:《西丰县志》之《人类志》卷19。

门户"。所谓"白山黑水",是满族聚集区的标志性景观。清朝前期的封禁政策对于吉林地区的影响是极为显著的。吉林地区正在所谓"柳条边"之外。汉民之迁入始于清代前期,开发地带也最早集中于今吉林西南部地区。"……燕、鲁穷氓闻风踵至,斩荆披棘,从事耕耘,逐渐逾辽河以东,寄居吉林西南部(原注:今之长春、伊通、农安)。迨乾嘉之交,移民已达六千户,租借蒙、旗土地,不下三十六万五千亩。清政府见势难阻,许为土著,编入户口。"[1]

在乾隆中叶之后,山东、河北难民北上迁移者数量不少。《内地人民移殖吉林之源流》一文称:

>……至考汉人移殖之成迹,其在奉天要由辽东一带海岸为托始,而进至辽水东西,特以再进,益北,由奉而吉,则有围场限之(原注:今海龙厅治,光绪五年奏设,其属境横跨东西,向分大围场十二、小围场百五,分列十二卡伦,广千有余里。至光绪二十三年始开)。遂乃折向西边,尽趋于蒙古东盟一方,而渐达于吉林腹地。所以长春、伯都讷放[?]厅,虽属蒙旗旧地,而设治最早,厅界东面垦辟时代较后百年。准是覆测,东盟一等[带?]固为汉族移殖吉林之导线矣。一为最南时期,由于铁道之交通,满洲、燕齐,海陆隔达,风利旅行。《吉林省志》旧文谓:阅一纪,近此间,民族增进必倍!然观最近十数互年间,则已超出此比例,而其象为猛进。揆之理由,自当首数铁道为主动原因,而徕农招牵,其次焉矣。考关外侨民生计,向赖佃、佣两途。及近今则尤佣工占多数,以有东清工事揭,知为之招也。吉林绾全线中枢,侨民尤麇集。迨路工就竣,一般仰食者靡所赖,势不得不转而耕垦,于是佣工劳动亦消纳于农佃一途,而农业范围遂益扩张。况复铁道通则轮转利,供求相剂,贾贩随增,此又速进之率之最显焉者![2]

虽然该文通篇文辞稍显晦涩,但是作者对于吉林地区的移民历史变迁却颇有洞察力。

---

[1] 张书翰撰:《长春县志》卷5,民国油印本。
[2] 载《盛京时报》宣统元年三月初二日"附张"。

首先,吉林地区较为全面的开发建设始于光绪年间。外来移民进入奉天地区,不是通过山海关北上,而主要是由辽东海岸而来。奉天与吉林之间原有面积广袤的围场阻隔。"围场"即清朝官方习武及狩猎之场所,集中于东北地区,面积广大,禁止平民进入。吉林围场紧连蒙古东部,开放较早。吉林的大规模放垦始于光绪四年(1878年)之后。当时,吉林将军铭安提出"整顿满洲之策",得到清政府的支持,由此引来较大规模的移民迁入潮。

其次,该文作者推重东清铁路建设对于吉林地区移民及开发建设的重要意义与价值。一方面,铁路建设招徕大批关内民众北上,另一方面,在铁路工程竣工之后,大批建设者留寓当地,从事农耕,成为当地农业生产的直接动力。而铁路交通的开设,对于吉林当地物贸流通及商业发展的促进作用更是不言而喻的。

关于吉林地区各民族户口分布及演变的趋势,民国《吉林新志》称:"吉省满族之分布,系沿清初编旗,分防于宁古塔、吉林、伯都讷、阿勒楚喀、三姓、伊秃河各城及沿柳条边各边门军台之旧。汉族除清初因编配而来者,随各官庄、驿站、军台而分布于省境各地外,其乾嘉后随自然之趋势移垦而来者,则麇集于长春平野。由长春而东北,而东、而东南、而南。惟光绪前以大抵繁殖于牡丹江以西、省会以北;光绪年间始渐逾牡丹(江)而奔乌苏里江域,东南越张广财岭,奔牡丹江上流及图们江域,南过省城而深入西南森林地带。今则足迹全省,炊烟相望,鸡犬相闻,田畴栉比,屯村相连,桑麻共话,衣食足矣……"[1]关于吉林地区放垦的时空特征,研究者指出:相比而言,吉林地区放垦与移民的到来,又均早于黑龙江地区。在咸丰年间黑龙江地区首先开放呼兰垦区,吉林地区也仿照其例进行大规模放垦。其开放的荒地区主要有拉林河流域、松花江上游流域、图们江流域、牡丹江流域以及乌苏里江流域等[2]。

(1)拉林河流域位于松花江南岸,与呼兰河隔江相望。清朝官府

---

[1] 刘爽:《吉林新志》,辽东编译社1932年版,第24页。
[2] 参见刘选民:《清代东三省移民与开垦》之"吉林省之放垦"部分,《史学年报》第2卷第5期,1938年。

原本将其地开放为旗屯,结果开垦效果不理想,无奈又招来大批汉族流民进行开垦。咸丰末年放垦之后,大批荒地被汉族移民开垦,合计达20余万垧、4 423 770亩。光绪八年(1880年),于苇子沟之地设宾州厅,又于五常堡、双城堡设厅。

(2) 松花江流域东抵拉林河,南达柳条边,西与北均以松花江为界,沃壤万顷,然而,出于封禁的缘故,长久以来,人烟稀少。雍正年间曾设泰宁县,结果不久以后竟因人口太少而裁撤。不过,乾隆以后,大批关内流民不顾封禁之令,纷至沓来。至嘉庆年间,当地流民数量已近万户,因此设置伯都讷厅。道光以后,当地官员奏请放垦,陆续放垦荒地达36 800余垧、4 991 174亩。为了加强该地的行政管理,光绪三十二年(1906年),伯都讷厅升为府,改名为新府。

(3) 图们江流域本为禁山围场,同样人烟稀少。咸丰年间因中俄不平等条约割让了乌苏里江以东地区,图们江流域与俄国及朝鲜均只有一江之隔,战略位置相当重要。光绪初年,为了阻止俄国与朝鲜移民的进入,清朝官府在当地实施放垦,不过,这也难以阻挡大批朝鲜移民的到来。至光绪末年统计,当地汉族移民数量达67 561人,朝鲜移民更超过了汉族移民,达78 825人。为了适应当地行政管理的需要,清政府于光绪二十八年(1902年)设置延吉厅,宣统元年(1909年)升为延吉府,并增置珲春厅以及和龙、汪清等县。

(4) 牡丹江流域,其地理范围包括宁古塔、阿克敦等地。清代前期为重要的流放地,而汉族移民也日见增多。光绪四年(1878年),吉林将军铭安奏准开放,成效显著,于光绪七年(1881年)奏设敦化县。

(5) 乌苏里江上游流域,主要是指乌苏里江左岸的穆棱河与绥芬河两河流域,清朝初年归隶宁古塔副都统管辖。光绪初年开始放垦,并于当地设置招垦局,进展很快。为了适应开垦及移民的需要,光绪二十八年(1902年)设绥芬厅,光绪三十四年(1908年)设密山府,宣统元年(1909年)设东宁厅及穆棱县。

吉林地区南部属于清朝"围场"的范围,因此,该地区的开发与移民都与所谓"围场"的管理及开放相关。

在承德府北境外，蒙古各部落之中，周一千三百余里，东西三百余里，南北二百余里。东至喀喇沁旗界，西至察哈尔旗界，南至承德府界，北至巴林及克什克腾界，东南至喀喇沁旗界，西南至察哈尔镶白旗界，东北至翁牛特界，西北至察哈尔正蓝旗界……[1]

围场之放垦始于光绪初年，其地建置为海龙厅及海龙府。"追光绪四年（1878年），盛京将军岐以鲜围场地多被流民私垦，奏请丈放，准民管业。围地原以柳河（即海龙城南之柳河）为界，占垦者以河南北为最多。又因拨放大围场南境岭前数里，因古城在焉，遂设治，曰海龙厅，隶奉天府，于光绪二十八年（1902年）大围场开放，添设东丰、西丰、西安、柳河四县，海龙厅升为府治，辖管四县，隶奉天巡抚。民国成立，改府为县，废巡抚，置东边道，又改隶焉。"[2] 政区建置与围场开放是密切相关的。

吉林西南部的西安、东丰等县均在"围场"区域之中。因此，这些县域之放垦，都在光绪二十二年"围场"全面弛禁之后：

> 围场于光绪二十二年（1896年）弛禁招垦，而北邻俄罗斯租借旅顺、大连之约适成，滨海金、复诸州属之人，益丧其家，相率入围。故有谓东方荒垦政策：围荒因安人而后放地，蒙荒放地而后招人者。要其放荒、领地，多豪强之家；受而耕者，则皆畸零佃户也。然入围之道，西丰当冲，西安与东平次之……而垦户苦力，莫多于山东；贸迁至者，多自关内直隶。其地膏腴，风雨以时，民各以其便利而劳集焉。[3]

正如前文已经提到的，清代前期，以商贾为业的汉人不断进入东北，不仅充实了当地人口，也使东北区域风俗文化发生了明显的变化。光绪年间，萨英额在《吉林外记》卷3中称："吉林本满洲故里，蒙古、汉军错屯而居，亦皆为国语（即满语）。近数十年，流民渐多，屯居者已渐习为汉语。然满族聚族而处者，犹能无忘旧俗。至各属城内，商贾云

---

1 乾隆《大清一统志》卷26，清文渊阁《四库全书》本。
2 王永恩撰：《海龙县志》卷2，民国二十六年刊本。
3 雷飞鹏撰：宣统《西安县志略》卷5，清宣统三年石印本。

集,汉人十居八九,居官者四品以下,率皆移居近城三二十里内,侵晨赴署办事,申酉间,仍复回屯。其四品以上职任较繁者,不得不移居城内,子孙遂多习汉语,惟赖读书仕宦之家、防闲子弟,无使入庄岳之间。娶妇择屯中女不解汉族者,以此传家者,庶能返淳还朴,不改乡音耳。"[1]

研究者指出,为了推动及加强对于招垦工作的管理,从光绪初年开始,吉林各地陆续设置了一些招垦局。光绪七年(1881年),开放图们江东北的荒地,在建吉、珲春、汪清、和龙四县设置招垦局。八年(1882年),设置三岔口招垦总局。三十一年(1905年),在省城设置垦务总局,管理全省垦务,由东三省总督直接监督。应该说,这些招垦机构的建置,对于东北地区移民垦边工作的开展发挥了重要作用[2]。如吉林地区东部毗连朝鲜半岛地区,朝鲜族移民越境开垦的现象严重,入境民众数量众多。为加强管理,光绪二十年(1894年)由吉林将军奏设图们江抚垦局,"由越垦之地,统建四大堡,堡分有社镇。……四堡三十九社,收抚垦民四千三百零八户,男女丁口二万零八百九十九十,统编一百二十四甲"。设局抚垦工作收到良好成效,"故自茂山以下,清丈地亩照则升科,以慰流氓归附之心,而韩民遂皆入我版籍而受廛为氓矣"[3]。

(1)长春县(今吉林长春市南)。长春县是吉林省城之附郭县,很早便是吉林地区主要的移民迁入地之一,边疆拓垦政策之出台,更是大大加快了当地人口的增长速度。有研究者称:"长春设治之初,丁口不满七千[万?],百余年来,生息休养,几增至六十万。以嘉庆十六年(1811年)编定六万一千七百五十五丁口之数比例,求民户激增之速,乃至六十倍矣"。[4] 这种说法似有所夸大,因为相比其他边远县域而言,长春地区的人户增长比例还是相对有限的。关于当时移民构成,研究者指出:"长邑住民大部为汉族,来自燕、鲁、晋、豫诸省。业农者

---

1 《吉林外记》卷3,清光绪二十一年刊本。
2 参见许淑明:《清末吉林省的移民和农业的开发》,《中国边疆史地研究》1992年第4期。
3 吴禄贞撰:《延吉县志》所录《延吉边务报告》,民国油印本。
4 张书翰撰:《长春县志》卷3,民国油印本。

十之五,业商者十之三,余则各业皆有之。久则殊方同化,俨成土著。"[1]

(2) 农安县(位于今吉林省长春市西北部)。农安县户口调查资料较为详细。据民国《农安县志》,其县较详细的户口资料始于光绪十七年(1891年),人口峰值出现于宣统年间,显然是大量外来移民迁入的结果(参见表2-14)[2]。

表2-14 清末至民国农安县人口增长简表

| 年 份 | 户口数量(单位:名口) |
| --- | --- |
| 光绪十七年(1891年) | 142 438 |
| 光绪三十三年(1907年) | 287 708 |
| 宣统元年(1909年) | 318 947 |
| 民国二年(1913年) | 291 870 |
| 民国九年(1920年) | 291 697 |

(3) 梨树县(今吉林省西南部梨树县)。梨树县毗邻蒙古东部地区,原属蒙古王公之分藩地,开发较晚,民族构成也较为复杂。"自蒙王招垦以来,腹地人民纷然麇集,辟地日广,聚族日众,其生活已变游牧而为耕稼,懋迁有无,市场以立。改编郡县,官治以施。"梨树设县治始于光绪四年(1878年),同时开始户口统计。到光绪十年,全县户口总计为161 963名口。当时人口增长出现在光绪后期及宣统年间。"民国四年(1915年)编查户口,全县四万六千零三户,男女三十六万九千二百一十三名口。比较光绪十年,增加二万九千零九十一户,二十万零七千二百五十人。在此时代,户口增加原因,多系移入。"[3]

(4) 怀德县(位于今吉林省公主岭市北)。怀德县人口迅猛增长同样出现于设治之后的光绪、宣统年间。"怀德于清光绪三年(1877年)改升县治,境内丁口号称十万。至光绪三十三年(1907年),增自〔至?〕二十二万九千二百零五。民国九年,据警察调查户口表册……

---

[1] 张书翰撰:《长春县志》卷5,民国油印本。
[2] 刘士纯撰:《农安县志》"户口篇",民国十六年铅印本。
[3] 包文俊撰:《梨树县志》丁编"人事"卷1,民国二十三年刊本。

总之二十九万八千四百六十人。至民国十七年度,调查又增至三十余万,可谓生齿日繁矣。"¹ 怀德县具有如此大的户口规模,已与内地省份毫无差异,难怪作者发出"生齿日繁"的感叹。

(5)海龙县(治今吉林梅河口市东北海龙镇)。原为海龙厅,属奉天东边道,该县大部分地区在清代前期属于严格封禁的围场,故而人烟稀少。正是大批流民的进入积极推动了该地的开发。"曩者,海龙为官荒围场之区。自光绪初年垦来,垂今已逾五十余年,四民麇集,百业云屯,生聚教训,日进无疆。今以农耕于野,商贾于世,熙熙攘攘,率皆各事其业也。"² 从光绪四年到光绪二十八年短短二十余年的时间,海龙之地从荒凉的围场升为府级政区,这种变化在中国区域发展史上也是相当罕见的,而这也正是 20 世纪初叶东北地区因移民运动而发生巨变的真实写照。

(6)抚松县(治今吉林省抚松县抚松镇)。该地原属奉天东边道。民国《抚松县志》卷 4"民族"称:"抚松僻处辽宁东边,昔属吉林濛江州……清宣统二年春,划归奉天,始放荒设治。人民多无室家,皆以围猎为生,以山东人为最多,直隶次之。迨民元以后,人民移来垦荒者,日见增加,总以山东人占多数。直隶、本省人次之。年来户籍日繁,土地日辟。兹将调查所得之数目,比较如左:汉族占全县民族百分之八十八强;满族占全县民族百分之十;回族占全县民族百分之二。"³

(7)辑安县(治今吉林省集安市集安镇),原属于奉天东边道。民国《辑安县志》卷 3"民族"称:"辑安僻处辽宁东隅,清光绪初始开辟,居民多系汉族,自山东移殖而来。满族居少数,回族尤少。兹将调查所得之数,比较列左:汉族占全县民族百分之九十七;满族占全县民族百分之二;回族占全县民族百分之一。"⁴ 其实,这里的总结叙述,并没有把境内的朝鲜族计算在内。如民国《辑安乡土志》"人类"篇又称:"辑安界邻朝鲜,旗、汉户口而外,韩民为多。惟内地民族,旗混于汉,

---

1 赵亨萃撰:《怀德县志》卷 3,民国十八年刊本。
2 王永恩撰:《海龙县志》卷 4,民国二十六年刊本。
3 车焕文等编纂:《抚松县志》卷 4,民国十九年铅印本。
4 张拱垣等编纂:《辑安县志》卷 3"人事篇",民国二十年石印本。

汉少于旗。至外来隶籍者,尤以山东人为多。方俗各异……韩民私渡越垦,落户居住,由来已久。开辟以来,或携资本佃种纳租,或只身与人佣工,赖力作以糊口,尚无私行占垦偷种者……"[1]

(8) 西安县(今吉林省南部之辽源市西安区),原属奉天。西安县之地,原属于清代"围场"的范围。光绪二十二年(1896年)围场弛禁招垦之后,大批移民到来。十年之后,西安县人口规模已相当可观。"光绪三十二年(1906年)调查,共二万六千五百八十一户,男十万零八百七十九口,女七万四千七百八十四口。"当地男女合计为175 663口[2]。

(9) 东丰县(今吉林省东丰县)。曾为东平县。东丰县原属清朝所谓"围场"之地,人烟绝少,等同荒域。"县在未设治时,地系围场,绝无居人。及放荒设治后,垦田民户,相继迁入。于是始有人居。然当时甚稀少。及民国初年,始渐繁密。迄近年,日益增多。据县公安局户口调查,民国十九年(1930年),全县户数为三万七千零三十四户,男十四万二千八百二十五名,女十万零五千二百一十六口,男女共二十四万八千零四十一名口。"据此可知,东丰县域移民之迁入,当在民国十年(1921年)之后。从荒无人烟的围场到人烟繁庶之域,可以说,移民运动彻底改变了当地的面貌。

(10) 镇东县(今吉林省镇赉县),原属奉天。民国《镇东县志》卷4"民族篇"记载:"镇东僻处奉天西北隅,昔为内蒙古科尔沁右翼后旗镇国公游牧之地。清光(绪)、宣(统)间始放荒设治。"[3]

(11) 辉南县(治今吉林省辉南县)。移民大量进入辉南县始于光绪初年。民国《辉南县志》卷3"民族"称:"辉境自清光绪初年度地居民,宣统二年(1910年)设治。三十年来,生齿日蕃,渐次安土。挹娄、靺鞨遗族虽无可考,其实中国人也……此地编氓有年,安土之家不可多得,堪称巨族者,可以齐、鲁之人为夥,燕、蓟、晋、豫不过商贾流寓,

---

[1] 吴光国等编纂:《辑安县乡土志》,民国四年铅印本。
[2] 雷飞鹏撰:宣统《西安县志略》卷5。
[3] 陈占甲撰:《镇东县志》卷4,民国十六年刊本。

故境内民族以汉族为盛……"[1]

（12）安图县（今吉林安图县），原属奉天。安图县原为边荒之地，外来移民迁入主要集中于民国前期。"安图古属边荒，向无居人。自设治后，人烟始聚。全境之民，只有三族先由内地拨来者，皆旗籍。继由直、鲁迁居者，皆民籍，而回民亦有流寓者。今则草莱已辟，田野亦治，内省之人民亦纷至沓来，将日见不赘焉。"不过，其户口总量还是较为有限的。据民国十七年（1928年）户口调查资料，当时安图县全境男女合计仅有22650丁口[2]。

（13）双山县（今吉林双辽市东北双山镇），原属奉天。双山县地处吉林西边，位于蒙旗交界地带。其放垦活动始于光绪三十三年（1907年）。因为当时蒙古王族与汉民移垦者发生纠纷，奉天总督徐世昌在结案之后，派人丈放土地。"地凡六十万二千五百九十五亩一千九百二十万，面积三千六百九十二方里。为移民实边计，丈放即毕，复设安垦局。"双山安垦局设于宣统元年（1909年）十月，设治之后，双山县同样发生了巨变。原来双山一带仅有蒙屯。"屯不过二三家，蒿莱遍野，一望无垠。阅二月，仅得民六十余户。经秋，始过六百户垦地五百方。民国元年，农商大集。九月，改设县治。"[3]

## 三　黑龙江地区

黑龙江地处祖国东北边境，国防地理位置极为重要。然而，正因为与内地相距较远，且路途坎坷，开发与移民所面临的挑战与困难都非常突出。另一方面，黑龙江地区受到封禁政策的影响更大一些，因此，移民与农业开发的时间在东北地区中显得较晚一些。关于黑龙江放垦的过程，《黑龙江志稿》卷8"经政志·垦丈·垦务沿革"载称："江省垦务沿革，约可分为三时期：自康熙二十二年（1683年）设置将军以后至咸丰十一年（1861年）为屯垦时期；自咸丰十一年至光绪三十年

---

[1] 于凤桐等编纂：《辉南县志》卷3，民国十六年铅印本。
[2] 陈鸿谟撰：《安图县志》之《人事志》，民国十八年铅印本。
[3] 李筠山撰：《双山县志》"屯垦移民"，民国油印本。

(1904年)为部分开放时期;自光绪三十年以迄今日为全体开放时期。"康熙二十二年(1683年),设置黑龙江将军,同时在黑龙江地区仅设有八处卡伦。至雍正十二年(1734年)置呼兰城(在今黑龙江巴彦县),派兵驻守。直到雍正、乾隆年间,黑龙江城、墨尔根、齐齐哈尔等地设立官庄,才标志着当地屯垦活动的开始。关于黑龙江地区的开发过程,徐宗亮在《黑龙江述略》卷4中指出:

> 按:黑龙江省全境均属官地,部落游猎分界而外,山河原野历经封禁有制。岁尝特派官兵巡查,以防奸民侵盗渔利,并由将军年终咨部查考。咸丰以后,直隶、山东游民出关谋生者日以众多,而呼兰官屯各庄时加开辟,利其工勤值贱,收为赁佣。浸假而私售以地,岁课其租。该管官若有伺察,略予规利,亦遂不加诘禁。又其地脉厚土腴,得支河长流,足资灌溉,岁所收入,较内省事半功倍。闻风景附,益至蚁聚蜂屯,势难禁遏。[1]

咸丰年间是黑龙江地区开发与开放的转折时期。咸丰末年,黑龙江将军特普钦上奏,请求开放呼兰所属蒙古、尔山等地,得到朝廷的批准,成为解禁放垦之先河:"咸丰十年(1860年),将军特普钦公乃奏仿吉林省章程,于今呼兰所属蒙古尔山等处闲地百余万亩,招民开垦,所谓三城四区赋地是也。"[2] 至光绪二十九年(1903年),黑龙江副都统程德全受命办理垦务,与黑龙江将军达桂一起奏请全面放垦,有力推动了清朝末年边疆地区的放垦活动。

应该说,在清代后期黑龙江的开发开放过程中,一些官员的全力推动与倡导起到了至关重要的作用。如光绪十三年(1887年),黑龙江将军恭镗同样大力提倡放荒,强调"开垦之举实为黑龙江省第一美利",提出了"十利"之说,显示了当时官员对于边疆放垦工作重大意义的认知,颇具代表性:

> 黑龙江省旧饷三十七万,呼兰地赋所入已抵至十有余万,加以扩充,部拨可节,此利国帑者一也;齐齐哈尔、墨尔根、黑龙江等

---

[1]《黑龙江述略》卷4,清光绪徐氏观自得斋刻本。
[2] 同上。

城皆恃呼兰粮运接济,收获愈众,积畜愈多,此利民食者二也。盗贼之炽,皆由守望之稀,若于放荒时,酌定村户,修筑堡寨,严订保甲之法,藏奸无所。此利保卫者三也。关内外失业游民所在麇集,或之他邦。一定土著,富者安集,贫者佣工,各治其生,庶免流徙。此利辑绥者四也。押租缴价,或依旧章,或仿吉林新例,参酌而取,以资办公。此利经费者五也。开垦既熟,以次升科,查照奉天章程,酌定亩银额数,足济俸饷。此利征收者六也。呼兰粮产,除接济本省,尚行东南各境,加以地辟年丰,转输益众。此利商贾者七也。斗秤、烧锅、税捐,诸资补益,积谷日盈,税捐自有起色。此利厘税者八也。通肯四境,与齐齐哈尔、布特哈、墨尔根诸城相联,户口渐增,人烟日盛,贫瘠荒区可成殷富大镇。此利生聚者九也。人有恒业,地无旷土,内守足固,外患不生。此利边备者十也。[1]

研究者又指出,清朝前期,黑龙江农业集中于黑龙江城、齐齐哈尔、墨尔根等地的官庄,光绪后期,东三省全面放垦之后,黑龙江地区的放垦区域还是主要集中于南部,如呼兰河流域、通肯河流域,嫩江流域等[2]。

(1) 呼兰河(又称为呼伦河)为松花河的一条重要支流,地处黑龙江南部,土地肥沃,宜于开垦,原来只有旗民经营的官庄,嘉庆以后,前来从事耕垦的汉民逐渐增多。至咸丰十年(1860年),呼兰城屯附近就查出外来流民 2 500 余名,私垦土地达 8 000 余垧。至同治初年,放垦伊始,即招来垦民 2 100 余户,因此设置呼兰厅,以加强管理。光绪三十一年,又将呼兰厅升为呼兰府,当地汉民已不下10 万户。

(2) 通肯河为呼伦河之支流,位置更为偏北。在前期放垦过程中,因部分满族官员提出在通肯地区建设所谓"旗屯",即为旗民建立屯垦之地,通肯河流域的放垦曾被搁置。然而,放垦为时势所趋,无法

---

[1] 《黑龙江述略》卷4,清光绪徐氏观自得斋刻本。
[2] 参见刘选民《清代东三省移民与开垦》一文。

阻挡。光绪二十四年（1898年），通肯河流域开始放垦，光绪三十年置海伦厅，三十一年置汤原县，隶属于呼兰府。

（3）嫩江流域在清朝前期主要为索伦、达呼尔等打牲部落所居之地，称之为"布特哈"，光绪三十年（1904年）日俄战争期间，奉天与吉林不幸沦为战场。黑龙江将军达桂等人奏请开放黑龙江边地，得到允准。于是，在齐齐哈尔设置垦务总局，集中管理黑龙江放垦工作，在呼伦河流域之外，放垦之地集中于嫩江流域。宣统二年（1910年），于其地设置讷河直隶厅，民国二年（1913年）废厅为县。

黑龙江地区在中国版图上地处极边，开发较晚，长期形成荒僻而少人烟的景象，历史时期主要为边疆少数民族分布区，汉族人口较少。而实际上，当地聚居的各种非汉民族也是由各地迁徙而来的。因而黑龙江全境均可称为"移民区域"。如长白西清在《黑龙江外记》卷3中称：当地满洲居民"其初，多吉林产也……百余年来，分驻齐齐哈尔、黑龙江、呼兰三城。编其旗为八……汉军其先多出山左，齐齐哈尔、墨尔根、黑龙江三城有之。其豪族崔、王两姓，崔尤盛，号'崔半城'……旗下八部落外，来自内地编入军籍者，营、站、屯三项也"[1]。

汉族移民到来之初，宁古塔等地基本上处于荒凉状态，生活条件极度艰苦。如无名氏所著《研堂见闻杂记》云："按宁古塔，在辽东极北，去京七八千里。其地重冰积雪，非复世界，中国人（即指内地汉族）亦无至其地者。诸流人虽名拟遣，而说者谓至半道虎狼所食，猿狖所攫，或饥人所啖，无得生也。向来流人俱徙尚阳堡，地去京师三千里，犹有屋宇可居，至者尚得活，至此则望尚阳堡如天下矣。"[2] 时至嘉庆十三年（1808年），黑龙江实行户口编审，"通计全省共二万六千二百一十七户，十三万六千二百二十八名口"[3]。户口规模尚不及内地省份的一个大县，地广人稀的状况仍然十分严重。

光绪后期至宣统年间是黑龙江人口增长最快的一段时期，也是外来移民集中迁入的时期。光绪十三年（1887年），全省仅有约5万

---

[1] 长白西清撰：《黑龙江外记》，台北成文出版社1969年版。
[2] 转引自谢国桢：《清初流人开发东北史》，第5页。
[3] 长白西清撰：《黑龙江外记》卷3，清光绪光雅书局刻本。

户、25万余口。而至光绪三十三年(1907年),即20年之后,黑龙江全省户口已增至182 351户、1 273 391口。至民国三年(1914年),黑龙江全省已有335 069户、2 402 007口[1]。短短7年之内,全省总人口竟翻了近一倍,应该属于人口增长最快的一个边疆省份了。

清末中后期以来,外来移民长期不断迁入,显著地改变了边疆地区的人口及民族构成。关于黑龙江地区移民与民族构成的变迁,著名学者金梁曾经指出:"……省境满、蒙杂处。昔为索伦、达呼尔、鄂伦春等族游猎地,清初编旗制,分满洲、蒙古、汉军,八旗皆称旗人。"又"回回,由陕、甘等处迁入","汉人,皆由各省迁入,务农商,以直隶、山东、山西为多"[2]。

黑龙江地域广大,内部差异也较为突出,因此,各个区域的开发与移民进入的时段也有不小的差异。如黑龙江东部与内蒙古东部相接,不少地方本属于游牧地区。

(1) 龙江县(治今黑龙江龙江县)。龙江县曾为黑龙江将军驻地之附郭县,原名为"卜魁",后改为齐齐哈尔。光绪三十一年(1905年)置黑水厅,光绪三十四年(1908年)升为龙江府,民国二年(1914年)3月改为龙江县,治于齐齐哈尔。龙江县外来移民的增长也集中于光绪末年以及民国初年。根据清光绪三十三年(1907年)调查,黑水厅民户总计有3 667户、20 718口。而到民国元年(1912年),龙江县人口总数已达127 203丁口。仅仅5年之后,龙江县总人口数竟然增长了数倍。这显然有统计方式不同的因素。至民国三年(1914年),龙江县民户总计有30 301户、134 223丁口;民国七年(1918年),龙江县总人口数增长到137 398人[3]。

(2) 景星县(治今黑龙江龙江县西南)。景星县由龙江县景星镇改置而来。民国四年(1915年)改置为景星镇设治局,民国十八年(1929年)升为景星县。"本县地方原属蒙旗(原注:即今之孔赉特旗)游牧之区。初无满、汉各民族之居此者。前清光绪三十二年,出于蒙

---

[1] 张伯英等撰:《黑龙江志稿》卷12《经政志》,民国二十一年刊本。
[2] 《黑龙江通志纲要》之《户籍志》,参见《黑龙江乡土志》之《部族志》。
[3] 民国《黑龙江志稿》卷12《经政志》。

荒,移民招垦,始辟为景星镇,设置府经历,隶于大赉厅。满、汉人民之迁居来此,从事耕种者,遂日众多……民国三年(1914年),改升景星设治局,置设治员。"[1]总体看来,景星县的开垦与开发还是较为缓慢的。根据民国七年(1918年)的经济调查报告,当时景星县人口仅有18 435人[2]。

(3) 嫩江县(治今黑龙江省嫩江县)。原为墨尔根城,地处黑龙江西北方向,处于嫩江东岸。清朝初年为达呼尔、索伦、鄂伦春等部族游猎之地,黑龙江副都统驻于其地。光绪三十四年(1908年)设置嫩江府,民国二年(1913年)改为嫩江县。嫩江县的人口数量也是在光绪末年出现快速增长。据光绪三十三年(1907年)的调查结果,墨尔根民户总数仅有1 256户、7 565丁口。而到了民国元年(1912年),嫩江县民户总数已有15 695丁口,也就是说,在五年之间,民户总数有了超过一倍的增长[3]。这显然归功于外来移民的加入。不过,比较而言,总人口数还是相当稀少的。

(4) 拜泉县(治今黑龙江省拜泉县)。拜泉县人口构成中同样主要为外来移民。"拜泉招垦之初,我民族络绎而至。近则林、苏、兰、庆,远则奉天、吉林,如鱼龙之趋大壑,晨风之郁北林。农、工、商、贾,人烟逐渐增多。惟是五方杂处,性情各殊……"[4]根据光绪三十三年(1907年)的户口调查结果,当时拜泉县民户数量只有1 602户、12 510丁口。而到民国三年(1914年),全县民户数量已上升为17 892户、80 537人。户数竟然有10倍以上的增长。据民国七年(1918年)的调查结果,拜泉县全县已有32 102户、254 201丁口[5]。也就是说,仅仅经过10余年的时间,拜泉县民户总数已有数十倍的增长,充分显示了当地移民工作的巨大成绩。

(5) 宝清县(治今黑龙江省宝清县)。宝清县位于黑龙江省东北部,属于典型的边远地带,人烟稀少。宝清县对外招徕垦荒,始于光绪

---

[1] 民国《景星县状况》第一章"县治革",民国二十四年影印本。
[2] 《黑龙江志稿》卷12《经政志》。
[3] 同上。
[4] 张霖如等撰:《拜泉县志》之《经政志》,民国八年石印本。
[5] 《黑龙江志稿》卷12《经政志》。

三十二年（1906年）。"宝清位于边微,腴田卖[窦?]野,广漠无垠。其在光绪三十二年以前,杳无人烟,尽成旷土。"然而,由于没有设治,放垦工作的成效十分微弱。"清光绪三十二年,迄民国二年（1913年）春,本县并未设治,人迹罕到。高原蔚为蓁莽,畦湿半成泽国。"民国二年设置宝清县之后,外来移民逐渐增加。当地汉族"多自奉（天）、吉（林）迁来,以辽阳、金州、本溪之户为最多"。而满族也"均由吉（林）、奉（天）迁来,但虽系满人而已早与汉族同化矣"。但是,民户总数还是相当有限的。据民国初年统计,除外籍人口外,当时本地人口男女合计为32 511人[1]。人口总数依然处于偏低的水平。

（6）讷河县（治今黑龙江省讷河市）。地处偏北,原为东布特哈地区,为游牧部族渔猎打牲地区。地域广袤而人烟稀少。"纵横数千里,山有宝藏,野有良田。斯地土人倚为天然牧猎场所。顾人烟寥然,土地旷然,居无城郭之防,行无疆理之限,民无政治之思想也。"光绪三十一年（1905年）放垦之后,当地面貌出现了巨大的转变。"设置县局,缮治城郭,官有职守,事有统属,政制秩然明矣……风气为之遽转,习俗为之递变,一视昔日荒芜之概,迥乎别有天地矣。"[2]根据光绪三十三年（1907年）的调查结果,东布特哈民户总数有2 672户、12 938丁口。而据民国元年（1912年）调查得知,当时讷河县人口总数已达40 264丁口。即5年之后,登记在案的民户总数已有数倍之增长[3]。足可证这段时间内讷河县接纳外来移民之众。

（7）瑷珲县（即今黑龙江黑河市爱辉区）。瑷珲县地处边远,当地人口、民族构成十分复杂。如民国《瑷珲县志》卷9《人物志》"种族户口"称:"（原注：种族有满洲、达虎尔、蒙古、索伦、察哈尔、汉人、回民、客籍、鄂伦春凡九种）知（职）方氏曰：瑷珲,一隅耳,而种族错杂。夙昔满洲其言文礼俗,与汉族稍殊,今则言文胥通,或礼俗异耳。达呼（虎）尔、蒙古诸族坚壁深栖,鲜于大同,文野既别,其种亦不繁……"又"种族：有满洲（原注：原系吉林、宁古塔两城驻防,从征罗刹有功,遂

---

1 齐耀珹等撰：《宝清县志》之《殖民志》,民国油印本。
2 孟定恭等撰：《布特哈志略》,民国《辽海丛书》本。
3 《黑龙江志稿》卷12《经政志》。

留瑷珲)、达呼尔(本契丹种,辽亡,徙黑龙江北境打牲部落)、蒙古(元裔,来初无考)、索伦(辽裔,汉通古斯,俄语喀穆尼,皆索伦也,打牲部落)、察哈尔(原由张家口拨迁瑷珲)、汉军(皆由山东故籍,随孔王有德来降奉天,转由宁古塔,征剿罗刹有功,留瑷,以原来官兵一百七十余员,编为正白、镶红汉军二佐)、水师营(原系平定三藩之汉军也。顺治十八年,编入吉林水师营,从征罗刹有功,遂留瑷珲。光绪三十二年,即以镶白旗三佐、达胡人归旧正白三佐,始将水师营编入镶白第三佐)、官庄(陆续添设壮丁二百名。丰年按名征粮入仓。光绪三十二年,以正红旗三佐达呼尔归并正黄三佐,始将官庄编为正红第三佐)、站丁(皆云南产,以吴王三桂叛,故谪充山海关外,分遣各站效力)、回民(本回纥遗裔,回纥助唐平安史之叛,始有留居中国者。初在陕西境,后东渐于黑龙江也)、客籍(即近由各省迁来之民)。此上十一项,皆种族迁流沿袭之概略也。鄂伦春(原系瑷珲下游毕拉尔路之人)。凡十二种。"[1]据清光绪三十三年(1907年)的调查结果,当时瑷珲民户仅有2 236户、10 119丁口。至民国元年(1912年),全县民户口数已增至23 265丁口。数年之内,户口也有成倍的增长。民国七年(1918年),瑷珲全县户口约为21 900余人[2]。可见,虽然人口总数增加不少,但依然没有摆脱地广人稀的状况,尚有很大的移民潜力与空间。

(8) 呼兰县(今黑龙江哈尔滨市北呼兰区),原为黑龙江呼兰府。呼兰县人口与移民的发展过程在黑龙江地区极具代表性。如民国《呼兰县志》之"户口"称:"呼县户口,在前清之初,其约略可考者,惟旗营、官庄而已。汉民口数之入奏报,始见于咸丰十年(1860)将军特普钦折内……故在十年,特普钦折内已报有农民男二千五百余口。自十年以后,奏准放荒,禁令既弛,内地人民之来屯垦于斯者,襁属不绝。迨后居住既久,生齿乃繁,而其子孙遂皆成为呼兰土著。"可见,呼兰地区外来人口迁入的趋势,与黑龙江省所施行的移民及垦荒政策高度相关。当地县志所提供的户口数据,足以证明清代后期即咸丰十年至宣统

---

1 徐希廉等纂修:《瑷珲县志》,民国九年铅印本。
2 民国《黑龙江志稿》卷12《经政志》,民国二十一年本。

年间呼兰地区户口数量增长最快。这显然是大量移民迁入的结果(参见表2-15)[1]。

表2-15 清朝后期呼兰县人口增长情况简表

| 年　　份 | 户　口　数　量 |
| --- | --- |
| 咸丰十年(1860年) | 官屯附近农民(男)2 500余口 |
| 同治十年(1871年) | 呼兰城八旗水师营户共1 981户、14 391口 |
| 光绪十三年(1887年) | 呼兰城旗户共4 001户、28 250口;民户10 590口;旗汉合计为28 840口 |
| 光绪三十二年(1906年) | 呼兰府旗汉男女合计为171 251口 |
| 光绪三十三年(1907年) | 呼兰屯共有729个,屯户为31 343户,男女合计为208 938口 |
| 宣统元年(1909年) | 呼兰府合计共有33 090户,男女合计为228 404口 |

(9)宾县(今黑龙江宾县),原属吉林宾江道。民国《宾县县志》之《户口略序例》称:"宾县之有户口也,实自清咸丰十一年(1861年)放荒安民始。考《清会典》:腹地计以丁口,边民计以户。故宾州府载初设治时,苇子沟居民三百户,而丁口未悉焉。光绪十六年(1890年),始见册报。宣统三年,始分正户、附户及男女丁口,以数而编联保甲,划分警区,胥视此矣!"我们检视《宾县县志》所载人户数量发展情况时,发现宾县户口增长最迅猛的时期正是在光绪十六年至宣统二年的20余年间(参见表2-16),由此可以推定,这20年间也正是外来移民大量迁居宾县的时间。

表2-16 清末民初宾县户口简表[2]

| 年　　份 | 户　口　数　量 |
| --- | --- |
| 光绪十六年(1890年) | 4 882户、27 449丁口 |
| 光绪十七年(1891年) | 5 019户、31 648丁口 |
| 宣统二年(1910年) | 42 532户、278 492丁口 |
| 民国三年(1914年) | 38 283户、261 981丁口 |
| 民国十六年(1927年) | 43 032户、285 191丁口 |

---

1 廖鹏飞等撰:《呼兰县志》之《民治志》,民国十九年铅印本。
2 参见民国《宾县县志》之《户口略》。

(10) 安达县(今黑龙江安达市),原为安达厅。安达县居于黑龙江西部,清朝末年开放之前,属于典型的荒莽之区。外来移民的到来均在放垦之后。民国《安达县志》记载:"县境旧为荒旷之区,地利未辟,民鲜萃居。瞻言百里,直蓬生草没,莽莽平原而已,安所谓村?惟蒙民数十户家于北境珰□屯左右焉。比及放荒招垦,设官治事,远方之民,始有自宋之滕,不虞道里,跋涉襁负而至,受廛为氓,愿耕于其野者。迄历数年,综观全境,民户现臻一千三百余家,人口增至一万二千余口。"[1] 显然,安达县的居民均可归于移民之列。

(11) 桦川县(今黑龙江省佳木斯市)。桦川县地处黑龙江中部,其区域开发的进展,与整个东北边疆地区的发展是同步的。清朝前期,当地人烟稀少,对边防安全造成了极大的危害。如民国《桦川县志》卷5"殖民"称:"吉林东北边一带,有清崛起,虽入版图,然自依兰以东,至俄属东海滨省,荒江绝塞,杳无人烟。三百六十年来,几视如瓯脱地焉。咸丰二年(1852年),中俄缔《北京条约》(当时分界地点自乌苏里江河口,南上,至兴凯湖。两国以乌苏里江及松阿察二河为界,逾兴凯湖直至白棱河——原注),界碑、木牌犹可考查。光绪十二年(1886年),吴大澂勘界,自乌苏里江以东,至失地二千里,抑有由也。二十六年(1900年),设东北路,各州县放荒招垦,襁负者众,而桦川之设治后,又迭遭匪患,饥馑荐臻,无怪乎旷野萧条,户口星散,而履安、养正二区且几视同化外也。"可以说,以桦川县为代表的黑龙江北部地区的开发与移民正是从20世纪初才全面拉开了帷幕。就当时移民来源而言,《桦川县志》卷5"种族"篇又云:"汉族:多来自奉省及吉属各县。营业者以山东黄县人为多。"不过,就人口总量而言,桦川县境之户口仍属偏少之列,也代表了当时黑龙江省北部的人口和移民的真实状况。"户口"篇又称:"按家曰户,人曰口,所以计民数之多寡者。《清会典》:腹民计以丁口,边民计以户。民国以来,边民亦以口计,桦川全境十一年调查,仅五千五百二十五户,男女五万一千九百九十八口。现在数逾一倍,则境内之太平久矣。"[2]

---

[1] 民国《安达县志》第二门"政治",民国抄本。
[2] 朱衣点等编纂:《桦川县志》卷5,民国十七年铅印本。

清代至民国初期,黑龙江省内的人口,就增长比例而言,应该是最为突出的。不少县份十余年间竟有数倍乃至数十倍的增长。如果将其中户口统计方法前后的差异忽略不计的话,那么,最直接的客观因素就是黑龙江地区原有人口的数量过低了。因此,才有如此罕见的、迅猛的人口增长比率。而最直接的动力当然就是外来移民的大量迁入。而就黑龙江省的移民构成而言,与奉天等地移民基本来自内地有所不同,黑龙江省的移民似乎不少是由奉天、吉林两地再次转迁而来的,直接由内地迁入的移民并没有突出的表现。

清末民初的移民潮,对于东北地方社会带来的影响与变化是相当突出的,这也引起了当时各界人士的惊讶与赞叹:"我国榆东三省,幅员辽阔,经营未施。论者以沙漠奇寒,颇难整理。不知有土有财,古有明训。泰西殖民政策,虽极寒热两带,舟车所至,日月所照之地,及至丸土,无不宝贵。或开商埠,或为军屯,或立农场。足迹所至,建筑立兴。穷荒之区,转瞬而宫馆林立矣。不毛之地,俄顷而人烟稠密矣。自汽车通而崇山所积之石炭(即煤),足供世界之燃料;幽谷所产之木材,足为工程之应用。若海参崴,若哈尔滨,前后十年,层楼耸云,道平若镜。游其地者,仰观俯察,以今日之富丽,况昔日之荒凉,几有天上人间之别,益信人力之可为!"[1] 移民建设的成绩,不仅对于外来移民而言会产生巨大的吸引力,也会有效地增加移民的稳定性。

当然,即使是在第一波移民高潮过后,以东北地区为代表的中国边疆地区并没有完全摆脱"地广人稀"的状况,移民与开发的潜力仍然十分巨大,这也就为第二波、第三波移民高潮的到来提供了广阔的空间与可能性。1914年,为了全面了解东三省的荒地情况,民国政府的官员"因筹议开垦东三省荒地为移民实边之计画,曾命东三省民政长调查各该省荒地总面积",根据当时呈报之结果,"计东三省荒地面积,共一亿四千四百万响,其已经开垦者,仅九百五十五万四千响,约有十五分之一。如能移民开垦,实足以给养六千万人而绰有余裕也"。当时东北各省的荒地数量参见表2-17。

---

[1] 参见《论经营东边先宜开通道路》,载《盛京时报》光绪三十四年(1908年)五月初二日。

表 2-17　东三省荒地之调查简表　　　　　　　　　　单位：垧

| 省　别 | 荒地总面积 | 已开垦地面积 | 已开垦地所占荒地总额之百分比 |
|---|---|---|---|
| 奉天省 | 36 000 000 | 4 084 000 | 11.3% |
| 吉林省 | 40 500 000 | 3 250 000 | 8% |
| 黑龙江 | 67 500 000 | 2 200 000 | 3% |
| 合　计 | 144 000 000 | 9 534 000 | 6.6% |

资料来源:《盛京时报》1914 年 1 月 8 日。

尽管上述统计数字不一定非常准确,但是仍然说明了一些问题。当时东北地区已经开垦的地亩数量远低于荒地总量的 10%,在边远的黑龙江地区甚至更低。这种状况对于中国边疆的稳定与发展是十分不利的,与当时中国内地省份"地稠人众"的状况形成了极大的反差。

总体而言,清末民初即 20 世纪第一波移民高潮成果丰硕,影响深远,不仅结束了中国古代对于人口迁移严格管制的"封禁时代",宣告了中国历史上移民新世纪的到来,而且在一定程度上改变了边疆省份人口过度稀少的局面。与此同时,大力发展边疆移民,以纾解中国的边疆危机,已成为全社会的共识,也为 20 世纪此起彼伏的移民浪潮做了充分的准备。

# 第三章

# 20世纪20—30年代中国灾荒与移民高潮

在中国20世纪长达100年的移民历史长卷之中,20年代至30年代向东北地区的大规模移民潮特别引人注目。这是继光宣之际第一波移民浪潮之后的第二波声势浩大的移民浪潮,其意义和影响与第一波移民浪潮相比有过之而无不及,对于奠定20世纪前50年中国人口的空间版图而言居功甚伟。

20世纪20年代后期,中国陷入了一场全面的政治、经济与社会大危机之中。长期以来,由政治分裂、军阀混战、经济凋敝等严重问题持续发酵所导致的恶果全面而直观地呈现出来。而20年代大危机的直接起因,还是遍布全国的水旱灾害。在政治分裂、吏治腐败无力的状况下,水旱灾害的破坏程度达到了极致。特别是中原各地严重灾难频发,更为移民潮的出现起到了推波助澜的作用。在这种状况下,成群结队的逃亡,便成为大批灾民无奈的选择[1]。当时,东北地区与内地交通建设的进展,无疑为移民奔赴边疆的行动提供了便利。于是,

---

[1] 参见陈翰笙等:《难民的东北流亡》,《国立中央研究院社会科学研究所集刊》第二号,上海,民国十九年(1930年);张振之:《人祸天灾下之山东人民与其东北移民》,《新亚细亚》1931年第2卷第3期;马鹤天:《救济灾民与移民东北》,《新亚细亚》1931年第3卷第1期。

20年代至30年代的中国边疆移民潮的声势与规模空前,甚至被称为人类历史上最伟大的移民运动之一[1]。

声势浩大的移民浪潮,在20世纪20年代已引起中外学术界的高度关注,移民问题的研究成为当时学术界的一大热点[2]。众多研究者敏锐地觉察出移民浪潮对于中国现代社会变迁乃至东亚政治格局的影响及作用。而来自西方各国的一些所谓"中国通"或"满洲通"学者率先发表了一些相关移民论著。这种状况激发了中国学术界的强烈反响。与此同时,许多中国学者,特别是受到过西方学术训练的学者积极参与到这一重大题材的研究与讨论之中,发表了数量可观的论著。可以说,20世纪20年代移民史的研究成果极为丰富。这些研究成果不仅提供了丰富的资料与数据,同时也加入了研究者的亲身调查、观察与思考,参考价值颇高,对于我们了解与认识当时的移民运动状况助益极大。

## 第一节

## 20世纪20年代中国北方各地的灾荒与难民潮

中国地域辽阔,各地自然地理状况不尽相同。然而,由于较为原始落后的农耕技术与水平,以及水利建设的缺失与滞后,"靠天吃饭"

---

1 参见赵中孚:《一九二〇~三〇年代的东三省移民》,台北"中研院"《近代史研究所集刊》第二期,1971年6月;赵凤彩:《二十世纪初叶东北移民浅析》,《人口学刊》1988年第1期;范立君:《论20世纪30年代东三省关内移民》,《历史教学问题》2006年第1期;范立君、黄秉红:《清末民初东三省移民与近代城镇的兴起》,《吉林师范大学学报》(人文社会科学版)2006年第1期;曲晓范、谢春河:《清末民初第三次关内移民浪潮与东北中、北部地区交通近代化与城市化》,《黑河学院学报》2011年第4期等。

2 参见[美]兰特模(Owen Lattimore,今译为拉铁摩尔)著,任绶锷译:《汉人移殖东北之研究》,《新亚细亚》1932年第4卷第5期;[美]Watler H. Mallory(中文名译为:马罗立)著,洪涛译:《中国东北移民概况》,《交通经济汇刊》第2卷第3期,1929年;A. J. Grajdanzer著,文译:《东北的移民问题》,《新中华》复刊第4卷第14期;王成敬:《东北移民问题》,《东方杂志》第43卷第14号;刘谷豪:《移民东北之面面观》,《社会学杂志》第1卷第2期;吴景超:《中国移民之趋势》,《新月》1928年第10期;邵德厚:《东北在"内地移民"上之价值》,《黑白半月刊》第2卷第10期等。

的现象极为普遍,而抵御自然灾害侵袭的能力极差。因此,在中国不少地区,"十年九灾"几乎成为乡村社会的一种常态。这种灾荒频发的状况,到了民国时期又有了十分极端的表现。故而,就有西方学者称当时的中国为"饥馑的国度"(Land of Famine)[1]。因此,有研究者指出:"如果说一部二十四史,几无异于一部中国灾荒史(傅筑夫语),那么,一部中国近代史,特别是38年的民国史,就是中国历史上最频繁、最严重的一段灾荒史。"[2]

20世纪20年代与30年代中国灾荒频繁发生,直接影响到广大平民的生活与生存。其中,北方各省情况尤为严重。而在当时中国严重的政治混乱与社会动荡的情况下,中央及各级地方政府不仅没有帮助广大灾民渡过灾难,反而继续实行繁赋重役,苛政之压迫大大削弱了广大灾民抵御灾荒的能力与信心,大批灾民求救无门,往往以出逃的方式来躲避灾祸,求得生存,被迫走上流亡之路。这种状况在河北、山东、河南等北方地区表现得极为突出。大量灾民或难民离乡背井,将逃徙他处作为求生的唯一出路,灾荒性移民潮由此爆发[3]。

## 一 20年代前期中国各地的灾荒与移民潮初起

20世纪20—30年代的移民浪潮,同样有一个长期累积及放量迸发的过程。20年代伊始,中国各地灾害的发生此起彼伏。当时政治混乱所导致的救灾不力或无力救灾的情况更是令人发指,亿万人民生活困苦不堪、走投无路。民国九年(1920年),中国北方地区发生了一场特大旱灾,覆盖区域大致相当于今河北、山东、河南、山西、陕西等地区,时人多将其与"丁戊奇荒"相类比,并称之为"四十年来未有之奇灾"[4]。民国十年(1921)四月二十八日《盛京时报》就刊载了《灾民移

---

1 [美]瓦尔忒·西·马罗立:《饥荒的中国》,吴鹏飞译,民智书局1929年版。
2 夏明方:《民国时期自然灾害与乡村社会》,中华书局2000年版,绪论第5页。
3 关于历史时期"灾荒性移民"概念的诠释,参见安介生:《明代北方灾荒性移民研究》,载曹树基主编:《田祖有神——明清以来的自然灾害及其社会应对机制研究》,上海交通大学出版社2007年版。
4 《四十年来未有之奇灾》,《大公报》1920年9月13日。

殖满洲问题》一文,细致地反映出河北地区遭受灾荒以及当地灾民想要移居脱困的情形:

> 中美新闻社译《密勒评论报》云:去年(1920)北中国之旱荒,灾情甚重,迄今尚未过去。人民既受莫大苦痛,经济上亦蒙莫大损失,所幸有数处尚不甚烈。顾因此次旱荒所产生之佳象,有足述者。一曰建筑道路,一曰拟清中之满洲移民,将灾地难民移居彼间……兹于讨论其计画之先,当略述灾民现状与彼等居住之情形。
>
> 一千九百一十七年之水灾,(南)与一千九百二十年至二十一年之旱荒,有相互的关系。论及者甚多,然其间原由有不及于此者。本篇所论,在河间东部、滹沱河以西之南直隶大平原……
>
> 现被灾之地,有多数人家,群谋移他处,急于星火。张君近以查灾入(河北河间县)一小村,村中凡有一百四十家,其八十家皆欲他徙。然迁徙殊不易为。壮年工人故能劳动,虽远行亦非所惮,然欲携带妻子,并祖父母一二人,加以日用不能缺乏之家具,似此累坠,则殊为困难也。一般组织完善之慈善机关,于此自宜加以济助,政府亦应注意……今计直隶一省中,愿北徙者至少有五千家……

据此可知,当时大批河北灾民已经意识到:向外移民,已成为最重要的脱困脱贫途径之一。而根据当时志愿者(如文中张君)的调查结果,一个拥有140家的自然村中,竟有80家决定外迁,迁徙意向率已超过了57%。当然,真正想实现外迁,谈何容易!因此,该文作者强烈呼吁政府与慈善机构对于灾民的外迁活动进行必要的关照与协助。

民国十三年(1924年)八月,河北及北京地区又遭遇空前严重的水灾,当地百姓受灾极重,全面陷入灾荒之后的困顿之中:

> 北京自阴历六月朔日以迄于今,月余之间,连日阴雨,天地愁怜,民生憔悴。日来所闻者,为白河、海河、子牙河、永定河、漕河冲堤、决口之消息,频行发现,人民、牲畜、禾稼、田庐,受灾綦重,

较之民（国）六（年，1917），实有过之。闻诸长老言，光绪庚寅（十六年，1890年）之大水灾，与今年实不相上下。以京兆二十四县言，除京北顺义一带因地势关系，未罹重灾，余如东、南、西三方，大抵已成泽国。不但田禾悉遭淹没，即房屋、牲畜、器物，以及营生之具，悉付汪洋，随波臣以俱去。被灾之民，有集于高原者，有栖于屋顶者；或攀树杪，或就近登山。男哭女号，声震远近，流离失所，浪卷身亡者，不胜其数……1

北京之外，其他省份的处境也相仿。如民国十年（1921年），河南地区淫雨连绵，河道溃决，广大百姓生存遭受严重威胁。"淫雨成灾，害禾毁屋，全省几无一片地，得见天日。目今已数月，天容尚无晴意。火车不通，粮价飞涨。河堤决口，人民无处逃生。其惨状与危险，较去岁旱灾尤烈。"时任河南省长张鸣岐等官员深感救灾乏术，万般无奈之下，于报刊发表《祈祷上天文》，深切表达了内心的煎熬与痛楚："呜呼！小民何辜而浩浩滔天，载胥及溺，一至于此耶？语云：疫痛则呼父母，危急则呼苍天。苍天固我之大父母也，而诸明神又参赞大父母，以保佑斯民者也。豫省兵匪纠纷，民穷财尽。去岁旱虐初回，幸荷如天之福，今年烝波作祟，又罹无地之灾。山川腾沸，风雨阴霾，人民听命于波臣，田舍竟潴为泽头……"2 在如此大面积水灾之下，百姓生存无法保障，社会稳定及人民安居的客观基础也就不复存在了。由此造成百姓流离失所、四处逃生的状况。

民国军阀割据时期，河南地区兵匪之患最为突出，对于当时的治安与民众生命财产造成的危害骇人听闻。时有文章评论道：

> 呜呼！今之中国，武人用事，民不聊生。无论何地，盗匪充斥。劫财绑票，日有所闻。哀我小民，惴惴焉不克自保。盖现在之匪患，已不减于明之流寇，长此以往，炎黄之子，庶无噍类。此固有心人所为痛哭流涕，无能曲讳者矣。不谓近日豫督更调声中，豫匪之区警耗，实堪骇异……现下河南土匪与溃兵，共有三万

---

1 引自《哀鸿遍野之北京社会现象》，《盛京时报》1924年8月9日。
2 见《豫省长吁天记》，《盛京时报》1921年9月11日。

余人之多……豫匪之猖獗至此,负有剿匪之责者,能不闻而愧死乎?[1]

文章作者竟然将当时之匪患危害程度与明末农民战争相比拟,可见当时的混乱程度。当然,作者对于匪患之根源也进行了相当深入的剖析:

> 说者谓河南夙称多匪之区,自白狼乱后[2],元气未复,人民尚日处水深火热之中。加以今夏郑州战后,溃兵土匪,到处勾结,早已弥漫全省……然吾思豫匪之由来,及溃兵之终流为匪,窃有感焉。诚以我国兵士之往往流为盗匪,并非我国兵士程度之低下,亦非尽由国人根性之残野。凡此种种罪恶,皆在政府当局与军事长官。何则?以政府之剥削人民,日甚一日,人民迫于生活问题,铤而走险,势所必至,古今中外,大抵然也。何况国家岁入,专供军阀挥霍,而各军兵士薪饷,往往积欠数月之久……彼为兵士者,甚至寒无以衣,饥无以食,稍违行伍之规则,往往笞辱随之,不平之极,激而生变,冻馁之余,转而为匪……[3]

可以说,河南匪患问题深刻反映了现实积弊、天灾与人祸严重的情况,正是这一状况使河南省成为民国时期最主要的灾荒性移民输出省份之一。

20世纪20年代,中国陷入军阀割据混战的时期,社会的失序与动荡大大加重了广大灾民的痛苦。"近一年来,人民所感极端的颠沛流离之苦痛……四方奔逃,不入战区,即入匪区。不逢杀伤,即为冻饿……"[4] 严重而酷烈的自然灾害接踵而至。

如1925年,地处西南的云南、贵州、四川等省份发生严重自然灾害,造成的损失触目惊心,引起了全国人民的关注。根据华洋义赈会的工作人员报道,当时,"四川、云南、贵州三省,奇灾迭见,饥馑荐臻,

---

[1] 参见《河南匪患》,《盛京时报》1922年11月10日。
[2] 按:白狼,又称为白郎,曾为民国初期河南地区著名的土匪首领,后被镇压。
[3] 参见《河南匪患》,《盛京时报》1922年11月10日。
[4] 参见《感言》,《盛京时报》1926年7月13日。

数千万被灾之民,奄奄待毙,饿殍载道,积尸遍野,易子析骸,惨不忍睹"[1]。1926年,长江流域发生罕见的特大洪涝灾害,受灾面积广大,湖南、江西等地成千上万的灾民流离失所,生命与财产损失更是无法估量:

> ……(湖南)湘省自入春以来,淫雨连日,山洪暴发,湘、沅、资三水流域,概成泽国。所有被水地方,屋庐堤岸,倒塌无余,淹毙人民,不计其数,灾情奇重,为百年所未有。且正值田稼届熟,霖潦所及,收获无望……
>
> 去岁湘西旱魃为灾,赤地千里,曾向中外各处募款,赈恤散发,尚未竣事。讵意天不厌乱。本年入夏以来,经旬大雨,沅、澧、资水,同时暴涨。消泄无由,以致常德、桃源、汉寿、沅江、益阳一带,堤岸溃决者,日有所闻。益阳、常德,较各县为尤甚。郊外纵横数十百里,尽成泽国。田庐淹没,人畜漂流……啼饥号寒,凄惨情形,不忍闻睹……
>
> (江西)赣省自六月中旬以来,大雨如注,兼旬不休,各处河流,同时暴涨。水势奔腾,有如建瓴而下,堤岸悉遭冲决,田庐都付沧骨。一片汪洋,竟成泽国。人民流离琐尾,其状[至?]惨,灾情奇重,不忍卒述……[2]

长期而持续的严重自然灾害,极大地削弱了亿万民众对于自然灾害的抵御能力,粉碎了他们灾后重建的希望及定居的信心。因此,大灾之后,大规模的灾民流亡便成为一个极为普遍的现象。而当时军阀专权,战乱不休,更将成千上万灾民的生活推向水深火热之中,为空前的移民浪潮推波助澜。

难民潮出现的另一个社会历史大背景,是当时中国农业生产水平落后,所产粮食严重不足,难以供给人民生活之所需,这也成为造成社会动荡的根源之一。当时有识之士指出,中国社会问题集中于"粮

---

[1] 参见《云贵川三省灾情奇重》,《盛京时报》1925年12月24日。
[2] 参见《长江流域之霪雨为灾:鄂湘浙赣水灾奇重,为百年来所未尝有》,《盛京时报》1926年7月13日。

食与人口"之矛盾上,而要解决这种矛盾,移民实边依然是首屈一指的良策:

> ……就海关统计,就中原生活状况观之,中国食粮早不足养现在人口,北部数省尤甚。说者或谓政局稍定,农业恢复,则难关自解。实则不然。盖直、鲁、豫诸省,平收之年,无兵之时,已感食粮不足,一遇歉岁,便成饥馑。故不待战乱,粮食与人口,已成大问题矣。况推战乱之由来,在于兵多、匪多。然各方作战之兵,率皆直、鲁、豫人。何以他省者省,而直、鲁、豫籍多?则固以人口繁而食粮缺,则群趋而为兵。此遣彼招,要之以头颅换食料耳……[1]

很明显,粮食危机是造成民国前期社会动乱的直接原因之一。其中,直隶(包括今河北省与北京、天津两市)、山东、河南等省的粮食问题更为棘手。即使在没有战乱之时,粮食供给已十分紧张,一遇灾歉,饥馑问题立即出现。普通民众为了解决吃饭问题,往往通过"吃粮当兵"的方式来寻求出路。而20世纪20年代,中国北方各地"兵多""匪多"的状况极其严重,又大大激发与加重了整个社会的生存危机。

## 二 20世纪20年代晚期"北方危机"中的大移民浪潮

至20世纪20年代晚期,即自1928年至1930年,中国北方各地又遭受了极其严重的自然灾害,受灾面积之广大、受灾人口之繁多是空前的,由此也引发了20世纪又一波规模惊人的移民浪潮[2]。关于当时的社会状况,相关报道称:

> 自军阀专政以来,小民之生活,日益困难,饥不得食,寒不得衣者,殆不知凡几。而执政当局尤复日事峻削,以求达其暴力恣睢之目的。公家瘠而私人肥,一人饱而一路哭。嗟我小民,何能

---

[1] 参见《粮食与人口》,《盛京时报》1927年10月29日。
[2] 参见夏明方、康沛竹:《饿殍一千万——一九二八年、一九三〇年西北、华北大饥荒》,《中国减灾》2007年第11期。

堪此？是以强者沦为盗匪，弱者转乎沟壑。即幸有片长薄技，足以生活于斯世，而为安分之良民者，亦皆有朝不保夕之惧。盖地利不辟，实业不兴，生齿日繁之社会，实有生计日蹙之危机。况今日生活程度，较诸十年、二十年前，物价之高下，相去固不可以道里计。奈何秉政官吏、在野伟人，鲜有顾及民生问题者，讵不大可哀耶？[1]

在20年代末期的大灾荒中，受灾区域与受灾人口大多集中于北方，再加之当时北方政治动荡、战乱不断，故而时人称之为"北方之危机"。"北方灾民早陷绝地，今更有军事行动发生，将以益速其死。在拥兵自卫者容或以为灾民等是一死，何争于迟速旬月之间。又或有人以为军政事大，灾民事小。前者不失为达观之论，而后者为存心掣[？]国之言。虽然灾民问题决非如此简单，今日之事，并非灾民一死，即算万事俱了。盖实际上因灾民之不得救，将引起极严重之影响、极恶化之局面。"很显然，由于国民政府救灾不力，无所作为，已引发严重的信任危机，因而这种危机可能导致相当可怕的结果：

> 今者灾日以重，而救济之力日以微，而社会秩序行将大乱。最近西北灾民截路劫粮之事，层见叠出。虽以军队之力，而不能维持治安，则将来趋势，大略可见。中国历史上叔季之世，所有大乱，每随饥馑以俱来。如汉末之黄巾，唐末之黄巢，明末之张献忠、李自成等，方其倡乱，皆值凶年，振臂一呼，饥民从之者如归市……倘有人结会而利用之，即为一造乱之团体与破坏社会组织之原动力，以试验其新奇之空想。现在灾区之内，死者与将死者日多，沦为赤贫者亦日众，是直为彼煽动者造无上之机会，一旦祸发，必有不堪收拾者矣……[2]

民国十七年（1928年）11月24日，时任中国华洋义赈救灾总会会长的梁如浩接受了《盛京时报》记者的专访，对于当时灾情以及救赈情况回答了记者的提问：

---

1 参见《民生问题》，《盛京时报》1928年2月24日。
2 见《北方之危机》，《盛京时报》1929年6月1日"时论"栏目。

> 问：中国灾情甚广，而灾区最重者究有若干省？
>
> 答：本会调查所得，以河北、河南、湖北、甘肃、山西、山东、陕西、绥远、察哈尔九省灾情为最重。
>
> 问：以上九省灾情，是否一致？其原因究竟如何？
>
> 答：各省成灾原因，其最为普通者，系受亢旱及虫灾之故，以致农产欠收，加以兵灾、匪患，故灾情极为重大。
>
> 问：灾民人数究有若干？
>
> 答：目下待赈之灾民，确有一千二百万人至二千万人之多。
>
> ……[1]

当时不少文人在报载文章中同样十分清楚地描述了当时灾情之可怖，并发出了"救济灾民"的强烈呼吁：

> 自去岁（1928年）秋季以来，各省纷纷以灾歉闻。灾区之广阔，灾民之众多，灾情之惨酷，近数十年来所未有也。政府当局痌瘝在抱，轸念民瘼，于是救灾机关络绎成立，办赈声浪甚嚣尘上。然迄今几六阅月矣，当局徒然拯溺为怀，灾区依然流亡载道。冬尽春来，国府办赈之成绩，乃止于派员视察灾区，颁布《赈灾公债条例》。而数月来西北各省饿死者已不知若干万人矣。此次当局救灾成绩之不彰，或亦数十年来所未有也。
>
> 顷据华洋议（?义）赈会调查员西人柯立浮报告，陕省渭北一带，四月来终日不得一饱者有百分之八十五，门窗、木料、农具几已全数变卖，田地出场卖成荒芜者，达百分之二十。每出一亩，值银一圆，实际尚无买主。妇女被弃者有百分之三，幼童少女被弃者有百分之十五。死者有百分之二。此项数字的报告，根据实地之调查，自非含有宣传性质，故意耸人听闻者可比。而吾人由陕省地隅之报告，亦可以推想全国之灾象矣！且由上述之报告中，吾人可以看出三种绝大危机：第一，灾区中终日不得一饱者竟达百分之八十五，饿毙者已达百分之二。此真令人惊人动魄之事实。且此犹就过去的四个月而言，将来饿者、死者之数目必且与

---

[1] 《梁如浩谈华北赈灾问题：中国赈款允筹千万》，《盛京时报》1928年11月30日。

日俱增。转瞬即至春夏之交,青黄不接,其结果将有不堪设想者。兹姑置民生民死于不问,然人民迫于饥寒,铤而走险,匪氛猖獗,社会秩序动摇,寝假且将酿成大乱,影响全局。此非吾人想像之词,取证亦不必甚远。如现在陕南以及察、绥等处,匪势披猖,日甚一日。虽劳军队进剿,肃清依然无期。盖股匪所至,饥民从之如归市,苟无釜底抽薪之策,必贻噬脐无及之悔。第二,内蒙各地土匪,背后有外人接济,此为人所共知。西北各省密迩内蒙,外人势力可以打进,况农村之中,不无内应。灾民饥寒迫身,社会秩序破坏,则异言易于勤人,而煽惑不难为效……第三,灾民田地出卖成荒芜者达百分之廿,农具木料等全数出卖。若是则农民已大部分失其生活之根据。即使今岁可免天灾,而多数农民生[活?]亦将为严重问题。且必有一部分沦于一生不得翻身之境,此尤不可轻视之社会问题……1

正如作者所云,北方各地的惨烈灾象实已酝酿、演变成一种全面性的社会危机。当时的社会危机表现为三种形式:一种为内患,或为匪患,饥民从匪,其势难挡。一种是内患与外患相联,直接威胁或颠覆现有政权。最后一种为流徙之患,即在长期饥馑之下,灾民被迫变卖土地、家具、房屋,在当地已无法安身;为避免就地饿死,大批灾民必然选择离乡背井的外迁之路,从而引发规模可观的灾荒性移民潮。

鉴于灾情严重,为统一赈务,民国十七年(1928年)3月15日,国民政府设立了赈灾委员会,由许世英担任主席,唐绍仪、赵戴文等均为常委,冯玉祥、阎锡山等人均名列委员之职。该会于成立之际发布了《国民政府振[赈]灾委员会募捐启事》,比较全面地报告了当时全国的灾况:

> 天降浩劫,民罹巨灾。据报,去年灾区至二十二行省之广,灾民在五千万以上。其最甚者为陕、甘、晋、绥等省,终岁不雨,赤地千里,所资以为食者,草根、树皮、油渣、石粉;所恃以为住者,破宅、颓垣、荒郊、古穴。衣不蔽体,行无健腰。鬻子卖妻,县有人市

---

1 载《盛京时报》1929年2月24日"时论"栏目。

之设;败尸朽骨,野多兽食之余。他如豫、鲁、察、冀、桂、浙、粤、皖、湘、鄂、苏、赣、黔、滇、闽、热、吉等省,或逢水、旱、蝗、雹之交乘,或遇军事、匪患之迭至,灾情惨重,近世罕有,览报告之牍,有裂心肠;披流亡之图,只余涕泪……[1]

在面对大规模灾情之时,国民政府的表现却是令人气愤与遗憾的,紧急救赈的制度尚未建立,办赈官员不过兼职工作,不免敷衍了事。民国十八年(1929年)3月14日《盛京时报》发表了署名为"沧波"的时论文章,题为《救灾之急迫》,作者不仅痛陈全国灾情之烈,而且批评了国民政府的救灾不力与无所作为:

……河北数省之天灾,地域横亘五六省,人口达三、四千万。但就耳目所见闻于记载与传述者,弃儿鬻女,报毒待毙,求生不得转而求死者,竟成灾区内普遍之现象……今日之中国,全国民众下层之状况,几无处不是灾黎满目,民众下层今日最争之愿望,不过是求生与救死……

国民政府赈灾委员会之任命,已见昨日国府明令发表矣。国府一年来对赈灾之计划,虽时亦传载于报纸,然细核于事实上之成绩,以民众为根本之国民政府,其所得之成绩,仅至于此。诚不能使人无遗憾。夫政之兴废,系于制[度?]者甚多,制度不良,虽有热心善意,其事亦卒无得而举。今日政象之未能尽满人意,源于此故者甚多。而办赈之无成绩,细按最近之事实,坐于此弊者尤多。即以今兹发表者观之,全体委员之人数,竟超过百人,百余人中求一人能专事于此者,殊为难得……兼职之弊,无过于今……[2]

北方各地天灾人祸接踵而至,广大灾民陷入水深火热之中无法自拔,河北地区尤为严重。当时不少有识之士痛心疾首,直指此为民族之灾难,而政府与社会各界救灾之乏力甚至坐视不管的情形又可

---

[1] 参见国民政府赈灾委员会等编:《一年来振务之设施》后附《国民政府振灾委员会募捐启事》,民国十八年铅印本,第193页。
[2] 载《盛京时报》1929年3月14日"时论"栏目。

视为"民族之耻辱":

> ……北方灾情之最近现状,可得而言者,河北全省被水灾之县,(据河北民政厅公布)共计四十,除大兴等二十余县灾情较轻,余如满城县被水村庄三十余村,房山县被灾村庄五十七村。易县山洪暴发,田地冲压。蓟县因蓟运河决口七道,被灾村庄一百六十余村。涞水县因拒马河涨溢,沿岸冲刷田亩四百余顷。南和县秋禾尽没。此外各县灾情虽较上列稍轻,然而,四十余县中,无县不被水灾,性质仅有轻重之别耳。至若陕、甘、绥南、豫西,又为数年来灾情最重区域。此区域中地广数千里,灾民五六千万,灾区有两年不雨,灾黎至无树皮可食。而最近北方各报转载西安专电,又谓近因黄河、渭河、洛河泛滥成灾,韩城、邻阳、大荔各县秋田被没十之七八,大荔一带淹没滩地两千顷,坏秋禾千七百顷,人畜伤者尤无算。故就各方之报告,以推测北方各部之灾情,但在天灾方面,已兼水灾、旱灾而尽有之。据最近旅平河南赈灾会电东北交通委员会,豫境灾民陆续离豫出境者,日有数千。现停留丰台待车出关者,多至二千人。其由彰德、社、新乡、郑州各站者,亦有三千余人。就河南一省出境之人数而言,豫境灾情之重,已可推想而得。然据本报北平电,因西北军裁兵而入豫就食者,数亦万计。由此几点矛盾之事实观之,则北方各部之灾情,既水旱交至,而灾民之转徙求食,亦仅为无意识的熙攘往来。在灾民自身但知求生,而有不知何处求生之苦,人类之惨境,民族之耻辱,诚未有逾此者也……[1]

面对严重的灾情,作者发出了沉重而无奈的感慨。综合此文所述,当时中国北方各地灾情复杂,既有水灾、洪灾,又有旱灾,此外,又有所谓"裁兵"之灾,大量被裁兵士进入灾区,更大大加重了灾区人民的痛苦与负担。同时灾荒涉及地域十分广泛,河北、河南、陕西、内蒙古等地,"无地不灾"。可以想见,灾区广泛、无地不灾的状况会大大削弱各个邻近地域之间的互助与互救。面对如此混乱不堪的救灾秩序,当局政

---

1 见《北灾与招兵》,《盛京时报》1929年9月5日"时论"栏目。

权却无所作为；大批无法安置的裁兵四处就食，又在很大程度上扰乱了救灾工作，扩大了灾荒的危害程度及影响范围。称当时的状况为"人类之惨境"与"民族之耻辱"，并不为过。如当时报载《战事与灾民》一文云：

>……据华洋义赈总会调查，现在黄河上游灾区广袤至四十五万方哩，灾民至少有三千万人，此三千万灾民者，几尽居于陕、甘、豫西各地。而以上各地实为兵祸、战祸之中心地带。在此区域以内，两年以来，皆在荒歉之中。本年灾情尤为扩大。此数千万灾民者，今冬固已不了，明春将益不堪设想。[1]

"灾民三千万"正是20世纪20年代晚期华北危机恶劣影响的一个典型数据。又如民国十八年（1929年）6月，天津扶轮会开会，特邀华洋义赈会会长梁如浩演讲，讲解"华北现在灾况"。仅仅在一年之后，梁如浩强调指出华北地区的灾民由原来的二千万人已经上升至五千七百万人，灾情之严重古今罕有，骇人听闻。根据报道，其演讲内容大意如下：

>在吾人记忆力中，中国年年闹大小灾荒。据前华洋义赈会秘书长冯罗莱君宣称：在灾区有一种轮回情形，每七年必有遇灾荒一次。但是，从前之灾情，不至于像如今可怕。因目今人口较为稠密，森林多被摧毁，以至缺乏雨泽。以前各大城市均有积谷仓，丰年埠积粮食，以防荒歉，而且耕种仍旧遵守古法，交通不便，因此灾情越见重大。美国从未曾听见有灾荒，但中国晋、陕、甘三省灾荒问题，是如何严重。研究其中原故，因有许多地方，靠顶近的铁道，有一千五百里，所以粮食转运实际上简直做不到。现在灾荒的开始，大约在去年此时。头一个闹灾荒地方是山东。有以下原因：（一）天旱；（二）政治情形不安；（三）蝗灾及其他。当时救灾会便设法去救济，幸而秋收丰稔，难关渡过。华洋义赈会拨款，在山东掘一千五百个井，以防将来旱灾。民国九、十两年，大

---

[1] 载《盛京时报》1929年10月25日"时论"栏目。

灾荒的年头，有九百万灾民被救，在每人身上大约花了两元。不幸每次灾荒蔓延区域甚广。华洋义赈会不久曾接各处分会报告：豫、晋、陕、甘、察、绥均发生灾荒，现有被灾县份二百九十九，灾民五千七百余万。其中有二千万人，受祸最烈。[1]

民国十八年（1929年）十月二十六日，《盛京时报》发表了《华北各省灾情报告：尚有三千万人待赈》，这是当时中国各地灾情较全面的一个报告，正好可与梁如浩的说法相印证。根据当时华洋义赈会的消息，黄河下游地区去年（1928年）灾情奇重，其面积占华北灾区之大半。本年得雨以后，灾情得以缓和，秋天收成尚好。只是黄河上游地区的灾情仍然严重。预料1929年冬天与来年春天灾赈工作将会更为急迫。华洋义赈会汇集了各地灾情报告，这份报告较为全面地反映出当时灾区的情况[2]：

山东。今年夏初雨量充足，尚能及时播种。本年秋收或可有望。鲁西曹州附近，黄河曾被冲决一次，幸受灾尚不甚大。其余各县间有发生蝗灾者，亦不甚烈。以大体而论，除一部分需办水灾急赈外，可谓无灾祲。

河北。河北南部大名县属本年秋禾已种，惟黄河决口成灾。继以蝗蝻为害，仍需相当之急赈，所幸情虽剧，不致延久。或可无妨。平津一带，及由此以北，除一小部分受水灾蝗害外，秋禾大体尚佳。以全省而论，今冬虽需相当之赈济，尚不能称最重之灾区。

山西。今春晚禾尚佳。夏初雨后，秋禾亦均播种。然一雨之后，旱象继起，所播秋禾，如高粱等之茎叶虽茂，率秀而不宁。故今冬明春山西一省有四分之三需赈甚切，尤以西、南两部为然。所幸省政府际此赈款竭蹶之时，仍在积极筹赈，将来或可稍得补救于万一。

察哈尔。察省迭遭歉收，本年秋禾大部分尚佳，将来收成虽不敷供给全省食用，然不无小补。惟该省较远之北部边境，今年

---

1 《梁如浩说演华北灾况》，《盛京时报》1929年6月11日。
2 《盛京时报》1929年10月26日。

得雨过迟,播种稍晚,秋禾未及成熟,悉被早霜冻死,故今冬仍需赈助。

绥远。绥远七月前得雨后,秋禾播种者仅有谷子一种,初尚生长甚茂,嗣因水灾发生,所有田禾大部均被淹没,其南、中、西三部未被淹没之秋禾,则因早霜骤至,亦被冻死。北部(原注:指近蒙边之处)将熟之禾,亦同该此劫。以全省论,除极西之包头境内秋禾尚佳,可望收颗粒外,将均颗粒无存。按该省歉收,已有三年,今秋收成既少,以给全省民食自不敷用,故今冬需赈仍属殷切。

陕西。陕西北榆林附近,本年春、夏两季农民移居外省者有数万之众,田园大部均被荒废。本年秋禾种植既少,在明余[年?]夏禾未种以前,以之供给当地一年之民食,自不敷用。陕南西安附近八间[月?]得雨以后,麦已下种,明春或可有收。惟九月底又报告,谓此后非再得透雨一次,则明春收获仍属无望。该省八月雨后,秋禾虽曾略有收获,但以之度冬,仍不敷用。故陕南、陕北两部,今冬明春灾情仍将剧烈。

甘肃。甘肃西、南两部,本年秋禾尚佳,中部如兰州之东及东南,向为粮食出产之地,今则产量甚微。以之度冬恐不足用,今冬明春,甘肃中部需赈仍属殷切。

青海。青海今冬须举办冬衣暖室等赈务,需款甚殷。秋收虽佳,但产不丰,故在下届收获之前,民食仍感缺乏。

总之,各项灾情,可综述如下:黄河下游本年可划出灾区以外,惟上游尚有四十五万方里,居民约三千万人,灾情仍剧。其最烈者为绥远、晋西、晋南、豫西、陕北及甘肃中部。此数部两年以来,迭遭歉收,本年灾情尤将扩大。此外,察哈尔及青海两省亦需赈甚切云。

饥馑问题的实质是粮食短缺问题,而在当时灾情之重、范围之大,令人惊诧,饥馑问题远不只存在于上述华北各省区。灾民数量惊人,粮食严重匮乏,甚至引起了全国性的粮食危机:

……自去年(民国十七年,1928年)大灾以来,统全国而论,至少有六千万以上之灾民,或全无食物,或所食者非人类宜食之物,甚至人相食,道殣相望,此诚悲惨之状况矣!然即有食之民,本国食粮,亦不足用。米、面两项,近年竟成洋货进口大宗。今年入口,闻较往年更多。长此以往,中国之入口超过(即贸易逆差——笔者注)因粮食问题而益巨,以不工不商之国,而粮食复仰给外洋,则真莫可救药也已。……纵在平收,本国粮食已不足用,遇水旱兵争,则所短愈巨。现在无食灾民至少占全体人口之六分之一……宜乎民穷财尽,日甚一日也。兵戈满眼,其奈此重大之危机何哉?[1]

据当时海关报告记载,20世纪20年代末期,中国进口粮食数量迅速上升。中国本为较为纯粹的农业国,工业、商业在全国经济总量中所占比重相当微弱,根本无力出口相关商品,以弥补或抵消粮食进口所造成的贸易逆差,长此以往,由此严重逆差可能造成的全中国"民穷财尽"的重大生存危机,确实让不少国人不寒而栗(见表3-1)。

表3-1 中国进口米面数量简表

| 年　份 | 进口面粉数量<br>(单位:担) | 进口面粉所付银两<br>(单位:两) | 进口稻米所付银两<br>(单位:两) |
| --- | --- | --- | --- |
| 民国十四年(1925年) | 2 811 500 | 14 904 833 | 61 041 505 |
| 民国十五年(1926年) | 4 285 124 | 23 712 503 | 89 844 423 |
| 民国十六年(1927年) | 3 824 674 | 21 306 338 | 107 323 244 |

面对来势汹汹的难民潮,不少有识之士又提出了移民实边的问题。如就中国全国而言,大多数边疆地区仍然人口稀少、土地广袤,耕种比例很低,导致当地经济严重停滞。因此,屯垦实边在20世纪二三十年代依然是一个全国性的问题。如民国十八年(1929年)1月27日《盛京时报》就发表了时论《屯垦实边》一文:

屯垦实边,似已是老生常谈。然在中国实有绝对之意义。中国为农业国家,原不应有荒旷之委弃,惟小农乏组织能力,且安土

---

[1] 《粮食问题》,《盛京时报》1929年6月23日。

重迁，不骛开辟，以是农业形势日形固定，地方色彩日益浓厚，而筑成国内封建势力之绝大基础。惟此为历史的自然[态势?]，打开风气，专在提倡之有人矣。迨至近上，外资充斥，中国之固有经济组织，几已全数破产。城市畸形发展，农村逐年凋零，人口多集中于城市，农业反渐为人厌弃矣。农业既因以日堕，边荒亦日深矣。内受外资之侵蚀，外复虚边以让之，外患安得不亟？国势安得不衰哉？忧时之士，常倡屯垦实边之议，然政权者咸逐鹿于中原，罔知有边疆之事。前昨二年，中原天灾人祸相乘，冀鲁饥民以万千计，农民因受饥荒之压迫，率倾家而就于关外，三省之荒田，为之开发不少。以东北之富饶，骤增此多数生产者。其有裨于社会民生，何可数计。且东省肥田成韩人之第二家乡。韩民之辛勤，固可同情，关内农民之移殖，实防微杜渐之积极策也。国民政府统治全国之初，对边疆之事，颇为注意，热、察、绥之改省，宁夏、青海之设治，与蒙藏委员会之组织均是。然组织虽备，范畴未定，边疆之兴革，固未尝自兹而发韧，新疆问题之渐寝，可为一证。然前此之事，亦有未可淹没者。如冯焕章之营西北，与东省当局开发东北，均有相当之成绩，可见事之有成，端在努力。此后重责，尤在中央。今人多惧赤化之来袭，而东北与西北之边疆，均在苏俄环抱之中。此荒原万里，既无守戍，更无农事，大陆边防，或尚难言，而屯垦边疆，则为急不可缓。盖移民屯垦，非仅为经济上之必需，而边疆之充实，亦必以此为始也。

而在更多的国人看来，大力推进移民实边是发展边疆地区以及解决内地粮食危机的最好出路。在20世纪20年代末期西北地区大范围灾荒的背景下，南京国民政府也试图将边疆移民作为解决灾荒问题的一种重要方式。如于民国十八年（1929年）10月5日发出政令，大意为："以救荒为旦夕之安，移民为永久之策。令赈委会会同被灾省区，妥议移民办法。"当时报刊评论对于此举进行了高度评价："……在时局蜩螗之今日，政府能从此种大计着眼，足以表示其不忘民生，不忘人民，不忘坐以待毙之灾民，实为人民之幸。唯以救灾论，则放赈以救死为一事,移民以就食为一事,兴修水利以防灾又为一事。三者率其大概而言,应办之事,条目正烦,宜兼筹并举,而不宜有所偏废。乃能尽救灾之责任。至若移民实边,则内地人口过密,边地人口过疏,政府量其盈虚,酌资调剂,首要目的在殖边,而不仅于救灾……"赈灾与殖边并不矛盾,而边疆地区地广人稀的状况,为边疆移民提供了充裕的空间[1]。

作者对于移民边疆问题进行了回顾,肯定了移民边疆的合理性与可行性。"中国人口统计,自来不确,亦无专治人口论者。所谓四万万之数,不过根据乾嘉年间虚报人口繁殖之数,加以一种想像之词,外人信口捏造多寡,尤与事实不符,实缘偶有调查,遗漏必多。即呈过少之众,乃任意添写,以实其数,实则今日人口只有日减,不能日增,虽非由于杀人流血之惨,而世乱日甚,生活不裕,人民忧伤憔悴,自足促其天年生[命?],而不育者亦居多数。至于近来都市人口骤增,则由乡里为墟[虚?],此增彼减,决不足以为人口增多之证据。唯腹地人口密度,与边地相较,则二倍于腹地之满、蒙、回、藏,其人口尚不及其二十分之一,当为定论。故移民之举,即使无灾荒相乘,亦应早日着手。北方各省人民,亦并非不愿远徙。"即使是在多年移民之后,东北地区的移民潜力还是相当巨大的:

> 从来满洲垦户,全为冀、鲁两省人民,热、绥、察荒地,亦尽由内地人开垦,连年兵燹,鲁人扶老携幼,赴吉、黑者,岁达一百余万之多。今秋河南灾民,陆续送往关外者,因车运不便,检查之烦,且沿途地官照料似不尽出热心,然前后四十三批之总数,尚有三万余人之多,据护送豫灾民归来者所言,吉、黑各边,未垦之地尚在三分之二,即再安插二三千万人,亦虞不足。即以镇东一县而论,设治五十四年,县之南北相距百余里,东西八十余里,共人口二万四千余人,垦地不足三分之一,荒地一望,草深没人,计地十二[万?]亩为一晌,四十五晌为一方,卅六方为一井,地价每晌熟地三十元,荒地十余元,……今以镇东一地概关外,复以关外概热

---

[1] 见《移民问题》,《盛京时报》1929年10月13日"时论"栏目。

(河)、察(哈尔)、绥(远),则数年之间,大举移民,凡内地无业之民,被灾之民,被裁之兵,即满、蒙两区,至少可移民一二千万,生产量陡然增加,边地可臻繁荣,所关非小。[1]

当时国民政府内政部也充分认识到"以移民垦殖,为解决民生问题的要策,亦即解决民食问题之根本办法",因此指令该部土地司拟定了《移民垦殖计划大纲》,以供当时的民食委员会讨论后实施。这份《计划大纲》刊载于民国十九年(1930年)1月7日《盛京时报》,内容包括移垦区域、移垦方策、移垦时期以及移垦经费等四部分。因为此时已为日本发动侵华战争之前夜,已不具备实施的可能性,但是其内容及设想对于我们了解当时的移民动态仍具有一定的参考意义。

《移民垦殖计划大纲》首先提出了"移垦区域":"(一)东三省南部辽河、鸭绿江沿岸北部、松花江沿岸;(二)热(河)、察(哈尔)、绥(远)三省所属内蒙旗地;(三)宁夏及阿拉[善?]蒙旗地;(四)额济纳蒙旗;(五)甘肃西北荒地;(六)新疆鲁克沁低地、塔里木盆地。"其后特别注明:"上六处拟列为第一期移垦区。"其后又有:"(七)外蒙古东南部草地;(八)青海草地;(九)西藏前藏南部。"以下注明:"上三处拟列为第二期移垦区。"《大纲》所列九个移垦区域,主要涉及当时中国北部及东北、西北边疆地区,应该是当时人口最为稀少的地区,面积相当广袤,也足以证明当时国民政府对于边疆地区开发问题的重视与认知。

在第二部分"移垦方策"中,该《大纲》提出了数条原则性意见:"(甲)对于一般人民应用自由政策,由公家奖励提倡,则人民自能趋之恐后。过去如私人开垦公司,考其失败原因,多由于交通之滞碍、兵匪之骚扰,并非垦民之难于招致也。(乙)对于原住境内之军队,可由该管军政长官酌量配置,从事开垦。(丙)对于外役罪犯亦可规定其判处徒刑,在若干年以上移送开垦。"该《大纲》第三部分"移垦时期"规定内容最为丰富,按不同时期来规范实施方案,如分为预备时期、设置时期、初垦时期、发展时期、完成时期等。而第四部分"移垦经费"则十

---

[1] 《移民问题》,《盛京时报》1929年10月13日"时论"栏目。

分简略,如云:"关于中央政府负担者,如火车减费免费之损失及地方政府之补助等,应发行垦殖公债筹集之。"又"关于地方政府应负担者,如垦区之一切设备、垦民奖励等,应由地方政府设法筹给,不足时,得请中央政府酌情补助"。

从中可以看出,这份内政部拟定的《移民垦殖计划大纲》在很大程度上借鉴与总结了以往众多移民法律条例的内容,与清朝末期提出的移民条例相比较,这份《大纲》有些地方看似过于简洁,却有很大的可操作性。

## 第二节

## "北方危机"中华北各省灾荒与移民活动

### 一 山东、河北、河南等地区的灾荒及移民活动

#### (一) 山东省

就具体省份而言,可以说,20世纪20年代末期的北方危机首先是从山东省爆发的。民国十六年(1927年)11月,《盛京时报》发表了《直鲁移民纷纷来:日有二千人殊为异象》一文,其中称:"直鲁难民之北来者,每年冬初略形告终,满铁之小票输送因限以十一月十五日为止。然于本年特形异象,即迄今由满铁北来,络绎不绝,即每日平均达一千五百人乃至二千人之多。查其原因,因鲁省今年歉收,及直鲁一带,战祸频仍,无由生活。据山东方面目下情形,难民逃出桑梓,蝟集来青(岛)者,日有一千八百余人,由此以推满铁之小票输送,迄严冬尚难了结。"[1]

---

[1] 载《盛京时报》1927年11月17日。

1928年初,山东严重的灾情震动了全国,当地官员向各处吁请救助,急切之心情溢于言表。如《盛京时报》就登载了山东省馆陶县知事的陈情书,真切描述了当地受害情况:"山东年来,天灾人祸,灾情重大……灾民困苦,已达万分,以恳鉴核,迅赐转详,以维民命事。窃自今春麦遭黄丹,收获仅得什一。入夏雨泽愆期,禾黍全体萎枯。更加大军屡次临境,支应供给,所费不赀。哀我馆邑,师旅、饥馑,相因并至,无衣无食,曷以卒岁?……际此严冬,冰地雪天,遍地灾黎,频呼庚癸。颠沛流离,饿殍载途……"[1]而祸不单行,黄河沿线又发生严重水灾。据报道,"山东利津县,(为)黄河入口。因解冰之涨水与暴风而决溃,附近侵水村落达八十余村,罹灾民总数二万余,民国十年(1921年)以来未有之浩劫,形状极惨"[2]。又据《盛京时报》载文称:"山东灾情,去年(1927年)最重,灾民人数最多,亟待续办春赈。"因为省政府财政异常紧张,时任地方长官林宪祖紧急向北京中央政府求援乞赈:"鲁省连年以来,迭经兵燹,继以黄流为患。省西一带,民间荡析离居,惨苦情形,已达极点。加以去年夏秋之间,天时亢旱,数月不雨,岱(山,即泰山)南数十县秋禾尽槁,米粮失收,民无所食,道殣相望。黄河下游各发[处?]县又以现蝗灾,收成歉薄。灾区之广,灾情之重,为从来所未有……"[3]

至民国十七年(1928年)年底,山东省的灾情以及灾民数量又达到了新的峰值。根据中国华洋义赈会山东分会的调查结果,我们得到了一份并不完整的山东省各县灾民数据,其中有些县是直接的灾民数量,而有些县则是灾民在全县总人口中所占的比例:

> 冠县,十万人;泰安,千人;披县,六万人;平阴县,十分之七;武城,七万人;滕县,二万人;无棣,三万人;平原六万二千人;临沂,九万五千人;朝城,三万人;观城十分之三;单县,六万人;莱芜,十分之二;费县二十万人;新泰十分之七;金乡,三万人;曲阜,

---

1 参见《鲁省灾情与赈务之进行》,《盛京时报》1928年2月11日。
2 参见《黄河水灾惨状》,《盛京时报》1928年3月2日。
3 《林宪祖为鲁省灾民乞赈》,刊载于《盛京时报》1928年3月24日。

十四万人。周村、济宁、莱州府,无灾;博山县灾不重。[1]

严重的灾情不可避免地引发大规模的灾民离境潮。而山东民众向来为"闯关东"的主力军,因此,在大灾荒降临之时,无以为生的山东灾民又开始大批向东北地区迁徙。据当时目击者称:

> 山左兵祸频年,糜乱如麻,乃扶老携幼,觅余生于白山黑水之间。凡难民栖迟屯垦之地,以富、锦、同、江、密、山各县为最多。不意俄匪侵境,而此等各县,均当其冲,庐舍为其所焚,牛羊为其所掠。冻天雪地之间,避难而来哈尔滨者,比月以来,源源不绝。嗟夫!百姓何辜,此地亦非乐土,惶惶将何之耶?是时,诗人若为难民赋长篇,则可以动天地感神明矣![2]

从作者如此凄楚的文字中,可以体会到当时广大山东难民离乡背井之惨况,直接冲击着富有良知的国人的心扉与神经。可以说,山东难民的痛苦,同样也是全体中国人民的痛楚。

## (二) 河北省(直隶)

因沿袭清代之习称,民国初期河北地区仍常被称为"直隶",而实际上,河北地区环抱北京(民国时期称"北平")、天津,同属一个较大的自然地理区域,因此河北地区在灾荒问题上往往与北京地区同病相怜,且休戚相关。

关于民国时期河北地区的灾害问题,有研究者指出:"民国时期河北更是无年不灾,灾荒之频之烈较前更甚。在短短的38年间,几乎每年都要遭受水、旱、蝗、地震、风雹等灾的肆虐。而且,很多年份多灾并发,受灾区域广泛。……民国时期38年间,除1941年没有灾情记载外,几乎无年不灾。遭灾县份累计更是高达1640多个,平均每年有43个县份遭灾。按照民国时期河北县级行政区划:1928年以前,河北共有119县,1928年后为130个,也就是说,民国时期河北每年大

---

[1] 载《盛京时报》1928年12月12日。
[2] 参见《难民何之》,《盛京时报》1929年12月8日。

约有三分之一的县份在遭受各种自然灾害的侵袭。"[1]

20世纪20年代末期的大灾荒中,河北地区受灾惨重,影响巨大。当时河北地区频年战乱,损失巨大。《盛京时报》民国十七年(1928年)10月16日发表《河北民间疾苦:灾民竟达一千余万人,似民似匪可五百万》一文,为我们揭示了当时河北地区十分可怕的灾荒局面:

> 河北自民(国)十一(年)重开战端以来,可谓无年不闻鼙鼓之声,无地不蒙兵、匪之灾。各县所受奇祸固有不同,奈一般穷无所归之灾民,因饥寒所迫,与匪为伍,博得一饱。官厅既无法救济,又无力制止,职是之故,时愈久而匪愈众,民匪几莫能别。若辈初在本省受灾较轻各县,肆意掠劫,然后延蔓他省。现在河北一百十九县,除因地理上关系,如清苑、唐山、禹城、沧州、正定等二十余县,尚堪属自处,其他各县据最近调查,灾民达一千余万,似民似匪者可五百万,灾况最甚为无极、藁城、深泽、博野、蠡县等二十余县。月初蓝十字会亲往平汉路附近一带调查,其报告云:该地所有民房可谓十室九空,屋内固空无所有,即门窗等物都已移作燃料,久经风雨侵蚀,坍塌随之。完整者十不一觏。每一村落,但见荒草蔓迷,不复觅得途径,甚至经过十余村庄,而阒无一人者。其较善各区,亦在嗷嗷待哺。苟不赶速接济,虽不死于沟壑,亦将成为饿莩矣。而考其致此原因,可分三种(一)当时因完全划入战区,而家遭覆灭者;(二)因受土匪几度洗劫而他徙者;(三)虽未经一、二两种痛苦,然所有牛马车担悉被征发,坐令田园荒芜,不能耕种……[2]

关于民国时期河北农民的离村问题,据研究者统计,在河北的离村农民中,由于天灾离村的人口占30.7%,由于人口压力离村的占10.8%,由于经济压力离村的占30.7%[3]。至于农业人口离村的规

---

[1] 池子华等:《近代河北灾荒研究》,合肥工业大学出版社2011年版,第8—9页。
[2] 载《盛京时报》1928年10月16日。
[3] 参见夏明方:《民国时期自然灾害与乡村社会》,第101页。

模,各年有所不同。如据统计,民国十八年(1929年)一年中,河北省出关逃荒的人口即高达20余万人[1]。

### (三) 河南省[2]

地处中原的河南省是一个农业大省,"靠天吃饭"的问题较为突出,农业生产直接受到气候变化的影响。1928—1930年,河南省连续三年罹患灾荒,对此,豫省赈务会的调查报告相当全面而详尽地反映了当时的情形:

> 最近(民国)十六、七、八三载,几乎无县无灾,不过畸轻畸重,略见等差。灾可分为六种,兵、匪、旱、蝗、雹、风,遂使中州隩区,赤地千里。两河沃壤,变为焦土。僵尸盈野,流亡载道,耗矣!哀哉!
>
> 最重者豫西二十一县及南阳各属。十六年兵匪遍地,室庐荡然;十七年旱、蝗、雹、风,粒米无收。今春三月不雨,继之以风。……人民求生无路,倒毙路旁,触目皆是。……南阳、舞阳、内乡、镇平、桐柏、淅川、沁阳、唐河、叶县、邓县各处,昼则烽烟遍地,夜则火光烛天,杀声振耳,难民如纲。近仍滴雨未降,飞蝗遍野,灾象日惨,死亡日多,转瞬秋冬气迫,一般无衣无食之灾民,势不至尽填沟壑不止。
>
> 次则为豫北。惟原武、阳武、封邱、延津、新乡、获嘉、汲县、修武各处,地本卤碱,土质松懈,去岁半载未雨,十月中旬,晚麦始获播种。今春封夷肆虐,连月浃旬,高原根尽出土,低下又被沙压,升合未收,叫苦连天。安阳、武安、汲县、内黄、临漳、林县、浚县、汤阴、辉县、淇县各处,普遍为红枪会所扰,自残与被剿杀者一万余人。加之旱魃为虐,蝗蝻遍野,或冰雹成灾,或河伯作祟,灾虽不一,其为厉于民则一也。

---

[1] 池子华等:《近代河北灾荒研究》,第74页。
[2] 关于民国时河南地区的灾荒与移民活动,参见苏新留:《民国时期河南水旱灾害与乡村社会》,黄河水利出版社2004年版;陈鹏飞:《1920—1937年河南灾荒性人口迁移问题研究》,复旦大学2008年硕士学位论文;陈鹏飞、安介生:《1920年—1937年河南灾荒性移民与社会救助》,《中北大学学报(社会科学版)》2013年第2期等。

再则为豫东开、归、陈、许、郑各属。地本沙碛,丰岁尚足自赡,一遇荒歉,则饥饿立至。十六、七、八三年,雨未霑足,蝗复为灾。……

总之,豫省一百十二县,无县无灾。而得到赈款者,仅寥寥十余县耳!杯水车薪,涸辙之润诚渺。杨枝甘露,来苏之望已穷。[1]

关于当时河南地区的受灾人数,1929年7月30日《大公报》的报道称:"宜阳县,人口总数三十一万四千三百余名,灾民占二十八万余名;桐柏县,人口总数十二万三千五百八十五名,灾民占八万七千六百七十余名;偃师县,人口总数二十万零五千八百二十名,灾民占十三万四千三百四十五名;民权县,人口十三万三千五百零八名,灾民占七万零八千七百三十名;郑县,人口总数二十五万四千零十三名,灾民占十六万四千八百二十一名;宁陵县,人口总数十八万七千三百余名,灾民占十万零二千二百三十名;长葛县,人口二十一万三千七百八十三名,灾民占十一万六千九百八十二名。此系最近调查之数。豫西、豫南各县,灾民约占人口总数十分之八九以上,豫东北各县,约占十分之六七。"[2]据此可知,当时河南各县灾民的比例是很惊人的,从十之六七到十之八九,合而计之,河南全省灾民的数量是相当巨大的。

除自然灾害外,河南地区又成为当时诸路军阀混战的必争之地,战争连绵,土匪横行,赋税严重,大大加重了灾情,加深了广大灾民的痛苦。如民国十七年(1928年)8月《盛京时报》刊载《豫西各地几成匪窟》一文称:"……溯自吴贼(吴佩孚)盘据洛阳,横征暴敛,民不聊生,惨苛勒索,十室九空。及贵军(指冯玉祥军队)东行,狐鼠奔窜,搜抢掳掠,各县一空。草根树皮,剥食殆尽,扶老携幼,转徙四方。悽惨情形,笔难罄述。加以今春不雨,入夏尤旱,赤野千里,全成不毛,兵燹之后,继以凶年,哀鸿遍野,将何以堪?"[3]至民国十七年十一月,冯玉祥等人提出了"鲁豫陕甘四省救灾计划",其中谈到了四省的灾难情况:

---

[1] 河南省赈务会编:《河南各县灾情状况·豫灾弁言》,1929年8月。
[2] 《豫省各县灾民确数占人口总额十分之八九》,《大公报》1929年7月30日。
[3] 《盛京时报》1928年8月13日。

世人皆知山东之灾为最重,其实,山东、河南、甘肃、陕西四省之灾况,大略相似。惟山东之旧军阀张宗昌横暴为最甚,人民旧日之盖藏,已为提取一空,人民遇灾之后,遂更苦难。且日军至今未撤,剿匪工作无法进行,故其匪灾为特重。去此两大原因,则四省之灾况大致相似,知山东之情形,可以推想及其他各省矣。

四省今年皆苦旱,旱则必继以蝗灾,今年之旱为特甚,故蝗虫孳育至三次以上……简言之,则山东、河南、陕西及甘肃东北一带,全部无收获。陇南一带,幸而不旱,则有山洪暴发,山洪所至,不仅田禾尽殁,即庐舍人畜,亦为卷矣。其为害尤甚于旱灾。四省既全遭灾,其结果则壮年之人,相率逃亡。山东从前赴东三省工作之人大多春去冬回,今则外去不回。山东田地即不遭灾,亦有荒芜之虞。今则豫、陕、甘三省亦有此现象,据报每日仅陕州一地过境逃亡者,有数千人之多……

四省之灾,其重大原因,固在于旱及蝗虫,但匪灾之列,亦无可讳言。如甘肃之河州、凉州、西宁各属,陕西之凤翔、同州、三原、泾阳、乾县一带,以及豫西、豫南,山东东北、东南各部,虽用种种剿灭方法,匪灾仍烈……[1]

河南西部地区据称是当时遭灾最严重的区域之一,民国十八年(1929年)8月11日,《盛京时报》刊发了《豫西灾民苦语》一文,转载了豫西灾民代表侯慈舫等人鉴于豫西匪灾奇重、民不聊生的状况,特向当时国民政府主席蒋介石呼吁,请赐救援:"窃豫西频年灾荒,赤地千里,十室十空。树皮草根,搜食已尽,小民求生无计,相率扶老携幼,觅食他乡者,不下数十万人。冒暑远行,流亡载道。地方即无变,民命亦濒危殆。近自政局多变,土匪复起。东自偃(师)、洛(阳),西迄卢(氏)、□[阌?],杆匪遍野,互相连结,为数之多,罄竹难书……"[2]《大公报》在当年8月1日刊发了《豫西流民图》一文,突出地反映了当时灾民大逃亡的惨状:

---

1 《盛京时报》1928年11月29日。
2 载《盛京时报》1929年8月11日。

去岁春,旱魃肆虐,麦无一粒,秋则蝗蝻成灾,禾苗被啮殆尽,户乏盖藏,民鲜粒食,始则赖树皮草根以充饥,继则卖妻鬻子以苟活。终至树枯草绝,典质无门,匍匐奔徙,灾黎塞道。统计一年之中,逃亡山西、河北、东三省者,达六千三百五十余户,困死于境内无力迁徙者,更不知其几千家矣![1]

民国十八年(1929年)年底,豫西灾区视察团长万楚材携众团员向国内外党政各界及海外侨胞慈善组织发出了万急乞赈电文。这份电文是视察团亲身考察的结果,比较真实地反映了河南地区当时的灾情,电文内容如下:

万急!南京中央党部、国民政府各部院、赈灾委员会、各省市县党部、各省市县政府,海外侨钧鉴:

河南连年荒旱,兵匪迭乘,灾情奇重,而尤以豫西一带,受祸最烈。入冬以来,人民饥寒交迫,本已无计生存,加以军事复兴,战祸蔓延,土匪蜂起,到处焚烧抢掠。豫省数十县人,粮食搜括争尽,房屋烧毁无休,壮丁拉充兵役,牲畜驱借运输。人民冻馁,死者甚多。而死于兵、死于匪者,为数亦属不少。天灾人祸相寻,实为空前未有之浩劫。楚材等视察所至,庐舍为墟,惟见劫后余生,鹄面鸠形,扶老携幼,啼饥号寒,转徙流离,奄奄待毙。若不急为赈济,则不惟数百万灾黎,无所托命,且恐迫于生计,铤而走险,流为匪徒。或为恶势力所利用,其祸更不堪设想。楚材实地视察,见之伤心,闻之酸鼻,用敢代为呼吁,恳乞顾念灾黎,速拨巨款赈济,并望海内仁人,广为劝募,慨倾义囊,活此涸鲋,以期集腋成裘,普为救济,庶数百万灾民,得庆更生,浩德宏恩,同拜嘉惠,临电不胜企祷,待命之至![2]

与其他省份灾情有所不同的是,河南地区的"匪祸"更为酷烈,万楚材等人由此提出了在救灾措施不及时到位的情况下,广大河南灾民铤而走险的可能性。同样,在严重天灾人祸的驱迫下,广大河南灾

---

1 《豫西流民图》,《大公报》1929年8月1日。
2 见《豫西灾民达数百万》,《盛京时报》1929年12月25日。

民中走上迁徙之路的可谓数不胜数。

## 二 山西、察哈尔、绥远等地的灾荒与移民潮情况

### （一）山西省[1]

与不少北方省区情况相类似,山西全省范围在民国十六年（1927年）至十九年（1930年）的数年之间持续遭受严重自然灾害的侵袭,加之当时北方各路军阀混战之破坏,山西受灾区域之广、被灾人民之众、灾害程度及损失之严重,为20世纪前期数十年中所罕见。如时至民国十七年（1928年）,山西灾情已发展到十分严重的程度,已经出现了"晋南荒旱,赤地千里"的情形。当时分析人士指出,这种灾荒状况的由来,在很大程度上实为晋奉战争的恶果。如据当时报刊评论文章记载：

> 三晋地处偏僻,土瘠民贫。平时民生,本已非易,近经晋奉之战,直亘八月之久,战区人民固直接遭其涂炭,即非战区人民,亦各间接蒙其损失,顷据公家新近统计,谓此次战事,晋方所遭牺牲,除历年所储之军备,如军械、弹药、服装及其他各军用品,暨省库客岁应得之收入等悉付不计外,尚负省债约三千余万。此等巨额款项,要莫一非出自人民。以全省九十余县计（全省原本一百零八县,除去雁北十三县,故仅此数）,每县除常税外,平均至少尚须担任在三十万元以上。以一县弹丸之地,而令担负偌大巨额,其民力之疲竭,当可想象而得。
>
> 讵意雁北之灾未复,晋南之灾又成。近据新由南境来者谈称,河东所属各县,有自旧历三月迄今（十月）竟未一见透雨者。夏季麦收,既经减少成色,每亩平均二三斗不等。而本季秋收,得全付阙如。目前赤地千里,转瞬严冬又至,雨水更稀,眼见明夏麦苗,转无安种希望,且旧日存粮,近多为豫省购运出境,故日来粮价飞涨,几增至平时半数以上,人心惶惶,纷向县府报灾。此晋南

---

[1] 关于民国时期山西地区的灾情及赈济情况,参见安介生、穆俊：《略论民国时期山西救灾立法与实践——以1927至1930年救灾活动为例》,《晋阳学刊》2015年第2期。

之灾况也。至于雁北,尤属无可讳言。兵灾之后,亦感受荒旱之苦。近且时疫流行,天灾人祸,交相迫逼。所谓大兵之后,必有凶年者,此也,最近凡经其地者,殆无不为之心酸泪落……[1]

关于当时的灾荒程度,亲历其境的山西人士通过比较,认为其堪与山西历史上的著名重灾如清代光绪年间"丁戊奇荒"等相提并论。民国十七年(1928年)12月,以景耀月等为首的晋绥人士在发往南京国民政府的求赈电文中称:

> ……晋(山西)、绥(绥远)不幸,自天降罚,大兵之后,继以凶年,民不聊生,人无死所。谨向我府院部会主席、委员诸公陈请,赈恤救济,乞垂察焉。山西自客冬亢旱,今岁麦极歉收,春夏以来,依然不雨,又致秋禾棉谷,籽粒无获。秋节白、寒二露,本为播种二麦之期,讵料至今天雨绝痕,无由栽种,逾时已垂七旬,播植业经绝望,宿麦无根,来稔何指?食源已断,大祲已成。灾情之重,甚于光绪丁丑(三年,1877年),实为五十余年所未有,较之民七(1918年)北华七省大旱,危急殆逾百倍。综估目前晋、绥灾民约计六百万强,于北部九省灾区中,为最剧重。而晋南四十余县,赤地千里,如入不毛,可怜焦土,十室九空,灾祸尤深,灾民尤惨。人饫土粉,民食草木,灾民鬻售子女,日必数起,弱者沦为饿殍,强者铤为盗匪,架票夺财,抢粮掠谷,无夕无之,人心汹汹,苦末日之将至。[2]

"灾民六百万",我们从上述电文中所列这一数字可以更为深切地了解当时山西与绥远地区灾情之酷烈。正是鉴于山西灾情之严重,景耀月等人因此提出将当时"陕甘豫三省赈灾委员会"改为"西北赈灾委员会",将山西、绥远等地纳入全面赈灾的区域。

时至民国十八年(1929年)年末,山西的灾情丝毫不见缓解之征兆,反而蔓延及全省,"遍地哀鸿,流离失所",景象相当凄惨。据当时报载:

---

[1] 《晋省战区各地疮痍满目》,《盛京时报》1928年10月7日。
[2] 《连墟百里之晋绥灾况》,《盛京时报》1928年12月13日。

太原讯云。山西连年兵旱频仍,灾情几遍全省,雁北各县,大兵之后,疮痍未复。晋南一带,又遭荒旱,省赈务会近据各县报告,被灾者已达八十一县之多,灾情最重者尚有七十余县,各县灾黎之流离失所,及无衣无食者,殆占全县人口之半。现该会一方积极设法施救,一方拟向中外慈善团体请求赈款,以资救济。[1]

其中,晋南地区灾情最为严重。民国十八年(1929年)年初,夏县旱灾救济委员会向省旱灾救济委员会报告了当地的灾况,让我们更为真切地了解到晋南各县的受灾程度。据此报告可知:"(夏县)所见灾民实可分为三类:(一)极贫灾民。此项人民,既无屋庐可守,又无壮丁可依,约有三万余人。(二)次贫灾民。此项人民,因其向无地产,全恃手艺苦工度日,约有二万余人。(三)稍贫灾民。此项人民,虽有些微产业,若遇丰年,仅足糊口,若遇荒旱,即须典田卖地。据查此项灾民,亦有一万余人。"[2]

民国十八年(1929年)2月初,由山西民政厅以及赈务会拟写的《三晋救灾办法》终于出炉,针对当时山西灾荒之真实情况提出了一系列救济的具体办法与措施[3]。首先,这份《办法》起首依然提出了这场灾情的严重性与灾情实况:"山西此次灾区之广,灾民之众,据一般老年人谈称,为百数十年来未有之现象。""灾之种类,约有兵、旱、水、雹、疫五种。就中以晋南河东道属之旱灾,晋北雁门道属之兵灾为最重。灾之区域,据省赈务会报告,全省灾区最重者,计有七十余县;次重者十余县,合计约九十县。至于灾民实数,约达六百余万。"[4]

### (二)察哈尔省

中华民国建立之后,清朝所置察哈尔都统得到保留与承认,被设置为特别区,治于张北县(今河北省张家口市)。至民国十七年(1928年),察哈尔正式建省[5]。在20世纪20年代末的北方大灾荒中,察哈

---

[1] 参见《山西全省被灾奇重》,《盛京时报》1929年12月21日。
[2] 见《晋南灾情惨苦》,《盛京时报》1929年1月15日。
[3] 《三晋救灾办法》《三晋救灾办法(续)》,分别载于《盛京时报》1929年2月1日与2月2日之头版。
[4] 同上。
[5] 参见郑宝恒:《民国时期政区沿革》,第208—209页。

尔地区同样为重灾区之一,受灾面积及受灾人口数量也都相当惊人。

民国十七年(1928年)10月,《盛京时报》刊发了《察哈尔求赈》一文,转载了察哈尔赈灾委员会会长张会诏致阎锡山总司令的电文,内容是报告当地灾区状况,请求给予赈济:"……查察(哈尔)区积岁凶荒,庶民冻饿。兹据调查所得,极贫难民已达二十余万口之多。虽经绅商前欲议定贷款及赈,亦系暂救燃眉。其被灾各县,均属地处寒冷异常之塞外,昨今二日,竟已结冰。瞻念灾黎,饥寒交迫,殊深恻悯……"[1] 根据记者的实地调查,察哈尔地区的灾情早已超出人们的预料。清朝中后期,察哈尔地区还以富庶见称,"察哈尔向称农区,土地既广,人民稀少,农产物占全区出产十之六七,牲畜又占十分之三,以是察民之富者,皆以土地牧畜称"。但是,进入民国之后,察哈尔地区的社会发展状况急剧恶化。"自民国以来,兵连祸结,土匪肆行骚扰,十室九空,民不堪命。"而20年代后期之巨灾袭来,影响巨大,被称为"察区浩劫"。如就难民而言:

> 察区去年(1927年)尚略有收成,今岁大旱,赤地千里,无收成可言,加之军官诛征无已,在[土?]匪骚扰不堪,民间十室九空,全家服毒而死者,日有所闻,拍卖妻子,成为司空见惯。绥远并有人市,妇女小孩,成群结队,上市拍卖,嚎哭之声,惨不忍闻。青年妇女价值不过二三十元,小孩儿十元八元即可出售……察区虽无人市,而人口牙贩生意特盛,关南人娶妻买子者,来往如织,旅店成市……[2]

人口买卖之兴盛,不止在于察哈尔一地,其他灾区也大致相仿。不得不承认,在当时残酷的环境下,买卖人口已成为北方灾区人口迁徙的一种特殊的方式。

察哈尔地区的灾情也引起一些外国驻中国使馆人员的关注。据报载,民国十七年(1928年)10月,美国使馆人员前往察哈尔区各县分别进行了调查。这些调查人员返回后将灾区情况向华洋义赈救济总

---

[1] 见《盛京时报》1928年10月5日。
[2] 《盛京时报》1928年10月9日。

会进行了汇报,当时察哈尔辖县共有 21 个。报告提到:"察哈尔所属各县,因气候关系,每年只种春禾一次,并不能种秋禾。本年春禾收成,在原辖十一县中,有康保、宝昌、集宁、商都等四县,毫无收获……现在灾民共约九十八万余口,开春后,将占全省人口之十分之九……受灾者十之九,不受灾者十之一。值此粮价飞腾,隆冬已届,来日方长,束手无策,若不赶紧设法救济,察民具[俱?]无噍类矣云云。"[1] 虽然察哈尔地区灾民总数并不庞大,但是所占比例极高,灾情之可怖不逊于其他省区。

### (三) 绥远省

绥远省建立于民国十七年(1928 年),原属于清朝绥远将军及山西归绥道管辖,治于归绥县(今内蒙古呼和浩特市),共辖 15 县、2 设治局以及 14 旗[2]。

民国十七年(1928 年),绥西地区发生大旱灾,涌现出大量灾民、难民,灾情惊动了全国。《盛京时报》该年 7 月 24 日刊载地方官员的呈文称:"……窃以绥远本边瘠之区,连年灾祸频仍,元气耗竭,而自(民国)十五年(1926 年)以后,兵灾、旱灾以及匪害,年甚一年,演成今日惨状。绥地别无出产,只有粗粮,乃今全区各县,无一村有收藏之家,村无一家饱暖之户。昔年积存,罗掘已尽,粮食告绝,遍地啼饥。推原祸始,固非一端,而最大原因则为兵、匪循环之蹂躏,实是制人民之死命。当其最甚时期,竟至兵匪不分,兵变为匪。军器精良,蔓延难图。旋尔匪变为兵,则犷悍成性,肆意诛求。民间尺布斗粟,搜索无存,孑然一身,别无长物。客冬至今,各县人民生活陷于绝境,无法维持……生路既无,逃亡相继,流离行乞,动数百人。近来,固阳、武川、清河以及包西各县地方团体纷纷报告,全县户口,流离过半。绥垣、包头两处,饥民麕集……"[3] 可见绥远地区的灾荒已经直接引发了灾荒性移民,规模也相当可观。其他报道内容同样印证了"绥西大旱灾"之惨烈:

---

[1] 参见《察区灾民九十八万》,《盛京时报》1928 年 12 月 11 日。
[2] 参见郑宝恒:《民国时期政区沿革》,第 498 页。
[3] 《绥远兵灾大旱惨状》,《盛京时报》1928 年 7 月 24 日。

> 绥西一带,自去冬至今,无一次雪雨。春间满泰镇守包头,维持商路,新疆、甘肃及各蒙古旗商务活动,五原、临河粮船往来路途。商人自由行走,市面不显荒年。自满泰离包,商路断绝……行人裹足,至今无雨。农民往河套地方逃难,不绝于涂(途)。妇孺饿毙,死横遍野,包西之苦难,无法尽述……最奇者,野鼠成群,入城镇觅食……上峰若不亟早图谋救济方法,秋后不知死亡多少,此种情况,不只奇灾,实从来未有之奇闻云。[1]

在这场大灾中,萨拉齐县(治今内蒙古土默特右旗)是灾情最为严重的县域之一。华洋义赈会等慈善组织曾派人对其灾况进行考察。据考察者报告称:"绥远灾情,以撒(萨)拉齐为最重,撒县本为富庶之区,据熟悉该地情形者云:每丰收一年,可抵内地五年收成,每年输出粱米甚多……是以一遇荒旱,即无以自活。撒县一带荒旱不收者,迄今已三年,于兹村民十室九空,妇女之售出者,迄今已逾二万余人……"[2]毋庸讳言,北方地区灾荒时期,由人口买卖所造成的人口流动,同样可以视为一种特殊的人口迁徙。

又据观察者称:自民国十六年(1927年)以来,绥远地区已开始接连遭受各种类型灾害的侵袭,地方社会受到严重破坏,人民困苦万端,犹如深陷火海之中,无力自拔,深受煎熬。虽然绥远地方政府与华洋义赈会等组织进行了一些赈灾工作,但是杯水车薪,根本无法改变饥民嗷嗷的严峻局面:

> 绥远近三年来,兵灾、匪灾、旱灾、水灾、地震、瘟疫、风灾、霜冻,及人世间凡所有之各种天灾人祸,除蝗虫外,无一不有,无一不重……据记者最近调查,绥远经大灾后,死亡总数,至少亦在廿万人以上,妇孺被卖出境之数,虽无统计,然即经此项兑款论,亦有一百五十万元之巨。绥远赈务代表驻平办公处某职员昨告记者云:绥远共七千村,每村人口,虽云多寡不一,但现每村至多只有数人或十余人,而妇孺尤不易觅得,大有人荒之患。先死之人

---

[1] 参见《绥西大旱灾》,《盛京时报》1928年9月15日。
[2] 参见《萨拉齐之灾情》,《盛京时报》1929年8月9日。

既多,待赈之人尤众。收养既属困难,移民又叹无力……惟本年秋,天灾既降,霜冻纷至,困苦情形,尤甚去年。若不迅筹最后一次大赈,以度冬寒,而防春耕,则前功之尽弃,必所难免。未死灾民,尚有数十万人,待赈难民,仍在百万以上……[1]

应该说,文中所云"难民"在百万人以上,完全不能代表所有受灾民众,只是当时政府与组织统计所得,并除去了那些已经死亡或逃难者。而且这里所说的"移民",仅限于官方所组织的迁移而言,而大批灾民的离境,并没有被视为"移民"。而就离境人口而言,由人口买卖造成的人口外迁也不可忽视,其中以妇女、儿童所占比例最大。这种状况在塞外地区表现最为突出。

经过艰苦的调查摸底,到民国十八年(1929年)年末,绥远赈灾委员会提出了最为全面而准确的灾情报告书。该报告书称:"……该处灾情扩大之原因,实因连年战争,兵匪打击之余,继以亢旱,农民辍耕,商铺闭市,以该处全区计,不过人口百卅余万,被灾人民已达八十余万,约占百分之七十,较之任何灾区为大。十五岁至廿岁之幼女,只售三四十元,其老弱之辈,死亡载道……"[2] 据该报告提供的数据,当时绥远各县的受灾人口数量如下表所示。

表3-2 民国十八年(1929年)绥远各县受灾人口统计表

| 县 名 | 受灾人数(人) | 县 名 | 受灾人数(人) |
| --- | --- | --- | --- |
| 归绥 | 121 099 | 萨拉齐 | 207 906 |
| 和林 | 85 455 | 包头 | 94 917 |
| 托克托 | 137 574 | 武川 | 71 423 |
| 东胜 | 19 428 | 固阳 | 57 520 |
| 五原 | 19 438 | 清水河 | 42 000 |
| 临河 | 9 869 | 太余(奈)太 | 9 970 |
|  |  | 合计 | 8 760 599 |

资料来源:《绥远灾民八十七万》,《盛京时报》1929年12月21日。

---

[1] 参见《绥远百万灾民待赈》,《盛京时报》1929年11月19日。
[2] 参见《绥远灾民八十七万》,《盛京时报》1929年12月21日。

总之,在"华北危机"中,地处僻远的绥远地区的危急状况同样具有很大的代表性。造成当时灾情惨烈及人口流徙的最重要与最直接的原因,是连绵不断的战争以及土匪侵扰极大地削弱了当地民众抵御自然灾害与恢复自救的能力,很多灾民只能选择逃离故土,异地避难。

## 三 陕西、甘肃等地的灾荒与移民潮

### (一)陕西省

20世纪20年代晚期的灾荒中,陕西地区是受灾影响最为惨烈的地区之一。受灾面积之广、遭灾人口之多、灾荒程度之重,当时北方各省恐无出其右者。由此,当时各类报纸杂志关于陕西灾情与赈灾的报道与新闻也堪称最为密集。就人口外迁而言,陕西省的外迁人口比例也是相当高的。

民国十七年(1928年),陕西地区已有大面积的地域遭受旱灾,旱情相当严重,扩展之势难以阻挡。宋哲元等人组织起陕西救灾委员会,积极向中央政府及各地慈善机构呼吁,报告陕西灾情,请求各方紧急支援。如陕西救灾委员会向北平发出的乞赈电文中称:"……陕西本年旱灾,几遍全省。赤地千里,颗粒无收,遍野哀鸿,待赈孔急。若不亟图救济,非特饥民坐毙,问心实有难安……"[1]又据熟悉当地情况的英国浸礼会牧师席尔池向报刊发出的通讯称:"……此间灾情重大,久旱不雨。仰观天上,赤日皓皓,毫无雨意,不觉五内如焚。目下正在种麦之时,而天靳雨泽,在每年此时,均有一月至六星期之雨季,人民种麦后,即不用焦虑,可以坐待收获。但今年此际则不然。天无纤云,地若龟坼,谷食稀少,价值奇昂,人民希望,殆已绝矣。"[2]据当时灾情报道称:"陕西僻处西北,地势高寒,土厚水深,旱灾频仍,大约不卅年而一见。……自春徂秋,泾渭流竭,泉井皆枯,甚至人瘟牛疫,虫害为灾,皆与旱魃相辅而旋成……合关中、汉中、榆林三区九十一县,而被

---

1 参见《陕西旱灾几遍全省》,《盛京时报》1928年10月18日。
2 参见《陕西旱荒灾情》,《盛京时报》1928年10月31日。

旱灾者已七十有五。"[1]

民国十七年(1928年)岁末,陕西灾情之严重已震动全国。"今岁华北旱灾,遍于数省,以陕西为最重。乃因交通梗塞,调查颇为不易。"《盛京时报》刊载了陕西救灾委员会的报告书,较全面地汇报了陕西受灾的情况,明确提出当时陕西全省受灾人口已达四五百万:"惟查陕西此次旱灾,较前清光绪三年暨廿六年为尤重。全省九十一县,而报灾者已七十五,现仍络绎不绝。况在兵燹之后,而复继以凶荒,哀我陕民,何以堪此?"[2]

民国十八年(1929年)2月,驻天津的《盛京时报》记者就陕西灾情采访了前来天津求赈的陕西省慈善会代表路孝愉。作为陕西灾情之亲历者,路孝愉为办理救灾事宜四处奔波,恳求赈济。面对记者,他痛陈灾情,令人动容。据他称:

> ……陕西九十一县中,有八十五县受灾,灾民之数,约在四百万人以上。灾情最重之区:渭北一带,为溪阳、三原、高陵、蒲城、富平、邠阳、澄城、白水、大荔、朝邑等十县;北山一带,为安边、定边、靖边、杠[横?]山、绥德、榆林、肤施、葭县、米脂等九县,均自去春至十月,未有降雨。民人始而食油渣,采野草,继而掘草根,剥树皮,最后并此而无,因而自尽者极多,现在男女小孩身价,不过二元,青年女子,不过五元,比较通都大邑之猫狗尚贱,言之极为痛心。然该处人民力竭声嘶,金钱早尽,虽人价如此之贱,亦无人过问,以致灾民饿极乱奔,奔时以石块及沙袋扣于小儿腰间,悆然不顾而去。人非草木,孰能无情?可见陕省灾情之重,灾民之路绝矣……[3]

又是一幅无比可怖的人间惨剧图景!数月之后,陕西省受灾县区已由75个上升到85个,占全省总县数之90%以上。而当时由于饥荒造成的人口流徙现象已相当普遍,人口买卖盛行于灾区,数量虽难

---

[1] 参见《陕西全省灾民之哭声》,《盛京时报》1928年12月3日。
[2] 参见《哀鸿遍野之陕西灾情:全省灾民达四五百万》,《盛京时报》1928年12月13日。
[3] 见《陕灾惨状》,《盛京时报》1929年2月24日。

以统计,但是,其规模已相当惊人了。

至民国十八年(1929年)4月,天津华北赈灾会等慈善机构的实地调查以及该地赈灾会的求救电报都证实,当时陕西全省饥民数量已达700万,且旱情没有丝毫缓和的迹象:"陕灾日见扩大,死者日来倍增。望眼欲穿之春雨,今又成幻想。补种菽黍秋禾,势已绝望。所有东西路极少数之春苗,非遽形枯发,即根被虫蚀,人民惊色相告,企望生机,绝于一线,最后生命,即在此时……"[1] 灾荒持续蔓延,最大的问题便是非正常死亡灾民的数量急剧增加。某些重灾区灾民死亡的状况达到骇人听闻的地步:"陕省一向平靖,境内并无任何纷扰发生,使人民朝夕恐怖者,厥为空前之灾况。去年麦收,既不见佳,而秋收又完全失败,是为祸根所伏。迨今春不雨,收成又遭失败,于是灾象危极。九十县中,至少有六十县受严重影响,人家纷纷拆椽卖瓦,即农具牲畜,亦均出售一空。人民夫妇父子,四散觅食,槁死人数,无从统计。某县报告死七万人,又有某县报告死二万人……西安一处,每日平均饿死五十人,在粥厂每日待救者,有饥民五万,大概陕西一千万人民中,已饿死二百万。现时情况,最为危急,饿莩遍地,令人目不忍睹,再过一月后之景象,将更不堪闻问……"[2] 显然,陕西一省即已"饿死二百万"的记录,应该是20世纪20年代末期"华北危机"中的一个惨烈符号。

北平赈务委员会特派员田杰生曾专程调查陕西灾情,他在民国十八年(1929年)10月23日汇报灾情的电文中报道了陕西省咸阳、兴平等县灾民之惨状,让我们真切感受到了灾荒期间北方基层社会受到的惨烈冲击,尤其是大批灾民的逃离,更是不争的事实。如田杰生的电文引述咸阳县李县长之语称:"该县人口十七万,去冬迄今死七万,逃二万余,均急切待赈。现沪济生会发款四千元救济。"又引兴平县当地村民之言称:"一年前居民六千余家,今所存者,不满四分之一。当死亡盛时,每日县长出裹尸芦席费在六十元以上。现所存者,均是奄奄待毙。近城四十里无人烟。只大寨一堡,前尚有百余户,所存者

---

[1] 见《关中灾情扩大》,《盛京时报》1929年4月26日。
[2] 参见《关中最近灾况》,《盛京时报》1929年9月1日。

仅六家。且此间人民救食不得,时而求死。故投河者有之,坠井者有之,悬梁服毒者有之。至于妇女,多被惨无人道之贩卖,价高者七八元,低者三五元。妇女出卖后,小儿无人照管,故街头巷口,呼爸唤娘之声,不绝于耳。现时济生会与县政府约收养五百余名,均系无告赤子也。据省赈会放赈员张贤清云,自伊办赈十三年来,从未见有如此奇灾惨状。此县可为陕西灾情之一。"[1]以咸阳县为例,当时全县总人口中因灾死亡与逃徙的比例已达 52.9%,外逃人口比例达 11.8%。如依田杰生所云,这两个县可作为陕西灾情的代表,我们也可从中略知当时陕西省大致的情况。

然而,灾情仍在继续。民国十八年(1929 年)11 月 2 日,据西安方面报道称:"空前之陕省旱灾,人民已濒九死一生,其唯一之希冀,即盼时岁之麦收。讵本年秋禾,所获不足十分之二,而全境犹复亢旱不雨……诸如此类之险象,到处皆是,明年之大灾荒,尤不堪设想……天灾人祸之肆虐于西北人民,真不知伊于胡底也。"与关中地区相仿,陕西西北部定边与靖边两县的灾情也非常严重。据报载:"陕北定、靖两县地处边陲,交通不便,匪徒出没无常,加之数年以来,岁岁歉收,人民终年虽不得一饱,而东逃西走,尚可维持。但去今两岁突遭奇灾,各种草木因旱枯槁。最可怕者尤为本年居民生活无法维持,而以牛马狗肉及树皮、树叶草根等为普通食料,但此种物品,亦因天气亢旱,无从获得。面黄肌瘦,甚至身肿殒气于道旁街市者,触目皆是,人兽相食,骇人听闻……"[2]

又据报载,西北灾情视察团在民国十八年(1929 年)10 月 30 日由监军镇出发,途经永寿县后,抵达邠县。邠县地处群山之中,旱情较缓,然而农作物收成十分糟糕,食物短缺,"先后饿毙六七千人,过全县人口十分之一"。而在乘车所过沿途百余里中,团员们"所见络绎于途者,尽系迁徙流离之灾民。行旅商贾,几至绝迹"。经过询问得知,这些灾民"多系乾县、武功一带中户以上之人家弃家而逃,往陕甘边境就食者,其中以妇女、儿童居多数,老年男女次之"。灾民迁徙途中,生活

---

[1] 见《陕灾惨状》,《盛京时报》1929 年 10 月 30 日。
[2] 见《陕灾益危》,《盛京时报》1929 年 11 月 2 日。

之艰苦,难以言语描述:

> 彼辈步履艰难,日行不过数十里。且所行尽系山路,饥疲交加,为状极惨。每至一处,昼则山下架锅煮糠秕以充饥,夜则野处露宿,因而致病以死者,不知凡几。[1]

为了帮助陕西救灾,天津华北赈灾会等六个慈善机构派出了多位放赈代表前往陕西,实地进行放赈工作。10月19日,放赈代表饶凤璜、唐宗郭二人返回北平,记者前往探视,并咨询灾情的最新进展。在放赈代表与记者的谈话中,我们同样可以感受到陕西灾情之可怖:

> 记者问:陕省之灾况如何?
>
> 饶等答:予等于本年三月间受天津华北赈灾会及上海中国济生会、无锡溥仁慈善会、无锡孝惠学会、北平金卍字会、吉林广济慈善会之托,偕同朱国桢、胡士选、杜云程、李福普、陈锐、唐云升、陈显声赴陕放赈。西入潼关,惟见赤地千里,饿莩载途,奇惨情形,目所未睹。缘陕省十余年来,无时无地不处师旅、饥馑之中,土匪所至,动辄盘据数年,掳掠炮烙,无或稍息。孑遗之民,盖藏久罄,加以连年苦旱,雨泽愆期。除局部山田及少数低地恃有井泉,藉人力灌溉稍获粒食外,其大部分之高原广野,草亦无青。关中道各处多已三年无收,陕北道诸县且有六年荒歉者。用是举室成悬罄之形,比户有断炊之痛。鬻儿女于远方,得钱不过一贯;扶老弱以转徙,骨肉半萎中途。道旁三五万人之坑,村中十九死绝之户。需赈之急,待救之殷,惜交通中阻,本国所募数万石粮米,数万袋面粉,或滞积丰台,或堆存海州,不克一律运达灾区。仅最初所运红粮、玉米,暨随人携来,并陆续寄汇之现金而已。
>
> 记者问:在陕放赈情况如何?
>
> 饶等答:陕西应赈之灾区甚广,而粮款之输运维艰。惟有酌择重要,先其所急,收到一项,即赶放一处。计查放泾阳红粮二千二百四十七包,现洋五百元。澄城红粮一千一百四十包,现洋四

---

[1] 见《陕南人民之惨状》,《盛京时报》1929年11月14日。

百元。耀县玉米一千零三包……[1]

"西北浩劫,亘古未有。"用这一断语来形容当时中国西北地区的灾情应该是不夸张的。然而,"秦中灾情,尤为严重"。曾经在陕西从事赈灾工作的西北视灾团成员田杰生用自己的亲身所闻所见,痛陈陕西灾情。而他本人对于这次陕西灾害情况的认识与反思,也是最为深刻的。他曾经撰文从几个方面分析与认识这持续数年的陕西灾荒问题。首先是受灾原因。他指出:"此次旱魃为虐,已三载于兹。竟致野无青草,河流为枯。农间以六科未收,生命之源,于焉中断。据父老所云,秦中多旱灾,大抵不过三十年而一见。有清道光二十七年及光绪三年与二十六年之往事,斑斑可考。然死亡人数,皆远不如今次之多。言次似有无限隐痛者。继得赈会邓主席之报告,始知年来大兵云集,供应繁重,民间积蓄,搜括净尽,即无天灾人祸,已足以病民。我人敢言酿成西北奇灾之两大主因,厥唯久旱与多兵是已。兼之伏莽遍地,劫掠烧杀,冰雹数降,瓦屋无全,时疫流行,死者不知凡几。他如黄风黑霜,均系杀苗毒剂,青虫蝗蝻,亦从而并起。"其次是"惨象种种"。"吾人甫入陕境,即觉凄惨阴森,一片死气。接于眼帘者,非鸠形鹄面之灾黎,即纵横狼藉之尸体。触于耳鼓者,非啼饥号寒之哭声,即呻吟待毙之哀鸿。行于乡,辄数十里不见人烟,鸡犬之声无闻;入于市,惟见断垣残壁与瓦砾荒墟而已。盖周岁以来,富有者大都破产,中等之家,亦多沦为乞丐,贫寒者量已死亡殆尽矣。现东西道上,扶老携幼,迁徙逃生者,络绎不绝。妇孺之被卖出境者,尤多于过江之鲫。"其三为"灾区面积"。"全省九十一县,无处非灾区。除沿渭河各县,略见青苗外,余皆满目荒凉,尽是不毛之地。面积广狭,约达五十余万方里。"其四为"被灾人数"。"陕西人数合全境,共九百四十余万口,去岁迄今,被灾而死者,二百五十万,逃者约四十余万,现在六百五十余万。急切待赈者,须在五百万以上。"其五是"今后危险"。"陕民何辜,迭遭不幸。前波未平,后波又继。现今时已入冬,二麦犹未下种,故此后灾情,已转入于更重时期。况西北春寒,不宜农作,即使今冬之雨雪及

---

[1] 见《陕省灾民救济问题》,《盛京时报》1929年11月20日。

时,然若望收获,已在七八月之后,在此七八月间,已失自救能力之无数灾黎,不知将何以结局。夫大灾之后,继以更大之灾,益以交通梗塞,无从救济,然而日暮途穷,陕民将同归于尽矣……"[1]

田杰生的报告应该是当时关于陕灾最为详尽的报告之一。他所提供的相关数据,实属惊人。如云死亡人数达250万,可推见当时陕西人口中因灾死亡率已高达26.6%,而外逃者已达40余万,接近原来人口之4.3%。而正如田杰生所云"今后危险",如果赈灾工作无法及时到位,死亡与外逃人数会急剧增加。

至民国二十年(1931年)年初,陕西三原人于右任在国民政府的会议上,根据自己回陕西实地调查、亲眼所见的状况,汇报了陕西灾情之惨烈。他指出:"兄弟这次回陕,见到陕灾情形之惨,实为二三百年来最痛心事。"于右任历数陕西人民对于国民革命所做的贡献,对于军阀混战给地方社会造成的恶劣影响痛心疾首:

> 昔年我们在陕西工作,迭与军阀奋斗,本党旗帜,始终未倒,所有军费给养,悉取于陕省百姓。当奋斗时,每对老百姓说,国民党是怎样好,三民主义是怎样好。而革命到今日,竟有如此惨灾。哪知统一之后,死亡人口,至有三百余万。官僚军阀穷兵黩武之野心,实属不容诛!

其报告的一项重要内容在于无情揭露了西北军阀的横征暴敛、惨无人道是导致陕西灾重的主要成因之一。"查陕灾情形,以关中道及渭北各县为奇惨,人口损失二百余万。陕南、陕北尚不在内。这全是政治不良的结果,军人只扩充队伍,什么都不讲,只要有款到手,卖了人家的父母妻子,都可以的。"陕西灾荒过程中,人口买卖的严酷性更是到了令人发指的程度。地方军阀甚至直接参与到买卖的过程中,从中牟取厚利。"前年(民国十八年)人口卖的很多,卖人口时,陕西省府抽一次税,山西省府在风陵渡又抽一次税。人口卖了四十余万,一人抽到五元,两处收入各有二百万元。阎锡山竟以陕省卖儿女的钱,供自己野心之用,故陕西人口,可谓是阎锡山卖的,也可谓是冯玉祥卖

---

[1] 见《陕省之灾状》,《盛京时报》1929年11月29日。

的。在青天白日旗帜下,公开买卖人口,竟达四十余万,此非只阎、冯罪过,我们全体党员亦应负责,为什么糟蹋老百姓至如此惨苦呢?"[1]四十余万的数字,显然不能作为陕西这次持续数年的大灾中所有被买卖的人口总量,实际数量应该超出很多。因为就于右任所述,这批被买卖的人口主要流往了山西各地。而估计当时陕西被迫外迁的人口,应存在多个方向,除山西地区外,还有向汉中地区、河南地区等地迁移。

### (二) 甘肃省

甘肃省始建于元代,初治于甘州路(今甘肃张掖市)。至明代,与陕西省合并。至清朝康熙初年,才又从陕西省分出,治于兰州(今甘肃兰州市)。民国时期甘肃的地域面积与清朝时大致相同,治于皋兰县(今属兰州市),下辖7道(兰山、渭川、泾原、宁夏、西宁、甘凉、安肃)、79县[2]。民国十七年(1928年),青海与宁夏两省从甘肃分出。

与其他西北省份一样,在20世纪20年代末期的大灾荒中,甘肃省同样在劫难逃,出现了非常严重的粮食供给危机及人口流徙浪潮。

民国十七年(1928年),甘肃全省发生重大旱情,影响范围广泛,当地人民的生命财产受到严重威胁。如当时报刊转载了甘肃地方官员向国民政府发出的求赈电文:

> 原电云:迭据甘肃省政府主席刘郁芬、民政厅长杨慕时报称:甘省今年荒旱,灾情奇重,(九月)月底报旱灾者,已有皋兰等五十余县,而西和等七县尤重。七月间,突降大冰雹,冲坏人畜财物无数,哀鸿遍野,触目惊心。夏禾既已枯槁,秋苗又复绝望。人民露天野宿,无衣无食者,不下数十万人。流离之状,尤为悽怆。而甘、凉、肃三区灾情亦不下于河、宁等县。忱恳转电中央,请拨巨款,施行急赈,以资救济,否则老弱转乎沟壑,少壮铤而走险,来日大难,思之寒慄……[3]

---

1 见《于右任告陕灾惨状》,《盛京时报》1931年1月23日。
2 《民国时期政区沿革》,第110—111页。
3 参见《甘肃省旱灾》,《盛京时报》1928年9月30日。

在华北地区大范围饥馑的情况下，甘肃地区不可能得到当时民国政府的特殊照顾，正如地方官员所预想的那样，甘肃地方状况恶化不可避免。甘肃灾情又引起各地甘肃同乡的关注，1920年冬季，旅平（北平，今北京市）甘肃赈灾会成立，由旅居北平（今北京市）的甘肃同乡组成，主要目的就是及时发布甘肃灾情，请求各地支持赈济。

至民国十八年（1929年）初，甘肃省一省的受灾民众数量已达到五百万人，确实令人震惊。当时的旅平甘肃赈灾会发布了甘肃省的灾情："……谓该省被灾区域，计有六十二县之多，灾民达四百八十五万四千九百零五人。陇东、陇西、陇南等处，自民国十三年迄今，雨水稀少，亢旱至于极点，河水尽涸，树木均为旱死，以致食粮尽绝……"[1] 同样，甘肃省赈灾会也向各地发出求赈急电，其灾情之惨重引起全国各界之关注：

> 北平讯云，今日接甘肃赈灾会来电，代灾民乞赈，原文照录如下：甘肃不幸，匪、旱并经，灾区计六十五县，难民达三百万，迭电呼吁，为民请命，早邀洞鉴。兹将悽惨情形，缕渐[析？]陈告。死于水火、刀兵、疠疫、冻饿者，狄史（道，今临洮县）一县，约一万五千以上；导河一县，约三万以上；宁定一县，约七千以上；武威一县，约三千以上，其分各县概可想见。重以连年歉收，波野龟坼，鲋困涸辙，谁施橐饘？草根树皮，拼尽削空。迩来灾民益众，灾况弥深！[2]

在不少熟悉甘肃地方情形的人士看来，甘肃所受的冲击与破坏不仅有天灾，更有人祸："甘肃地处西陲，交通梗塞，以故地方各种情形，局外人鲜有知其详者。……甘肃自冯军到后，一切政教，率多敷衍，财政一项，则更搜括殆尽。旱魃为虐，民食已绝，游兵、饿莩，充野盈途，而地方长官不惟无体恤之念，而杂捐苛税，反层出不穷……"[3] "苛政猛于虎"，人祸的危害更甚于天灾。在这种状况下，甘肃省人口

---

1 参见《甘肃灾民五百万人》，《盛京时报》1929年2月21日。
2 参见《甘省被灾者三百万》，《盛京时报》1929年3月18日。
3 参见《甘肃天灾人祸》，《盛京时报》1929年5月30日。

数量发生了剧烈的变化,在大量非正常死亡之外,就是四处逃荒。

民国十八年(1929年)8月,中国华洋义赈救灾总会在得知甘肃地区灾情奇重之后,特别派出该会成员安献今前往甘肃省调查灾情。安献今的报告书称:"(甘肃全)省灾情之重,实非寻常可比。尤以省城(即兰州市)东南以迄中部,为最重区域。该省中部现存人民,较之原有数目已减少大半。盖除一部分因饿而死者外,其余均逃往省外也。某城原有人民总额为六万,现在只剩三千。而此三千人中每日因乏食饿死者必有多起……该省饥民相食之说,并非虚构……该省中部本为产谷之区,省城等处向取给焉。无如四载以来未见大雨,当难再有出产,目下即使降雨,亦已无及,盖耕期已过,转瞬天寒,只得以望来年耳!此一年中,未知人民如何渡过也……"[1] 文中所举事例中,甘肃灾区人口之损耗是相当惊人的,从6万人下降至3 000人,而且还在不断减少之中,估计大部分甘肃饥民是转向他处求食了。

## 第三节

## 20世纪20—30年代初期东北地区的移民安置与数量统计

对于中国20世纪20—30年代初的移民潮,研究者很早就指出:"层出不穷的天灾人祸使得大多数人民都陷于破产的境地。粮食的缺乏逼着一般的灾民连籽粮和耕畜一齐吃尽。草根、树皮都变成他们维持生活的资料;有的竟取滑石磨粉充饥。他们要想得着一线苟延残喘的生机,只有东奔西窜的流亡。比较地广人稀的东北因此成了大批难民的尾闾。"[2] 也就是说,当时移民潮最主要的迁移方向,还是东北边疆地区。那么,当时前往东北地区的移民潮规模有多大?移民安置的

---

1 参见《甘肃人口减少》,《盛京时报》1929年8月6日。
2 参见陈翰笙等:《难民的东北流亡》,第13页。

情况如何？解答这些问题，需要系统而细致的整理与统计工作。

我们知道，移民研究中的数量统计工作至关重要。值得庆幸的是，与以往移民运动数量统计大多较为粗疏不同，20世纪20年代至30年代初的移民统计工作已与传统时代有了较大的区别。一方面，由于现代人口统计学知识的普及与应用，以及社会科学研究方法的成熟，我们可以得到更为丰富的相关方面的记载与资料；另一方面，由于当时移民运动影响巨大，引发了大量身历其时的中外学者对于东北移民问题的关注与研究，不少人甚至身体力行，积极参与到移民问题的实际调查及学术研究之中，他们不仅收集第一手资料与数据，还对其中重要的问题与社会影响进行深入的研究。因此，后世学者既可得到更为丰富与准确的相关记载与统计结果，还可以了解当时研究者在这方面的努力与贡献。这些因素以及前期的基础工作，都大大有助于我们对于这一时期的移民运动情况进行更为精确与全面的认知及评估。

## 一　20世纪20年代中后期东北地区的移民安置

### （一）东北各地的难民潮

根据相关记载，在清代光宣之际第一波大移民潮之后，向东北地区的移民活动并没有完全中断。但是，细心的观察者们发现，从民国十六年（1927年）开始，中国北方各地前往东北三省的移民明显增多，络绎不绝，数量越来越大，形成了一浪高过一浪的移民潮。

1927年，华北各地的灾民及难民浪潮已在各地涌现，其势汹汹，难以阻挡。而当时难民前往的重要目的地，就是东三省地区。当时东北地方深受军阀压迫之苦，生活艰难。"然还顾直鲁难民，千百成群，扶老携幼，由大连北上者，饥不得食，渴不得饮，强步而行，其困苦状况，当犹有过之……彼难民之因灾歉而来逃生于东三省者，非不知钱毛物贵也……"[1]

---

[1] 参见《难民与灾官》，《盛京时报》1927年4月20日。

大批北方移民因最初并无明确的目的与安置地,往往都是逃荒、逃难而来,因此被当地人民视为"难民"。而当时东北各地远非"世外桃源"之地,物价高涨、货币贬值,人民生活同样较为艰苦:"东省钱法毛荒,物价腾踊。姑不论失业人民,生活困难,即有职业者,亦靡不感受苦痛。购奉票者无论矣。"[1]

安置难民是一项艰巨而复杂的工作,需要当地官府与居民付出巨大的努力,而在实际上,大批难民的到来确实也为东北地方社会稳定与发展带来了严峻的挑战。如当时有识之士明确指出:

> 时值冬期,天气日寒,山东难民,由营(口)、(大)连两埠而入东省者,仍络绎不绝。扶老携幼,鹄面鸠形,其一种饥寒之状态,已属至堪悯恻。且其来也,未必人人皆有亲眷故旧之可依,而所至又无一定目的地点。当此气候日即寒冱之际,忍饥饿,冒霜雪,背井离乡,不惮涉海洋而来者,固何为也哉?无非为谋生而已矣。否则人孰不安土重迁,惟因兵燹天荒,偪之不得不然。是则为东省地方长官者,与夫地方团体,对于此项难民,必当有以矜全之,使遂其逃生之愿望而后可。所以今日之难民,应视为地方之重要问题,决不能度外置之也。[2]

难民来到东北地区,面临着艰巨的生存挑战,如果进入东北后,实际生活的困难无法得到解决,那么本为求生而来的难民们势必陷入更危险的境地:

> 顾难民未尝不足以自食其力,第关外早寒,农作物于此时已完全杜绝,即欲作小工以自给,在此冰冻时期,建筑已将停止。虽有二三外人工场,亦不能容如许难民,必须待至来春,冰雪尽融,方可以谋一饱。则目前难民之东来者,本为求生,不既大背初衷乎?况东省至冬季,非火不温,以现在煤炭之贵,纸币之毛,寻常人家,冬期已须增添负担不少。彼辈既除一身以处无长物,而又数口嗷嗷,势必其始也卖妻鬻子,暂过目前,其继也仍不免饥寒不

---

1 参见《难民与灾官》,《盛京时报》1927年4月20日。
2 见《近来之难民》,《盛京时报》1927年11月2日。

[而?]死。至于此,则强者壮者,难保其不铤而走险,以入于盗匪之一途,为地方增未来之祸患。故执政者,无论为维持治安计,为抚绥来归之客民计,皆当有以熟筹而审处之。[1]

虽然移民的到来为东北地方社会带来了相当大的安置困难与社会问题,但是,这并不意味着东北地区的人口密度已开始饱和。事实上,当时东北很多地区的荒地依然广袤无垠,开发潜力巨大:

> 以东省土地之广漠,边僻荒野,至今多未开垦,正宜移民实边,以浚疏其富源,今竟无劳移殖之谋。鲁省难民,纷至沓来,未始非东省之一种好机会。倘能使来者皆足以安居乐业,则难民即是东省之子民,可以为国家课赋税,为地方增富力。由是言之,理当为近顷襁负而来之难民,筹措经费,使之如得其所,庶几户口日多,贼匪自无藏匿之地。岂独难民之幸,而亦东省之幸焉![2]

河北与山东地区的难民之所以云集东北,与东北地区移民史渊源及特征是分不开的,东北地区是安置河北、山东等地难民最为理想的地方。当时东北地区的居民本身不少就是来自河北与山东等省的移民:

> 原东省今日之人民,除满族而外,何莫[曾?]不由于直、鲁两省移徙而来。盖因气候与习俗,无甚殊异,而壤地又相毗连。故向例每年春季,直、鲁男子之来东省谋生者,踵相接,迨至秋收而后,相率归去,已成故常。独本年(1927年)自春至夏,但见尽室偕行而来,回籍过冬者,实不多睹,甚且难民中有弃其固有之财产而来者,可见徭役烦苛,民不堪命,纵明知柴米俱贵之东省,未必可主为乐郊,但冀足以偷生于一时,不辞跋涉,可怜亦可惨矣。乃地方官吏,熟视之若无睹,殆以为今冬尚未至于十分严寒,不必加以措意,庸讵知救灾恤邻,不容或缓……[3]

根据这位作者的观察,至民国十六年(1927年),东北地区的移民

---

1 见《近来之难民》,《盛京时报》1927年11月2日。
2 同上。
3 同上。

形态明显出现了根本性的变化,即从暂居性客民向永久性移民转变。

有识之士已充分意识到,粮食问题是导致全国动乱不休的重要因素之一,而中国当政者忽视此问题,遂致动乱不休、天下不宁,而要解决粮食问题,移民实边仍是重要手段之一:

> 就海关统计,就中原生活状况观之,中国食粮早不足养现在人口,北部数省尤甚。说者或谓政局稍定,农产恢复,则难关自解。实则不然。盖直、鲁、豫诸省,平收之年,无兵之时,已感食粮不足。一遇歉岁,便成饥馑。故不待战乱,而粮食与人口已成大问题矣。……
>
> 是以欲为国家定长治久安之基础,必须注意此一大问题之解决,此国家百年之计,非一时之政争可比也。至于解决之道,惟有移民实边。尝念中国幸而有广漠之边疆,更幸而有膏腴之吉、黑。夫果大举移民,则西北之绥、甘、新,西南之川、康,广东之琼崖,皆可为人口之尾闾。然或道途太远,或气候太恶,非异日交通大辟,尚难实行。惟吉、黑两省,天赋沃壤,接近关内,土旷人稀,正待开发。此诚国家宝库,中原命脉。
>
> 数十年来,以公家小规模之奖励,与人民自动的迁徙,略事开垦,成效已彰。两年来,关内难民纷携妇孺以往者,年有数十万人,而去其容纳之量,尚不及百分之一。今者中原战乱达到极点。凡有政治思想者,无不痛心疾首于如何弭乱之问题,然宁知祸乱之源,即在粮食人口。解决之方,惟有移垦吉、黑,此全国之责任,尤为东三省当局之事功……[1]

而北方各地灾害的持续发展,迫使更多的河北、山东等地的难民向东北地区逃难,移民大潮也由此掀起了新一轮的波澜:"直鲁人民,因受兵燹及水旱遍灾之故,弃其田庐,携其老幼,而来谋生于东三省者,自去岁以迄今兹,由水陆入境者,其数殆不下数十万人。"[2]

河北、山东前往东北地区的难民主要通过铁路而来,因此铁路部

---

[1] 参见《粮食与人口》,《盛京时报》1929年10月29日。
[2] 参见《难民之不幸》,《盛京时报》1928年3月7日。

门与难民的移徙问题关系最为紧密,当时移民的统计数字,也大都来自铁路部门的报告。如据《盛京时报》民国十六年(1927年)11月17日报载:

> 直鲁难民之北来者,每年冬初略形告终,满铁之小票输送,因限以十一月十五日为止,然于本年特形异象,即迄今由满铁北来,络绎不绝,即每日平均达一千五百人,乃至二千人之多。
>
> 查其原因,鲁省今年歉收,及直、鲁一带战祸频仍,无由生活。据山东方面目下情形,难民逃出桑梓,猬集来青者,日有一千八百余人。由是以推满铁之小票输送迄严冬尚难了结。
>
> 又查此项难民去地分配,全数之八成去长春迤北,余之二成分去奉天、抚顺及四平街各处。上叙之去长春份,除往吉林、黑龙江方面从事劳工外,余皆从事农业,彼等指去之地方,均为有望之地,殊如吉勒利县一带,土壤肥沃,数年无施肥之必要,亩价亦贱,即平均每一天地价二十元,乃至三十元,兼以近傍有矿山、煤坑,农余从事劳工,可加收入。
>
> 由安奉线沿道移往该地方者颇多,试就客岁一年间统计,约计一万人云。[1]

应该说,这种统计方式在中国移民史研究中还是有着特殊的时代意义的,而这些统计资料为我们了解当时移民潮的规模与变动情况提供了较为可靠的依据。

## (二) 东北地区的移民安置

然而,不得不承认,与清朝光宣之际的移民潮不同,20年代及30年代前期,东北地区已是地方军阀统治地区,且边疆安全受到巨大威胁,民众生活也发生了严重的危机,因此,这种状况对于移民的进入与安居造成了十分严峻的挑战。"山左兵祸频年,糜乱如麻,乃扶老携幼,觅余生于白山黑水间。凡难民栖迟屯垦之地,以富、锦、同、江、密、山各县为最多。不意俄房侵境,而此等各县,均当其冲。庐舍为其所

---

[1] 见《直鲁移民纷纷来:日有二千人,殊为异象》,《盛京时报》1927年11月17日。

焚,牛羊为其所掠,冻天雪地之间,避难而来哈尔滨者,比月以来,源源不绝。嗟夫!百姓何辜,此地亦非乐土,惶惶将何之耶?是时诗人若为难民赋长篇,可以动天地感神明矣!"[1] 当然,面临尚没有完全改变的地广人稀的局面,外来劳动力的补充对于东北地区的农业发展以及保障边疆安全而言还是十分关键的,因此,当时东北地方当局对内地移民还是采取了较为积极的态度,切实督促各级官员采取各种措施,安抚难民,以增进社会稳定,发展地方经济。应该说,这种鼓励与支持的态度对于移民潮的形成与难民日后的留居发挥了重要作用。

客春(即吉林长春)直鲁等省难民相携戾止,数达廿余万。当时省座悯其流离,复谋利用,时机殖边招垦,迭令各属妥为安抚,促办垦务,并饬查报确数,以便统筹核办。近查各县知事对此种要政,多未能实心规画。或以境内并无难民迁往,砌词呈复;或称设法安辑,而招进垦户究有若干,亦未声叙。

迩者,各运输机关输送难民,日必数起,自夏至冬,更番络绎,纵未能悉数垦荒,亦须自谋生活,散处乡区,焉能隐身匿迹?况各县户口正在清查,新迁入境,极便稽察。边远地方,野旷人希,尤易核计。现各区表册多已查填,并事其新增之难民,户口何至难求。确可见此次办理清查,并未认真,慢令饰欺,殊堪愤懑。须知安抚难民,与清查户口,均为弭盗之根本良策,岂容稍涉敷渎。兹特重申诰诫,令各知事迅速通令及前颁安抚各办法。遇有难民到境,尽力收容,随时编入牌甲。一面责成各户籍员严密稽察,总期荒政、户政兼营并至,庶可辟地实地,安良弭盗。省署行署派员分赴各地侦查,视其成绩,以课殿最云。[2]

我们看到,也许是中国近代以来东北移民潮的深刻而长久的影响,也许是急于解决当时的粮食危机与灾荒引起的难民潮问题,到20世纪20年代后期及30年代前期,大力发展内地向边疆地区的移民垦荒,又一次成为官方与民间共同的呼声。

---

1 参见《难民何之》,《盛京时报》1929年12月8日。
2 参见《令各属安抚难民》,《盛京时报》1928年1月8日。

根据报道,面对大批难民的涌入,当时的东北地方政府制定了一些安置移民的政策与法规,而通过对这些政策、法规的分析,也可以帮助我们了解当时移民安置的基本运作状况[1]。据报刊转载,当时制定的移民垦荒章程的主要条款包括:"(一)由财政厅先行借垫开垦费十万元。(二)招领荒有地所,房屋、籽种、器具概由官家备用。(三)每年每亩由官家抽粮一斗,不用纳税,用为垫款之利息。(四)六年期满,地已成熟,每十亩由官家分留四亩,出售他人,其余六亩为种户所有,作为实产,按年升科。(五)通令同善堂与南满站收留之难民,拨一千五百户,由省公署派员送赴瞻榆,三五日即当实行云。"[2]虽然很难确定这种章程是否公正合理,也很难确定当时招徕效果如何,不过,对于走投无路的难民来讲,当时官府的接纳与容许才是最为重要的,这种接纳与欢迎的态度也会鼓励其他难民前来从事耕垦。

关于当时东北地方政府移民垦荒方面的法规章程的制定工作,学术界很早给予了关注。如当时的《东北年鉴》等文献记载:

> 民国十七年(1928年)以还,裁兵救国之议起,寓兵于农之说,渐复有力,东北即有屯垦委员会之发起……此会为对于东北垦殖全局研究方案或计划,分交各区采行,俟筹有底款,再行实施。旋改为东北垦殖浚河委员会……自民国十七年九月起,至年底止为筹备及调查时期,十八年一月起至十二月止,为建设及军垦时期;十九年(1930年)一月以后,始为民垦时期。从此,军垦与民垦互相合并,东北垦务开一新面目焉。实行军民合作,此其权舆矣。[3]

民国十七年(1928年)到十八年(1929年)的两年之间,东北地区的移民垦荒工作经历了三个阶段,从军垦转向民垦,可见当时移民垦荒工作的急迫性。当然,在移民垦荒政策的具体实施过程中,东北各地的情况也存在着很大的不同。如据笔者所见,早在1928年,黑龙江

---

1 参见姜晔:《民国时期东北军阀政府的移民政策述论》,《大连大学学报》2011年第1期。
2 参见《移民赴瞻开垦之规订》,《盛京时报》1927年5月25日。
3 引自吴希曾:《近代东北移民史略》,《东北集刊》1941年第2期,第39页。

省署就开始着手以立法的形式进行移民垦荒工作,订立了《开垦全省各县荒田办法》,制定优惠政策,鼓励移民前往垦荒,并呈请东北三省保安委员会核准后颁布。从章程内容可知,这一章程订立的起因或背景,就是以往放垦工作中所出现的严重弊端:"原放之初,重于招徕,不重实垦,遂有包揽大段,希图转售渔利者,致未开垦。既误升科租赋,又碍地方发达。"[1] 重招徕而轻实效是以往放垦工作中的最大症结,因此,注重垦荒的效果,注重考核,便成为新章程的重要内容。我们发现,该章程条款中有多处强调限时未垦齐即可撤销收回重放的规定。此外,这一章程解决的另一核心问题是倒卖荒地资源的问题,故而该章程明确规定招垦执照不得抵押买卖,就是避免一些人进行倒买倒卖,非法牟利,直接破坏了垦荒秩序。

该章程最值得关注的一项条款还有第四条,即"招垦户以中华民国国籍者为限",也就是说,全体中国人都可以前往东北地区参加垦荒,并不限于东北本地人,这一条款无疑是向全体中国公民的呼吁。笔者发现,这一条款在当时的招荒章程中都有保留与体现,足证当时东北垦荒移民工作是面向全体中国人的,东北招垦,就是意味着一场规模巨大的边疆移民运动。其对于中国移民史的价值也由此凸显。

民国十九年(1930年),经过东北保安会核准实施,黑龙江省《开垦全省各县荒田办法》又改称为《黑龙江省沿边各属荒地抢垦试办章程》[2]。新订章程无论在形式上还是内容上都有着很大的改变,不仅条款内容趋于严密且易于操作,而且其核心内容也有了较大的改变[3]。如所有"招垦"都变成了"抢垦",意义之差异非同一般,足见当时东北执政当局的心态变化以及垦荒工作的急迫性:"凡在抢垦区域内之未垦荒地,无论已放民荒、未放官荒,一律准其抢垦。"

据新章程条款,抢垦区域与前一章程规定大致相同,如云"抢垦区域以铁骊、通北、东兴、汤原、绥滨(即前之绥东)、萝北、乌云、逊河、佛

---

[1] 参见《黑省订定垦荒实边章程》,《银行月刊》第8卷第10期,1928年,第243—244页。
[2] 参见吴希曾:《近代东北移民史略》,《东北集刊》1941年第2期,第41页;张艳芳:《民国前期移民政策刍议》,《文史哲》2000年第6期。
[3] 参见杨俊海:《清末民初东北移民政策与移民安置》后附章程内容,复旦大学2006年硕士学位论文。

山、龙镇、瑷珲、嫩江、呼玛、漠河、布西、雅鲁、泰康、甘南、德郡、索伦山各县局为限"。然而研究者指出:"《抢垦章程》颁布后,又将邻近腹地之未垦地亩一并列入,于是全省皆为抢垦区域矣。——此实为东北垦殖史中的一要政也。"[1] 新章程申明"自本章程施行之日起,从前之招垦章程均一律失效"。

与《黑龙江省沿边各属荒地抢垦试办章程》同时颁布实施的,还有《吉林省沿边清丈各县荒地抢垦试办章程》,其性质与目的也大致相同。如该章程第一条规定:"沿边各县大段官荒无论已放、未放,凡未经开垦者概准抢垦。"看来,该《章程》招垦的对象,以所谓"官荒"为主。具体而言,该《章程》第二条规定:"抢垦区域仍以依兰、宁安、富锦、桦川、额穆、穆棱、密山、濛江、虎林、同江、饶河、绥远、宝清、勃利十四县为限。"[2] 其他条款内容也与前一章程类似,如第三条规定:"抢垦户以中华民国国籍人民为限。"可见吉林省的边地招垦同样是向全体国人开放,全体中国人都有权参与边地垦荒。第二十一条特别规定:"原领荒户外省人居多数,本章程奉准后,由省长公署咨行辽宁、黑龙江、山东、河北各省署饬属布告原领户周知。"由此也可推知,当时前往东北地区的许多垦户依然与家乡有着密切的联系。

民国二十年(1931年),东北政务委员会通过了《辽宁移民垦荒大纲》,共有十三条,成为辽宁地区乃至整个东北地区移民安置的政策导向与法律保证,故该大纲甚至又被称为《东北移民垦荒大纲》,以下列举其中与移民垦荒密切相关的数条:

第二条 本大纲除洮安一县已划归兴安屯垦区,另有规定外,其余各县移民垦荒事宜,悉依本大纲之规定处理之。

第三条 凡内地各处省有大批灾民,如系壮丁,有家室子女,情愿出关垦荒者,由各省政府或赈灾会及其他法定慈善团体,先将灾民户口数目,电知本省政府,或民政厅,俟核明能容人数电复后,再行运送出关。

---

1 参见吴希曾:《近代东北移民史略》,《东北集刊》1941年第2期,第41页。
2 参见杨俊海:《清末民初东北移民政策与移民安置》后附章程内容,复旦大学2006年硕士学位论文。

第四条 来东灾民,搭乘国有铁路时,按照东北交通委员会制定之运送垦荒难民暂行章程,分别减免价费,以示优待。

第五条 运送出关灾民应由各该省政府或承办机关检查,确系农人,即发给垦荒证书,运至本省入境首站,查验相符,转送各县垦荒。

第六条 灾民出关后,经过各站及到在县分,所有一切当地绅商特别捐款,或捐助食粮、物品者,事后照捐资举办救济事业条例,优予奖励。

第七条 垦荒区域暂以洮南、双山、安广、镇东、开东、突泉、瞻榆、通辽、临江、长白、金川、安关、抚松等县为限,各该县须将可垦荒地,尽数详查具报,勿稍遗漏,以便按照亩数多寡,分拨灾民,尽量安插。

第八条 凡分拨各县之灾民,未到达以前,应由县政府预定地点,分饬各村长、副筹备住所,详查当地有粮之大户,先令垫借牲畜、子种及食粮,前项所借食粮,于第一年收获中扣还。子种于第二年收获中扣还,牲畜价于第三年收获中扣还,均各加息一分。

第九条 凡壮丁受领庄地十向(垧),应限期垦荒,熟满五年后,再行升科,以示体恤。

第十条 凡灾民在垦荒县分,应与土著农民受同等待遇,惟须遵守当地习惯,并互保连坐。如有违法行为,由县讯明法办。其情节重大者,得拨地勒令出境。[1]

《辽宁移民垦荒大纲》有着一些特殊的针对性,如其第一条申明"为容纳内地灾民,开辟荒地起见",显然是有意缓解内地因灾荒所出现的难民潮问题,其招徕对象与一般意义上的垦户有较大区别。所谓"洮南十三县"就是第七条所规定的洮南、双山、安广、镇东、开东、突泉、瞻榆、通辽、临江、长白、金川、安关、抚松等县。因为招徕的对象是广大灾民,因此,有必要出台一些不同于以往的特殊的、优惠的政策。《辽宁移民垦荒大纲》提供的优惠政策包括:(1)旅费的减免;(2)籽

---

[1] 参见《东北移民垦荒大纲》,《银行周报》第14卷第6期,1930年。

粮、农具、牲畜等物资的垫借等。

据当时的报刊记载,东北地区的移民政策收到了相当好的效果。河北、山东百姓纷纷加入边疆移民的行列中来。"张作霖所订实行屯垦之章程,已指定内蒙并东北三十余县为先行试垦之处,已派员调查各县荒地,分定垦民额数。因直、鲁二省灾民过多,故请二省当局劝令人民移东开垦,旅费垦费,均由官垫。自开春后,直、鲁垦民已源源而往。二三两月,直鲁垦民约有二万二千一百七十二人。而四月来者更夥。仅上旬,已有一万二千五百余人。东省当局因近来垦民日益增多,除行知各铁道安为招待外,并通令各垦务局于(与)地方官,对于所至之垦民,宜妥为安置,加意保护,务使有如归之乐,无失所之民,并将所到垦民人数、年籍时呈报告云。"[1] 东北地区的移垦成效,也得到了当时研究者与调查者的证实与肯定。"迨民国十六年(1927年)后,直鲁人民因受天灾人祸之侵袭,十九失业,为生计之压迫,不得不求异地之生活,故多扶老携幼,结群北来。当局利用此项难民,开发本地荒地,规定官荒、民荒开垦办法。凡属官荒,任命难民自由垦殖,限期升科纳税。从前已放之荒,仍给相当期限,由原领户开垦,越期即准人民抢垦。垦熟以后,由垦户与领主四六分配。即垦户六,原领主四。资本家亦利用此项难民,作投机事来,为组织农务公司、垦殖公司、稻田公司等,招集难民,从事开垦。此项农垦公司,多在嫩江、讷河及哈拉尔葛等处。据调查,(民国)十六年度全年开垦荒地约四万余晌,十七年垦成熟地六万余晌,十八年垦成熟地四万五千余晌。就中稻田约占百分之十五。多在嫩江、讷河沿岸。最近两年(1928年、1929年),以上两县(即今嫩江县与讷河市)发达极速,均增人口三万余户。"[2]

与其同时,南京国民政府也对移民垦荒政策表达了支持的态度。据报道,国民政府内政部拟定了移民垦殖计划,其主要内容包括:(一)规定垦区。初以东三省辽河、鸭绿江、松花江沿岸及热河、察哈尔、绥远、宁夏四省所属内蒙古旗地为实行垦殖区域,次以甘肃西北部荒地、新疆鲁克沁低地、塔里木盆地、外蒙古东南及青海草地、西蒙古

---

[1] 参见《直鲁人民移垦内蒙》,《西北月刊》第23期,1925年,第66页。
[2] 参见施承志:《调查东北移民垦植报告书》,《警光月刊》1930年第5期,第6页。

东南部为试验垦区域、俟实行垦殖区域。(二)设立机关,办理移民行政事宜。另组移民设计委员会,凡与移民垦殖有关之各部会,均应派员参加。每一移垦区域设临时垦务委员会,为各该垦区临时行政最高机关,每一地方有垦民一万以上者,添置设治局,办理各该地段内行政司法等事。待垦务发展成熟后,临时行政机关一律撤废,依据县组织法之规定,逐渐完成县的组织。(三)分定步骤。经营之始,应设垦殖讲习所,专授垦殖区地理、交通、风俗、语言及其关于农事诸科,以灌输垦殖常识,并由各级(国民党)党部编制劝民移垦小册子,随时宣传其利益。然后调查各军队及各县市应移垦之兵、民数目,分期编造移民册籍,分配垦殖区域,派员测量垦区水土,添置日用什物等[1]。在多年的军阀混战之后,重振农业,势在必行。也正是在军阀混战之后,"冗兵""冗官"成为当时社会痼疾。因此,我们看到,与东北诸省移民政策相类似,大批军队兵士也参与了边疆地区的移民垦荒,成为当时移民运动中的一大特色,军垦与民垦相结合,成为当时边疆移民运动的一大时代特征。

虽然不久之后随着抗日战争的爆发,全国形势发生了巨大的变化,这份移民垦殖计划是否实施很成疑问,不过,这份计划与东北地区移民垦殖运动相互呼应、互为补充,带有明显的时代特征,依然可以作为20世纪30年代初期全国移民垦殖运动发展的一个重要佐证。

## 二 20世纪20年代与30年代东北三省移民数量统计

外地移民涌入东北,在20世纪20年代后期形成规模可观的移民潮,为了准确地了解当时的移民动向,移民统计工作必不可少。可是,我们无奈地发现,由于当时没有统一的规划与管理,移民统计往往是片面的、局部的,因此,在移民统计问题上进行深入研究,是十分必要的。

20世纪20年代初期,经过一波又一波移民浪潮的推动,东北地

---

[1] 参见《内部移垦西北计划》,《盛京时报》1931年2月7日。

区的人口数量已发生了重大转变,业已形成了较为庞大的人口基数,为地方经济建设奠定了良好的基础。但是,与其他边疆地区相比,东北地区的发展潜力还是非常巨大的。

至宣统三年(1911年),根据海关税务部门的统计,东北三省的人口总数大概为1 700万人[1]。又根据中国邮政局发表的民国十一年(1922年)的邮务报告,我们也可约略知道当时东北地区的人口状况。根据当时的统计数字,东北地区分为"奉天"与"吉黑"两个部分进行了统计,奉天省为12 823 779人,吉、黑为9 258 655人,合计为22 082 434人[2]。这一数量应该说大致代表了当时东北人口的发展情况。

源源不断的移民潮,直接促进了东北地区的人口增长。民国十六年(1927年),东北地区的人口数又有较大变化。以奉天省为例,根据民国十六年(1927年)各地报表数量,当时奉天的人口状况为:

> 奉省各县,现奉令将所属户口完全报齐。兹据某机关调查,计全省各厅局所普通户口,共计二百一十九万四千六百六十二户,男七百八十七万七千三百五十四口,女六百五十七万七千八百廿六口,共计男女一千四百四十五万五千一百八十口,船户户口,共计五百廿九口(?户),男二千二百七十七口,女一千六百四十三口,共计男女四千一百廿口。寺庙僧道户口,共计二千七百零五户,男六千零八十八口,女六百卅一口,共计男女六千七百一十九口。公共处所,共计一万一千五百五十七处,男廿六万七千五百一十二口,女二万三千一百七十一口,共计男女廿九万零六百八十二口。此表系依改编确数,据各属十六年十二月分表报数目云。[3]

其实,在东北三省的移民潮中,奉天的户口数量是较为特殊的,因为特殊的地理位置,奉天地区既可能是内地移民的安置地,又可能是移民第二次迁徙的迁出地。尽管如此,根据上述调查统计,至1927年底,奉天一省的人口数量已经接近1 500万人。

---

1 参见《税务处关于各省人口之调查》,《盛京时报》宣统三年六月初十日。
2 参见《我国户口总数之新调查》,《盛京时报》1923年7月27日。
3 参见《奉省户口调查》,《盛京时报》1928年9月7日。

1927年，北上移民数量之多引发了各方的关注，也成为20世纪20年代东北移民潮具有标志性意义的一年。根据当时的报刊报道，北上移民的数量相当可观。"闻东铁方面最近统计，自六月至九月四个月内，乘东铁优待减费客车北来者，约达四十一万人。其由三等客车而来者，亦在十万人，总计此四个月中，共到五十万人云。"[1] 应该说，并不是所有的移民都是乘火车而来，这一数量不会是最全面的数据，但是，仅以当时的铁路移民势头而言，4个月之中到达"北满"（应是吉林长春以北地区）的移民就有50万人，那么全年到达东北三省的移民数量将是一个十分可观的数量。据当时的研究者分析：

> 近年来，直（即今河北）、鲁人民携家移居东三省者大增，民国十六年份（1927年）最盛，增至百分之七十三。计过去五年半，移居者约近三百四十万人，又最近十年间，平均移居数约六十万人。……观上表（即表3-3——笔者注），有可注意者，即十五、六[年]度之出移增加额颇大，十七年度则大减，而与该年度之入移增加额对比，则入移率之大可知。又以入移、出移两方对比，则入移率年有增加，而出移数几不足述云。[2]

表3-3 民国十二年（1923年）至十七年（1928年）之东北移民数量简表

单位：人

| 年 度 | 迁入数量 | 迁出数量 | 纯迁入数量 |
|---|---|---|---|
| 民国十二年（1923年） | 341 638 | 240 556 | 101 082 |
| 民国十三年（1924年） | 384 740 | 200 046 | 184 694 |
| 民国十四年（1925年） | 472 978 | 237 746 | 235 232 |
| 民国十五年（1926年） | 566 725 | 323 694 | 243 031 |
| 民国十六年（1927年） | 1 021 942 | 341 599 | 680 343 |
| 民国十七年（1928年） | 574 088 | 157 099 | 416 989 |
| 合 计 | 3 362 111 | 1 500 740 | 1 861 371 |

资料来源：《近五年东省移民》，《盛京时报》1929年1月29日。

---

1 参见《移民到北满数额：近四个月达五十万人》，《盛京时报》1928年10月19日。
2 参见《近五年东省移民》，《盛京时报》1929年1月29日。

民国十六年(1927年)迁入东北北部地区的移民就达 1 021 942 人,成为 20 年代大移民的一个高峰值。不过,也有其他方面来源的资料证明了当时移民的盛况。如 1930 年发表的《东三省移民概况》一文称:"比年,直、鲁、豫居民分道出关,移赴东(三)省,自民(国)十六年以来,年有百万之多。求之各国史乘,殆无其匹。"[1](见表 3-4)

表 3-4 民国十二年(1923 年)至十八年(1929 年)间前往东北三省的移民情况

| 年 份 | 迁入人数 | 迁出人数 | 居留人数 | 居留人数占比(%) |
|---|---|---|---|---|
| 1923 | 341 638 | 240 565 | 101 073 | 29.58 |
| 1924 | 384 730 | 200 046 | 184 684 | 48 |
| 1925 | 472 978 | 237 746 | 235 232 | 49.73 |
| 1926 | 566 725 | 323 694 | 243 031 | 42.88 |
| 1927 | 1 050 528 | 341 599 | 709 229 | 67.49 |
| 1928 | 1 089 000 | 578 000 | 511 000 | 46.96 |
| 1929 | 1 046 291 | 621 897 | 424 394 | 40.5 |
| 合 计 | 4 951 890 | 2 543 547 | 2 408 643 | (平均)46.45 |

根据上述数据统计结果,我们可以知道,20 世纪 20 年代大移民潮,至 1927 年、1928 年以及 1929 年三年之中达到了巅峰,每年迁入所谓东北北部地区的移民数量均超过了 100 万。而粗略统计,自民国十二年(1923 年)到民国十八年(1929 年)的七年间,前往东北三省的移民数量接近 500 万。

当时其他书刊也记录了南满铁道株式会社的统计结果,与上述统计正好可以相互印证,尽管由于数据来源有所不同,或存在转相抄录可能出现的失误,但是大致证实了 1927 年、1928 年以及 1929 年的移民峰值现象(见表 3-5)。

表 3-5 大连、营口、安东、辽宁四处入境出境人数统计表

| 年 份 | 入境人数 | 出境人数 | 留居东北人数 | 留居人数的指数 |
|---|---|---|---|---|
| 1923 | 341 368 | 240 565 | 100 803 | 100 |
| 1924 | 384 730 | 200 046 | 184 684 | 183 |

---

[1] 载《中东经济月刊》第 6 卷第 11 号,1930 年,第 70 页。

续表

| 年　份 | 入　境　人　数 | 出　境　人　数 | 留居东北人数 | 留居人数的指数 |
|---|---|---|---|---|
| 1925 | 472 978 | 237 746 | 235 232 | 233 |
| 1926 | 566 725 | 323 694 | 243 031 | 241 |
| 1927 | 1 050 828 | 341 599 | 709 229 | 704 |
| 1928 | 938 492 | 394 247 | 544 245 | 540 |
| 1929 | 625 384 | 189 106 | 436 278 | （缺） |
| 合　计 | 4 380 505 | 1 927 003 | 2 453 502 | |

资料来源：《浙江移民问题》第四编"对于移民东北的认识"（赵天河编）第一部第三章，第8页，《移民特刊》1930年版。

由于统计的地域范围局限以及统计工作的精确度问题，想要得到当时东北地区全面而准确的移民数据是相当困难的。即使当时最及时的报道也不免有缺漏之处。如《盛京时报》民国二十年（1931年）报道了当时辽、吉、黑、热四省的面积与人口总数。其中就提到辽宁省人口1 400余万，吉林省人口552万，黑龙江人口500万，那么三省人口合计应接近2 500万人[1]。然而，即便是同一份报纸在不久之后公布的人口数量也有不小的差距。如该报记载的一份调查报告称，黑龙江省户口调查数量为615 790户、3 731 220口[2]。似乎与上述500万的统计差别较大。而另外一份调查资料则称，吉林省人口总数达到了900万，与前述的552万的数量差距更大[3]。因而可以说，由于当时缺乏全面性的、准确的移民统计资料，东北的移民数量问题肯定不能依赖几页原始数据来解决，而只能更多地依靠研究者的工作来进行更合理的推测与判断。

1931年九一八事变之后，日本帝国主义强行占据东三省，正式拉开了侵华战争的序幕。中国内地向东北地区的移民活动由此受到重大限制。据报载，1935年3月14日，日本关东军特务部突然在榆关及长城各口禁止中国内地农民出关，由大东公司售票出关，农民每人

---

[1] 参见《辽吉黑热四省面积人口总数》，《盛京时报》1931年2月4日。
[2] 参见《江省户口调查》，《盛京时报》1931年3月26日。
[3] 参见《吉省人口总数九百万人》，《盛京时报》1931年9月18日。

付费一元所购买的所谓"入国证"也被下令停止发售[1]。如此一来,能够自由进入东三省地区的内地民众被直接遏止。因此可以说,1931年九一八事变不仅标志着中国抗日战争时期的到来,同时也标志着现代中国移民史的一个转折时期的到来[2]。

## 第四节

## 学术界关于边疆移民潮的认知与评估

20世纪前期发生于中国境内的移民浪潮,虽然集中于东北等边疆地区,但是由于移民数量巨大,社会影响极广,因而在东亚乃至全世界范围内都产生了相当深远的影响。甚至可以说,在相当长的一段时间里,发生在中国境内的大移民潮成为中外舆论界与学术界关注的焦点与热点之一。当时不少中外学者非常关注中国东北地区的移民及相关边疆社会问题,大量研究性论著也随之出现。不少研究者不仅积极收集相关数据及资料,甚至亲自深入边疆移民地区进行实地调查研究。这些学者的论著在边疆移民研究的诸多关键问题上取得了不小的进展,对于我们今天的研究而言十分珍贵。而且,这些论著不仅具有相当高的研究水平,同时也是那个时代移民问题的反映,具有很高的文献资料价值。这些著作出现于移民潮正在发生的时代,作者们感受最为真切,选用的资料也最为贴近实际。

应该承认,在现代中国东北移民问题的研究上,一些外国重要学者的推重与倡导起了很大的推进作用:"年来,直鲁难民,分道出关,移殖东省,其现状在今日之世界中,殆无其匹……然如此次之以多数人民,于短时期内移殖于一定地带,则殆可谓未经见之事实也。据可靠

---

[1] 参见胡鸣龙:《东北移民的末路》,《新亚细亚》第9卷第4期,1935年,第65—71页。
[2] 参见吴达中:《九一八前后的东北人口与移民》,《黑白半月刊》第1卷第13期,1934年;朱玉湘、刘培平:《论"九一八"事变后东北地区的关内移民》,《近代史研究》1992年第3期。

机关最近调查,民国十六年(1927年)一年中,华北向东省移民,达百万之数。……民国十四年(1925年)以前,并无任何机关调查此种移民之性质,或详纪其数目。至于以科学计画援助移殖,则更无梦想及之者矣……独三省各铁路以大多数移民皆经由各该路运输,以达其目的地,遂得有关于此事之必须资料。……尤要者,则去年(1927年)以来,渐有国际科学团体视为最重要之'殖民'事件,并从中、日两国人口、粮食问题上着眼研究其事实。如美国地理学会、社会科学研究社等,皆以东三省为现世最要'殖民地带'之一,用科学方法研究,以期将来于实际上有所贡献,此其最著之例也。"[1] 不管出于何种目的,鉴于东北移民规模之浩大,举世罕匹,不少西方学者热切地关注并投入于中国边疆移民问题研究,是不争的事实,而西方学术团体的努力不仅填补了国际学术界对于中国移民问题研究的空白,同时对于中国国内学术界也起到了警醒、引导与示范的作用,也是不可忽视的。

当时,一些中国国内的研究者也注意到在此问题上国内外学术界的对比与差距:"比年,关内之民出关就食,惹起国际注意,咸以为一大事,无论在政治上、经济上、国防上、社会上,皆有研究之价值。惜国人留心此问题者,反尠其人。上海《远东时报》(*The Far Eastern Review*)为国中最接近日人之英文杂志,年来关于此事研究记载,几无月无之,其用心自可想见,而尤以本月号杨君(C. Walter Young)所著为最为详尽。"所以,中国学者表示出了担忧,特别提到了"我不自谋,人必越俎"的忧虑,呼吁中国国内学者积极投入东北移民问题的研究之中[2]。东北移民问题的研究,也直接引起了中国学术界的反省与自觉,同样也可以视为中国学术界走向现代化的一个重要标志。更为可贵的是,不少研究者还深入实地调查,获得了宝贵的第一手资料,这些工作及成果为我们后人深入理解与评估当时移民潮的影响提供了坚实的依据。

总而言之,中外学者的论著在关于东北移民潮的诸多关键问题

---

[1] 参见 C. Walter Young:《东三省之直鲁移民》,冯至海译,《银行月刊》第 8 卷第 6 号,1928 年,第 1—2 页。
[2] 同上,"译者序"。

上取得了进展,如移民潮产生的"推力"与"拉力"以及时代背景,移民的类型、来源及安置,移民的数量统计与分布,以及当时学术界对于移民潮的研究与评估等。

## 一　关于边疆移民潮的动因(即推力与拉力)及时代背景

动因问题是所有移民研究者与论著都要涉及的最基本问题之一,即为什么移民、什么原因促使民众做出移民的抉择,或为了解决什么问题而移民等,可以说,这类问题是我们理解当时边疆东北移民潮最关键的问题,边疆移民潮的价值、历史地位以及重要意义也多由此而产生。而动因问题的研究,必然涉及那个时代中国的时代背景的分析,从这个角度可以说,移民问题本身就是当时中国社会研究的重大问题,移民研究必须对于当时中国社会本身的特征以及存在的问题进行深入观察与理解。

### (一)移民潮产生的"拉力"问题

"在家千日好,出门一时难。"让广大的中国传统农民做出移民的决定是极为困难的。关于移民的动因,研究者很早就指出:"国人,直隶、山东人尤多,为什么这样多愿离异他的乡井? 要回答这个问题,就不是三言两语可说得清的。……中国社会的家庭和乡土观念是很重要的,这二种是有连带关系的。知乎此,则知中国人如无绝大之理由,决不肯离异他的庐墓;中国人是终老故乡的。凡在中国居留过的外人定可举出许多他的中国朋友为他三百年前的'本省'呼吁的例子。还有一件事也可证实:那就是由满洲到山东的路上的络绎不绝的、拖泥带水的牛车,车上安置了客死他乡的移民的棺木,五六具一车,送往故乡去埋葬。仆仆数百里,更有来自北满者,历尽以山海关为终点的长城南北的坎坷不平的车道,灵柩绝少有由火车转运的,那是浪费。"[1] 这段分析生动地道出了传统中国人在迁移问题上的矛盾与复杂的心

---

[1] 参见蒋定一:《满洲与吾国的移民事业》,《民国日报·星期评论国庆增刊》1928 年 10 月 10 日。

态。对于移民而言,"魂归故里"绝不是一种文学的想象,而是一段无比艰辛的返迁路途。西方学者对此也表示认同:

> 以华人乡土与家族观念之重,苟非万不得已,断不抛离故乡以他适,纵客死他乡,亦必归葬。今日山海关道上,辄有南行大车,三五成群,满载棺木,此皆直、鲁人之在东省病故而千里归葬者也。是故欲明了中国社会经济与政治、乡土观念,实为最大关键。中国农民,尤为保守,非万不得已,决不肯离家远适,移殖他方……[1]

可以说,直到20世纪前期,中国内地各省整体上依然处于落后的农业阶段,以"农耕为主"的经济生活特征,不仅铸就了中国农民"面朝黄土背朝天"的群体形象,同时也注定了"安土重迁"与"归葬祖茔"的思维模式与行为特征,再加上传统儒家注重"孝道"的思想深入人民的骨髓,畏迁与惧迁的情绪普遍存在。这种种因素,在20世纪移民问题上都有突出的表现。然而,移民潮还是一波接一波地不断涌现,势不可挡,移民潮的出现,无疑具有更深层次的历史地理背景。

首先,中国人口及自然资源分布不均衡,东北及边疆地区地广人稀,不少地方人烟寥落,与中国内地土地资源高度紧张乃至人满为患的情况形成鲜明对比,人口密度对比悬殊,这就为大规模移民潮提供了客观的可能性及潜力,即移民研究上的所谓"拉力"因素。人口分布的不均衡,促使内地无地农民迁移至地广人稀的边疆及边远区域,这也成为当时研究者们从学术层面分析中国近代边疆移民潮的一个基调。

关于中国人口分布不均衡问题最重要的研究,来自现代人口地理学家胡焕庸等人。胡焕庸先后在《地理学报》《社会科学研究》等杂志上发表了《中国人口之分布》《我国人口分布与国内移民问题》等论文,提出了著名的"胡焕庸线",即"自黑龙江之瑷珲,向西南作一直线,以达云南之腾冲,划分全国为两部,则东南半壁之面积,计四百万方公

---

[1] C. Walter Young:《东三省之直鲁移民(一)》,冯至海译,《银行月刊》第8卷第6号,1928年,第4页。

里,约占全国总面积之百分之三十六。西北半壁之面积,计七百万方公里,约占全国总面积之百分之六十四。依人口之分布,则东南半壁计有居民四万四千万,约占全国总人口之百分之九十六,西北半壁计有居民一千八百万,约占全国总人口之百分之四;如以平均密度计算,则东南半壁每方公里计一百十人,西北半壁每方公里计得二·五人。"当然,不少西北地区人口稀少,由于当时自然环境较为恶劣,并不适应大规模的人口迁入与经济开发,而东北地区就完全不同。因此,胡焕庸又指出:"……惟东北三省,因其境内多平原,富雨量,又具有从未开垦之处女肥土。凡此皆为西北境内所绝无者。吾人如不欲计划国内移民而已,否则仍当以东北数省为我(移民)惟一之对象……"[1]

关于内地的人口稠密问题,很多研究者都提到了,显然也成为当时学术界的共识。如王成敬指出:"河北、山东等省的人口分布早已很稠密。就一九三七年内政部的统计观之,彼时河北每方公里内平均在二百人以上,山东更超过二百六十人。但到彼时的辽宁省每方公里内也只有四十七人,吉林且不到二十六人,黑龙江更不到九人。七七事变前夕的统计数尚且有如此大的悬殊,则早年的差别就必定更大了。在这样情形下,河北、山东的人口过多,生活自感困难,其年青力壮的农家子弟便自然移向人口稀少而又距离甚近的东北各地去求生活,去求新的发展。"[2] 人口稠密与否的问题,似乎与人均土地面积的关系更为密切,在当时中国边疆地区中,东北地区可耕土地资源最为丰厚,自然对渴望土地的移民而言,具有不可抵御的吸引力。

又如吴希庸在《近代东北移民史略》中指出:"考人口移动,就其基本之动力言,代表人类对于土地永远不能满足之饥渴,故人口移动之潮,必自土狭民稠之处,流向地广之区。近数百年来,中国内地之人口压迫日益严重,移殖边疆,为势所必至。中国边疆中,以东北之自然条件最优,故其人口容纳力亦最大。一言东北之土地,非但面积广大,品

---

[1] 参见胡焕庸:《我国人口分布与国内移民问题》,《社会科学研究》第1卷第3期,1935年,第483—490页。
[2] 王成敬:《东北移民问题》,《东方杂志》第43卷第14号,1947年,第12页。

质亦极良好,于是乃成内地过剩人口之尾闾。"[1]其他不少学者都赞同这种论证,在各自论述中不厌其烦地罗列出内地与东北地区人口与土地状况的对比情况,极言边疆地区移民之可行性与必要性[2]。

其次,边疆移民不仅可解决人口分布不均衡的问题,而且对于国防安全具有重大意义。近代以来,中国受到列强的侵迫,危机四伏,其中,以边疆地区受到的威胁最为严重与紧迫。日本与俄国对于中国东北地区的侵略企图正如"司马昭之心——路人皆知"。西方研究者明确指出:"日本也想开发满州(洲),但初不过为他本国国民的利益打算。他藉着日俄战争的结果所攫得的特殊权利,享有原料和食粮的源源的供给,才建筑成一个近代的国家。在这种进行之下,满州已然卷进日本的经济组织里去了。日本已从农业国走入了工业国,所以在过去的四十年中,人口加倍的增添了。经过一场血战,他从一个较大的强国手中攫得满州的特权。当时,他为了保全这种特权,他可以采取任何必要的步骤。背面有苏俄立在那里,虽然现在他还有内部的纠纷,但他始终同那块地域有密切的关联。因为那是他向海参崴经营商业的必经之路。他的太平洋上的军事计划,也全倚赖着满州。仔细的分析起来,满州乃是他东方海上势力范围的保障。从莫斯科到海参崴的铁路线,若是经过俄国的领土,必须绕走一个大弯,若是穿过北满中部,便可一条直线的到了。除开这种满州财富的利益来说,在过去,俄国也曾想要弄到一个不冻港,好去补偿他在《蒲次茅斯条约》上所受的损失,这种观念之足以影响他的行动,更是可想而知了。"[3]

当时还有一些学者关注到了俄国、日本与韩国积极向中国东北边疆地区移民的动态:"日本侵略东北,除以经济手腕积极进行外,首注重移民政策。韩人来东北谋生者,日渐增多,均受日人所指使。……据上年十月末之调查,东省现有业农之韩民,五十四万七千一百七十五人,计十万八千九百余户,种水田者,有六万一千三百七十

---

1 吴希庸:《近代东北移民史略(初稿)》,《东北集刊》第2期,1941年,第2—3页。
2 参见胡志宁:《从中国人口问题说到移民边疆》,《社会月刊》第1卷第2期,1934年,第17—22页。
3 参见[美]马罗立(W. H. Mallory):《中国的北部移民》,《河北周刊》第20期,1928年,第1—2页。

余丁,上年收米一百三十七万四千石,均运往日本。又(日本)关东厅与满铁规定,本年度奖励移殖韩民办法,至少须移十万人云。"[1] 不少中国学者忧心忡忡地呼吁中国加快移民东北的步伐,并提出了"东北(四省)是中国的生命线"的口号。维护中国主权、争取中国民众的移民权益,已到了刻不容缓的地步。"日俄战后,日本有每年移民五十万于'满洲'之计划,惟以地理条件的限制,虽经三十年之惨淡经营,迄九一八事变的前夕,移殖东北的日人总计不过二十余万人。根据民国十九年(1930年)底的统计,东北日人共有二十二万五千人,其中有十一万五千人居于旅大租借地,约占旅大租借地全人口百分之十二,其次有九万六千人居于南满铁路区域,此外散处于日本领事馆所在地者,仅一万三千人。……日本移民东北的计划,可谓全盘失败。"然而,自1931年九一八事变后,日本侵略者全面占领东北,又开始实施一系列疯狂的移民东北计划[2]。

又当时"据中东铁路经济调查局计算,东省人口在五十年后将增至七千万人之数,东北四省实为世界上一伟大的移民地带"。关于东北地区的主权争议,中国的主张得到了国际社会的大力支持与帮助。当时"国联调查团报告书"明确指出:"确定该处将来永为中国之所有,无论在法律上或事实上,欲使东北与中国分离,将来必造成一严重之领土恢复问题。"这份报告书极大地打击了周边列强侵占东北之野心[3]。

当然,东北地区丰富的矿藏资源与优越的农耕条件,同样是不少学者们所津津乐道的。如东北林木资源之富厚,素享盛誉。"据日人于去年秋际之调查,谓鸭绿江右岸林木,积蓄量有二三八〇八一〇〇〇石。延吉、江清、挥(晖)春、和龙、安图五县林木,积蓄量四三三六〇〇〇〇〇石。敦化、额穆、宁安三县林木,积蓄量四二〇〇〇〇〇〇石。松花江、豆满江流域林木,积蓄量一七五七〇〇〇〇〇石。拉林河流域林木,积蓄量三〇一〇〇〇〇〇〇石。中东铁路沿线各地林

---

1 参见施承志:《调查东北移民垦植(殖)报告书》,《警光月刊》第5期,1930年,第5页。
2 参见杨楫:《五十年来日本在东北移民的实况及其将来》,《田家半月报》第10卷第20、21期合刊,1943年,第13页。
3 同上。

木,积蓄量九二四〇〇〇〇〇〇石。三省及吉林东北部林木,积蓄量二六一八〇〇〇〇〇〇石,可供数百年之采伐,堪称世界森林最富之区云。"又"东北矿业埋藏之富,可以甲于全国。目下已经开采者,铁矿三十三所,铅矿二所,铜银矿三所,煤矿五十六所,一年中共产煤九百八十万吨,铁九十五万九千吨,铜七百九十二吨,滑石二万三千吨,硅石二千吨。加以其他各矿,共产一千一百三十四万七千吨。"[1]

又有研究者指出:"吾国矿产之富,北胜于南,而尤以塞外为最。西起天山之麓,东讫(迄)勃(渤)海之滨,绵延二万余里,悉千古未开之富源也。国人既绌于财力,束于官禁,不得任意开采,而外人得觇而夺之。今之什五六,已非复吾家故物矣。日人以胜俄之故,由间接以获抚顺、烟台两地煤矿,遂沾沾自喜,以为朴资茅斯之约,虽未索取偿款,其实计两矿所得,已抵偿款之全数而有余,是可知其利源之厚矣。今漠河金矿之以讼直收回者,尚未能全恢自主之权也。国家既困于资力,而无暇及此,边人又不能自谋,使非合内地之人力、财力以共担任之,几何其不沦胥以铺也。"[2]因此,鼓励内地移民参与东北林业及矿业之开发,是维护中国边疆权益的重要措施之一。

最后,在移民"拉力"方面必须指出,除了土地及各类矿产资源相当丰富之外,东北地区社会稳定,交通便利,经济发展潜力巨大,与当时中国其他地区相比,也是较为突出的,这对外来移民也产生了很大的吸引力。当时,"吾国各地——山西在外——没有像满洲能享这样长久的治安的——那里既没有内争,交通又极便利。自日俄战争以后,除却小小的骚扰外,没受过大的战祸,交通也未常(尝)断绝。过去二十五年中,中国各地的对外贸易,没有像满洲这样发达的。三省的农矿俱已著闻,满洲的人口才不过全国百分之六,而她的商业在一九二五年时已占全国总贸易额百分之三十了。三十年来所计划的铁路俱已完成,现时满洲的铁路占全国百分之五十,并且管理也较优。一九二六年中国输入的钢轨百分之八十是输往满洲的,而其中百分之六十则来自美国。还有该注意的,大连已超各商港,仅次于上海而为

---

[1] 参见施承志:《调查东北移民垦植(殖)报告书》,《警光月刊》第5期,1930年,第7—15页。
[2] 参见蛤笑:《论移民实边之不可缓》,《东方杂志》第4卷第7期,1907年,第121页。

全国第二大通港了;一九二七年大连海关的收入占全国百分之十五,当然入口应税品是少于出口应税品。这都是她发达的征兆,也就是国人入满,以北满为最的主因"[1]。

### (二) 移民潮的"推力"问题

源于内地移民迁出地的"推力"因素,也是学者们所反复强调的重要内容之一。就移民运动而言,"推力"较之于"拉力"更为重要。总体而言,移民"推力"主要包括"天灾"与"人祸"两个方面。就自然灾害而言,研究者注意到:"华北是中国最容易发生天然灾害的地区,其中最易发生而又最严重的是旱灾,其次是蝗灾及水灾。旱灾和蝗灾且有连带的关系。一经发生,则赤地千里,颗粒无收,使多数的人民不得不到异地去逃荒。这样成群结队的难民,在华北尤其是河北、山东两省境内是时常可以见到的。"[2] 根据 1926 年南开大学对于山东 1 149 户农业移民所进行的移民原因调查的结果,因为"经济关系"而进行移民的有 793 户,占到总移民数的 69%。"经济关系"包括生活困难、人口过剩、食粮不足、耕地缺乏等。因为"天灾人祸"因素的移民数量有 314 户,占到移民总数的 27.3%。"天灾人祸"包括匪患、兵灾、旱灾、水灾、虫灾等[3]。两种类型的移民已占移民总数的 96.3%。

美国学者马罗立曾经较为全面而深入地分析了山东与河北移民的困苦状况:

> 大部的移民是从中国人口最密的山东省来的……直隶(即今河北省)是其余的殖(移)民先锋队的家乡……一九二〇年的旱灾,造成这两省近年来最严重的饥荒。一九二一年黄河作患,淹没了山东东北部一块很大的面积。一九二四年又有居民记忆中最坏的大水,流溢于直隶平原,毁坏收获物,超过几千平方哩,损害的数目达二〇〇,〇〇〇,〇〇〇元。一九二五年黄河堤又在山

---

[1] 蒋定一:《满洲与吾国的移民事业》,《民国日报·星期评论国庆增刊》1928 年 10 月 10 日,第 37 页。
[2] 参见王成敬:《东北移民问题》,《东方杂志》第 43 卷第 14 期,1947 年,第 12 页。
[3] 同上,第 13 页。

东西部溃裂,淹满千余村,而在一九二七年,又有很利害的旱灾。两省各有一部受他的影响。除此断续的天灾以外,加以战争的痛苦、军队非人道的逼索和大量军队食品的供给,人民实在是疲于应付。这些情形使最守旧的人民不得不离开他的故乡……[1]

就天灾而言,有研究者指出:"山东移民独较他省为多者,水、旱实为主要原因。据日人小泽茂一之统计,一九二七年山东省大饥荒,延及五六十县之广,受灾人民已达二〇八六一〇〇〇人,约占山东全省人口之百分之六〇,一九二八年之饥荒,其范围虽不及一九二九[七?]之广,而其严重程度则过之。"[2] 同据华洋义赈会山东分会的调查结果,当时山东灾区占 56 县,面积 24 万方里,灾民约 2 000 万人。而当时山东全省共 107 县,全省 3 800 万人口,被灾的人口已经占总人口的十分之六[3]。

而天灾无情,"人祸"更烈!关于"人祸"问题,研究者指出:"所谓人祸系指内战造成之兵灾、匪灾等而言。中国的内战,比任何国家频仍,平均两年即有一次大战。试观民元以来的内战史。计一九一一年有辛亥革命,一九一三年有二次革命,一九一五年有护法之役,一九一七年有复辟之战,一九二〇年有直皖之战,一九二二年第一次奉直之战,一九二四年第二次奉直之战,一九二五年奉浙之战、国奉之战,一九二六年有北伐之役,一九二七年宁汉分立,阎冯出兵,一九二九年湘桂之叛,一九三〇年阎冯之叛,一九三一年剿共之役,以至现在仍在继续用兵赶剿中。每一战争,除驱杀无辜兵士、百姓外,且阻碍生产,妨害交通。更因战费而加租税,使民不聊生。一九三〇年的南北大战,河南一带受害最烈,商丘一邑,炮火之烈,战斗之惨,为空前所未有,人民食弹而死者不胜其数,牲畜车马悉征军用,粮秣柴草,供应频烦……不独河南如此,即河北、山东亦皆受极重之兵灾。内战的结果,不但不能耕种,而又因房舍被毁,栖身无所,即使有家可归,亦皆室如悬罄,弱

---

[1] 参见[美] Walter H. Mallory:《中国东北移民概况》,洪涛译,《交通经济汇刊》第 2 卷第 3 期,1929 年,第 107 页。
[2] 参见邵德厚:《东北在"内地移民"上之价值》,《黑白半月刊》第 2 卷第 10 期,1934 年。
[3] 参见张振之:《人祸天灾下之山东人民与其东北移民》,《新亚细亚》第 2 卷第 3 期,1931 年。

者填于沟壑,强者谋生无路,不得不挺(铤)而走险,流为土匪;其余不甘为盗贼者,又不能束手待毙,自不得不背井离乡,谋生关外。"[1]

众所周知,在当时的边疆移民中,就移民"推力"而言,山东地区对于广大人民的"推力"可谓最为强大。张振之所作《人祸天灾下之山东人民与其东北移民》一文十分翔实地总结与分析了山东移民潮出现的时代背景及诸多影响要素,如"战祸之下的流离失所""匪祸之猖獗""苛捐杂税之压榨""天灾之流行""铜元低落与物价昂贵"等。其中,战祸之危害居首,作者在文中激烈地表达了山东人民所受军阀祸害之惨烈与作者的愤慨之情:

> 山东等地的灾祸,第一笔就要从战祸的账算起。说到战祸,那么尤以狗肉将军张宗昌为罪魁祸首。张宗昌自民国十四年就山东军务督办以后,整个的山东都在他的铁蹄踩躏之下,人民的生命财产简直贱如草芥;在继续不断的混乱的斗争中,战地诸县所受的战祸实难以笔舌来形容。……在许多战乱区域的地方,到处充满着凄凉的惨况。各县的人民逃窜了,家畜被掠夺了,房子被烧了,田地也荒芜了,除了县城而外,走到村落的地方,连一草一木都显现着萧条的样子。令人不禁发生"苛政猛于虎"感想。
> 张宗昌是个最野蛮不过的军阀,他为扩张他的军队起见,常常使山东的青年农民强迫当兵,美其名曰"征兵",先在胶东一带的淄川、益都、昌乐、新光、掖县、潍县、高密、胶县等地方实施,后来更适用于全省。这种武力的威胁,使大家发生极大的恐慌,因此而逃避到别地方的就很多。
> 在张宗昌的踩躏之下,山东真是弄得乱七八糟,不成样子。自革命军北伐,山东一地又成为南北两军战斗最剧烈的地方,两方相持很久,而且也是胜败的关键。后来,日本出兵阻挠北伐,于是山东又成为日本武力控制的地方,山东人民给他们任意摧残。生命财产的损失不可以数计。其后,冯阎之变,山东又成为激战最烈的地方。

---

[1] 邵德厚:《东北在"内地移民"上之价值》,《黑白半月刊》第2卷第10期,1934年,第7页。

许多年来,山东人民总是受到许多战祸,好像陷身于水深火热之中一样。因此,山东人民都想逃出虎穴,流窜到异地去了。

根据民国十六年(1927年)济宁兵灾救济会的统计,山东被灾区域的人口达到490余万,被灾耕地面积计1 400万余亩,被征发的家畜计牛260 000头、驴120 000头[1]。由此可以想见,当时山东农村之凋敝,农民生活之走投无路。可以说,在这种状况下,山东人民走向东北移民之路是无奈的选择,也是必然的选择。

## 二 边疆移民的数量、类型与移民来源(省籍构成)

### (一) 移民数量统计

20世纪20—30年代初的东北移民浪潮,正是以其庞大的移民数量震动中外,产生了世界性的影响。许多学者都在文章中谈到当时移民潮的巨大规模。如让慈在《中国移民满洲之过去及现在》一文中指出:"民十五年(1926年)以前,每年移民尚无逾五十万者。民十五年以后,始成为空前之大观;移民人数竟突破五十万而上之;最盛时几达百万,始惹世人注意矣。计自民十一年至十九年底,冀、豫、鲁三省人民之出关就食者,共约四百八十余万。噫!此即伟大之中国国防军也!"[2] 西方学者也对此发出了惊叹:

> 年来直鲁难民分道出关,移殖东省,其现状在今日之世界中,殆无其匹。求之史乘,若美国西部,若坎(加)拿大,若阿根廷,若澳大利亚,若西伯利亚,皆曾有性质略同之移民事实。即就华人而言,亦曾向菲律宾、马来由(亚)、东印度一带尽力发展。然如此次之以多数人民,于短时期内移殖于一定地带,则殆可谓未经见之事实也。据可靠机关最近调查,民国十六年一年中,华北向东省移民达百万之数。考欧战前,美国及坎拿大,极力奖励移民,但即最盛之时,经政府之劝诱,资本家之鼓吹,而任何一年中,向无

---

1 参见张振之:《人祸天灾下之山东人民与其东北移民》,《新亚细亚》第2卷第3期,1931年。
2 让慈:《中国移民满洲之过去及现在》,《湖南大学期刊》第8期,1933年,第103页。

如此巨大数目……[1]

蒋定一在《满洲与吾国的移民事业》一文中指出:"吾国民众不断地由关内移入满洲,是现时特殊的事实。就过去两年和最近激进的情形看来,在数字上,在某一个区域的任何殖(移)民运动,都不足与它比拟。据最近可靠方面的统计,一九二七年国人由北部移往满洲的将近百万。"[2]仅民国十六年(1927年)进入东北地区的移民总数就接近100万,引起了中外学术界的震动。关于东北移民的统计问题,研究者指出:"对于中国(内地)向东省移民之统计机关,其主要者有二:一为南满铁路之调查课,一则为中东铁路之经济局是也。此两处关于本问题之著述,几如汗牛充栋(译者按:国人注意)。而作者用为论据之资料,则多系得自满铁。"[3]应该说,这种调查资料的准确性是较高的。

当然,东北移民的数量有一个长期累积的过程。"十九世纪中叶以来,(清政府)卒不能不公开放垦。民国以来,更无限制。故十余年间,移民屡有增加,然尚无惊人之点。直至民国十四、十五年两年,始蔚为空前之奇观焉。"[4]还有研究者列出了民国元年(1912年)至十八年(1929年)底的移民人数(参见下表)。此表为我们了解东北移民数量的变化提供了参考。

表3-6 民国元年(1912年)至十八年(1929年)东北移民数量简表

单位:人

| 年 度 | 移民人数 | 年 度 | 移民人数 |
| --- | --- | --- | --- |
| 民国元年 | 11 200 | 六年 | 32 000 |
| 二年 | 14 300 | 七年 | 28 500 |
| 三年 | 12 500 | 八年 | 36 500 |
| 四年 | 13 000 | 九年 | 33 000 |
| 五年 | 26 500 | 十年 | 36 500 |

---

1 参见C. Walter Young:《东三省之直鲁移民》,冯至海译,《银行月刊》第8卷第6号,1928年,第1页。
2 载《民国日报·星期评论国庆增刊》1928年10月10日,第36页。
3 C. Walter Young:《东三省之直鲁移民》,冯至海译,《银行月刊》第8卷第6号,1928年,第2页。
4 同上。

续 表

| 年　度 | 移民人数 | 年　度 | 移民人数 |
|---|---|---|---|
| 十一年 | 35 000 | 十五年 | 65 000 |
| 十二年 | 430 000 | 十六年 | 1 015 000 |
| 十三年 | 465 000 | 十七年 | 850 000 |
| 十四年 | 500 000 | 十八年 | 1 300 000 |

资料来源：参见平枢：《东三省与内地移民》，《民众周刊（济南）》第3卷第18期，1931年，第6页。

又据研究者估计，在民国十八年（1929年）之后，直至1931年九一八事变日本侵华战争开始，由于内地各省灾患连绵，民不聊生，移民数量大大增加，创下了前所未有的移民纪录。"去年（1930年）内地旱灾瘟疫，到关外去的想必更多，不过现在还没有确实的统计，所以这里没有写出来。至于今年（1931年），各省水灾，据内政部估计，被灾人民不下七八千万，占全国人口六分之一。当时本打算移灾民去关外的，但是九月十八日日本出兵强占了辽吉二省，现在又攻下了黑龙江省城，这种移灾民去开垦的计划，当然现时谈不到了。"[1]

尽管研究者所依据的资料来源不尽相同，但是，对于近代东北移民潮规模的估计都是相似的。"三千万人"是当时东北移民数量研究中最具代表性的一个数据。如王成敬指出："到九一八前夕，东北人口号称已有三千万之众。当时东北的地方当局为鼓励移民起见，曾力求减低火车票价，并特开各地农民专车，以便利华北农民之春来秋去。当时规定，不分远近，每人只收票价二元，对于移入及回籍的移民至为便利。东北境内的人口在这样急速的增加之后，到一九四〇年以后，即超过了四千万人。"[2] 应该说，从19世纪中叶以来，东北地区有规模的移民运动才开始，人数相当有限，而至20世纪40年代初期，东北地区的总人口竟达到了4 000万，这种不足百年间所发生的天翻地覆的变化，不仅是东北地方史发展的奇迹，也堪称中国移民史上的奇观。

---

1　参见平枢：《东三省与内地移民》，《民众周刊（济南）》第3卷第18期，1931年，第6页。
2　王成敬：《东北移民问题》，《东方杂志》第43卷第14号，1947年，第11页。

## (二) 移民类型

粗看起来,近代边疆地区的移民,大都以移民垦殖为目的,主要从事农耕生产,总体而言,移民类型还是较为单纯的,可归之为农业移民。但是,边疆移民是中国近现代社会变迁历史的一个重要组成部分,不仅有着特殊的历史渊源、乡土社会背景以及自然地理条件,而且必然会打上近代历史的烙印,其时代特征与社会背景都是研究中应该得到认真关注的问题。

现代著名美国学者兰特模(今译为拉铁摩尔,Owen Lattimore)曾经对东北地区的移民历史进行了较为系统的回顾与分析,其中,他对于移民类型的研究相当独到与深刻。如他在《汉人移殖东北之研究》一文中首先提到了"军队的移殖屯垦",指出:"清时边远地方的移殖,要不过是军略上的一个问题,这句话用之于黑龙江边境、蒙古北部与西伯利亚接壤处,以及新疆,尤觉适当。"军队移防,通常并不能列入学术意义上的"移民"范畴,但是,也难以一概而论。边疆屯垦是中国历史上边疆建设的一种传统方式,亦兵亦农,自耕自足,子孙相承,长期驻扎,足可称为一种特殊形式的移民,在东北地区开发史上的意义不可低估。

东北地区山东籍移民之多,为众所周知,而兰特模在文中提到"山东的移民",其实有着另外一种含义,即春来秋往的临时工作式的人口移动,这同样也是一种特殊的移民形式,或可称之为"季候性移民"。"到满洲工作数月,赚得款项,以供回乡家居之用,这是早已有之的惯例。可如消极的中国移民的一个明证,又可表明形式特殊的人口移动。另一方面,在满洲的汉人之含有山东的原质,大都乃因上述的事实而起。他如普通以山东移民为各种移民中最坚强、最有成绩的移民,这个似非而是的事实,也是因此而生的。"[1] 季候性移民的出现,与工作报酬的区域性差异有着直接的关系。

山东移民进入东北地区,大部通过海上交通线。"因海上交通线的便利,人们始可不经那没有地方可以容纳他们,又不需要他们的中

---

1 参见[美]兰特模(Owen Lattimore,今译为拉铁摩尔):《汉人移殖东北之研究》,任美锷译,《新亚细亚》第4卷第5期,1932年,第67页。

间地带,直接从人口稠密的区域,移到人口稀少、需要工人的地方去。他们可以在山东若干便利的口岸,搭船出发,又能任意在东北某一口岸登陆。同时,辽河下流(游)的河谷,实为深入内陆的捷径。"早期东北特殊形式移民的出现与长期持续,并不是偶然的,而是满足了一定时期各方面的需求。"海道需时较短,费用较少,又直接能达有工作做的地方,这鼓励起季候的来往的习惯。东北的大地主们,并没有特殊需求佃户;反之,耕种、收获的短时期中的'忙工',对地主们倒比较有益些。因此,季候的移民为更形发达。"兰特模是一位学养深厚的学者,他对于山东移民形成的社会历史背景有着十分深刻而贴切的分析:

> 关于满洲境内山东人原籍之重要性,其中有一个主要的事实,至今尚未普遍地为人们所承认,这便是山东人在军界上的地位。清初山东人民为汉军旗的兵士。现在的兵士,固不可破的传统势力,便即是承袭清初而来的。这种连带的关系,极为重要,因为在内战期内,军人的升擢很快,而且数见不鲜;因此,重要的行政长官与军事长官中,自不免有一大部分的人是山东产的,或含山东人的血统的。这些官吏若注意投资或势[?]殖的事务,自然便一变而为山东籍地主、商人和实业家。于是,山东人的原质,便交错纵横,深入满洲全部经济和社会的结构里面了。[1]

无法否认,这种分析十分精辟,较之于中国学者,丝毫不逊色,让人感叹其对于中国社会深邃的洞察力。

在兰特模的边疆移民分类中,有两种移民特别引人注目,即他提出的"鸦片移民"与"盗匪"。在中国近代社会史上,鸦片是一个极其敏感的话题,鸦片对于中国社会的侵害早已成为不争的事实。然而,鸦片与移民之间的关系却很少有人论及,而兰特模却十分敏感地将这类问题揭示出来。他明确指出:"除了山东式移民以外,未经政府辅助的满洲一切形式的移民事业,尤其是一切自动冒险的移民

---

[1] 参见[美]兰特模:《汉人移殖东北之研究》,任美锷译,《新亚细亚》第 4 卷第 5 期,1932 年,第 68 页。

事业，其中，最有成效又最富有创造性的，无疑的要算鸦片移民了。鸦片在满洲的地位，好似金矿在加州、澳洲及其他各地所占的地位。满洲边疆上几千方哩的土地，现在居有勤劳富裕的人民，若无鸦片的导诱，则此等土地绝不能这样早便开发殖民起来，而且开发殖民地也绝不能这样快、这样好的。这是很明显的事实，我们应当坦白地承认它。"[1]

当然，兰特模的直率与坦白，并不是建立在臆断与猜测的基础上，他清晰地提出了相当充实的理据。他指出："松花江下流（游），自三姓（今黑龙江依兰县）以至松（花江）、黑（龙江）合流之处，那一带的移民大部是种植鸦片，有以致之。由本区种种证据看起来，移民之受种植鸦片之赐者，实远较江河汽船为尤多。鸦片首先使汽船航业的扩充有利可图。而汽船航业的扩充，又转而激起谷类及大豆产量的增加。富锦是三姓以下松花江沿岸最大的城市，数年之内，由鱼皮鞑子的一个村落，一跃而为十万人以上的大城市，便大部因为它是一大种植罂粟区域的中心的缘故。"[2] 看来，无论是印证还是反驳兰特模的观点，都离不开切实的调查研究。而民国时期的鸦片种植、鸦片贸易在东北及全国范围依然泛滥成灾，同样是不可否认的事实。

"盗匪"问题在近现代东北地区社会发展史上的影响，也是无法否认的。对此，兰特模同样保持了一个学者的客观与理智。他明确指出："确切地讲来，盗匪从有几方面看起来，确是一种很有价值的边民和开路先锋。"[3] 兰特模肯定了"盗匪"在边地开拓方面的积极意义。他说："劫掠，常可表示出真正边地人民对于领有大块荒地的大资本家的仇视。若他们能够使人家畏惧他们，则人家畏惧他们的程度愈深，他们便愈有较好的机会。当最后进行谅解时，他们愈能从大地主手中，取得良好的条件。他们现在的村落，便是建在那班大地主的地上。他们传统上有独立自给的精神，因此，他们便有把这种特性传到社会

---

1 参见兰特模：《汉人移殖东北之研究》，任美锷译，《新亚细亚》第4卷第5期，1932年，第73页。
2 同上书，第74页。
3 同上。

上去的趋势,随之而把纯粹逃难移民那种完全在少数强有力阶级控制之下的可怜的老调改变过来了。"[1]由此,我们可以得知,在东北边疆移民过程中,也不可避免地出现了阶级、集团及阶层的利益冲突问题。拥有大量财富的大资本家、大地主获得诸多优越条件,而大批普通移民则多处于受压迫、受排挤的不利地位。在这种环境下所谓"盗匪"的出现,实际上成为不同阶层利益调和以及再分配的一种媒介和途径,对于东北移民社会的构建未必完全是坏事。东北地区的经济发展并不能随着移民的到来变得一帆风顺,而同样要经历曲折而复杂的发展历程,需要客观、冷静地分析与思考。

### (三)移民的省籍构成与移徙路线

正如前述兰特模等学者们所特别关注的,近代边疆移民的来源地或省籍构成问题,也是当时移民问题研究关注的一大焦点。在近代东北移民潮中,来自山东的移民占据了绝对多数,已成为不争之事实。不少研究者对此现象的出现进行了相当深入的分析与说明。如西方学者 C. Walter Young 指出:"民国十四年(1925年)由大连入口之移民,约有百分之八十五原籍山东。此实足表示生存之竞争,在山东为最剧烈。加以东省近在咫尺,遂为彼辈之天然殖民地。人口过繁,为此大规模移民之基本原因,此现象不过表现该两地经济情形不可避免之调剂而已。以中国全国而论,人口并不过繁,但有数部份则然,山东其一也。鲁、苏、浙三省,为全国人口最稠密之区,鲁之三千万众,即每方哩五百五十人,固较少于浙之每方哩六百人,或苏之八百七十五人。(原注:此等数目,系根据民国十二年邮局统计。前年邮局报告,则谓鲁、苏、浙各增一至四兆不等。全国人数则为四亿八千五百五十万零八千八百三十八人,此巨额足令人深长思也)但在山东农业社会之下,小农制度盛行,每人耕地面积,历代相传,遂日见减蹙,生之者寡,食之者众。东省地广人稀,谋生较易,移居彼处,乃成天然之趋势矣。此主因之外,尚有其他陪因……据华洋义赈会所调查,有一县全

---

[1] 参见兰特模:《汉人移殖东北之研究》,任美锷译,《新亚细亚》第4卷第5期,1932年,第75页。

县人口百分之六十,离乡他徙……"[1]

吴希庸对东北移民的省籍构成的分析具有很大的代表性。他指出:"移入东北者,以华北人士居多,山东为最,河北、河南次之。此盖风俗、人情、语言、习尚之相近,以及交通便利之所致也。"[2]这应该是当时学术界的共识(见下表)。吴希庸高度评价道:"山东人实为开发东北之主力军,为东北劳力供给之源泉。荒野之化为田园,太半为彼辈之功。其移入东北为时既久,而数量又始终超出其他各省人之上。""其次为河北人。河北与东北接壤,自有捷足先登之势。东北移民中,鲁、直并称,惟就数量与功业言,并逊于鲁人耳。"

表3-7 东北移民省籍来源简表(1929年)

| 移民省籍 | 移民人数 | 所占比例 |
| --- | --- | --- |
| 山东 | 742 000 | 70% |
| 河北(直隶) | 176 000 | 17% |
| 河南 | 116 000 | 11% |
| 其他 | 10 000 | 1% |
| 合计 | 1 040 000 | 100% |

资料来源:吴希庸:《近代东北移民史略》,《东北集刊》第2期,1941年,第50页。

交通问题对于东北移民的来源影响至关重要。山东移民之所以能够在东北开发中占据绝对优势,交通之便利至为关键。"(山东)登、莱、青与辽东一衣带水,交通至便,彼土之人,于受生计压迫之余,挟其忍苦耐劳之精神,于东北新天地中大显身手。"而对于河北移民而言,"惟自铁路通达以后,(河北移民)出关之便捷,尤过于山东;而乐亭、滦州(今河北滦县)、天津、保定各地,因附近铁路之故,往者尤多"。河南灾民拥入东北,也是借助了铁路交通的便利。"自平汉、北宁两路啣轨畅通,河南北部(若安阳、汤阴、巩、渭、内黄、洛阳等县)灾民乃结群出关,兼听有赈灾会为之护送,垦荒就食,其人数遂一跃而居入境者之第

---

[1] 参见《东三省之直鲁移民(一)》,《银行月刊》第8卷第6号,1928年,第4页。
[2] 吴希庸:《近代东北移民史略》,《东北集刊》第2期,1941年,第49页。

三位。但以移入时间言,由鲁、冀之人为晚。"[1]

移民研究者自然十分关注交通影响及移徙路线问题。如有研究者高度称赞铁路交通在当时移民运动中所发挥的重要支撑作用:"满洲之能吸收多量移民,除地旷人稀一原因外,即因其铁路网之完密。无论在境内,或与境外交通,均甚便利。而内蒙或西北其他各处,则虽亦接近直、鲁,惟交通之便利,不逮远甚。满洲现有铁路线,共长七千公里,占全中国(原注:满洲在内)路线总数之半……奉天一省之路线,即较长于山东及江苏所有。过去三年中,内地铁路只有破坏,而无建设,惟东省则积极进行,不遗余力,以致铁路地图,本年所绘者,次年即不适用,进步之速,概可想见。内地移民随铁路所至,以分布于各处,而诸干线尤被利用。彼等多数沿京奉或满铁而北来,然后或由长春循中东路以至哈尔滨,或沿四洮、洮昂诸线以散布于西部;或由吉长、奉海、开洮(原注:洮鹿一称西丰)、吉敦诸路,以向东行。此外,尚有枝路多条,形成一网,使新到移民得以到达未开发区域,其便利为何如也。"[2] 东北铁路的建设成就确实无法低估,上述总结不仅十分清晰地道出了铁路交通在近代边疆移民潮中的重大贡献,而且指出了铁路线路分布与移民安置分布的相关性,而移民分布问题也是移民史研究中的重要内容。

## 三 边疆移民迁入地之安置及移民分布状况

### (一) 移民安置与管理机构

就移民安置而言,民国时期东北地方政府鼓励移民与安置移民的种种举措值得肯定或赞赏[3]。研究者指出:"民国以来,连年战乱,灾祸频仍,各地移往东北之民,更是不绝于途。且受政府之保护与指导,

---

[1] 参见吴希庸:《近代东北移民史略》,《东北集刊》第2期,1941年。
[2] 参见冯至海译:《东三省之直鲁移民(二)》,《银行月刊》第8卷第7号,1928年,第1页。
[3] 参见刘兰昌:《论东三省政府对1927~1928年移民潮的管理吸引措施及其影响》,《烟台师范学院学报(哲学社会科学版)》2000年第3期;姜晔:《民国时期东北军阀政府的移民政策述论》,《大连大学学报》2011年第1期等。

移民东北已成为一种有组织之运动。"[1] 又"东北三省之办理移垦,以辽宁为最早。民国成立以后,辽省即设有垦务局,决定开垦费为三百五十万元。其后,又有《辽宁省移民垦荒大纲》之规定,以旧洮昌道的洮南、双山、安广、镇东、开通、庆泉、瞻榆、通辽等八县,与旧东边道的临江、长白、金川、安图、抚松五县,共十三县,为垦荒区域,容纳移民,故辽宁境内农产极为发达,人口密度亦较大于吉、黑两省"[2]。于此可见,民国时期辽宁地区农业的发展,在很大程度上直接受益于移民事业的成功。

研究者又指出:"东省地方官宪,尝屡宣言放垦,二十余年来,不独在三省以内,即直、鲁及其他内地,亦常有煌煌文告,说明廉价之土地、资助之办法,复与以其他种种便利,藉广招徕。其条件不可谓不优厚。然实则惟有京奉铁路之廉价运输移民办法,为官厅方面奖励政策之最有效者耳!"[3] 西方学者 C. Walter Young 对于北京政府实施的妇孺移民减价乘车办法也给予了高度评价:

……直至民国十一年(1922年),北京政府对于奖励移民,始采用有卓识之步骤。盖从前大多数出关移民,率为男丁,不携眷属,以致发生种种流弊,交通部为救止此种情形,及鼓励永久垦殖事业起见,特订《妇孺移民减价乘车章程》。此计画虽旋以政局变动,部员更迭,未即实现,然嗣后同样办法,试行数次,京奉、京绥实行减价,俾不惟往满移民得受其利,即热、察、绥三特区,亦得藉以开辟也。民十四年(1925年)时,中国内争益烈,然北京交通部竟能公布《国有京奉、京绥铁路边省移民减价乘车条例》。其第一条即明言:此《条例》之目的,系为奖励农民、小工及其家属移殖满蒙。"家属"之解释,所包括以"祖母、母、姑母、嫂、妻、弟妇、姊、妹、女及侄女为限"云云。是年有效之减价,价目表如下:天津至沈阳或营口,每人大洋四元;大凌河至沈阳一元四角,至营口一

---

[1] 邵德厚:《东北在"内地移民"上之价值》,《黑白半月刊》第2卷第10期,1934年,第5页。
[2] 刘谷豪:《移民东北之面面观》,《社会杂志》第1卷第2期,1931年,第7页。
[3] 参见《东三省之直鲁移民(二)》,《银行月刊》第8卷第7号,1928年,第3页。

元。十二岁以下之儿童,与不逾一定重量之农具,概行免费。同时,奉张亦在天津设局,招募难民出关开垦。凡应募者,其车资及必需费用,均由该局代付云。[1]

研究者普遍认为,设立兴安屯垦区是东北移民历史上的一件大事。"现时东三省办理移垦之政府机关,规模最大者,为兴安屯垦督办公署。该署隶属于东北政务委员会,管辖区域为辽宁之洮南县、黑龙江之索伦县,蒙荒扎萨克图旗、镇国公旗、扎赉特旗等处。将来于发达垦务必要时,得向西展入乌珠穆沁以西,向南展入图什业图旗之一部。其面积为四十八万方里,较江苏省大十三万四千方里,较浙江省大十五万二千方里。其为博大,可想而知。惟目前已垦地仅洮安县一区,在其全面积不过八分之一"。[2] 东北垦荒事关中国之国运及民族兴亡,在这一点上,学者们都寄予了厚望。

关于兴安屯垦区的移民安置及管理办法,学者们也进行了研究与分析。通过这些安置办法,我们可以了解到当时移民安置的基本流程:"(1)为屯垦事务易于发展,由各省择有劳动能力者遣往兴安屯垦;(2)在洮安设移民事务所一处,其他必要地点设有移民事务分所;(3)被移民户到达之临时住所、食料、炊具,其由本署直接移来者,由事务所筹备之;其由承办团体移来者,由该团体筹备之,沿途之照料亦同;(4)移民由本署直接办理者,函请各省布告,由本署派员携带护照前往招募;(5)移民由团体承办者,由该团体向本署具函声请,经本署核准,发给护照,以便入区;(6)被移民户到达洮安后,即赴移民事务所报到,填写志愿书,领取入境执照,分赴指定地点;(7)移民中每团体应公推领袖一人至三人,临时管理该团体一切公共事务;(8)移民所乘火车、船舶,由本署或承办团体向各主管机关接洽减免,所携农具亦如之;(9)被移民户必须补助之农具、牲畜、籽种、食粮,除由荒户报佃者外,由移民事务所临时调查,通报垦殖局,酌量补助;(10)被移民户所用水井,由垦殖局先行开凿;

---

1 参见《东三省之直鲁移民(二)》,《银行月刊》第8卷第7号,1928年,第3页。
2 刘谷豪:《移民东北之面面观》,《社会杂志》第1卷第2期,1931年,第7页。

(11)被移民户住室,由其家预为建筑,或贷与材料,使之自筑,其建筑材料等费,由各垦户请领后,分三年偿还之,但有特别情形者,得酌予延期。"[1]可以说,移民工作最后成功与否,不在于空洞宣传及呼吁,而在于具体安置方式之是否简便可行。兴安屯垦区安置办法切实可行、方便实用,得到了研究者们的肯定。

### (二)移民分布状况

东北三省地域广大,各地经济开发程度也有所不同。因此,进入东北地区的外来移民的分布状况,并不是完全均衡一致的,其分布特征直接与各地地理及交通等客观条件密切相关。而这种移民分布特征,对于东北地区未来的发展是极其重要的。笔者以为,关于当时移民的分布状况的研究,是当时学术界有关边疆移民研究成果中最为翔实、最有成绩的一部分,故而其研究价值也最高。因此,有必要对其进行较为系统与细致的回顾及总结。

就东北移民的整体分布状况而言,最常见的划分模式,是所谓"北满"与"南满"之分。西方学者 C. Walter Young 所作《东三省之直鲁移民》是一篇具有广泛影响的论文,论述范围相当广泛。文中一项重要内容,就是关于东北地区移民的分布情况。

所谓"南满""北满"是当时东北移民迁入地的习惯性称呼,但是对于"南满""北满"的具体方位并不十分清楚。对此,C. Walter Young 解释道:"近年,移民之大多数前赴北满,殆为一般人所公认。然其数居总额百分之几,则视'北满'一名词包含广狭,而计算各有不同。盖若以'北满'包括东铁南线及南满两路衔接点之长春以北之广泛地区,而以黑龙江全省及东铁东段(由哈尔滨至俄属海滨省)所经吉林省之一部,置于其范围之内,则可言去岁(1927年)移民总数三分之二以上移殖于'北满'。抑尤有进者,满洲之区分南、北,虽在数种国际条约中有提及之者,而其分界,在政治上固无界限划然之地位,在国际法上更不待言。虽然,为研究垦殖问题起见,则以长春为南北满之交界点,而

---

[1] 邵德厚:《东北在"内地移民"上之价值》,《黑白半月刊》第2卷第10期,1934年,第5—6页。

目(中)东铁(路)所经各地为'北满',实甚便利。"[1] 显然,所谓"北满"与"南满"只是一时的习称,并非严肃的政治地理名词。而二者的分界点,正是长春市(今吉林省省会)[2]。

又有学者更为简明地解释道:"内地人民之移往东北者,或赴南'满',或赴北'满',所谓北'满',即以中东铁路为运输范围,以哈尔滨为中心;所谓南'满',即以南满铁路为运输范围,以沈阳为中心。一九二七年,内地移民搭车赴北'满'者,占是年移民全数的百分之五七;一九二八年占全数百分之六〇;一九二九年占全数百分之三六。其留居南'满'者,一九二七年约占是年移民全数百分之四三;一九二八年占全数百分之四〇;一九二九年占全数百分之六四。"[3]

关于移民分布状况,C. Walter Young 提出有九个移民地带[4],即鸭绿江流域、松花江上游流域、洮南地带、嫩江上游流域、长春迤北地带、东省铁路西部地带、东省铁路东部地带、呼兰河流域、松花江下游流域等。当然,这九个移民地带的外在地理形态并不是十分规整的。"各个地带之间,固不能描画严整之界线,因彼等面积、形状互有不同,有时且犬牙相错,难于晰别,但从大体上观察。……其主要之特点(一)交通方法,如铁路或水道;(二)当地之经济的地理;(三)居民之特质;(四)开发之程度及其与市场之关系。"[5]

C. Walter Young 还强调,其所作移民分区的原则或依据主要是两个方面,一是交通方法;二是当地经济的吸引力。他根据当时"南满"及东省铁路机关的调查资料,以民国十六年(1927年)上半年的移民数量为例进行分析与说明(参见下表)。总体而言,这份移民分区方案强调自然河流所发挥的主导作用。

---

[1] 参见《东三省之直鲁移民(三)》,《银行月刊》第8卷第8号,1928年,第1页。
[2] 为避免生发歧义,在本卷中,笔者改称"长春以北地区"与"长春以南地区",更为准确。
[3] 邵德厚:《东北在"内地移民"上之价值》,《黑白半月刊》第2卷第10期,1934年,第11页。
[4] 笔者注:作者原文被译称为"殖民地带",容易发生歧义,故改为"移民地带"。
[5] 参见《东三省之直鲁移民(三)》,《银行月刊》第8卷第8号,1928年,第2页。

表 3-8 民国十六年（1927年）上半年东北移民分布简表

| 移民分区名称 | 移民数量比例 | 移民地带名称 | 移民数量（单位：人）|
|---|---|---|---|
| 长春以南地区（南满） | 32% | 鸭绿江流域 | 25 000 |
| | | 松花江上游流域 | 100 000 |
| | | 其他分散区域 | 75 000 |
| | | 共计 | 200 000 |
| 长春以北地区（北满） | 68% | 洮南地带 | 15 000 |
| | | 嫩江上游流域 | 35 000 |
| | | 长春迤北地带 | 35 000 |
| | | 东省铁路西部地带 | 60 000 |
| | | 东省铁路东部地带 | 125 000 |
| | | 呼兰河流域 | 10 000 |
| | | 松花江下游流域 | 150 000 |
| | | 共计 | 430 000 |
| 合计 | | | 630 000 |

资料来源：《东三省之直鲁移民（三）》，《银行月刊》第8卷第8号，1928年，第2页。

另外一份重要的移民区分区研究方案，由南开大学的研究者提出。这一方案将东北划为十三个移民区域：（1）沈阳以南区；（2）沈阳以北区；（3）北宁铁路区；（4）松花江上流区；（5）四洮铁路区；（6）中东铁路南线；（7）中东铁路东线；（8）中东铁路西线；（9）松花江下流区；（10）呼海区；（11）乌苏里江区；（12）黑龙江区；（13）呼伦贝尔区[1]。比较而言，这种分区方案更为细致，更贴近于政区划分，因而也更便于统计。而前面五个区域，又被研究者划分为南部区域，后面八个区域也被称为北部区域。在移民最高峰期（即1927年、1928年、1929年三年），北部移民安置的数量占移民总数的四分之三，要远远大于南部地区安置的数量（参见表3-9）。

---

[1] 引自邵德厚：《东北在"内地移民"上之价值》，《黑白半月刊》第2卷第10期，1934年，第11页。

表 3-9 东北移民区域简表

| 移民区域名称 | 移民数量（1927年、1928年、1929年三年合计） | 所占比例 |
| --- | --- | --- |
| 沈阳以南区 | 20 000 | 1.3% |
| 沈阳以北区 | 35 000 | 2.3% |
| 北宁铁路区 | 2 000 | 0.1% |
| 四洮铁路区 | 65 000 | 4.3% |
| 松花江上流区 | 280 000 | 18.5% |
| **南部各区总计** | **392 000** | **25.9%** |
| 中东铁路南线 | 50 000 | 3.3% |
| 中东铁路东线 | 280 000 | 18.5% |
| 中东铁路西线 | 250 000 | 16.5% |
| 松花江下流区 | 320 000 | 21% |
| 呼海区 | 80 000 | 5% |
| 乌苏里江区 | 140 000 | 9% |
| 黑龙江区 | 2 000 | 0.1% |
| **北部各区合计** | **1 122 000** | **74.1%** |
| **总计** | **1 514 000** | **100%** |

资料来源：邵德厚：《东北在"内地移民"上之价值》，《黑白半月刊》第 2 卷第 10 期，1934 年，第 12 页。

## 四 东北移民运动之成效与展望

可以说，大规模的移民运动构成了清末民初中国社会大变迁的重要组成部分之一，与当时的社会变迁密切相关，或互为依托及表达形式。20 世纪 20 年代至 30 年代初的移民潮充分证明了这一点。虽然 1931 年抗日战争的爆发，让大规模的中国边疆移民潮戛然中止，但是，历史潮流势不可挡，当时不少中外研究者仍对包括东北地区在内的中国边疆地区的发展充满了期待。

### （一）边疆移民之成效

经过清朝晚期与民国初期十年的努力，东北地区在 20 世纪 20 年代初期的开发成果已为世人所称道。然而,自20世纪20年代初期开始,中国边疆移民潮此起彼伏,进入了一个崭新的阶段。累积数十年倡导与努力的成果,以东三省为代表的中国边疆移民运动已形成了巨大的规模与影响,虽然当时的边疆移民成就尚无法彻底改变中国边疆地区地旷人稀的状况,但是,其成就与贡献理应得到公允的认识与评价。总结以往工作、开辟新的思路,对于推动移民工作而言也是极为必要的:

> 东三省自实行易帜改制,就革命程序言之,今后已完全入于训政建设时期。三省军政领袖既已表示矢诚服从国府,则此后须在国府督责指导之下,以建设一个新的东三省。夫东省地旷人稀,富源未辟,故将来新东北之建设,虽曰千绪万端,然移民出关,实不失其主要之动力。此则吾人庶敢断言者。查政府提倡东北移民,迄今已数十年,惟其实际之效果盖寡。
>
> 据较可信之调查,近廿年中,燕、鲁人民移殖关外者有一千万人,而过去五年内之移住者,则约有五百万人。盖自民国十四年(1925年)以来,燕、鲁饥馑频仍,兵燹洊至,出关谋生者数遂激增,且多为久居之性质。据满铁调查课报告,移民数目在十四年约为五十万人,十五年(1926年)乃超过六十万人,至十六年则移往关外者竟逾百万人。而去岁(十七年,1928年)则较前年为尤多。据大概之估计,当在百五十万以上。此种大规模移民,求之世界各国,殆所罕见。而其影响于东北之经济、政治及国防者,盖尤有难以忽视者在。就其对于经济的影响言,所谓主要移民地带之北满,由东漕输出之谷产,在过去五年中,增加百分之七十五。而过去十年间,则增加额约为三倍。此其昭然可考者。是以新东北之建设,与移民垦殖有必不可分离之关系,此当为一般人所公认也……[1]

从1911年至1929年,民国创建已将近二十年,中原各地向边疆各地的移民活动经历了一个相当复杂的过程。总体而言,移民数量相

---

[1] 参见《东三省移民》,《盛京时报》1929年1月20日"时论"栏目。

当庞大,最突出的成就就是东北"三千万人"之数,举世罕见,已足可以列为世界范围内人口迁徙历史上的里程碑之一。

移民实边不仅对于国防事业与国土安全意义重大,且对于解决中国粮食供给问题也有突出贡献。据 1928 年报刊记载:

> 年来,北满各地移入之直鲁难民为数既众,一切成绩别无所见,兹就某方面最近之调查,北满各地本年度耕种面积之开展,及生产粮食之增加,即可见所移之民,与北满以良好之结果。兹记其概数如左。
>
> (一)耕种面积为六五五九〇一九〇晌,与去年度比较,实增加二一五三八九〇晌。加以气候风调雨顺,生产额亦大形增加。
>
> (二)大豆本年度之生产额三四九五四七〇吨,余存额二八二一八五〇吨,及余存额二三九〇八九吨比较,约增加百分之二〇。
>
> (三)杂粮本年度生产额为六三〇九三六〇吨,与去年度比较增加三三六八六〇吨,本年度余存额为九一三三〇〇吨,比去年增加一二七六九〇吨。
>
> 以上各项生产,除杂粮中之余存额为居民就地消费外,余均出售云。
>
> 又据东铁(中东铁路)经济调查局之发表,总合各地报告,约计今秋北满粮石收获,约达九亿五千万布特,就中计大豆三亿万布特,杂豆三千万布特,高粱三亿万布特,小麦一亿万布特,包(苞)米一亿万布特,稗五千万布特,米七百五十万布特。就上计各数目,与去年度比较,实收约增加三分之三十五。[1]

对于移民问题进行较为全面的总结与分析是十分必要的。从乐观方面看,研究者指出:

> (清朝)同光以后,关内外之移民,始告自由。以东北各省地旷人稀,物产丰富之故,关内农民每多有纷纷自动前往开发者。

---

[1] 引自《北满移民农事效验大著》,《盛京时报》1928 年 10 月 22 日。

民元以来，辽、吉、黑诸省更与内地打成一片，而我内地人士往东北者，亦日见繁多。数十年来，乃由原有七百万之人口，激增为三千万，地日以辟，民日以庶。张作霖依畀此天府之地，割据称雄者凡十余载。中间建设事业，亦颇有不少之发展。[1]

必须承认，至 20 世纪 30 年代初期，长期的移民运动已经取得了举世瞩目的非凡成就。但是，移民运动所存在的局限性与失当之处也是相当突出的。不少有识之士对于东三省的移民效果表现出了很大的不满。有研究者指出："作者对于各种官式奖励移民计画，详细叙述，似不惮其烦。然此正所以见东省地方官吏所筹画，颇多失之空洞。既无实在之设计，以垦辟荒芜，又无彻底之救济，以助移民克服初到时之种种艰阻，复乏严密组织之方法，以对付将来之垦殖问题。吾人又何怪乎不少之难民，竟受恶棍之牺牲耶？此穷苦无告之民，智识薄弱，横被蹂躏。或则官厅不履行所应允之条件，或则受人欺骗，深入松花江产金区域，以为俯拾即是，结果空无所获……类此事实，不胜枚举。"[2]

西方学者对于中国政治与社会问题的看法相当犀利，从中我们也可以约略得知当时移民之成效及主要困难所在：

> 中国行政方法之大弱点，在凡事只重官样文章，不求实际上之价值。形式既已奉行，则效果如何，不复过问。有统系的殖（移）民事业，千头万绪，复杂非常，断非敷衍因循，藉一纸空文所能成事。爱民之心，干练之才，超人之识，缺一不可，与其他行政，初无异也。中国官场根本之弱点，足使满洲开发问题，美中不足。[3]

在中国这样一个传统的农业国家，土地被视为生活与生产的基础，然而，没有必要的劳动力的支持，也如"无米之炊"，难以为继。近代以来，五口通商、外国经济势力的渗透、城市经济的兴起、工业化的

---

[1] 参见胡鸣龙：《东北移民的末路》，《新亚细亚》第 9 卷第 4 期，1935 年。
[2] 参见《东三省之直鲁移民（二）》，《银行月刊》第 8 卷第 7 号，1928 年，第 4 页。
[3] 同上。

发展，严重影响了中国农业与农村的地位与发展。中国城乡地位之转换及升降由此展开，中国社会之转型发展，任重道远：

> 屯垦实边，似已为老生常谈。然在中国实有绝对之意义。中国为农业国家，原不应有荒地之委弃，惟小农乏组织能力，且安土重迁，不骛开辟，以是农业形势日形固定，地方色彩日益浓厚，而筑成国内封建势力之绝大基础。惟此为历史的自然阻滞，打开风气，专在提倡之有人矣。
>
> 迨至近年，外资充斥，中国固有的经济组织，几已全数破产，城市畸形发展，农村逐年凋零。人口多集中于城市，农业反渐为人厌弃矣。农业既因以日堕，边荒亦日深矣。内受外资之侵蚀，外复虚边以让之，外患安得不亟？国势安得不衰哉？忧时之士常倡屯垦实边之议，然政权者咸逐鹿于中原，罔知有边疆之事。前昨二年，中原天灾人祸相乘，冀、鲁饥民以万千计，农民因受饥荒的压迫，率倾家而就食关外，三省之荒田为之开垦不少。以东北之富饶，骤增此多数生产者，其有裨于社会民生，何可数计。且东省肥田，已成韩人之第二家乡，韩民之辛勤，固可同情，关内农民之移殖，实防微杜渐之积极策也。国民政府统治全国之后，对边疆之事，颇为注意。热、察、绥之改省，宁夏、青海之设治，与夫蒙藏委员会之组织均是。然组织如旧，范畴未定，边疆之兴革，固未尝自兹而发轫。新疆问题之渐寝，可为一证。然前此之事，亦有未可淹没者。如冯焕章之经营西北，与东省当局开发东北，均有相当成绩，可见事之有成，贵在努力。此后重责，尤在中央……[1]

作者想要表达的意图很清晰，移民运动对于中国发展来讲，固然十分重要，但是，移民运动最终无法解决中国现实社会所存在的所有问题。大批难民出关逃难，对于东北地区固然不是坏事，但是，对于内地而言就难以乐观了。边疆建设固然重要，但是，如果不能解决内地凋敝的问题，那么中国的发展是不可能持续的。中国建设与复兴同样任重而道远。

---

[1] 参见《屯垦实边》，《盛京时报》1929年1月27日。

## (二）边疆移民运动之展望

近代西方学者在从事中国移民史研究的过程中,出现了一个十分严重的误区,即将中国的边疆移民运动(migration)称为"殖民"(colonization),直接与我们通常所说的西方"殖民者"(colonist)或西方"殖民运动"(colonial movement)相混淆。这样一来,中国的边疆建设可能就与日本、沙俄等帝国主义侵华行动等同起来,这显然是"学术服从于政治"的典型体现,在近现代学术史上屡见不鲜。对此,不少中国学者敏锐地意识到了这个问题的严重性,并撰文予以驳斥。如续琨在《中国移民政策之伟略》一文中专门阐明"移民与殖民"的不同:

> 中国只有移民政策,而无殖民政策,因为殖民政策与我们的立国精神决不相容。一般的解释,移民是将人口繁密的地方的人民,移民于本国地广人稀的地区,从事垦牧。有时,虽移居国外,但亦完全服从当地风习、法律。至于殖民则系离去母国,移居他国,从事垦殖,而仍服从本国法律之人民,其所在地为殖民地,由其母国遣官治理,施行本国法律,并强制土著服从。从上述意义而言,在我国历史上便显然绝无此种事实之存在。因为殖民政策与我们的立国精神根本不合。所谓中国之立国精神,即开国防以卫国基,修文德以来远人。我国之所以国命永存,文化昌明,实以此故。[1]

1931年九一八事变后,日本帝国主义者强占中国东北地区,日本关东军特务部发出禁令,强制禁止来自中国内地的移民进入榆关(山海关)及长城各口以北地区,近代以来的东北移民潮也由此中断。但是,边疆移民之重要性并没有因此而被忽视、淡化。日本帝国主义的侵略行为激发了中国知识界前所未有的爱国热忱:"东三省三百数十万方里之土地,为我烈(列)祖烈(列)宗积数十百世的艰难缔造所得,吾人始终认为中国领土之一部,我国人民应享有来往移住之自由,暴日以武力挟持东北傀儡,而今复以毒辣之手段,禁止我农工出关,东北

---

[1] 《中国移民政策之伟略》,《新西北月刊》第6卷第8期,1943年,第60页。

与内地之连属关系,已至千钧一发之时。吾人誓必据死力争,以保持我民族生存的唯一生命线。"[1] 更有研究者提出了中国继续大力发展边疆移民的几大理由:

> 近世纪末,东北已成远东问题之焦点,北俄南日,争相扩充经济势力于其地。倘不急起直追,促进移民,则我不自谋,人将越俎,天然富源,拱手授人。不仅丧失地利,亦且危及主权。此就国防上言,宜促进移民运动者一也;中国人口分配,极不平均。江苏每方里平均八百七十五人,河北每方里二百九十四人,山东每方里五百五十人。而关外地广人稀,吉林每方里仅有一百零八人,黑龙江每方里仅廿四人,人口分配不均已极。稠密之区,无地可耕,虽有丰年,民无余蓄,一遇水旱,则弱者转于沟壑,强者聚为匪盗矣。以就平均人口言,宜促进移民运动者二也;内地连年天灾,收获短欠,家无余积,室同悬罄,而东省物产丰富,绰有余裕,移民就食,以工代赈,足民食而遏乱源,计无善于此者。此就民食言,宜促进移民运动者三也……[2]

移民潮之"伟力",来源于广大民众之中,这也是近代以来中国边疆移民潮给后人留下的最重要启示之一。关于移民潮乃至东北地区发展的未来,有西方学者明确指出:"中国人终究是占胜利的。Smithsonian Institute 考古学家 C. W. Bishop 说,曾在南满寻觅到证据,晓得在有史以前,那里也曾有过一种文明,同石器时代末纪的黄河流域的中国人的文明,显然是一样的。这是能证明当有史以前,南满至少也是包括在中国文化区域以内的。……可是从有史时期的开端,西历纪元前八〇〇年以来,中国民族便重复占有了他们在有史以前所失掉的地土……官府对于满州移民限制,等到一八七八年方废止了,自此之后,乃有多量的汉人迁入东三省去。自一九〇〇年之后,官府也曾奖励过移民,但这种不断的向北迁处的运动,决不是因为官府

---

[1] 参见胡鸣龙:《东北移民的末路》,《新亚细亚》第9卷第4期,1935年,第59页。
[2] 南开大学社会经济研究会:《东三省北部将来移民垦殖量之估量》,《工商半月刊》第2卷第12期,1930年,第23页。

的压迫,才造成现在这种空前的华北的出走。"[1]历经千百年的曲折发展,源自中国民众渴望改变自己经济生活状况的强烈愿望,这正是促成近代以来边疆移民浪潮的"伟力"之所在。

---

[1] 参见 W. H. Mallory:《中国的北部移民(续)》,《河北周刊》第 21 期,1928 年,第 5—7 页。

# 第四章

## 抗战时期的人口迁移

### 第一节

### 人口迁移概况

20世纪三四十年代,日本发动侵华战争,数以千万计的中国民众为避战祸被迫进行迁移。其间,自然灾害也时有发生,大批灾民也不得不背井离乡。

对抗战时期迁移人口的数量,不少学者,如陈达、陈彩章、孙本文、陆民仁等进行过估测,估计数量从1 000万至5 000万不等。这些估计仅针对内迁人口[1]而言,相互之间差距甚大,且缺乏比较可靠的统计支撑,有较大的随意性。近年来,笔者在中国第二历史档案馆查阅课题资料期间,对行政院善后救济总署的战时损失调查做过比较细

---

[1] 所谓内迁人口,是指迁入西南、西北大后方及中国政府和军队其他控制区域的人口,不包括迁入沦陷区、抗日根据地、游击区的人口。

致的研究,认为其有关战区各省市难民及流离人口数量的统计,对研究战时人口迁移具有重要意义。

抗战时期的人口迁移情况是极其复杂的,虽有部分自觉的、有组织的群体迁移,但更多的则是自发的、非组织的个体行为,与常态下的人口迁移有着重大区别。常态下人口迁移的主体是可以明确选择的,迁移的时间和地点也是可以确定的,而战时人口流迁在战局演变下则具有不确定性。为此,笔者在研究时,将人口迁移界定为:越过一定地界、经历一定时间的人口移动。"一定地界"包括各省市之间,也包括省内各区域之间,如国统区、沦陷区、抗日根据地之间,各行政区域之间及同一行政区的县城与乡村、平原与山区之间等。"一定时间"既包括永久性的,也包括暂时性的,但这里的暂时性是特指的,如战役的前后或重大事件的前后等。

## 一 战时人口迁移的数量

行政院善后救济总署成立后,即展开战时损失的调查,并设立调查处专司其事,"该处以沦陷之省区为单位,设置十七组分别进行调查工作。经制定表格送请各该有关省市政府、同乡会及各地来渝之同乡填报,同时派员访问各有关机关团体或有关之个人,凡有可供参考之资料务期搜集完备。对于首先恢复之地区如黔南及广西则派员前往实地调查,以期正确。所有各组工作历时四月乃完成"[1]。

"此次调查资料的来源主要有:(一)各省市政府报告;(二)各地同乡会报告;(三)有关机关或团体汇集之情报;(四)通信及访问所接获之资料;(五)实地调查之报表;(六)合理之估计数字;(七)参考伪组织所发表之统计。""各组依据上项资料参酌研究,仍以各省市为单位,分别编成调查报告。"[2] 上述调查资料来源不一,统计口径会有一些差异,遗漏也不可避免,而且统计中有部分数字为估计

---

[1]《各省市善后救济初步调查概要》,中国第二历史档案馆(以下简称二档)藏档,档号:二一(2),221。
[2] 同上。

数,但是大部分毕竟为各地的调查数字,因此,在无其他可靠统计资料的情况下,它可作为战时迁移人口的重要参考数据。

调查结果显示,战时各省市难民及流离人民总数为 9 500 多万(见表 4-1)。

表 4-1 战区各地难民及流离人民数量统计表

| 省市名 | 难民及流离人民数 | 占人口百分比(%) | 省市名 | 难民及流离人民数 | 占人口百分比(%) |
| --- | --- | --- | --- | --- | --- |
| 江苏 | 12 502 633 | 34.28 | 广西 | 2 562 400 | 20.37 |
| 南京 | 335 634 | 32.90 | 河北 | 6 774 000 | 23.99 |
| 上海 | 531 431 | 13.80 | 北平 | 400 000 | 15.45 |
| 浙江 | 5 185 210 | 23.90 | 天津 | 200 000 | 10.00 |
| 安徽 | 2 688 242 | 12.23 | 山东 | 11 760 664 | 30.71 |
| 江西 | 1 360 045 | 9.55 | 河南 | 14 533 200 | 43.49 |
| 湖北 | 7 690 000 | 30.13 | 山西 | 4 753 842 | 41.06 |
| 武汉 | 534 040 | 43.56 | 东北四省 | 4 297 100 | 12.12 |
| 湖南 | 13 073 209 | 42.73 | 绥远 | 675 715 | 38.20 |
| 福建 | 1 065 467 | 9.25 | 察哈尔 | 225 673 | 11.08 |
| 广东 | 4 280 266 | 13.76 | 总计 | 95 428 771 | 26.17 |

资料来源:《难民及流离人民数总表》,二档馆藏档,档号:二一(2),221。

其中迁移人口数量最多的是河南省,为 14 533 200 人,占全省人数的 43.49%,"推其原因:(一)平汉、陇海两铁路纵横境内,战事频繁;(二)抗战后历年水、旱、虫、蝗、风、雹灾侵未已,黄河溃决,泛滥甚广,(民国)三十一至三十二年之灾情尤为普遍重大;(三)豫西、豫北各县游击、扫荡往复激战,受害更惨"[1]。位居第二的是湖南省,为 13 073 209 人,占全省人口的 42.73%,"此由于该省境内大会战八次,其激烈者如湘北三次会战、常德会战及民国三十三年敌图打通大陆交通线之进攻。又长沙曾经大火,而衡阳、常德、湘潭屡遭滥炸。成为人民流离之主因"[2]。迁移人口百分比最低的省为福建省,计

---

1 《各省市善后救济初步调查概要》,二档馆藏档,档号:二一(2),221。
2 同上。

1 065 467 人，占全省人口 9.25%；次低为江西省，计 1 360 045 人，占全省人口 9.55%。究其原因，二省"境内激战不多，沦陷县份较少。福建省沦陷 15 县，江西省 39 县从未沦陷，而沦陷最久者仅 14 县。居民以交通阻塞多滞留家乡"[1]。

表中的难民及流离人民数不包括西部地区（除广西省外）的迁移数，西南、西北为战时大后方，是重要的人口迁入地。但个别省区在战时曾一度遭日军侵入，重庆、成都、昆明、西安、兰州等城市也数度遭日机轰炸，都造成了部分难民的迁移。例如，1938—1940 年重庆在日本飞机大规模轰炸中，每年疏散的人口超过 20 万，成都、兰州也有不少难民疏散。另外，抗战期间西部地区还征送了大量的壮丁，如四川 2 578 810 人、西康 30 938 人、云南 374 693 人、贵州 580 416 人、陕西 888 363 人、甘肃 383 857 人、宁夏 23 609 人、青海 18 009 人[2]，共 4 878 695 人。再加上西部各省市之间的互迁，西部地区战时的迁移人口至少在 600 万以上。这样，抗战时期中国人口迁移的总量当在 1 亿以上。

## 二 战时人口迁移的过程

以卢沟桥事变为界，中国抗日战争经历了局部抗战与全面抗战两个时期。局部抗战时期，人口迁移主要发生在东北地区，迁移的地域性比较明显。而全面抗战初期，日军处于战略进攻阶段，中国大片领土相继丧失，华北、长江中下游、东南沿海等地均发生了大规模的人口迁移；抗战中后期，战区相对稳定，除豫湘桂战役时期外，迁移人口相对较少，变化比较平稳。依据上述特征，可将战时人口迁移分为以下三个阶段。

### （一）九一八事变后东北地区的人口迁移

九一八事变后，日军相继侵占了辽宁、吉林、黑龙江三省，致使原

---

1 《各省市善后救济初步调查概要》，二档馆藏档，档号：二一(2)，221。
2 浙江省中国国民党党历史研究组（筹）编印：《抗日战争时期国民党战场史料选编》第一册，1985 年，附表 16。

先居住在东北的大批民众迁入关内。据不完全统计,九一八事变初期,迁入关内的民众"不下五六十万",大致可分为四类:"第一类为各机关之公务人员及其眷属——九一八事变发生,东北地方机关多循交通线撤至平津,其眷属亦随同后撤;第二类为军官士兵及其眷属——九一八事变前,东北部队已多半内调,驻守平津、河北,事变后又继续内移;第三类为教育工作者及学生——九一八事变后,东北较大学校均相继内移,而从事教育工作人员多激于爱国情绪,亦多半率同青年学生鱼贯来归;第四类纯粹避难来归之人民——于(民国)十一年至二十五年间由东北携眷迁居平津之人民络绎不绝。"[1]

日军占领东北后,为巩固其殖民统治,于1932年3月成立伪满洲国。1933年3月,又派兵侵占了热河,并将它划入"满洲国"版图。为切断抗日武装与人民群众的联系,日军使用武力实行集家并村,设立"集团部落",强迫小村庄和分散的民众离开世代居住的家园,集中到日伪指定的部落之内。而对原住的村庄一律烧毁,制造"无人区",致使大批民众流落他乡。据申玉山、赵志伟研究,侵华日军仅在热河省强行集家并村过程中,即有 123 718 户、618 590 人被迫离开原住村落,迁入所谓的"集团部落",分别占总户数、总人口的 19.3% 和 16.6%[2]。日军占领东北初期,对一些重要经济部门如铁路、航空、银行、邮政、钢铁、矿业、石油等实行"国家统制",使中国民族工商业遭受重大的打击,一些中国商户因无力与日商竞争,经不起打击,纷纷休业,甚至倒闭、破产,曾经在东北经商的山东、河北商人大多返回华北[3]。东北的农村经济也出现残破现象,农民大量破产冲击了劳动力市场,使"九一八"事变后东北地区雇工工资锐减。加之东北沦陷初期,日军实施限制华北劳工入境的劳动统制政策,使出关人数减少,而关内移民纷纷返回关内。1931—1937 年,华北民众进入东北的人数为 3 109 130 人,离开东北的人数为 2 761 186 人[4]。

---

[1] 《东北四省调查报告底稿》第二章,分论,二档馆藏档,档号:二一(2),205。
[2] 申玉山、赵志华:《侵华日军在华北制造"无人区"若干史实考辨》,《山西大学学报》2005 年第 5 期。
[3] 范立君:《"九一八"事变后东北地区华北移民动态的考察》,《史学月刊》2002 年第 4 期。
[4] [日]《满洲矿山劳动概况调查报告》(第十四编),满铁调查部,1940 年 7 月,第 7 页。

## (二) 全面抗战初期的人口迁移

卢沟桥事变爆发后,日本发动全面侵华战争。中国大片国土相继沦陷,广大民众被迫背井离乡。这一时期的人口迁移主要发生在日军进攻华北、淞沪会战、南京撤退、徐州会战、武汉会战及闽粤战事期间。

### 1. 华北沦陷时期

1937年7月底,日军占领平津后,向华北其他省市也发动了猛烈进攻,华北地区人口迁移变得极为频繁。如北平市,1937年7—11月,共迁入57 419户、233 647人,迁出63 468户、263 312人[1]。天津沦陷后,大批市民为躲避战乱,或匿身附近农村,或迁居租界。更多的则扶老携幼朝不同方向逃难。河北、河南、山东、山西等省在抗战初期均发生了大规模的人口迁移。程朝云经过深入研究,认为抗战初期华北地区难民迁移的路线除近距离迁移外,主要有三条:(1)经平汉路至郑州,再由郑州或者安置于河南境内,或者经陇海路西去陕西,或者继续沿平汉线南下湖北省境。(2)经平绥路西迁。一部分往大同、包头;一部分再由大同沿同蒲线至太原,并以太原为主要汇集地,进一步向陕西迁移。(3)一部分有能力的自动南迁京沪或武汉三镇[2]。

### 2. 淞沪会战时期

1937年8—11月的淞沪会战使苏、浙、沪地区的人口发生了大规模的迁移。上海租界成为避难人口的重要迁入地,仅"八一三"当天就有6万民众迁入。此外,战区大批民众纷纷外迁,"自八月十三日起,至九月三十日止,由淞沪宝山一带经京沪路各站辗转以轮船遣送至江北江都、仪征、高邮、宝应、淮安、淮阴、涟水、泗阳、宿迁、泰县、东台、兴化、盐城、阜宁十四县者为二十五万三千九百六十五人;自动奔走或搭雇帆船,连同转道津浦路由浦口渡江至江北六合、江浦、铜山、丰县、邳县、萧县、砀山、东海、灌云等县者为四万五千三百六十人,男妇老弱并计其二十九万九千三百二十六人。"[3]原籍浙江、江苏、广东、福建、

---

[1] 谢萌明:《由七七事变引起的北平社会动荡》,《中共党史研究》2003年第3期。合计中的数字笔者做了校正。
[2] 程朝云:《抗战初期的难民内迁》,《抗日战争研究》2000年第2期。
[3] 《京沪路难民救济专员成静生致赈委会9、10月份的电文》,二档馆藏档,档号:一一六,65。转引自程朝云:《抗战初期的难民内迁》,《抗日战争研究》2000年第2期。

江西、湖北、河南等地的旅沪人口也大批避难回乡,如宁波同乡会在淞沪会战开始后历时三个月"租轮船四艘,免费遣送同乡回甬二十余万人"[1]。1937年11月5日,日军在杭州湾登陆。不久,相继占领了浙省杭嘉湖地区的一些主要市镇,此地民众的生命财产受到严重威胁,只得抛弃家园,仓皇逃难。据王惟英统计,抗战初期迁入后方国统区的浙省难民有1 310 801人[2]。

3. 国民政府西迁前后

日军占领上海后,立即兵分三路向南京进攻,常熟、苏州、无锡、常州、镇江相继失陷,民众四处逃难。如苏州,"素为江南繁华之区,战前人口36万,战后仅2万余人"[3];"无锡原有居民30万,留下来的不过1万人"[4];"常州战前有人口70余万,战后不足5万"[5]。南京战前常住人口约100万,其中城区人口85万。至1937年11月常住人口54.7万,其中城区人口37.9万[6]。日军占领南京后,进行了疯狂的大屠杀,死亡人数达30余万。

1937年11月下旬,国民政府迁都重庆,把西南作为抗战大后方,从而带动了大批人口的西迁。政府机关、社会机构、民间团体、外国驻华机构等纷纷云集西南,工矿企业、文化教育机构也开始了自东向西的大转移。

4. 徐州会战、武汉会战时期

1937年12月至1938年6月,徐州会战发生,安徽、山东两省及苏北、豫北部分地区沦为战区,致使大批民众迁移。徐州会战结束后,日军又兵分两路,展开对武汉的进攻,一路从皖中部、南部向鄂省进犯;一路自皖北经豫南再沿平汉线南下或从鄂豫皖三省交界处攻向汉口。为遏止日军的西进,国民党军队在郑县花园口、赵口一带决堤,

---

1 董启俊:《宁波旅沪同乡会》,《宁波文史资料》第5辑,第13页。
2 王惟英:《抗战一年来浙江省救济难民概况》,浙江地方银行编辑发行,《浙光》战时半月刊第6期,1938年7月。
3 《沪宁路沿线各地损失情形概况》(1941年12月),上海市档案馆编:《日本在华中经济掠夺史料(1937—1945)》,上海书店出版社2005年版,第115—116页。
4 《申报》1938年2月11—12日。
5 《沪宁路沿线各地损失情形概况》(1941年12月),上海市档案馆编:《日本在华中经济掠夺史料(1937—1945)》,第136页。
6 张连红:《南京大屠杀前夕南京人口的变化》,《民国档案》2004年第3期。

致使豫皖苏 1 930 多万人口受灾,390 多万民众逃离他乡。

武汉会战从 1938 年 6 月 12 日开始至 11 月 12 日结束,持续 5 个月。随着战火的日益逼近,以武汉为中心的鄂、豫、皖、赣各地的人口迁移也随之展开,程朝云认为其迁移方向大概有二,"一是继续沿江上驶,或乘船,或从陆路乘车,有的甚至步行,经沙市、宜昌去往重庆和四川省其他地区,这是当时最繁忙、集中难民人数最多的一条西迁之路;二是经粤汉铁路或者武长公路至长沙,由长沙一部分安置在湘西,如湘西沅陵等 9 县就被作为安置皖籍难民区"[1]。

5. 闽、粤战事发生时期

1938 年 5 月后,闽、粤战事接连发生,10 月 22 日,广州沦陷,"福建、广东等地居民有的逃往山区和内地,有的到香港、澳门,也有的移居南洋一带。如,广州原有 150 万人口,至 1938 年 6 月初'仅有五十余万人'。迁离的难民少数疏散回乡,相当数量的难民流亡到内地一些城市"[2]。

### (三) 全面抗战中后期的人口迁移

在抗战中期,由于战区的相对稳定,人口迁移的规模和数量相对较小。但这一时期,日军对中共领导的抗日根据地的"扫荡""治安强化运动""清乡"及对国民党正面战场发动的局部进攻,都造成了大批人口的迁移。如侵华日军为了封锁、扼杀华北地区的抗日根据地,除在长城沿线、晋东北、冀西大规模制造"无人区"外,还在山东和晋中、晋西北及河南等地制造了大大小小若干块"无人区"。为制造这些"无人区",日军大致采取两种办法:一种是通过残酷的烧、杀、抢、掠,强行将划定为"无人区"的原住百姓驱赶到其所谓的治安区,之后由群众自行选择去向;另一种办法就是武力"集家并村",实行集中强制管理[3]。这致使华北地区数百万民众流落他乡。

到抗战后期,尤其是 1943 年末至 1944 年春,日军在太平洋战场

---

[1] 程朝云:《抗战初期的难民内迁》,《抗日战争研究》2004 年第 2 期。
[2] 王同起:《抗日战争时期难民的迁徙与安置》,《历史教学》2002 年第 12 期。
[3] 申玉山:《侵华日军在华北制造的"无人区"研究》,《东北论坛》2004 年第 4 期。

接连失利,在世界大战中已显露败局。为了扭转不利战局,日本决定对中国的平汉、粤汉、湘桂铁路沿线开展代号为"一号作战"的强大攻势,即豫湘桂战役,企图开辟一条从中国东北经华北、华南到越南的"大陆交通线",并迫使重庆政权屈服。豫湘桂战役沦陷国土20余万平方公里,丢掉城市146座,省会4个,失去7个空军基地和36个飞机场[1]。这次战役形成了抗战时期最后一次大规模的人口迁移浪潮[2],豫省民众除就近避入安全地区外,大都向陕西、甘肃迁移。湘、桂等地难民则向四处避难,其中不少迁往西南地区。原迁湘桂地区的沿海一带人口也不得不再次加入迁移的洪流,这些迁移人口从独山、都匀等地沿黔桂公路前往贵阳,部分进入重庆、成都等地。

### 三 战时迁移人口的地域分布

战时人口迁移虽有部分自觉的、有组织的行动,如政府机关、高校、中等学校、文化团体、报社、银行等的迁移,但大多数是自发的非组织的行为,它们常常受战局演变的制约。因此,在迁移流向和地域分布上就显得非常广泛。就迁移人口的地域分布而言,主要有以下几种情况。

#### (一) 西南、西北大后方

关于战时人口西迁与分布,孙本文曾论述道:"战时移民主流,大致从东部移向西部,以长江为主途。除有一部分沿江迁入江西、湖南、湖北各省外,大都分布于西南西北各省;而其中尤以四川、云南、贵州、广西为最多。就集中时期言,大致可分为两期。第一期集中于武汉,渐次分布于两湖、川、陕、滇、桂诸省。第二期集中于重庆,渐次分布于川省内地及陕、甘、西康、滇、黔、桂诸省。其迁移过程,大率先往城市;城市不能容纳时,再入内地市镇或乡区。"[3] 这一论述对分析西迁人口

---

1 章伯锋、庄建平主编:《抗日战争》第二卷军事下,四川大学出版社1997年版,第2028页。
2 李正华:《湘桂败退与西南难民潮》,《历史教学》1994年第4期。
3 孙本文:《现代中国社会问题》第二册,商务印书馆1946年初版,第260页。

的地域分布具有重要意义。据估计,战时战区各地迁入西南地区的人口约 300 万—400 万[1],迁入西北地区约 300 万[2]。其分布大致如下。

1. 重庆、成都、昆明、贵阳、桂林、西安、兰州等区域中心城市

重庆是战时陪都,成都、昆明、贵阳、桂林、西安、兰州分别为四川、云南、贵州、广西、陕西、甘肃的省会,所以首先成为西迁人口的重要栖息地。如重庆,抗战前夕,市区有 74 398 户,339 204 人;到 1946 年增加到 125 万人,增长了 3.67 倍,十年间净增 90 万。其中增加的人口绝大多数是随军队、文教、工矿企业迁来的,外地迁渝人口占重庆总人口的一半以上[3]。又如西安,据中国第二历史档案馆藏档案,至 1946 年 3 月,"晋绥籍难民在西安一地约五千人(受急赈者 1 330 人);冀籍留陕难民约十万,西安一地约四万人;河南籍留陕难民约二百余万,西安一地领急赈者约三万人,倘予遣送至少五万人"[4]。

2. 中小城市和交通沿线

除大城市外,中小城市和交通沿线也是西迁人口的重要分布区。因为这些地方是区域性的政治、经济中心,交通便利,住所和日常用品容易解决,择业也相对容易。如四川省沿江之万县、忠县、长寿、涪陵、梁山、丰都、云阳、奉节八县,为入渝孔道,"难民因战争内移,多避居此八县谋生"[5]。以万县为例,据 1946 年 1 月的调查,"现万县住有各省人民约八万余人。其中以湖北籍最多,占三万余人;安徽次之"。又如贵州,"抗战以还,历年由各地逃避入黔难胞不下数十余万。自二十九年起省会及交通线上各县份无不人口激增"[6]。1944 年桂柳失陷,大批难民更蜂拥而来,"估计为数共约卅余万人"[7]。这些难民经省府努力疏散至各地安置,"分布于三十五县市,就中以贵阳、独山、都匀、镇

---

[1] 冯祖贻估计迁入四川约 200 万人,迁入云南、贵州约 100 万人;何一民估计迁入四川的人口为 300 万。参见《抗战时期西南的经济发展与人口变动》,《庆祝抗战胜利五十周年两岸学术会议论文集》,1995 年 9 月,(台)中国近代史学会、联合报系文化基金会主办。

[2] 据二档馆藏档,1952 年,战时迁入陕西的人口约 200 万,迁入西北其他省市的人口据笔者估计在 100 万人左右。

[3] 周勇主编:《重庆通史》第三卷近代史(下),重庆出版社 2002 年版,第 875 页。

[4] 《李隆宁报告第一二号》(1946 年 3 月 19 日),二档馆藏档,档号:二一,2105。

[5] 《四川万县涪陵难民调查》(1946 年 1 月),二档馆藏档,档号:二一,2106。

[6] 《贵州省救济战区难民临时委员会代电》(1945 年 12 月 1 日),二档馆藏档,档号:二一(2),725。

[7] 《贵州省善后救济方案草案》,1945 年 11 月贵州省社会处编印,二档馆藏档,档号:二一(2),725。

远、玉屏、平越、遵义等市县为最多"[1]。再如云南省,"难民之逃入云南多系沿交通线逐步迁移,并多集中于各工厂区附近。"[2] 据1946年6月《云南省各属沦陷区人民寄居调查表》所载,云南全省有内迁人口的为1市28县,以分布情况而言,除昆明市最集中外,昆明市附近的昆明、安宁、呈贡、宜良诸县也比较集中,此外还分布在滇越铁路和几条公路沿线,如川滇线的会泽、昭通、寻甸,滇黔线的路南、宣威,滇缅线的楚雄、姚安、祥云、漾鼻、龙陵、凤仪及滇越路的蒙自等县。

同样,西北地区的中小城市、交通沿线也有大量人口迁入。如位居陕南之汉中,"抗战以来,各省流亡人民辗转迁移,来汉避者,为数颇众"[3]。"冀鲁豫等省难民流落陕南各县为数甚多,汉中现已设有晋绥察救济分署南郑工作站……冀鲁豫等省难民较之晋绥察流落此间者人数尚多。"[4] 此外,"南郑、褒城、城固、凤县、宝鸡,沿陇海路以至华阴等县,皆为难民麇集之地"[5]。又如,甘肃之天水,"抗战后,流亡难胞,寓居天水者,不啻万千,兼之去岁春夏歉收,粮价昂贵,本地饥民,为数亦不下万千,哀鸿遍野,嗷嗷待哺"[6]。

### (二) 省内或邻省安全区

1. 迁向战区附近安全地带

因战争大多在城郊或农村展开,农民受害最重,沦为难民的数量也最多,但由于农民对土地具有过分的依赖感,加之乡土观念浓厚、缺乏谋生技能等,大多只是就近避难。此外,部分城镇人口为避战祸也在战前或战时纷纷逃至乡下。譬如,战争初期浙江省杭嘉湖地区的民众除迁向后方国统区外,其余大都避居沦陷区或游击区的安全地带。

---

[1]《贵州难民调查》(1945年12月),二档馆藏档,档号:二一,2103。
[2]《昆明难民侨民遣送经过》,二档馆藏档,档号:二一(2),322。
[3]《冀鲁豫旅汉中同乡会呈请在汉中设立工作机构由》(1946年2月23日),二档馆藏档,档号:二一,1952。
[4]《汉中警备司令部快邮代电警秘文字第一三八号》(1946年3月9日),二档馆藏档,档号:二一,1952。
[5]《签呈四月十六日》,二档馆藏档,档号:二一,2105。
[6]《呈请钧署发给巨款麦粉棉衣药物等俾资施救贫病难胞由》,二档馆藏档,档号:二一,1949。

如杭州市民众在战争爆发后,有三分之二逃到乡下[1]。此类难民迁移的时间较短,但与每场战事相始终,加之人口基数大,其数量非常巨大,是战时迁移人口中比例最高的一群。

2. 迁向省内国统区

全面抗战爆发后,华北、长江中下游、东南沿海等地大片国土落入敌手,但日伪控制区主要是战略要地、城市、县城及交通沿线,其他区域仍为国民党政权或中共抗日政权所控制。这些安全区尤其是国民党控制区域,就成为人口的重要迁入地。如,皖南之宁国、休宁、歙县、祁门、黟县、绩溪、旌德、太平、石埭及皖西之霍邱、岳西,因未遭敌之入侵,局势相对平稳,成为难民的重要避难地。如屯溪,战初曾是第三战区司令部所在地和第三救济区所在地,人口一度由战前的五六千增至二十多万[2]。

3. 迁向邻省国统区

战时的人口迁移大都属不规则的运动,流徙的难民个体往往根据其经济能力、求生期望及便利程度来决定其具体路径。交通便利、路程较短的邻省国统区自然成为其重要的迁入区。如抗战时期闽赣两省及皖南地区局势相对平静,浙省民众从抗战初期开始便大批迁入这些省份。抗战中、后期,特别是浙赣战役时期迁入的浙籍人口则更多。其他一些国民党统治区域,如江苏、浙江、湖北、湖南、河南、广东、山东等地的国统区都吸收了大量邻省的迁移人口。

(三)租界与港、澳地区

太平洋战争爆发前,因英美等国持中立态度,租界成为局部的安全区。战区各地的大批人口纷纷迁入租界居住。如上海租界,1938年至1941年四年间,人口净增78万[3]。淞沪会战发生不久,华界及战区附近的民众便大批涌向租界,几天内,先后渡过苏州河到达租界的达30余万人,所有租界内之各小菜场、游艺场,以及街头巷尾,触目

---

1 苏智良等编著:《去大后方——中国抗战内迁实录》,第289页。
2 孙艳魁:《苦难的人流——抗战时期的难民》,广西师范大学出版社1994年版,第268页。
3 张仲礼主编:《近代上海城市研究》,上海人民出版社1990年版,第26页。

皆是难民[1]。天津失陷后,天津大大小小的英国租界的街道上拥挤着50万以上的难民[2]。

香港与澳门地区在抗战初期,也由于其特殊地位及在中日战争中的"中立"立场,在太平洋战争前成为重要的避难地。据铁路和航运部门的不完全统计,从1937年7月至1938年7月,香港人口净增近25万人[3]。1938年10月日军进攻广东后,从水陆两路进入香港者源源不断。至1939年9月,香港人口超过200万,其中内地难民占有很大比例。此后,由于战局相对稳定,难民陆续回乡。据1941年3月的人口调查,香港人口为165万,这个数字低于峰值,但较之1937年12月的将近100万人口,已经净增60余万[4]。

澳门也吸引了不少民众的迁入。1938年6月16日的《华侨报》报道:"各地逃来澳之难民已达4万余众,本澳屋宇有人满之患。"不少商店、银行、钱庄也由内地迁至此地经营,使得当时的澳门,"商贾云集,市场繁荣,各种货币兑换增加,金融市场活跃"[5]。战前澳门人口约12万左右,1939年突破24万,增加至245 194人[6]。

### (四)抗日根据地

抗战期间,大批移民、难民源源不断地涌向陕甘宁地区。在1939年1月边区政府对边区第一届参议会作的工作报告中就指出:"边区临近战区,从山西、绥远以及冀、晋、豫各省流入边区之难民,前后为数在三万以上。另外边区四周的抗日军人家属,因在各地不能得到救济优待而逃入边区的亦复不少。"[7]

据有关资料统计,战时陕甘宁边区共安置移难民266 619人,其

---

[1] 《世界红卍字会中华东南各联合救济总监理部工作报告》,《世界红卍字会中华东南各会联合办事处"八一三"救济征信录》,第22页。
[2] [美]埃德加·斯诺:《我在旧中国的十三年》,生活·读书·新知三联书店1973年版,第91页。
[3] 《香港立法局会议报告(1938年)》,转引自张丽:《抗日战争时期香港的内地难民问题》,《抗日战争研究》1994年第4期。
[4] 张丽:《抗日战争时期香港的内地难民问题》,《抗日战争研究》1994年第4期。
[5] 吕志鹏:《抗战时期澳门的经济发展与社会救亡运动》,暨南大学2004年硕士学位论文,第37页。
[6] 同上,第33页。
[7] 陕西省档案馆、陕西省社会科学院:《陕甘宁边区政府文件选编》第一辑,档案出版社1996年版,转引自张志红:《初探抗战时期陕甘宁边区移难民的源流》,《殷都学刊》2002年第1期。

中 1937—1942 年 170 172 人，1941 年 20 740 人，1942 年 12 431 人，1943 年 30 447 人，1944 年 266 629 人，1945 年 6 200 人[1]。这些移民、难民主要是为了逃避战火、灾荒、抓壮丁、苛捐杂税等流向边区的，而边区作为抗日民主政权的模范区，以及它制定的较为完善的优待移民、难民的政策、法令，也是其成为移民、难民的迁入地的重要原因。此外，尚有数万青年知识分子、工农群众和抗日志士，出于革命的热情和对中国革命圣地的景仰而奔赴延安。

除陕甘宁边区外，其他抗日根据地也迁入了不少外来人口，如晋冀鲁豫抗日根据地，"仅太岳区就有从豫北各地迁徙来的移民先后不下二十万人，太行区也有四至五万的外来灾民"[2]。为安置外来移民，根据地积极开展生产自救，提倡拨工互助、牲口贷款等，至 1942 年底，晋冀鲁豫根据地已开荒扩大耕地 40 万亩，开渠、打井、修滩增加水田约 6 万余亩[3]。

### （五）东北及沦陷区城市

东北沦陷初期，大批民众或受爱国心驱使，或为避难，陆续迁入关内。全面抗战爆发后，日本为实行以战养战，急于开发东北的战略资源，从 1938 年开始改变了以往限制中国关内移民进入东北的政策，转而采取鼓励乃至强制关内青壮年劳动力迁入东北的做法，使山东、河北、河南、山西等地迁入东北的人口有了较大幅度的增加。据不完全统计，1936—1942 年，进入东北的人数达 5 402 172 万，其中 1938—1942 年即达 4 719 722 人[4]。

城市作为某一区域政治、经济、文化重心所在，是社会财富的集中地，其社会慈善力量和功能也相对完善，"从社会心理的角度来看，一般群众在患难之际也都有一种结成群体寻求保护的心理，所以城市

---

[1]《陕甘宁边区社会救济事业概述(1946 年 6 月)》，《抗日战争时期陕甘宁边区财政经济史料摘编》第 9 编，陕西人民出版社 1981 年版，第 400 页。
[2] 石方：《中国人口迁移史稿》，黑龙江人民出版社 1990 年版，第 447 页。
[3] 同上。
[4]《满洲矿工年鉴》(1944 年)，第 70 页。

往往对他们产生向心作用"[1]。沦陷区的一些城市也就成为战时难民的重要迁入地。如蚌埠,"战前人口约为六七万人,近则达卅余万人,市区亦展拓甚广,商业尤殷盛。盖均蚌埠四围各县区居民,避敌寇之骚扰而托避其间者也","芜湖情形亦然"[2]。

日军在占领沦陷区的一些城市后,为维护其统治,实施了一些维持地方秩序、恢复生产的举措,并在"中日亲善"的旗号下采取一些怀柔措施,也引诱了四周难民的迁入。

## 第二节

### 有组织的社会群体的迁移

#### 一　国民政府的迁移

抗战时期国民政府迁都重庆是中国近现代重大的历史事件,对整个中国抗战进程产生了巨大影响。国民政府迁移作为战时人口迁移的重要组成部分,对抗战初期人口迁移的路线、方向起到了指导和引领作用。它带动了大批工矿企业、文化教育科研机构的西迁,实现了中国历史上前所未有的生产力和社会思想文化的自东向西的大转移,对西部地区产生了深刻而久远的影响。

**(一)迁移过程及机构分布**

1937年10月下旬,淞沪战事日益吃紧,首都南京的安全受到重大威胁,国民政府迁移已迫在眉睫。10月29日,蒋介石以国防最高

---

[1] 孙艳魁:《苦难的人流——抗战时期的难民》,第84—85页。
[2] 《安徽省善后救济调查报告底稿》第三章,结论,二档馆藏档,档号:二一(2),209。

会议议长身份召集国防最高会议,并在会上作了《国民政府迁都重庆与抗战前途》的讲话,最后明确宣布:为坚持长期抗战,国民政府将迁都重庆,以四川为抗敌大后方[1]。11月11日,蒋介石与国民政府主席林森会商迁都重庆事宜。11月17日,国防最高委员会举行会议,决定"为长期抵抗日本侵略,中央党部、国民政府迁至重庆办公"[2],从而揭开了国民政府西迁的历史序幕。

国民政府的迁移过程大致可分为两种情形:

一是直接由南京迁往重庆。11月17日,林森率国民政府直属的文官、主计、参军三处的部分人员乘永绥舰西上。22日抵宜昌后,又转乘民生公司的"民风轮"溯江西上,26日下午抵达重庆。同时,国民政府其他所属机关也开始陆续西迁。如内政部,"所有全部人员及公文等,分由津浦路车及长江轮运送至汉口集中,再由汉口转运长沙,复由长沙经湘黔公路过贵阳达重庆"[3]。其他机关,除先迁武汉、长沙等地者外,其余"各部官员及所有公务人员等万余人,陆续乘轮船溯江入川至渝,机关政府的文卷物品等数万吨也随即用轮船载运重庆"[4]。为配合此次迁移,11月20日,国民政府发表迁驻重庆宣言:"国民政府兹为适应战况,统筹全局长期抗战起见,本日移驻重庆。此后将以最广大之规模,从事更持久之战斗。以中华人民之众,土地之广,人人抱必死之决心,以其热心与土地凝结为一,任何暴力不能使之分离。"[5]同日,中央通讯社也发表《国府迁渝通电》,指出,国府迁驻重庆,"此项措施,在使中枢不受暴力的威胁,贯彻我全国持久抗战的主旨,以打破日寇速战速决之迷梦。国府迁渝以后,不唯我前方抗战军事仍本既定方针坚决进行,绝无牵动,且中枢移驻腹地,首脑臻于安定,则耳目手足更得发挥充分之效用,就整个抗战大计而言,实为进一

---

1 唐润明:《四川抗日根据地的策定与国民政府迁都重庆》,《档案史料与研究》1992年第4期。
2 同上。
3 《迁都重庆时的内政部(1947年)》,见刘建业、陆大钺主编:《迁都重庆的国民政府》,北京出版社1994年版,第41页。
4 重庆抗战丛书编纂委员会编:《重庆国民政府》,重庆出版社1995年版,第14页。
5 《国民政府移驻重庆宣言》(1937年11月20日),章伯锋、庄建平主编:《抗日战争》第三卷上,四川大学出版社1997年版,第27页。

步展开战略之起点"[1]。11月底,国民党中央的一些元老及中央委员如叶楚伧、王子庄、吴稚晖、丁惟汾、钮永键等陆续抵达重庆。12月1日,国民政府正式办公。

二是由南京先迁武汉、长沙等地,武汉战事吃紧后,再迁重庆。由于战局演变及特殊的地理位置,武汉在抗战初期一度成为全国抗日救亡运动的中心。国民政府西迁重庆的过程中,一些主要职能部门,如军政、外交、财政、交通等部门都曾暂驻武汉。国民政府军事委员会大部分工作人员也"先行到汉,重要人员则于情况紧急时乘机离京至汉"[2]。国民党中央党部及党政军要员、在野领袖也大都集中于武汉,武汉在沦陷前实际上成为中国战时的指挥中枢。

1938年夏,华中战事吃紧,武汉情势危急,国民政府军事委员会于同年7月17日下令国民政府及国民党中央驻武汉各党政军机关,限五天内全部移驻重庆。7月18日始,国民党中央、国民政府各机关开始一次大规模迁移[3]。至8月初,西迁途经武汉及设于武汉的党政机关全部迁至重庆。军事委员会则迁至长沙,不久,又移驻衡山。日军攻占武汉后,一部沿粤汉铁路南下,11月11日攻陷岳阳。12—14日,长沙大火,全城皆成瓦砾,烧死居民2万余人。11月25日至28日,军事委员会在南岳召开军事会议,重申"继续实施持久作战的方针,采取转守为攻,牵制消耗敌人的战术。并确定'政治重于军事','民众重于士兵'、'游击战重于正规战'等方针"[4]。南岳会议后,军委会鉴于长沙已被大火焚毁,乃决定驻衡山的各军事机关全部迁往重庆。12月8日,中国国民党总裁、国民政府军事委员会委员长、国防最高会议主席、海陆空军总司令蒋介石率军事大本营由桂林飞抵重庆,从而结束了中国近现代史上第一次最大规模的政府首脑机关和

---

[1] 《国府迁渝通电》(1937年11月20日发),章伯锋、庄建平主编:《抗日战争》第三卷上,第27—28页。
[2] 《军事委员会抗战留渝经过纪要》(1947年),见刘建业、陆大钺主编:《迁都重庆的国民政府》,第21页。
[3] 参见唐润明:《四川抗日根据地的策定与国民政府迁都重庆》,《档案史料与研究》1992年第4期。
[4] 重庆抗战丛书编纂委员会编:《重庆国民政府》,第22页。

国家都城的大迁徙[1]。

### (二) 国民政府迁都重庆的缘由

对于国民政府迁驻重庆的原因,学术界从不同角度进行了分析,但它不是单一因素作用的结果,而是诚如黄立人、郑洪泉所述,"是诸多历史因素的综合所促成,是抗日战争特殊的历史条件与重庆自身的条件和自身发展的内在需要相互作用的结果,而战争因素起了决定性的作用"[2]。具体而言,其原因主要有以下几个方面:

一是局势演变使战前策定的行都、陪都处于威胁之中。

1932年,日军在上海挑起一·二八事变,南京受到战事的直接威胁,国民政府将其大部分机构移至洛阳办公,至12月形势缓和后迁回。这次事件使国民政府认识到,中日全面战争不可避免,从而开始从战略上考虑全面战争爆发后政府首脑机关的安全与正常运转问题。同年3月,国民党四届二中全会通过了《确定行都与陪都地点案》:"一,以长安为陪都,定名西京","二,以洛阳为行都",同时决定加紧陪都的建设[3]。可见,此时,国民党最高决策层将西安与洛阳视为对外战争的根据地。

卢沟桥事变后,中日战争全面爆发,平津相继陷落,洛阳已暴露在日军的炮口之下,自然无法成为国民政府迁都的对象。至于西安与陕西的形势也发生了重大变化:(1) 西安邻近华北,日军攻占平津后,一路沿平绥线直取绥远,一路由平绥路、同蒲路进攻山西,一路由平汉路进攻河南。陕西在国防安全上的优势已完全丧失。日军的这种战略攻势,使蒋介石和国民政府在考虑迁都时不得不放弃陪都西安[4]。(2) 1935年红军长征达到陕北后,迅速扩大陕北苏区和红军,西北地区抗日民主运动空前高涨,对蒋介石统治来说是一个严重威胁,加之1936年12月"西安事变"余悸难消。这些因素都对蒋介石在做出迁

---

1 唐润明:《抗战初期国民政府迁都重庆经过》,《民国春秋》1997年第6期。
2 黄立人、郑洪泉:《论国民政府迁都重庆的意义与作用》,《民国档案》1996年第2期。
3 秦孝仪:《革命文献》第79辑,台北:"中央"文物供应社1977年版,第310—311页。
4 张国镛:《浅论国民政府择迁重庆的三个问题》,《档案史料与研究》1996年第1期。

都决定时产生了重大的影响。

二是重庆作为西南重镇具备战时首都的基本条件。

重庆地处中国西部与中部、东部的结合点,长江和嘉陵江的汇合口,地理位置十分重要,是西南地区的门户与重镇,它东有天然的长江三峡,北有秦岭、大巴山相护,南屏云贵高原,西临横断山、青藏高原,重庆在地理上的"腹心"位置,使其能与战争和可能发生战争的前线保持足够的战略纵深距离[1]。同时,它"承四大河之汇,上溯四江以达滇、黔、康、青,下循扬子东通于海"[2],在战略上退可守,进可攻。

重庆作为长江上游的经济中心,具有西部其他城市难以相比的经济实力,"自清末开埠以后,重庆近代经济经过50多年的曲折发展,到战前已成为四川乃至西部地区最大的工业、商贸和金融中心。与之相应的城区交通、港口码头、供水供电、邮政电讯、文教卫生等近代城市设施已有了一定的规模。这不仅为国民政府把战时首都放在重庆提供了基础,而且也为把重庆建设成为战后大后方的经济中心预备了有利的条件"[3]。

三是川政的统一及地方政府的支持,推动了国民政府迁都重庆的决策。

国民政府把大西南作为大后方的设想与布局在1935年后逐步走向成熟。为建设四川这个根据地,国民政府在战前即开始了统一川政的活动,通过整理财政、统一币制、稳定金融、救济工商、兴修水利、赶筑公路等措施使四川的军、民、财政统一于国民政府之下。1935年11月,又设立重庆行营,辖区包括川、康、滇、黔、藏各地,其政务和军队均受其牵制。川政的统一,"结束了自民初以后四川军阀混乱割据的局面",至全面抗战开始前,"重庆已从一个地方军阀盘踞的川东重镇,一跃而成为国民政府统治四川和西南的政治、军事中心。全面抗战开始后,国民政府迁都四川重庆已属顺理成章的事情"[4]。八一三淞沪抗

---

1 黄立人、郑洪泉:《论国民政府迁都重庆的意义与作用》,《民国档案》1996年第2期。
2 张群:《抗战胜利纪功碑文》,转引自张国镛:《浅论国民政府择迁重庆的三个问题》,《档案史料与研究》1996年第1期。
3 黄立人、郑洪泉:《论国民政府迁都重庆的意义与作用》,《民国档案》1996年第2期。
4 同上。

战开始后,四川省政府主席刘湘力促国民政府迁都四川,以图长期抗战。为打消蒋介石迁都四川的最大顾虑,他力排众议,亲率整编后的川军出川抗战,从而有力地推动了国民政府迁都重庆的最后决策。

## 二 高校的迁移[1]

抗战全面爆发前,中国共有专科以上学校 108 所,其中大学 42 所(国立 13 所、省市立 9 所、私立 20 所)、独立学院 36 所(国立 5 所、省市立 9 所、私立 22 所)、专科学校 30 所(国立 8 所、省市立 11 所、私立 11 所),教员 7 560 人,在校学生 41 922 人,当年毕业生 9 154 人[2]。这些高校分布在平、津、冀、晋、鲁各省市的有 30 校,分布在京、沪、苏、浙、皖、赣等省市的有 45 校,分布于鄂、豫、湘的有 17 校,而京津沪三地即有 46 校,占总数的 42.59%,学生占总学生数的 2/3 以上[3]。可见,东部沿海地区是战前高校的主要分布区。

抗战爆发后,东部沿海沿江地区首当其冲,平、津、沪、宁相继陷落,高等教育事业遭受严重的破坏与摧残。至 1938 年 8 月底止,"此一百零八校中受敌人破坏者,共九十一校,其中全部受敌人破坏者计十校",战争发生后,"受影响之教职员共计二千人,学生二万余人,已达全数百分之五十"[4]。处于战区之中和邻近战区的高等学校被推到了生死存亡的关键境地。为了抗战时期高等教育事业的延续发展,为了保存民族文化命脉,战时中国出现了史无前例的高校大迁移。据徐国利的研究,战时我国高校内迁的约有 124 所[5];覃红霞将迁往租界与香港的高校计算在内,认为约有 140 所左右高校发生了迁移。迁移详情见表 4-2。

---

1 本小节主要参见徐国利、余子侠、覃红霞等人的研究成果。参见徐国利:《关于"抗战时期高校内迁"的几个问题》,《抗日战争研究》1998 年第 2 期;《抗战时期高校内迁概述》,《天津师范大学学报》1996 年第 1 期。余子侠:《抗战时期高校内迁及其历史意义》,《近代史研究》1995 年第 6 期。覃红霞:《抗日战争时期高校内迁探析》,西南师范大学 2002 年硕士学位论文。
2 《第二次中国教育年鉴》第 14 编,商务印书馆 1948 年初版,第 1400 页。
3 魏宏运:《抗战时期高等学校的内迁》,《档案史料与研究》1996 年第 4 期。
4 延安时事问题研究会编:《抗战中的中国文化教育》,上海人民出版社 1961 年版,第 28 页。
5 徐国利:《关于"抗战时期高校内迁"的几个问题》,《抗日战争研究》1998 年第 2 期。

表 4-2 抗战时期高校迁移一览

| 校　名 | 原校址 | 迁　移　情　况 |
| --- | --- | --- |
| 国立北京大学 | 北平 | 三校首迁长沙，1938年8月联合组成长沙临时大学。1938年4月迁昆明，更名为国立西南联合大学 |
| 国立清华大学 | 北平 | |
| 私立南开大学 | 天津 | |
| 国立北平大学 | 北平 | 三校首迁西安，1937年8月联合组成西安临时大学；二迁陕南汉中；三迁陕南南郑。1938年4月改名国立西北联合大学。7月，教育部决定将西北联大各学院分别独立为学院，组建新校 |
| 国立北平师范大学 | 北平 | |
| 国立北洋工学院 | 天津 | |
| 国立交通大学唐山土木工程学院 | 唐山 | 两校先后迁往湖南湘潭，1938年合并。1939年迁贵州平越，1942年1月改称国立交通大学分校，1943年12月迁川东璧山 |
| 国立交通大学北平铁道管理学院 | 北平 | |
| 国立交通大学 | 上海 | 1940年在重庆设分校，1942年在重庆设总校 |
| 国立同济大学 | 吴淞 | 抗战爆发后首迁上海市区。1937年9月迁浙江金华，11月迁赣南赣州。医学院迁赣中吉安。1938年7月迁桂东贺县，后迁昆明，1940年秋迁川南宜宾南溪 |
| 国立暨南大学 | 上海 | 首迁上海租界。1941年12月迁闽北建阳 |
| 国立中央大学 | 南京 | 抗战爆发后迁重庆。医学院、农学院畜牧医药系则迁成都 |
| 国立山东大学 | 青岛 | 抗战爆发后迁川东万县。后解散，编制保留在东北大学 |
| 国立浙江大学 | 杭州 | 1937年11月迁浙西建德。年底迁赣中吉安、赣南泰和。1938年7月迁桂北宜山。1939年7月迁黔北遵义，并在湄潭设分校。在浙江龙泉亦设分校 |
| 国立厦门大学 | 厦门 | 1937年12月迁闽西长汀 |
| 国立上海医学院 | 上海 | 1939年夏部分师生迁昆明，与中正医学院合并，后迁重庆。1941年12月，上海师生分批赴渝 |
| 国立中正大学 | 上海 | 1940年10月建于江西泰和，1945年1月迁赣南宁都。在赣南赣县设分校，战后迁南昌 |
| 国立中正医学院 | 南昌 | 1937年10月创办于南昌。12月迁吉安，二迁赣西永新，三迁昆明，四迁黔西镇宁，五迁返永新，六迁泰和。1945年1月迁闽西长汀。战后迁返南昌 |
| 国立武汉大学 | 武汉 | 1937年11月迁四川乐山 |
| 国立湖南大学 | 长沙 | 1938年10月长沙沦陷后，迁湘西辰溪 |

续 表

| 校　名 | 原校址 | 迁 移 情 况 |
|---|---|---|
| 国立中山大学 | 广州 | 1938年10月迁粤西罗定，后迁云南澄江。1940年4月迁粤北坪石镇，1944年秋迁粤北连县，五迁粤北仁化，六迁粤东兴宁，七迁粤东梅县 |
| 国立师范学院 |  | 1938年10月在湘西安化建立。1944年夏迁湘西溆浦。战后迁长沙 |
| 国立四川大学 | 成都 | 1939年迁峨眉 |
| 国立云南大学 | 昆明 | 1940年因时局突变，理学院迁滇中嵩明，工学院迁滇北会泽，农学院迁滇中呈贡 |
| 国立贵阳医学院 | 贵阳 | 1938年创办于贵阳，1944年秋迁重庆 |
| 国立贵阳师范学校 | 贵阳 | 1941年创办于贵阳，1944年冬迁遵义 |
| 国立西北师范学院 |  | 1939年在陕南城固创建，1941年在兰州设分院，1944年全部迁至兰州 |
| 国立东北大学 | 沈阳 | 九一八事变后迁北平。1937年初迁开封。5月改国立。6月迁西安。1938年3月迁四川三台 |
| 省立山西大学 | 太原 | 抗战爆发后，各学院分别迁至晋中平遥、晋南临汾和运城。后停办一年。1939年12月迁陕中三原。1941年11月迁陕北宜川。1943年2月迁晋南吉县。4月改为国立。1943年7月迁回宜川 |
| 省立河北女子师范学院 | 天津 | 抗战爆发后，部分师生赴西安，转入西安临时大学各系。家政系仍保持原来建制，与西安临大合办 |
| 省立安徽大学 | 安庆 | 1938年迁湖北沙市。1939年停办，编制保留在武汉大学 |
| 江苏省医政学院 | 镇江 | 初迁长沙，1937年11月迁湘西沅陵。1938年8月改为国立江苏医学院。同年冬迁贵阳。1939年迁重庆 |
| 江苏省立教育学院 | 无锡 | 首迁长沙，1938年1月迁桂林，后迁川东璧山。1941年停办，以此为基础改办为国立社会教育学院 |
| 浙江战时大学 |  | 1938年创建。医学院设在浙南丽水，农学院设在浙西南松阳。1939年5月改称为浙江省立英士大学，1942年迁浙南云和。再迁浙南泰顺。1943年4月改为国立英士大学 |
| 苏皖联立临时政治学院 |  | 1939年创办于闽北崇安。1942年夏迁三元。1943年8月改为江苏省立江苏学院。战后迁至徐州 |
| 安徽临时政治学院 |  | 1940年9月创办于皖西立煌县（今金寨县）。1944年改为安徽省立学院。在皖南屯溪设分校。战后迁往芜湖 |

续 表

| 校　名 | 原校址 | 迁 移 情 况 |
|---|---|---|
| 省立河南大学 | 开封 | 抗战爆发后，文、理学院迁豫南鸡公山，农学院迁豫西镇平。1938年8月均集中到镇平，1939年5月迁豫西嵩县。1942年2月改为国立。1944年迁豫西淅川。1945年春迁陕西宝鸡 |
| 广东省立教育学院 | 广州 | 1938年首迁桂东梧州，二迁桂东腾县，三迁往桂东融县 |
| 广东省立襄勤商学院 | 广州 | 1938年迁广西融县，继迁粤南遂溪，三迁粤南信宜 |
| 省立广西大学 | 桂林 | 1939年8月改国立。1944年秋迁桂东融县。11月迁黔南榕江 |
| 广西省立桂林师范学院 | 桂林 | 1943年改为国立。1944年冬先迁桂北三江，再迁贵州榕江。1945年1月迁贵州平越 |
| 贵州农工学院 |  | 1941年创办于贵阳附近的贵筑县，1942年改为国立贵州大学，后工学院迁安顺。1944年冬迁遵义 |
| 私立燕京大学 | 北平 | 1941年冬部分师生赴成都，设分校 |
| 私立中法大学 | 北平 | 文、理学院先后于1939年、1941年迁昆明 |
| 私立北平民国学院 | 北平 | 抗战爆发后，首迁开封，二迁长沙，三迁湘北益阳，四迁湘西溆浦，五迁安化鹿角溪 |
| 私立朝阳学院 | 北平 | 七七事变后，迁鄂南沙市，后迁川中简阳，三迁成都，四迁重庆 |
| 私立华北学院 | 北平 | 七七事变后，校舍被强占，迁湖广会馆继续上课 |
| 私立复旦大学 | 上海 | 首迁庐山，与私立大夏大学联办。1938年2月迁重庆，改为国立 |
| 私立大夏大学 | 上海 | 首迁庐山、贵阳，与复旦大学联办；1938年与复旦分开，单独设校于贵阳。1941年迁黔北赤水。在上海设分校 |
| 私立光华大学 | 上海 | 抗战爆发后在成都设分校 |
| 私立沪江大学 | 上海 | 1941年冬后一度停办。1942年2月迁重庆复校，并与东吴大学法学院、之江大学联合组建法商工学院 |
| 私立大同大学 | 上海 | 抗战后，校舍为日军占据，1939年在新闸路另开校舍 |
| 私立东吴大学 | 苏州 | 1941年冬停办。1942年法学院迁重庆。后与沪江、之江大学合组法商工学院。文、理学院迁闽西长汀，后迁粤北曲江，不久停办 |
| 私立之江大学 | 杭州 | 1941年冬迁浙江金华。后迁闽西邵武。1943年在贵阳设分校，后贵阳分校迁重庆。1945年与东吴大学法学院、沪江大学合组法商工学院 |

续表

| 校　名 | 原校址 | 迁 移 情 况 |
|---|---|---|
| 私立正风文学院 | 上海 | 抗战爆发后迁上海公共租界，后改名私立诚明文学院。1941年冬停办。1943年4月，部分师生转赴赣东北上饶复课 |
| 私立上海法学院 | 上海 | 抗战爆发后迁浙江兰溪，后迁屯溪。1943年商业专修科迁川东万县另设分校 |
| 私立上海法政学院 | 上海 | 1942年停办，1943年8月在皖南屯溪复校 |
| 私立同德医学院 | 上海 | "八一三"之役后，原校址被毁，改迁上海同孚路附属医院内 |
| 私立金陵大学 | 南京 | 迁成都 |
| 私立金陵女子文理学院 | 南京 | 抗战爆发后一度在沪、汉、渝设分校。1938年均集中到成都 |
| 支那内学院（佛学院） | 南京 | 抗战爆发后迁四川江津 |
| 私立南通学院 | 南通 | 战时一度停课。1938年8月，农、纺两科迁上海复课。医科迁湘西沅陵与江苏医政学院合并为国立江苏医学院 |
| 私立齐鲁大学 | 济南 | 抗战爆发后学校一度停办。1938年秋大部分师生迁成都复校 |
| 私立福建协和学院 | 福州 | 抗战爆发后迁闽西邵武 |
| 私立华南女子文理学院 | 福州 | 抗战爆发后迁闽中南平 |
| 私立福建学院 | 福州 | 抗战爆发后首迁闽清，后迁闽北浦城 |
| 私立焦作工学院 | 安阳 | 1937年10月迁西安，后迁陇东天水。1938年7月并入国立西北工学院 |
| 私立武昌华中大学 | 武汉 | 1938年秋迁桂林，1939年春迁滇西大理 |
| 私立武昌中华大学 | 武汉 | 1938年秋迁鄂西宜昌，后迁重庆 |
| 私立湘雅医学院 | 长沙 | 1938年6月迁贵阳，1940年6月改国立。1944年12月迁重庆 |
| 私立岭南大学 | 广州 | 广州沦陷后迁香港。1941年冬香港沦陷后迁粤北曲江。1945年春迁粤东梅县 |
| 私立国民大学 | 广州 | 抗战爆发后迁粤南开平，在香港亦设分校。香港沦陷后迁曲江。1944年迁粤西茂名。后迁粤北和平 |
| 私立广州大学 | 广州 | 首迁开平，并在九龙和中山设分校。1940年秋校本部由开平迁粤南台山。1941年冬迁曲江。1944年敌扰粤北，迁粤西罗定和连县。1945年1月迁粤西连平，六迁粤东兴宁 |

续表

| 校　名 | 原校址 | 迁　移　情　况 |
|---|---|---|
| 广州协和神学院 | 广州 | 迁滇西大理 |
| 私立广东光华医学院 | 广州 | 1938年7月，迁香港上课 |
| 私立华侨工商学院 | 香港 | 1942年迁柳州，1944年秋至江津。1945年秋至重庆 |
| 中华文化学院 | | 1942年建于粤北坪石。后改名私立文化大学。1945年初迁梅县，战后迁广州 |
| 国立北平艺术专科学校 | 北平 | 杭州艺专在抗战爆发后首迁浙中诸暨，二迁赣东贵溪。1938年迁湘西沅陵。与早先到达的北平艺专合并为国立艺术专科学校。1938年10月迁昆明。1939年迁滇中呈贡。1941年迁璧山。1943年夏迁重庆 |
| 国立杭州艺术专科学校 | 杭州 | |
| 中央政治学校（属国民党中央执行委员会） | 南京 | 1937年9月迁庐山。1938年6月迁湘西芷江，同年7月迁重庆 |
| 蒙藏学校 | | 原为中央政治学校蒙藏班。抗战爆发后改此名。首迁皖南青阳。1937年底迁芷江。1938年6月迁万县。1941年8月改称国立边疆学校 |
| 军医学校（属军政部） | 南京 | 1938年10月迁黔西安顺 |
| 国立中央工业专科学校 | 南京 | 首迁宜昌。两个月后迁川东万县。1938年夏迁重庆，同时在川东巴县设分校 |
| 国立药学专科学校 | 南京 | 1937年8月迁武昌，1938年1月迁重庆 |
| 国术体育专科学校 | 南京 | 抗战爆发后迁长沙，二迁桂林，三迁桂南龙州。1940年冬迁川东北碚 |
| 南京戏剧学校 | | 战前已筹划建校，后因抗战爆发，在长沙正式开学。1938年2月迁重庆。1938年4月迁川南江安，后又迁返重庆，改为国立戏剧学校。战后迁南京 |
| 国立东方语专科学校 | | 1942年10月创办于呈贡。1945年7月迁重庆，战后迁往南京 |
| 国立吴淞商船专科学校 | 吴淞 | 1939年底迁重庆复校，改称重庆商船专科学校 |
| 国立上海音乐专科学校 | 上海 | 初入租界，1942年被伪政府接收。1939年11月，该校师生于重庆设音乐干部训练班，为国立音乐学院分校 |
| 国立幼稚师范专科学校 | | 1943年2月创办于赣南泰和，1944年迁赣县，1945年春迁赣南广昌，战后迁往上海 |
| 国立海疆学校 | | 1944年5月创办于闽东仙游，1945年春迁闽西南安，战后迁晋江 |

续表

| 校　名 | 原校址 | 迁　移　情　况 |
|---|---|---|
| 国立中央技艺专科学校 | | 1939年创办于成都、南充,后迁至乐山 |
| 国立西北农业专科学校 | 兰州 | 1939年7月创办,后校舍被炸,迁兰州西郊,后并入西北农学院 |
| 山西工农专科学校 | 太原 | 抗战爆发后迁晋南运城,1937年11月迁豫西陕县,1938年1月迁西安,11月迁陕南沔县。1939年3月迁川中金堂县,1940年8月改为铭贤学院 |
| 山东省药学专科学校 | 青岛 | 抗战爆发后迁万县 |
| 山东省医学专科学校 | 济南 | 抗战爆发后迁万县 |
| 山东省师范专科学校 | | 1941年秋创办,一度停办。1943年秋迁皖北阜阳,战后迁济南 |
| 江苏省蚕桑专科学校 | 苏州 | 抗战爆发后迁乐山 |
| 江苏省银行专科学校 | 镇江 | 抗战爆发后迁湘北桃源,二迁湘西乾城。1941年改为国立商学院 |
| 浙江省医药专科学校 | 杭州 | 1937年11月迁浙西淳安,二迁浙中缙云。1938年1月迁浙东临海,1939年迁浙中天台 |
| 浙江省杭州蚕丝职业学校 | 杭州 | 抗战爆发后迁浙北临安,二迁浙中寿昌,三迁浙中新昌,四迁浙中嵊县,五迁返新昌,六迁浙中缙云 |
| 江西省工业专科学校 | 南昌 | 1938年首迁赣县,1939年迁赣南雩都,1945年1月迁赣南宁都 |
| 江西省医学专科学校 | 南昌 | 1937年底迁赣西新余,1938年夏迁赣县,1939年春迁赣南南康,1940年12月迁赣县,1945年1月迁赣南雩都,3月迁宁都 |
| 江西省农业专科学校 | | 抗战爆发后新设,一度停办。1943年在赣南泰和恢复。1945年1月迁赣东北婺源 |
| 江西省体育师范专科学校 | | 1943年夏建于赣中吉安,后迁泰和,1945年1月迁赣中永丰,战后迁南昌 |
| 江西省立兽医专科学校 | | 1938年11月创办于南昌,1939年3月迁吉安,后迁泰和。1945年春迁赣南沙水,战后迁南昌 |
| 福建省医学专科学校 | 福州 | 首迁闽西永安,1938年5月迁闽西沙县,1940年4月迁返永安,改为学院。1941年设校于三元 |
| 福建省师范专科学校 | | 1941年6月创建于闽西永安,1942年夏迁闽中南平,战后迁福州 |
| 湖北省农业专科学校 | 武汉 | 1938年冬迁鄂西恩施,1940年改为省立农学院 |
| 河南省水利工程专科学校 | 开封 | 抗战爆发后迁豫西镇平 |

续表

| 校　名 | 原校址 | 迁移情况 |
|---|---|---|
| 湖南国医专科学校 | 长沙 | 1938年迁湘南衡阳，1941年停办 |
| 湖南省农业专科学校 | | 1941年建于湘中南岳，豫湘桂战役爆发后迁湘南东安，继迁湘西辰溪，战后迁长沙 |
| 湖南省修业高级职业学校 | 长沙 | 抗战爆发后迁湘西安化 |
| 广东省艺术专科学校 | 广州 | 1942年5月迁曲江，后迁罗定 |
| 广东省体育专科学校 | 广州 | 抗战爆发后迁粤西云浮 |
| 广东省工业专科学校 | | 1944年重建于粤西高要，1945年3月迁粤西云浮 |
| 广西军医学校 | 南宁 | 1938年11月迁桂西田阳。1939年4月改称广西省医药专科学校，11月改为广西省立医学院。1940年迁桂林。1944年夏分路迁桂东昭平、贺县、融县和桂北三江 |
| 陕西省医学专科学校 | 西安 | 抗战爆发后迁陕南南郑 |
| 私立北京协和医学院护士学校 | 北平 | 1943年9月迁成都重建 |
| 私立山西川至医学专科学校 | 太原 | 首迁晋南新绛县；二迁陕中三原；三迁陕北宜川。1940年3月并入山西大学 |
| 私立上海美术专科学校 | 上海 | 1942年迁浙江金华，并入国立东南联大，成立艺术专修科。5月，东南联大撤往闽北建阳，借国立暨南大学上课，后东南联大停办，艺术专修科归并国立英士大学。7月，复迁浙江云和 |
| 私立民治新闻专科学校 | 上海 | 迁成都 |
| 私立立信会计专科学校 | 上海 | 1942年秋迁重庆 |
| 私立两江女子体育专科学校 | 上海 | 迁重庆 |
| 私立东亚体育专科学校 | 上海 | 1941年停办，1944年夏迁川南泸县复校 |
| 私立无锡国学馆 | 无锡 | 初迁长沙，旋至湘乡，复迁桂林，继迁北流山围，后重迁桂林。1944年回迁金秀瑶区，1945年重回北流山围 |
| 私立苏州美术专科学校 | 苏州 | 1938年迁上海 |
| 私立正则艺术专科学校 | 丹阳 | 抗战爆发后迁四川江津 |
| 私立立凤艺术专科学校 | | 1943年9月创建于泰和，1945年1月迁赣南兴国 |
| 福建私立集美高级水产航海职业学校 | 厦门 | 首迁闽南安溪，后迁闽中大田 |

续 表

| 校　名 | 原校址 | 迁 移 情 况 |
|---|---|---|
| 私立南方商业专科学校 | 广州 | 正校迁连县，并在梅县设分校。1945年，正校也迁梅县 |
| 私立西南商业专科学校 | 桂林 | 1942年创办于桂林，后几经播迁，停办一年 |
| 私立武昌艺术专科学校 | 武汉 | 1938年在宜昌设分部，年底迁江津 |
| 私立医药技士专门学校 | 武汉 | 1938年迁重庆 |
| 私立文华图书馆专科学校 | 武汉 | 1938年7月迁重庆 |
| 私立西南美术专科学校 | 重庆 | 1938年迁郊外渔洞溪，1941年迁成都，后迁回重庆 |

资料来源：覃红霞：《抗日战争时期高校内迁探析》，西南师范大学2002年硕士学位论文，第14—18页；徐国利：《关于"抗战时期高校内迁"的几个问题》，《抗日战争研究》1998年第2期。

战时中国高等学校迁移的情况是极其复杂的，归纳起来有以下几个特点：

1. 迁移与整个抗日战争相始终，但有过三次迁移高潮

全面抗战的八年中，由于战局不断演变，面临失陷危险的高校不得不一度或再度迁移。因此，高校的迁移几乎与八年抗战相始终。迁移的学校，就其开办类别而言，有国立大学，有各部委所属或省立大学，还包括教会开办的教会大学和一些私立大学；就学校规模而言，有大学，有独立学院，也包括当时绝大多数专科学校；就办校时间而论，有创办几十年的名牌高校，亦有抗战爆发前后刚刚组建的新院校。整个抗战期间，战前、战后设立的大多数学校都进行了迁移，这些迁移曾出现过三次高潮。

第一次迁移高潮为自1937年抗战爆发至1938年广东、武汉失守，近一年半时间。这一时期，北平、天津、上海、南京、武汉、长沙、广州、福州等地均成为战场，各校纷纷迁移。据统计，这一时期，内迁高校共约75所，占1938年底我国高校总数97所的77%。第二次迁移高潮是太平洋战争爆发至1942年上半年，约半年时间。太平洋战争爆发迫使原避居于英美租界中的高校及在香港的高校（主要是私立学校和教会学校）或被迫停办，或迁往内地。总计这一时期迁移高校

约20所。第三次迁移高潮是1944年4月至1945年初,豫湘桂战役爆发。国民政府军队溃退,日本迅速占领了豫湘桂三省的大部和粤闽鄂三省的部分地区。日军前锋进逼贵阳,西南震动,迫使广西、贵州的一些高校和早先云集在广西、贵州、湘西、粤北的大批高校急迁四川、黔北,也引起会集在福建、江西、粤北等地的高校再度迁移。这一时期,共迁移高校26所。除三次迁移高潮外,零散迁移或再迁移的高校还有近50所[1]。

2. 迁移地域比较广泛,形成四个相对集中的分布区,其中西南地区是最大迁入地

战时高校迁移的区域是非常广泛的,就各校迁徙的"最后落脚点"而论,其迁移大致有三种类型:一是长途迁转战时"大后方"各省区;二是辗转省内安全区;三是就近迁入英美等租界寻求保护。但随着战局的不断演化,高校迁移的具体地点也在不断变化。先后形成过四个相对集中的分布区,即:"(1)以重庆、成都、昆明、贵阳为中心的西南地区;(2)以广西、湘西、湘南、粤西、粤北为中心的中南地区南部山区;(3)以赣中、赣南、浙西、浙南、闽中、闽西等为中心的华东南部丘陵山区;(4)以陕西、关中、陇东为中心的西北地区。"[2]据覃红霞研究,四川、云南、贵州三省共接收内迁高校64所,占内迁高校总数的47%,是战时高校内迁的最大集中地。其中四川省接收的高校达52所,占总数的37%;其接收的对象主要是平、津、沪、宁、苏、杭和湖北等地的高校,其中以国立和知名的私立学校包括教会大学为多[3]。中南地区南部山区,内迁高校主要集中于广西的桂林、融县,湘西的安化、沅陵及粤北的曲江、粤西的罗定。其中,广西、湘西南主要是接收平津和沪宁苏杭等地及本省的高校;粤西、粤北主要接收本省沿海地区高校。华东南部丘陵高校主要集中于赣中、赣南的泰和、赣州、吉安,闽中、闽西北的永安、邵武及浙江的金华,其中赣中、赣南主要是接收沪宁杭一带和本省的高校,闽中、闽西主要是接收本省沿海地区及

---

[1] 此段参见徐国利:《关于"抗战时期高校内迁"的几个问题》,《抗日战争研究》1998年第2期。
[2] 徐国利:《抗战时期高校内迁概述》,《天津师大学报》1996年第1期。
[3] 覃红霞:《抗日战争时期高校内迁探析》,西南师范大学2002年硕士学位论文。

少量苏沪地区的高校。迁入西北地区的高校较少,主要是接收平津和河南的部分高校,但由于北平大学、北洋工学院和北平师范大学组成的西安临时大学(后改为西北联合大学)内迁至此,因而成为战时中国高等教育的又一重镇[1]。除上述4个中心地区外,其他省份共有20个县市接收了22所外地高校[2]。

3. 迁移过程中,部分学校进行了调整与改组

部分学校因形势所迫或战时需要,在迁移途中进行了改组、合并或联合办学,累计总数不下于20校。如,北京大学、清华大学、南开大学三校先于1937年11月在长沙成立临时大学,1938年2月迁昆明改名国立西南联合大学;北平大学、北平师范大学、北洋工学院三校先于1938年3月在西安合组西安临时大学,4月迁陕西南郑后改名国立西北联合大学,河北省立女子师范学院停办后,大部师生亦并入西北联大;江苏省立医政学院与私立南通学院医科于1938年8月在四川北碚合并组成国立江苏医学院;国立交通大学唐山工程学院与北平铁道管理学院于1938年3月合并组成国立交大贵州分校;国立北平艺术专科学校与国立杭州艺术专科学校于1938年3月合并组成国立艺术专科学校;西北联合大学工学院、东北大学工学院、私立焦作工学院三校改组合并,于1938年在陕西城固设立国立西北工学院;西北联合大学农学院、西北农林专科学校改组合并,于1938年在陕西武功设立国立西北农学院;私立沪江大学、私立东吴大学法学院、私立之江大学文理学院三校先后合并组设东吴沪江之江法商工学院;国立社会教育学院与江苏省立教育学院合并组成重庆国立社会教育学院等。其中最著名者当推国立西南联合大学[3]。

4. 迁移过程中广大师生虽历尽艰辛,但弦歌不辍,体现了知识分子崇高的爱国主义精神

抗战期间,绝大多数学校经历了多次迁移,少则一二次,多则四五次,有的甚至辗转六七次或更多。如浙江大学经历了四次迁移,一迁

---

1 徐国利:《抗战时期高校内迁概述》,《天津师大学报》1996年第1期。
2 覃红霞:《抗日战争时期高校内迁探析》,西南师范大学2002年硕士学位论文。
3 参见余子侠:《抗战时期高校内迁及其历史意义》之表二,《近代史研究》1995年第6期。

浙西天目山、建德；二迁赣中吉安、泰和；三迁桂北宜山；四迁黔北遵义、湄潭。周流五省，行程数千里。国立杭州艺术专科学校经历了六次迁移，从 1937 年 11 月至 1946 年秋季，学校辗转浙、赣、湘、黔、滇、川 6 省，行程 6 000 公里，历时 9 年。据笔者统计，战时迁移 3 次以上的高校至少有 50 所。广大师生在迁移过程中背井离乡，历尽颠沛流离之苦。内迁学校师生的教学生活条件十分简陋，如入川的高校，多数只能借用旧庙宇、祠堂作校舍，武汉大学曾借用嘉定文庙、崇圣祠、三清观、大佛寺、乌尤寺等处；东北大学借用三台草堂寺等旧址；中央大学、光华大学等校虽建临时校舍，却因条件所限，一间宿舍住 300 人以上，闹噪拥挤，空气混浊，使人终夜不得安寝[1]。内迁昆明的西南联大，校舍也极为简陋，教室都是茅草为顶、土基为墙。上课桌凳，有的是土基搭木板，有的是一条长凳子[2]。宿舍阴暗潮湿，一到雨季房屋漏水，还要常常打伞睡觉。迁入其他地区的高校情况也大致如此。但广大师生并没有被艰苦的环境所吓倒，而是以复兴抗战教育事业为职责，弘扬艰苦奋斗的传道授业精神，千方百计创造各种条件，保持教学科研工作的照常进行。如西南联大上课不点名，自习课也不督促，然而从未有人无故缺席。每天晚上，没有挤进图书馆或阅览室的学生便到昆明大西门一带的茶馆里温习功课，直坐到深夜[3]。浙江大学由杭州转至湄潭，迭经搬迁，但每学期实际上课之周数，平均计在 18 周左右，若加上缴费注册、选课等时间，则近 20 周，基本上没有耽误课程[4]。

正因为有了这种抵御外侮、不畏艰苦、顾全大局的崇高品格，才有效地保证了中国教育尤其是高等教育的现代化进程不致因战争的破坏而中断。

---

1 四川省志教育志编辑组：《抗战中 48 所高等院校迁川梗概》，《四川文史资料选辑》第 13 辑，第 78—79 页。
2 杨绍鸿：《西南联大优良传统激励我们前进》，《昆明文史资料选辑》第 7 辑，第 21 页。
3 朱鸿运：《我对西南联大的回忆》，中国人民政治协商会议西南地区文史资料协作会议编：《抗战时期内迁西南的高等院校》，贵州民族出版社 1998 年版，第 47 页。
4 参见孙详浩：《抗战以来的国立浙江大学》，《教育杂志》第 31 卷第 1 号，表一。

### 三 工厂与职工的西迁

有关工厂西迁,学术界已发表大量的研究成果,本小节主要参考黄立人、孙果达及其他学者的研究,并结合相关工厂内迁史料进行阐述。抗战时期的工厂西迁大致可分为三个阶段。

第一阶段:从1937年8月至1937年底,沿海地区民营、国营工厂的西迁。

全面抗战爆发前,国民政府为保障军需生产,曾有计划地将兵工署、资源委员会、交通部等所属企业迁往内地,如1932年9月,兵工署取消了上海兵工厂,将其机器设备内迁;1933年7月,济南兵工厂奉令将所属枪弹厂全部设备及职工迁并四川第一兵工厂等,但民营企业的内迁尚未提上日程。七七事变发生后,许多有识之士和民族资本家出于爱国热情和避免企业遭日本的掠夺,纷纷向国民政府申请将工厂迁往西部地区。其呼声得到国民政府的认可,资源委员会在1937年7月28日的会议上正式提出了民营工厂内迁的问题。8月10日,行政院第324次会议通过了资委会关于内迁民营工厂的提案。8月11日上海工厂联合迁移委员会成立,由11名委员组成,他们是:上海机器厂颜耀秋、新民机器厂胡厥文、新中工程公司支秉渊、华生电器厂叶友才、大陆机器厂严裕棠、大鑫钢板厂余名珏、中新机器厂吕时新、中华铁工厂王佐才、电机公司赵孝林、康元制罐厂项康元、中国制钉厂钱祥标。这一机构担负着策划上海工厂西迁的任务[1]。上海民营工厂的内迁开始实施。

8月13日,日本开始向上海发起进攻,此后,上海要求迁移的工厂日益增多。9月23日,国民政府军事委员会设立工矿调整委员会,负促进全国工矿事业调整之责。9月27日,工矿调整委员会召集相关机关会议,拟具工厂迁移的原则,其要点为:"迁移之工厂分为两种,一为指定军需工厂,二为普通工厂";"指定军需工厂系指国防上必需

---

[1] 黄立人:《抗日战争时期工厂内迁的考察》,《历史研究》1994年第4期。

该厂之助,由政府令其迁移";"指定军需工厂之范围,以下列各种工厂为主:1. 兵工需要之机器工厂、化学工厂、冶炼工厂;2. 动力及燃料工厂及矿厂;3. 交通器材制造工厂;4. 医药品工厂;5. 其他军用必需品工厂";"普通工厂为指定军需工厂以外之工厂。凡愿迁移,呈经政府核准者,得予以免税、免验、减免运费、便利运输或征收地亩等之援助……。关于迁移后之安插及工作问题,亦以由厂家自行筹划为原则。"[1]

从8月27日第一批顺昌机器厂、上海机器厂、新民机器厂、合作五金厂等4家22船机器与技工160余人自苏州河运出上海起,至1937年12月1日止,"由上海迁到武汉之工厂经上海工厂迁移监督委员会补助迁移费或予以便利援助迁移者凡一百二十三家,迁移之机器材料,在一万二千吨以上,工人约一千五百人。工厂中迁移最多者为五金机器厂、电工厂、化学厂、造船厂、文化印刷厂及制药厂。其中亦有少数纺织及轻工业厂"[2]。

战前上海有各类工厂1 186家,迁出工厂123家,仅占其10.3%,与核准迁移工厂数(224家)相比,迁出工厂亦只占55%[3]。

在上海民营工厂迁移接近尾声时,上海炼钢厂奉兵工署命令,于11月初分批迁往武汉,成为全国抗战开始后第一个内迁的国营兵工厂。

上海失陷后,苏、锡、常完全暴露在日军面前,为将已迁出上海的民营工厂及苏、锡、常各地工厂尽快地撤出战区,11月12日,工矿调整委员会设立了"厂矿迁移监督委员会",并在上海、镇江、青岛、杭州、武汉、南昌、重庆、广州等地设立办事处,具体负责厂矿的迁移、重建和复工等工作。从11月初至11月下旬,厂矿调整委员会先后派员赴江苏、浙江、山东、河南、江西、安徽组织和监督当地厂矿内迁。在江苏,曾与江苏省政府主席及各主管人员就江苏省工厂迁移事项,达成以

---

[1]《军事委员会第三部致第四部函》(1937年9月7日电),《抗战时期工厂内迁史料选辑(三)》,《民国档案》1987年第4期。
[2]《上海迁移工厂案节略》,《抗战时期工厂内迁史料选辑(一)》,《民国档案》1987年第2期。
[3] 黄立人:《抗日战争时期工厂内迁的考察》,《历史研究》1994年第4期。

下意见：迁移各业工厂，应先视其工厂之性质，分别规定办法；纺织业应先注重纱厂，但不必全部迁移，应指定迁移若干家，迁厂地点以湖北襄阳（老河口）、沙市、宜昌，湖南长沙、常德、岳阳，江西樟树、宜春，陕西西安等处为宜；丝厂因设备较简，原料有地域限制，故宜以不迁而加紧生产为原则，其设备较新之厂，可选定若干家，配置于皖南、川北；针织业宜选定规模较大之数家迁往武汉；面粉业因建筑已占其全部资产之最大部分，又不易招致敌人轰炸，故不必提倡迁厂；造纸厂可选定若干厂家迁往江西、湖南；火柴厂业因分工太细、太分散，不易迁移，不必迁厂；榨油业可不必迁移，锡、常一带，设备较精之机器厂可酌量选定数家，迁至武汉以外较有需要之城市；迁移地点宜避免集中于武汉；已停工之厂家而在政府认为可迁移者，应立即设法迁移；江南及上海左近之小规模厂家，应设法指导迁往江北安全地带，以利后方生产[1]。

同时拟定无锡、武进、南通、启东、江阴、太仓、吴县等地28家工厂为迁移对象。资源委员会也派员与江苏省其他民营工厂接洽。但由于战局演变迅速，苏、锡、常很快沦陷，结果经工厂调整处协助迁出者仅9家：大同五金厂、永利锤厂、京华印书馆、美丰祥印刷所、公益铁工厂、久大盐厂、震旦机器厂、庆丰纱厂、大成纱厂，随迁工人共138人。未经工矿调整处协助，自行内迁者5家，其中全华化学工业社、宜大昌机器厂迁入四川，公昌机器厂迁入桂林，中国窑业公司火砖厂、中益电工制造厂迁入长沙。

这一时期，其他省份西迁的工厂有：青岛的冀鲁制针厂、陆大铁工厂、成通纺纱厂；浙江杭州的林长兴织带厂等六家工厂；河南焦作的中福煤矿，郑州的豫丰纱厂、光华机器厂、全盛隆弹花厂和豫中打包厂，许昌的泰记和合面粉厂、三泰面粉厂，孟县的华兴铁工厂；山西的西北制造厂等。

这一时期国营工厂尤其是兵工厂大批加入内迁行列，由兵工署和航空委员会直接组织迁移的兵工厂有金陵兵工厂、军用光学器材厂、济南兵工厂、广东第一兵工厂、广东防毒面具厂、巩县兵工厂、中央

---

1 《江苏省迁移工厂要点》(1937年11月1日)，见《抗战时期工厂内迁史料选辑（三）》，《民国档案》1987年第4期。

修械厂、炮兵技术研究处、航空兵器技术研究处、中央杭州飞机制造厂、中央南京飞机制造厂。在资源委员会直接组织下,除兵工厂外的国营厂矿开始陆续迁移,主要有山东的中兴,安徽的淮南、大通,河南的中福、六河沟,河北的怡立,江西的萍乡、高坑等炼煤的设备和部分人员,湖北的扬子、大冶、汉阳三铁厂以及湖南铅锌厂的部分设备和人员。在建设委员会直接组织下,迁移的有首都电厂、句容分厂和戚墅堰电厂的部分设备[1]。

第二阶段:从1938年1月至1940年底,沿海地区内迁工厂再迁与中部地区工厂的西迁、复工。

1937年12月南京沦陷后,日军溯长江而上,武汉形势严峻,武汉及其周围地区已不是设厂复工安全之地。工矿调整委员会于月底召集武汉各纱厂负责人开会,进行拆迁动员。1938年1月,林继庸、颜耀秋及一些内迁工厂的负责人一同飞往重庆,对四川进行实地考察,认为四川物产丰富,设厂条件较其他省份优越,迁往四川虽路途遥远、运输困难,但为一劳永逸之计。他们通过协商决定筹建迁川工厂联合会[2]。至1938年2月底,迁抵武汉的厂家已有60家登记再度迁移,另外还有8家本地工厂愿意迁移,其中的53家已着手迁移[3]。3月,国民政府行政院成立经济部,原来军委会管辖的工矿调整委员会移归经济部管辖,改称工矿调整处。3月22日,工矿调整处召集武汉厂家代表30余人开会,催促各厂做好内迁准备并规定工厂迁桂、迁滇协助办法。6月29日,日军逼近马当防线,武汉形势危急,集中在武汉的内迁民营工厂开始加快转运迁移工作。至9月底,上海及沿海地区迁抵武汉的民营工厂,除少数停业外,其余全部迁出武汉,"其中大中华铁工厂等13厂迁往广西;新中工程公司等6厂迁往湖南;大中华橡胶、中华书局迁往云南;另外,还有可炽等11家电器厂、肇新等5家化工厂及四明糖厂、华丰印刷厂等总共23厂,由于无力再迁,或对前途

---

[1] 黄立人:《抗日战争时期工厂内迁的考察》,《历史研究》1994年第4期。
[2] 孙果达:《民族工业大迁徙——抗日战争时期民营工厂的内迁》,中国文史出版社1991年版,第107页。
[3] 黄立人:《抗日战争时期工厂内迁的考察》,《历史研究》1994年第4期。

失去了信心而停止内迁,在武汉关门停业。其余的上海民营内迁厂则全部从武汉迁往四川"[1]。

这一阶段,先前迁到中部和其他地区的兵工厂,也开始了再度的迁移:上海炼钢厂于1938年6月从汉阳迁往重庆;炮技处所属枪弹厂于1938年6月从株洲迁往重庆,所属制炮厂于同年12月迁往湘西沅陵;航技处于1938年夏从武汉迁往四川万县,并分别筹设长沙、柳州、桂林工厂;济南兵工厂于1938年4月从陕西迁往重庆;广西兵工厂于1939年11月迁至四川;广东第一兵工厂于1939年12月从广西融县迁往贵州桐梓;中央修械所于1938年冬迁往贵阳[2]。在此之前,尚未迁移的兵工厂也开始向西部迁移,如巩县兵工厂先迁长沙,继迁安化,复迁重庆;广东第二兵工厂迁重庆[3]。

国民政府在策动沿海内迁工厂继续迁移的同时,也开始动员中部地区原有厂矿的内迁。1938年2月7日,国民政府决定将汉阳铁厂、大冶铁矿迁移重庆,组建新厂。3月1日,成立由经济部和兵工署共同参加的钢铁厂迁建委员会,领导汉阳铁厂和大冶铁矿及铁厂的迁建工作。同年8月5日,马当防线失守,武汉朝不保夕,国民政府下令各机关人员必须在五天内迁往重庆,工矿调整处加紧了工厂的拆迁工作,并公布了武汉本地民族工业内迁的规定:一是纺织厂类。国人经营之纱厂应全部拆迁;小型织布业设法协助其内迁;染厂之拆迁与地点之分配,均以能适合该地方之需要。二是机器五金工厂类。资财在5 000元以上者,由其单独迁移;设备虽简陋,但能制造兵工厂所需之用具或能承担制造某项器材之一部分者,自行组合,共同迁移;工厂太小不拟内迁者,其优秀技术工人应迁往后方;各工厂动力设备全部迁移。三是其他工厂。资财在5 000元以上者一律内迁;工厂虽小,但其设备较先进者,一律内迁;凡后方对该工厂之产品或设备有需要者或该工厂与其他工业有关系者,一律内

---

[1] 孙果达:《抗战初期上海民营工厂内迁经过》,中国人民政治协商会议西南地区文史资料协作会议编:《抗战时期内迁西南的工商企业》,云南人民出版社1989年版,第24页。
[2] 参见黄立人、张有高:《抗日战争时期中国兵器工业内迁初论》,《历史探索》1991年第2期。
[3] 黄立人:《抗日战争时期工厂内迁的考察》,《历史研究》1994年第4期。

迁;凡该工厂之技术工人为后方所缺乏者,一律内迁[1]。当然,武汉工厂拆迁的重点是汉阳铁厂、汉阳兵工厂、汉阳火药厂和申新、裕华、震寰等几大纱厂以及福新面粉厂、既济水电公司和周恒顺机器厂等大型军民企业。

至1938年9月底止,武汉三镇民营工厂已迁出124家,待迁44家[2]。到1938年底,以武汉为中心的湖北工业内迁宣告结束。据统计,在历时10个月的内迁中,湖北共迁移厂矿企业260家,机器设备10万余吨。其中,民营厂矿238家,官营22家。从迁出地区看,武汉248家,大冶6家,沙市3家,宜昌2家,应城1家。从迁往地区看,官营企业大部分迁往四川,民营企业分迁川、桂、陕、湘、黔、滇等省和本省内地。从拆迁行业看,军工企业22家,机器五金业102家,纺织业74家,化工业21家,食品业10家,电器业6家,其他行业共计25家[3]。

在国民政府的大力扶持下,经过广大内迁员工的努力,大部分内迁厂矿在短时间内先后复工,"自武汉撤守,复严密规划,饬令各厂矿继续内移川、湘各省、筹厂复工。综计经政府促助内迁之厂矿,共达448家,机器材料70 900吨,技工12 080人。至29年终,已大部完成复工","其地域分布,四川占54.67%;湖南占29.21%;陕西占15.9%;广西占5.11%;其他省份占5.11%"[4]。

第三阶段:1944年4月至1944年12月陕、湘、桂等地工厂的迁移。

1941年后,特别是太平洋战争爆发后,由于战局的影响,香港、湖南等地虽有部分厂家或技术人员迁至西部地区,但较为分散,规模也较小。1944年4月至12月,日军实施"一号作战",先后在河南、湖南、广西发动进攻,致使陕、湘、桂等地的工厂被迫迁移。陕西是内迁工厂的重要集聚区,日军在豫西的攻势使陕西一度紧张,经济部会同

---

[1] 孙果达:《民族工业大迁徙——抗日战争时期民营工厂的内迁》,第119—120页。
[2] 同上书,第121页。
[3] 徐旭阳:《论抗日战争时期湖北工业的内迁》,《湖北师范学院学报》1998年第4期。
[4] 翁文灏:《行政院工作报告》(节录),章伯锋、庄建平:《抗日战争》第五卷经济,四川大学出版社1997年版,第232—233页。

陕西省政府制定了西安、宝鸡等地工厂向川、甘及陕西西部迁移的计划和办法,后因日军并未入陕,仅有部分工厂和物资进行了疏散[1]。5月湘桂战争爆发,"衡阳、桂林等地工厂择要拆迁,由国库拨付运费,对民营工厂则给予低利借款,限期内迁"[2]。6月初,工矿调整处中南区办事处派员到衡阳,协助各厂家办理运照、交涉运输、商洽运费等事。从5月底到8月底,长沙、衡阳、祁阳等地工厂沿湘江水路运往冷水滩转铁路内运,先到达桂林、柳州、金城江等地。从9月初至11月,桂林、柳州失陷,金城江告急,各工厂纷纷抢运迁往贵州独山、贵阳。由于此次内迁事出仓促,缺乏充分准备,政府机关又忙于自己的应变撤退,对工厂内迁未作有效的安排,加之前方军队的溃败与日军进展的神速,"使得各厂家不得不扔下笨重的机器物资,匆忙撤走"[3]。11月底、12月初,金城江、独山失陷,运抵两地的大批工厂设备遭敌浩劫,"此次湘、桂工厂内迁者共95家,其中国营工厂8家,民营工厂87家;桂、柳工厂45家、湖南工厂40家。87家民营工厂共启动运机件7772.5吨,到达或越过金城江者有52家工厂的5648吨机器设备,而最终逃脱敌人魔掌到达安全地点的只有少数工厂的200余吨机件,仅为这次内迁工厂启运总吨位的2.6%"[4]。

由上可见,抗战时期工厂西迁的三个阶段,时间长达7年之久,一直延续到抗战胜利的前一年,但比较集中的是前两个阶段,意义和取得的成效也主要体现在这两个阶段。抗战期间迁往西部地区有案可查的民营工厂(即可知厂名、原设地点、负责人、内迁地点、复工日期、主要产品等)中,迁往四川者有230家,迁往广西者25家,迁往云南者10家,迁往贵州者4家,迁往陕西者42家[5]。迁往广西的民营企业主要分布于桂林;迁往云南者主要分布于昆明、曲靖等地;迁往贵州者主要分布于贵阳;迁往陕西者主要分布于陕中,也有少数分布于

---

1 黄立人:《抗日战争时期工厂内迁的考察》,《历史研究》1994年第4期。
2 翁文灏:《行政院工作报告》(节录),章伯锋、庄建平:《抗日战争》第五卷,第233页。
3 陆仰渊、方庆秋主编:《民国社会经济史》,中国经济出版社1991年版,第582页。
4 战时生产局中南办事处为陈送"协助湘桂民营工厂迁移总结报告"呈,1945年5月11日;转引自黄立人:《抗日战争时期工厂内迁的考察》,《历史研究》1994年第4期。
5 孙果达:《民族工业大迁徙——抗日战争时期民营工厂的内迁》,第209—227页。

陕南。

工厂的迁移带动了大批管理工作者、工人、技术人员的迁移。战时工业界的西迁主要有两种情况：一是随工厂迁移。如大鑫钢铁厂是抗战期间内迁四川的最大的一家民营钢铁厂，随迁工人193名[1]；中央机器厂迁往昆明时，迁滇员工200余人[2]；中央杭州飞机制造厂，1938年9月至10月第二次内迁时，全厂员工及家属计3 000余人从汉口随迁昆明[3]。另据资料，仅上海一地，在1937年8月至10月的民营工厂内迁时随迁技工即有3 265人[4]。截至1940年6月底，据工矿调整处数字，迁入大后方的各省民营厂矿各科技工有12 164人[5]，战时随迁的技术人员亦在4 000人以上[6]。二是招聘西迁。鉴于内迁各厂技工缺乏的情形，工矿调整处相继颁布了《协助内迁各厂招募技工暂行办法》《技术人员调整办法》等，以贷给旅费、安家费等办法，从沿海地区招募技工与专业技术人员。就招募技工而言，1938年底为1 793人，1939年增至11 413人，1940年底再增至12 164人。其中机器业5 968人，占49.1%；化工业1 408人，占11.6%；钢铁业360人，占3%；电器业744人，占6.1%；纺织业1 688人，占13.9%；食品业580人，占4.7%；印刷业635人，占5.2%；采矿业377人，占3.1%；其他行业404人，占3.2%[7]。太平洋战争爆发后，国民政府开始"办理粤港一带技工之收容安置事宜，在曲江、桂林等处考选，就地安插，运送重庆者245名，直接介绍工作者85名，又人才调剂协会内迁印钞技工、电机技工225名，亦经安插工作"[8]。据林建曾研究，通过各种途径迁入西南地区的技术工人，到1940年底共计约2万人左右。内

---

1 孙果达：《上海大鑫钢铁厂迁川记》，《抗战时期内迁西南的工商企业》，第26页。
2 马文和整理：《抗战时期内迁昆明的中央机器厂》，《抗战时期内迁西南的工商企业》，第81页。
3 闻鹤整理：《中美合办的中央飞机制造厂及迁滇建立垒允厂始末》，《抗战时期内迁西南的工商企业》，第158页。
4 邓发：《战后敌后工业与工人的变动》，《中国工运史料》1980年第2期。
5 转引自侯德础：《抗战时期大后方工业的开发与衰落》，《四川师范大学学报》1994年第4期。
6 林建曾：《一次异常的工业化空间传动——抗日战争时期厂矿内迁的客观作用》，《抗日战争研究》1996年第3期。
7 吴文建：《中国工矿业之内迁运动》，《新经济》第7卷第9期，1942年8月1日。
8 翁文灏：《行政院工作报告》，章伯锋、庄建平：《抗日战争》第五卷，第235页。

迁的技术人员也在6 000人左右[1]。林继庸甚至估计,在抗战初期的内迁中,共有十万工业界移民来到后方[2]。这一数字至今无法得到证实,但如加上随迁职工、技术人员的家属,则数字相差不会太远。

## 四 银行的西迁与西部金融网的构建

抗战前,我国金融机构,"麕集沿海一带,尤以上海及江浙两省为最,至西南与西北之广大区域,则以交通之梗阻,经济之枯索,金融机构为数较少"[3]。据统计,"抗战以前全国一六四家银行及其一六二七所分支行,在濒海(东北除外)沿江诸省的就有一四五九处,占全国总分支行处总数的百分之八十以上,大都集中于京、沪、杭、平、青、津、广、汉、渝这九大都市,尤其集中于上海"[4]。而康、滇、黔、陕、甘、宁、青、桂及重庆八省一市,战前所有银行之总分支行,不过254所。以国家银行为例,至抗战前夕,中、中、交、农四行在西部各省共设分支行处64所,其中陕西18所,甘肃4所,西康1所,贵州4所,四川30所,重庆7所,青海、宁夏、云南、广西1所未设[5]。

抗战爆发后,尤其是国民政府迁都重庆后,"全国财政金融中心,亦随政治中心而转移"[6]。作为政府金融机构的中、中、交、农四行以及邮政储金汇业局、中央信托局在上海失守后,相继西迁。各机构的总行、总管理处和总局,以及四联总处均迁往重庆,并在西部地区主要城市设立分支机构。除中、中、交、农四行外,其他商业银行和沦陷区省市地方银行等也纷纷西迁。从外地陆续迁到重庆的银行就有号称"北四行"的金城、盐业、中南、大陆银行,号称"南四行"中的上海商业

---

1 林建曾:《一次异常的工业化空间传动——抗日战争时期厂矿内迁的客观作用》,《抗日战争研究》1996年第3期。
2 林继庸:《民营厂矿内迁纪略》,1942年自印稿,第59页。
3 中央银行经济研究处编印:《十年来中国金融史略》,中央银行经济研究处出版,1943年10月。
4 进文:《转型期的中国金融业》,中国现代史资料编辑委员会,1957年翻印,转引自吴秀霞:《抗战时期国民政府中央银行体制的确立》,《山东师大学报》2000年第4期。
5 杨斌、张士杰:《试论抗战时期西部地区金融业的发展》,《民国档案》2003年第4期。
6 四川省政府统计处:《四川省银行业分布之分析》,1943年9月,四川省档案馆藏档,档号:6-460-3。

储蓄、浙江兴业、新华信托银行,号称"小四行"的中国通商、中国实业、中国国货、四明银行,以及西康、广东、湖北、河南等省银行的分支行和办事处。迁至重庆的外地银行有两种,一种是财团银行和商业银行,如上所述的北四行、南四行、小四行等,集中了中国主要的民族资本。另一种是各省的地方银行,如广东、广西、江苏、安徽、浙江等省银行,或将总行迁来重庆,或在重庆开设分行;更多的省和地方银行,如江西、贵州、陕西、西康、湖北、甘肃、福建、湖南、河北等省银行,则是在重庆开设银行办事处,既与中央保持联系,又同时经营银行业务。1942年3月至9月,因受太平洋战争的影响,原在上海租界的银行,如中国通商银行、中国农工银行,也到重庆开设了分行。9月16日,中国工矿银行成立,总行设重庆,分行设自流井、南充、衡阳、桂林、昆明、西安六处。一些华侨也回渝筹资设立银行,如华侨兴业银行与华侨建设银行等[1]。至1942年9月,"重庆银行除中中交农四行外,各省银行有14家,商业银行35家,总数达到53家"[2]。

又如云南,"抗战开始后,中、中、交、农四行先后来滇设立分行,继之滇缅公路通车,昆明变为国际通道,省外各商业、实业银行纷纷来滇设立分支机构"[3]。战时设在昆明的银行,除属中央系统的中央、中国、交通、农民四行及中信、中储两局外,从省外迁来或来滇设立的还有24家,"它们是:中国农工银行、上海信托公司、华侨兴业银行、山西裕华银行、浙江兴业银行、广东省银行、聚兴诚银行、上海商业储蓄银行、新华银行、和成银行、川康银行、美丰银行、重庆银行、济康银行、亚西银行、其昌银行、大同银行、同心银行、汇通银行、金城银行、工矿银行、珠江银行、大裕银行、川盐银行"[4]。

为扶持战时经济,开发西部地区,国民政府在西迁后,开始有计划地实施在西部建立金融网的工作。1938年8月,财政部拟订了《筹设西南西北及邻近战区金融网二年计划》,其要点如下:"甲、凡

---

[1] 周勇主编:《重庆通史》第三卷近代史(下),重庆出版社2002年版,第1057、1058页。
[2] 杨斌、张士杰:《试论抗战时期西部地区金融业的发展》,《民国档案》2003年第4期。
[3] 林南园:《抗战前后云南金融概述》,载中国人民政治协商会议西南地区文史资料协作会议编:《抗战时期西南的金融》,西南师范大学出版社1994年版,第30页。
[4] 同上。

后方与政治交通及货物集散有关之城镇乡市,倘无四行之分支行处者,责成四联总处,至少指定一行前往设立机关;乙、其地点稍偏僻者,四行在短期之内,容或不能顾及,则责成各该省省银行,务必前往设立分支行处,以一地至少有一行为原则;丙、在各乡市镇筹设分支行处过程中,以合作金库及邮政汇业局辅助该地之金融周转及汇兑流通;丁、邻近战区地方,亦同此设立分支行处。"[1]国家银行在西部的设点工作迅速展开。至1939年4月,"西南方面,中央银行已筹设江津、南充、绵阳等办事处,中国银行已筹设龙州、八步、昭通、镇远、独山及广州湾等办事处,交通银行已筹设蒙自、曲靖、思茅、柳州、南宁等办事处;西北方面,除中国、农民银行前已在安康、兰州、西宁、平凉、宁夏设有分行、处外,近已由中央银行往邠县、武威、五原筹设办事处,中国、交通银行分往商县、绥德、张掖、酒泉、武都筹设办事处"[2]。

　　1940年3月,四联总处为适应业务发展的需要,进一步推进金融网之扩展,特增订了第二、第三期西南西北金融网计划,其基本原则是:"甲、四行在西南西北设立分支机构,宜力求普遍周密,但须避免重复;乙、凡与军事交通及发展农工商各业有关以及人口众多之地,四行至少须筹设一行;丙、凡地位极关重要,各业均形蓬勃,而人口锐增,汇总储蓄等业务特别发达之地,得并设三行乃至四行,以应实际上之需要;丁、凡已设有省银行或商业银行之地,如无必须,四行可不必再往增设行处;戊、凡随抗建发展,其地位日趋重要之地,得随时指定四行中之一行,前往筹设,以应需要。"[3]1940年底,"四行在西南、西北增设之行处已达二百三十五处"[4]。

　　太平洋战争爆发前,国民政府敷设金融网的重心放在西南,西南各地金融网的扩展大致如期完成,但西北各地因各种原因,进展缓慢。太平洋战争爆发后,西南国际交通运输线深受威胁,西北对外交通益

---

1 中央银行经济研究处编印:《十年来中国金融史略》,第161页。
2 《财政部第二期战时行政计划实施方案》(续),《民国档案》1994年第1期。
3 中央银行经济研究处编印:《十年来中国金融史略》,第162页。
4 重庆市档案馆、重庆市人民银行金融研究所合编:《四联总处史料》(上),档案出版社1993年版,第195页。

形重要,为开发西北资源,适应战时需要,国民政府加大了西北金融网敷设力度。四联总处于1942年9月5日提出《筹设西北金融网原则》,决定从速增设西北地区四行网点,并规定新设行处可就滇、浙、赣、闽等省撤退行处人员尽先调用。西北金融网的敷设以兰州为中心,以农民银行为重点,增设之金融机构直达河西走廊及迪化、吐鲁番、塔城、和阗一带。据统计,西北陕、甘、宁、青、新五省的四行分支行处从1941年的60所增加到1943年的116所[1]。

战前,西南、西北各省市中、中、交、农四行之分支行处共64所,战后增设289所,其中中央银行增设54所,中国银行增设106所,交通银行增设57所,中国农民银行增设72所(见表4-3)。增设行处以四川最多,计91所,若加入重庆市25所,则为116所,占西南西北增设数的40%;广西次之,增设45所,云南更次之,增设34所。就西南、西北加以比较,则西北增设56所,西南增设233所[2]。

表4-3 1937—1942年中、中、交、农四行在西南西北新设行处表

| 行别\年别 | 1937年 | 1938年 | 1939年 | 1940年 | 1941年 | 1942年 | 总 计 |
| --- | --- | --- | --- | --- | --- | --- | --- |
| 中央银行 | 1 | 3 | 23 | 14 | 11 | 2 | 54 |
| 中国银行 | 1 | 7 | 31 | 14 | 20 | 33 | 106 |
| 交通银行 | 0 | 6 | 16 | 15 | 6 | 14 | 57 |
| 中国农民银行 | 1 | 4 | 12 | 7 | 12 | 36 | 72 |
| 总计 | 3 | 20 | 82 | 50 | 49 | 85 | 289 |

资料来源:中央银行经济研究处编印:《十年来中国金融史略》,中央银行经济研究处出版发行,1943年10月初版,第175—176页甘。

中、中、交、农四行所设分支行处,以1939年与1942年为最多,"此中原因约有三端:第一,二十八年春季财政部召开第二次地方金融会议后,通令四行积极推广分支行处,与各省地方银行共负完成各地金融网之责。第二,二十八年九月四联总处改组成立后,更积极督促四行增设分支行处。第三,三十一年起中国与中农两行分支机构,

---

[1] 吴秀霞:《抗战时期国民政府中央银行体制的确立》,《山东师大学报》2000年第4期。
[2] 中央银行经济研究处编印:《十年来中国金融史略》,第168页。

向县乡基层发展,所设办事分处,寄庄及分理处甚多"[1]。

至1945年8月抗战结束,西部各省的国营银行已达632家,其中四川283家,西康15家,广西91家,云南60家,贵州59家,陕西58家,甘肃48家,青海4家,宁夏9家,新疆5家[2]。在国家银行增设网点工作实施的同时,各地方银行、商业银行及储蓄银行行处的增设工作也得以开展,至1942年底,西南、西北各地共设有总分支行处达1138所(见表4-4),"其中属战时增设之银行数为912所,如与战前原有285所相较,实增加三倍有余"[3]。

表4-4　1942年西南西北各银行总分支行处数目表

| 行别\省市别 | 四川 | 重庆 | 西康 | 贵州 | 云南 | 广西 | 陕西 | 甘肃 | 宁夏 | 青海 | 新疆 | 总计 |
|---|---|---|---|---|---|---|---|---|---|---|---|---|
| 中央银行 | 24 | 4 | 2 | 4 | 4 | 8 | 7 | 6 | 1 | 1 |  | 61 |
| 中国银行 | 41 | 6 | 3 | 11 | 20 | 16 | 14 | 9 | 1 | 1 |  | 122 |
| 交通银行 | 16 | 7 | 2 | 7 | 3 | 11 | 9 | 5 |  |  |  | 61 |
| 中国农民银行 | 37 | 10 | 5 | 9 | 7 | 10 | 7 | 9 | 1 | 1 |  | 96 |
| 四川省银行 | 87 | 5 | 2 |  | 1 |  |  |  |  |  |  | 95 |
| 四川美丰银行 | 29 | 5 | 1 | 2 | 1 |  |  |  |  |  |  | 38 |
| 重庆银行 | 17 | 4 |  | 3 | 1 | 1 |  |  |  |  |  | 26 |
| 川盐银行 | 14 | 4 |  |  | 1 |  |  |  |  |  |  | 19 |
| 聚兴诚银行 | 14 | 4 |  |  | 1 | 2 |  |  |  |  |  | 21 |
| 上海银行 | 7 | 1 |  | 1 | 3 | 2 | 2 |  |  |  |  | 16 |
| 和成银行 | 8 | 4 | 3 | 1 | 1 | 1 |  |  |  |  |  | 18 |
| 金城银行 | 7 | 5 |  | 1 | 3 | 2 | 2 |  |  |  |  | 20 |
| 亚西实业银行 | 5 | 2 |  | 2 | 1 |  |  |  |  |  |  | 10 |
| 成都商业银行 | 2 |  |  |  |  |  |  |  |  |  |  | 2 |
| 大川银行 | 3 | 1 |  |  |  |  |  |  |  |  |  | 4 |
| 通惠实业银行 | 3 | 1 | 1 |  |  |  |  |  |  |  |  | 5 |

---

1 中央银行经济研究处编印:《十年来中国金融史略》,第176页。
2 按杨斌、张士杰:《试论抗战时期西部地区金融业的发展》表三"西部各省经营银钱业务机构分数统计表"中的数字计算,《民国档案》2003年第4期。
3 同上。

续 表

| 行别\省市别 | 四川 | 重庆 | 西康 | 贵州 | 云南 | 广西 | 陕西 | 甘肃 | 宁夏 | 青海 | 新疆 | 总计 |
|---|---|---|---|---|---|---|---|---|---|---|---|---|
| 北碚农业银行 | 3 | 1 | | | | | | | | | | 4 |
| 长江实业银行 | 3 | 1 | | | 1 | | | 1 | | | | 6 |
| 江津农工银行 | 9 | 1 | | | | | | | | | | 10 |
| 湖北省银行 | 2 | 1 | | | | | | | | | | 3 |
| 西康省银行 | 1 | 1 | 9 | | 1 | | | | | | | 12 |
| 山西裕华银行 | 1 | 1 | | 1 | 1 | | 1 | 1 | | | | 6 |
| 大足农工银行 | 1 | | | | | | | | | | | 1 |
| 裕商银行 | 1 | | | | | | | | | | | 1 |
| 建国银行 | 1 | 1 | | | | | | | | | | 2 |
| 巴川银行 | 1 | | | | | | | | | | | 1 |
| 四川怡丰银行 | 1 | | | | | | | | | | | 1 |
| 垫江农村银行 | 1 | | | | | | | | | | | 1 |
| 福川银行 | 1 | | | | | | | | | | | 1 |
| 金堂农民银行 | 1 | | | | | | | | | | | 1 |
| 中南银行 | 1 | 1 | 1 | | 1 | | | | | | | 4 |
| 济康银行 | 3 | 1 | 3 | | 1 | | | | | | | 8 |
| 江海银行 | 1 | 2 | | | | | | | | | | 3 |
| 云南兴久银行 | 1 | 1 | | | 15 | | | | | | | 17 |
| 陕西省银行 | 1 | 1 | | | | | 48 | 2 | | | | 52 |
| 川康平民商业银行 | 21 | 7 | 3 | | 1 | | | | | | | 32 |
| 县银行 | 43 | 2 | | | | | 39 | | | | | 84 |
| 堂香农村银行 | 2 | | | | | | | | | | | 2 |
| 中国实业银行 | | 2 | | | | 1 | | | | | | 3 |
| 四川建设银行 | | 2 | | | | | | | | | | 2 |
| 江苏银行 | | 2 | | | | | | | | | | 2 |
| 江苏农民银行 | | 3 | | | | | | | | | | 3 |
| 茂华商业银行 | | 1 | | | | | | | | | | 1 |
| 开源银行 | | 1 | | | | | | | | | | 1 |
| 同心银行 | | 1 | | | | | | | | | | 1 |
| 兴裕银行 | | 1 | | | | | | | | | | 1 |

续 表

| 省市别<br>行别 | 四川 | 重庆 | 西康 | 贵州 | 云南 | 广西 | 陕西 | 甘肃 | 宁夏 | 青海 | 新疆 | 总计 |
|---|---|---|---|---|---|---|---|---|---|---|---|---|
| 中国工矿银行 | 1 | | | | | | | | | | | 1 |
| 复华银行 | 1 | | | | | | | | | | | 1 |
| 永利银行 | 1 | | | | | | | | | | | 1 |
| 华侨兴业银行 | 1 | | | | | | | | | | | 1 |
| 广东省银行 | 1 | 1 | 1 | 3 | | | | | | | | 6 |
| 河北省银行 | 1 | | | | | | 1 | | | | | 2 |
| 安徽地方银行 | 1 | | | | | | | | | | | 1 |
| 福建省银行 | 1 | | | | | | | | | | | 1 |
| 河南农工银行 | 1 | | | | | | 1 | | | | | 2 |
| 湖南省银行 | 1 | 1 | | 4 | | | | | | | | 6 |
| 甘肃省银行 | 1 | | | | | | 1 | 45 | | | | 47 |
| 贵州银行 | 1 | | | 4 | | | | | | | | 5 |
| 中国国货银行 | 1 | | | | | | | | | | | 1 |
| 中国通商银行 | 1 | | | | | | | | | | | 1 |
| 四明银行 | 1 | | | | | | | | | | | 1 |
| 大陆银行 | 1 | | | | | | | | | | | 1 |
| 盐业银行 | 1 | | | | | | | | | | | 1 |
| 浙江兴业银行 | 1 | | | | 1 | | | | | | | 2 |
| 新华信托储蓄银行 | 1 | | | | 1 | | | | | | | 2 |
| 复兴实业银行 | 1 | | 1 | | | | | | | | | 2 |
| 云南实业银行 | | | | 1 | 2 | | | | | | | 3 |
| 富滇新银行 | | | | | 35 | | | | | | | 35 |
| 劝业银行 | | | | | 4 | | | | | | | 4 |
| 东方汇理银行 | | | | | 1 | | | | | | | 1 |
| 中国农工银行 | | | | | 1 | | | | | | | 1 |
| 实业合作银行 | | | | | 1 | | | | | | | 1 |
| 矿业银行 | | | | | 1 | | | | | | | 1 |
| 昆明银行 | | | | | 1 | | | | | | | 1 |
| 益华银行 | | | | | 1 | | | | | | | 1 |
| 广西银行 | | | | | | 66 | | | | | | 66 |

续表

| 省市别\行别 | 四川 | 重庆 | 西康 | 贵州 | 云南 | 广西 | 陕西 | 甘肃 | 宁夏 | 青海 | 新疆 | 总计 |
|---|---|---|---|---|---|---|---|---|---|---|---|---|
| 山西省铁路银行联合办事处 |  |  |  |  |  |  | 1 |  |  |  |  | 1 |
| 陕北地方实业银行 |  |  |  |  |  |  | 7 |  |  |  |  | 7 |
| 宁夏银行 |  |  |  |  |  |  |  | 1 | 10 |  |  | 11 |
| 绥远省银行 |  |  |  |  |  |  |  | 1 | 1 |  |  | 2 |
| 新疆商业银行 |  |  |  |  |  |  |  |  |  |  | 37 | 37 |
| 总计 |  |  |  |  |  |  |  |  |  |  |  | 1 138 |

资料来源：《十年来中国金融史略》，中央银行经济研究处出版发行，1943年10月初版，第177—184页表廿一"各银行在西南西北设立行处数目表"。

抗战时期，中、中、交、农四行及各省地方银行、商业银行所设行处在西部地区的地域分布上，比战前有了很大的拓展。至1942年底，西部地区当时所辖739个县市中，已有374个县市设有数量不菲的金融机构，"其中一地仅一家银行设立分支行处者201县市……其余173地区，平均一地有银行504家以上"，"就西南西北各省分支行分布情形言，陕西、广西与甘肃等三省较为分散，不太集中，其他各省则多有集中少数地区现象，西康共设39所，康定、雅安、西昌占29所；云南共设118所，昆明、下关占43所，四川共设414所，成都、万县、内江、宜宾、乐山、泸县、合川、自贡市等21地，即占256所"[1]。四川一省之总分支行处占总数的三分之一，加上重庆市119所，共533所，几占行处总数的一半，而青海仅3所，宁夏仅15所，西康仅39所[2]，地域分布上很不平衡。

战时迁移及新设金融机构之分布，主要"受下列五种原因之支配：一、政治重心，二、水陆交通要隘，三、特产区域，四、工矿业中心，五、文化机关集中地区"[3]。以四川省为例，至1943年9月底，川省共有各类银行747所，其中国家银行138所，各省地方银行23所，其主

---

[1] 中央银行经济研究处编印：《十年来中国金融史略》，第172页。
[2] 同上书，第172—173页。
[3] 同上书，第173页。

要分布如下:

(1) 重庆、成都等城市

中、中、交、农四行共138行处,其"分布县市数为52处,陪都一地即有26所,居全数二分之一,次为成都、泸县各金融市场活跃之区"[1],"各省地方银行分支行处多集中陪都……此外则有少数分布于成都、万县、宜宾、泸县及黔江"。之所以集中于重庆、成都,是因为重庆为战时政治中心,"机关林立,人口密集,举凡公款之收付保管,与夫私款之汇兑调拨,皆需银行经理;更以工商业同臻发达,为战时游资之蓄纳池,操全国之经济命脉,遂形成银行业之拥聚现象"[2]。成都为川省之省会,"乃全川政治中枢,且出产丰饶,商业繁荣,更为文化机关会萃之地,银行业亦应需要纷纷设立"[3]。

(2) 特产区域

川省为重要的产盐、产糖和丝绸产地,特产区民众相对比较富庶,游资较多,外地客商收购特产多与银行发生关系,因此,"特产区银行可从事之业务正多,各银行多争趋前往。例如内江为糖产中心,有银行二十一所;自贡市为盐产丰富之区,有银行十六所;乐山之丝、盐、白蜡出产特盛,有银行十九所;犍为系产盐富饶之地,则有银行十三所"[4]。

(3) 工矿区域

工矿业因直接受银行投资或银行资金的影响,与银行业关系非常密切,"例如綦江为铁产中心,有银行六所;合川、泸县、江津为煤、造纸、制革、猪鬃等各业发达之地,则泸县有银行二十四所、合川十三所、江津十二所"[5]。

(4) 各商业中心

各地商业中心,因扼水陆交通要隘,为货物集散之枢纽,交易频

---

[1] 四川省政府统计处:《四川省银行业分布之分析》,1943年9月,四川省档案馆藏档,档号:6-460-3,第4页。
[2] 同上,第7页。
[3] 同上。
[4] 同上。
[5] 同上,第8—9页。

繁,资金流转迅速,汇兑贴现等业务发达,"银行业增多,势所必然。例如宜宾当金沙江、岷江会口,川滇陆道往来要冲,为云南之山货药材以及乐山之蚕丝、白蜡集散之地,该处有银行二十所。又如万县扼长江,控夔门,为东川桐油集散口岸,该处有银行十四所。南充为嘉陵江流域中枢之地,有银行十三所。此外,如遂宁、涪陵、绵阳、合江、广元、简阳、富顺等商埠皆有银行五所以上"[1]。

随着战时银行的西迁与西部金融网的构建,大批银行界管理人员与职工也相继迁至大后方。

## 第三节

## 难民的迁移

### 一 华北地区

本节界定的华北地区,是指战前北平市、天津市、河北省、河南省、山东省、青岛市、威海卫行政区、山西省、察哈尔省、绥远省所辖区域。

#### (一) 北平市

七七事变前,北平市面积为 706.93 平方公里,分为 15 个区。其中 11 个区为城区,面积近 62 平方公里;郊区分 4 个区,即东郊区、西郊区、南郊区和北郊区,面积 644.93 平方公里。1937 年 7 月 7 日卢沟桥事变发生后,日本近卫内阁即召开紧急会议,决定从日本国内向华北增兵。至 7 月中旬形成了对北平、天津的包围。从 7 月 20 日起,日

---

[1] 四川省政府统计处:《四川省银行业分布之分析》,1943 年 9 月,四川省档案馆藏档,档号:6-460-3,第 9 页。

军大举进攻宛平等地。26日,日军在攻占平、津之间的要地廊坊后,向第二十九军军长宋哲元发出最后通牒。尚未得到中方答复,日军即于27日凌晨向通县、团河发动进攻,接着又向南苑、西苑和北苑猛攻。7月29日,北平失陷。

日军占领北平后,北平市的人口迁入与迁出变得极为频繁。如抗战初期的1937年7—11月,共迁入57 419户、233 647人,迁出63 468户、263 312人(见表4-5)。又据伪北京特别市公署秘书处统计,1941年2月,在4 122户、16 786人徙出北平的同时,又有5 271户、20 993人迁入,其他月份人口迁入与徙出也在继续着[1]。

表4-5 1937年7—11月北平市市民迁徙户数、人数、月别表

| 月 份 | 迁 入 | | 徙 出 | |
|---|---|---|---|---|
| | 户 数 | 人 数 | 户 数 | 人 数 |
| 7月 | 8 043 | 29 833 | 7 151 | 26 602 |
| 8月 | 12 185 | 54 652 | 11 830 | 51 260 |
| 9月 | 13 057 | 55 842 | 17 261 | 72 679 |
| 10月 | 13 512 | 53 478 | 15 832 | 66 178 |
| 11月 | 10 622 | 39 842 | 11 394 | 46 593 |
| 合 计 | 57 419 | 233 647 | 63 468 | 263 312 |

资料来源:谢萌明:《由七七事变引起的北平社会动荡》,《中共党史研究》2003年第3期。合计中的数字笔者作了校正。

迁入者主要是天津、河北等地为避战乱和自然灾害流入北平谋生的民众,也有部分是日军从华北各地抓来和骗来的劳工。迁出者主要是两部分人:一是高校的师生员工。如"1937年8月6日北宁铁路通车,各大学师生数万人陆续逃离北平赴天津转内地"[2]。部分学生则向河北保定、山西太原、湖北武汉等地转移,参加各地的抗日活动,其中北师大教师杨秀峰带领的一批进步青年来到冀西建立游击队,人员发展到700多人[3]。二是为避战乱流落他

---

1 孙冬虎、王均:《八年沦陷期间北平城市地域结构的变化》,《首都师范大学学报》2002年第1期。
2 同上。
3 谢萌明:《由七七事变引起的北平社会动荡》,《中共党史研究》2003年第3期。

乡的各阶层难民。吴宓于1937年7月28日的日记中就写道:"宓谓同人多由平绥路赴大同、太原者。苟K母女愿出京,只此一途。"[1]据战后国民政府调查,战时北平市的难民及流离人民达400 000人[2]。

抗战时期,北平市人口数量起伏比较明显,1937—1942年,人口由1 504 716人增至1 794 449人,净增288 149人。但1943年后人口开始减少,至1944年减至1 639 098人[3]。这也说明抗战后期北平市民众外迁的数量有所增加。

### (二) 天津市

天津继北平之后于1937年7月30日沦陷。抗战时期,天津市人口有了较大的增长。1937年市区总人口为126.2万,至1943年达177.6万,以后略有下降,1945年底仍有172.1万[4]。人口增长的原因如下:一是入津躲避战祸。卢沟桥事变前后,一些军阀、官僚、士绅及富商大贾纷纷逃入租界寻求庇护。1940年后,由于日军在华北平原频繁扫荡,实行"三光政策",河北、河南、山东等地民众有不少逃到天津避难。二是1939年华北大水灾迫使灾民大批进城谋生。1939年8月,华北各地连降大雨,天津及附近暴雨成灾,海河流域洪水泛滥,华北地区大批民众流入天津。三是日军占领天津后,对天津的经济投入有所增加,"尤其是机械、化工等涉及战争的产业有了较快的发展,为逃难来天津的劳动力提供了就业和谋生的机会,增加了城市的吸引能力,使天津迁入的人口突增"[5]。

但抗战时期,天津市不少民众为避战祸也进行了迁移(见表4-6),尤其是战争初期如1937年、1938年迁出人数都达30万以上。

---

1 《吴宓日记》第6册,生活•读书•新知三联书店1998年版,第180页。
2 《难民及流离人民数总表》,二档馆藏档,档号:二一,221。
3 人口数据见1946年11、12月合刊的《北平市政统计》第2期,参见孙冬虎、王均:《八年沦陷期间北平城市地域结构的变化》,《首都师范大学学报》2002年第1期。
4 周俊旗:《民国天津社会生活史》,天津社会科学院出版社2002年版,第12页。
5 同上。

这些迁移人口主要是知识分子、学生、工商人士、政府工作人员等,也有许多要靠救济的难民。另据国民政府调查,战时天津流离难民为200 000万人[1]。

表4-6 沦陷时期天津城市人口迁移情况表

| 年 份 | 迁入（人） | 迁出（人） | 净迁移（人） |
| --- | --- | --- | --- |
| 1937 | 258 808 | 303 416 | -44 608 |
| 1938 | 410 011 | 305 163 | 104 848 |
| 1939 | 273 324 | 229 643 | 43 681 |
| 1940 | 193 532 | 165 944 | 27 588 |
| 1941 | 173 063 | 81 182 | 91 881 |
| 1942 | 156 633 | 106 927 | 49 706 |
| 1943 | 183 841 | 153 710 | 30 131 |
| 1944 | 129 230 | 175 084 | -45 854 |
| 1945 | 82 301 | 123 836 | -41 535 |

资料来源：罗澍伟：《近代天津城市史》,中国社会科学出版社1993年版,第682页。

天津市难民的迁移主要发生在抗战初期。日军占领天津后,到处烧杀抢掠,"数日内市民被杀就有2 000余人,被炸毁、拆毁的各种机关房屋、民房、厂房等达2 545间,价值1 743 920万元"[2]。为避战祸,不少民众往西、往南迁移。1939年的华北大水也给天津市民带来灾难性的打击,被水浸泡的民房及被大风刮倒者超过10万间,市区被淹面积近80%,也迫使一部分灾民流落他乡。1943年以后,由于太平洋战争的扩大,物资需求日益增加,生活物品日益紧张,日军在城市实行全面的经济统制和生活品配给制度,城市失去吸引外来人口的能力。而在华北,中共领导的抗日根据地日趋扩大,并实行土改,这使"许多原流入天津的农民陆续返回农村,即使原来在天津有工作的工人和店员,也因工厂和商店的倒闭、歇业无力维持生活,也有部分人回到原籍暂避一时,所以此间天津城市人口的净迁出数量大增。1944年为

---

1 《难民及流离人民数总表》,二档馆藏档,档号：二一,221。
2 孙德常、周祖常：《天津近代经济史》,天津社会科学院出版社1990年版,第261页。

45 854 人,1945 年为 41 535 人"[1]。

### (三) 河北省

卢沟桥事变爆发后,河北省首当其冲,平汉、津浦铁路沿线皆为主要战场,其他如中部、南部各县,亦先后波及。1939 年 1 月至 1940 年 3 月,日军又分 3 期实施所谓"治安肃正计划",对晋察冀、冀中、冀南等抗日根据地连续进行大规模的讨伐与扫荡,并实行"囚笼政策"。1941 年起又推行"治安强化"运动,对根据地进行疯狂扫荡,实行"三光"政策。为隔绝根据地与外界的联系,日军还制造了许多"无人区"。如灵寿县境内"南起朱乐村,北至博山村,长 80 公里、宽 12.5 公里,包括 150 个村庄,就被日军制造成了'无人区'"[2];平山县,"无人区"的范围"涉及朱坊、田兴、西荣村、中荣村、南荣村、西苏家庄、侯家庄、柴庄、东庄、台头、西沿兴、北荣村、东荣村、北水、北西庄、东苏家庄、河西、屯头、东沿兴、南北马塚西岸等二十多个村庄,共 10 875 人,面积 200 平方公里,同时在封锁沟内实行并村政策"[3];井陉县,"敌人将所有男人完全抓到矿上做工,妇女则赶出村外,不许进村",基本抢光、烧光的有南北芦庄、大玉邦、前头庄、掩驾沟、南孤台等 8 个村,"造成了宽 5 公里,长达 15 公里的'无人区'"[4]。整个抗战时期,河北省被焚毁的房屋达 544 万余间[5]。

日军占领河北后,将之作为大东亚兵站基地之"产业基地"之一,"初则全力实施其庞大之经济建设计划,继又实施所谓重点主义及超重点主义,尽量压榨,利用我沦陷区之人力,开发掠夺我沦陷区之物资,以期达成其所谓'以战养战'之目的。在敌寇此种政策下,河北原有产业几乎全部为其所摧毁,物资尽为其所掠夺"[6]。譬如,粮食,"战前产量为 7 233 000 公吨,消费 8 592 000 公吨,不足 1 359 000 公吨,多

---

[1] 周俊旗:《民国天津社会生活史》,第 12 页。
[2] 申玉山:《论侵华日军在河北制造的"无人区"》,《河北师范大学学报》2005 年第 2 期。
[3] 同上。
[4] 同上。
[5] 《河北省善后救济调查报告底稿》第二章"各县受战争影响分类",二档馆藏档,档号:廿一(2),197。
[6] 同上。

由东三省及海外输入接济。战时减产 1 988 000 公吨,敌人掠夺 1 574 000 公吨,综计亏损量 4 922 000 公吨"[1]。

战时河北省的自然灾害也频繁发生,"二十九年洪水为灾,凡香河、武清、安次、文安、霸县、静海、天津、宁河等县,浸水凡四十余日。自三十年以降,灾害频仍,雨泽不施,蝻蝗肆虐,风雹成灾,农村凋敝,民生危殆,灾患所及,普遍全省","迨至三十年秋,因滹沱、大清、潞龙三河,决口成灾,汛滥十余县,浴地百万方里,收成减少几至往年十之一二"[2]。

饱受战火危害、自然灾害侵袭的河北民众不得不流落他乡。如,临榆,"人民被敌人征调及不堪敌伪之酷扰,因而移往东北者甚多,约计二万六千余人";抚宁,"因敌伪盘据时间较长,一般民众不堪压迫纷纷逃亡,加以被敌人征调出关作劳工者,综计离县难民不下三万二千余人";昌黎,"数年来因敌人之虐杀,生活之困难,计流亡人数约五万四千余人";迁安,"人民被征调及自动流徙在外人数计五万九千余人";卢龙,"战时流亡在外难民约二万余人";滦县,"数年来流徙外省难民,约有十万八千余人";丰润,"沦陷后流离在外难民约计七万九千余人";遵化,"十数年来逃亡在外难民,约计四万四千余人"[3]。其他各县流落在外的难民也极多。现依据中国第二历史档案馆藏《河北省善后救济调查报告底稿》,抗战期间全省流亡在外难民共约 6 774 000 余人[4]。

表 4-7　河北省战时各县难民人数统计表

| 县别 | 流亡难民数（人） | 县别 | 流亡难民数（人） | 县别 | 流亡难民数（人） |
| --- | --- | --- | --- | --- | --- |
| 临榆 | 26 000 | 卢龙 | 20 000 | 丰润 | 79 000 |
| 抚宁 | 32 000 | 都山 | 26 000 | 玉田 | 41 000 |
| 昌黎 | 54 000 | 滦县 | 108 000 | 遵化 | 44 000 |
| 迁安 | 59 000 | 乐亭 | 41 000 | 兴隆 | 3 000 |

---

1　《河北省善后救济调查报告底稿》第三章"结论",二档馆藏档,档号:廿一(2),197。
2　《河北省善后救济调查报告底稿》第二章"各县受战争影响分类",二档馆藏档,档号:廿一(2),197。
3　同上。
4　二档馆藏档,档号:廿一(2),197。

续 表

| 县别 | 流亡难民数（人） | 县别 | 流亡难民数（人） | 县别 | 流亡难民数（人） |
|---|---|---|---|---|---|
| 三河 | 29 000 | 晋县 | 72 000 | 枣强 | 68 000 |
| 宝坻 | 40 000 | 武强 | 46 000 | 冀县 | 85 000 |
| 蓟县 | 35 000 | 武邑 | 82 000 | 新河 | 33 000 |
| 香河 | 17 000 | 昌平 | 29 000 | 清河 | 42 000 |
| 平谷 | 8 000 | 天津 | 52 000 | 广宗 | 38 000 |
| 密云 | 18 000 | 宁河 | 61 000 | 威县 | 47 000 |
| 通县 | 75 000 | 静海 | 66 000 | 高邑 | 16 000 |
| 武清 | 134 000 | 青县 | 65 000 | 赵县 | 51 000 |
| 安次 | 67 000 | 大城 | 62 000 | 宁晋 | 78 000 |
| 大兴 | 36 000 | 文安 | 52 000 | 柏乡 | 15 000 |
| 顺义 | 21 000 | 沧县 | 82 000 | 临城 | 20 000 |
| 怀柔 | 7 000 | 南皮 | 36 000 | 元氏 | 37 000 |
| 曲阳 | 32 000 | 盐山 | 42 000 | 赞皇 | 22 000 |
| 阜平 | 23 000 | 庆云 | 20 000 | 邢台 | 54 000 |
| 行唐 | 39 000 | 东光 | 69 000 | 内丘 | 28 000 |
| 安国 | 75 000 | 宁津 | 38 000 | 沙河 | 34 000 |
| 深泽 | 42 000 | 吴桥 | 58 000 | 尧山 | 19 000 |
| 博野 | 40 000 | 新海 | / | 任县 | 26 000 |
| 获鹿 | 108 000 | 新城 | 61 000 | 宛平 | 65 000 |
| 正定 | 93 000 | 永清 | 41 000 | 良乡 | 16 000 |
| 井陉 | 74 000 | 固安 | 47 000 | 房山 | 45 000 |
| 平山 | 57 000 | 容城 | 22 000 | 定兴 | 54 000 |
| 灵寿 | 30 000 | 霸县 | 55 000 | 易县 | 30 000 |
| 无极 | 62 000 | 新镇 | 5 000 | 涞水 | 15 000 |
| 藁城 | 59 000 | 雄县 | 27 000 | 涞源 | 17 000 |
| 栾城 | 23 000 | 任丘 | 97 000 | 献县 | 110 000 |
| 深县 | 135 000 | 涿县 | 72 000 | 高阳 | 56 000 |
| 饶阳 | 70 000 | 衡水 | 39 000 | 肃宁 | 59 000 |
| 安平 | 63 000 | 南宫 | 104 000 | 河间 | 92 000 |
| 束鹿 | 135 000 | 故城 | 30 000 | 交河 | 79 000 |

续 表

| 县别 | 流亡难民数（人） | 县别 | 流亡难民数（人） | 县别 | 流亡难民数（人） |
|---|---|---|---|---|---|
| 阜城 | 25 000 | 新乐 | 31 000 | 大名 | 127 000 |
| 景县 | 64 000 | 南和 | 25 000 | 广平 | 23 000 |
| 清苑 | 150 000 | 巨鹿 | 51 000 | 成安 | 28 000 |
| 徐水 | 56 000 | 隆平 | 44 000 | 南乐 | 65 000 |
| 完县 | 32 000 | 永年 | 64 000 | 清丰 | 103 000 |
| 满城 | 33 000 | 邯郸 | 41 000 | 濮阳 | 116 000 |
| 唐县 | 23 000 | 磁县 | 55 000 | 东明 | 66 000 |
| 望都 | 23 000 | 平乡 | 20 000 | 长垣 | 91 000 |
| 安新 | 33 000 | 鸡泽 | 18 000 | 合计 | 6 774 000 |
| 蠡县 | 41 000 | 曲周 | 52 000 | | |
| 定县 | 163 000 | 肥乡 | 48 000 | | |

资料来源：《河北省善后救济调查报告底稿》中之附表"河北省各县沦陷日期及难民人数"，二档馆藏档，档号：廿一（2），197。

上述流亡人口，除省内各县之间互避及被敌征调出关劳工 250 余万外，"余均流落后方各省，以陕西、甘肃、四川为最多"[1]。

### （四）河南省

河南省地处中原，平汉、陇海两铁路纵横境内，为军事必争之地，"全省一百一十县中几无一县未受敌寇侵扰"[2]，其中"沦陷各县时间已历七年以上者有 42 县；三年以上至四年者 19 县；一年以上至二年者 33 县"[3]。残酷的战争使河南省遭受严重的破坏，加之战时自然灾害接踵而至，更是雪上加霜，黄淮河流两岸各县，"因作战破坏，河堤溃决，黄河泛滥，贯经平原，居民什九倾家荡产"[4]。如黄河自 1938 年在郑县花园口溃决后，虽于次年将黄河西岸新堤修复，但一线沙堤难御洪流，"迄二十九以后在尉氏、西华等县连遭决口，泛区民众迭遭沉灾，

---

1 《河北省善后救济调查报告底稿》第二章，各县受战争影响分类，二档馆藏档，档号：廿一（2），197。
2 《河南战时损失调查报告》（1945 年 12 月），二档馆藏档，档号：廿一（2），409。
3 《河南省善后救济调查报告》，结论，二档馆藏档，档号：廿一（2），202。
4 同上。

三十三年八月黄泛主流复在尉氏县之荣村决口,泛区遂扩大为二十县,计包括郑县、中牟、开封、通许、尉氏、扶沟、太康、西华、商水、淮阳、鹿邑、项城、沈邱、鄢陵、陈留、杞县、广武、睢县、柘城、洧川。综计该二十县战前人口约 9 197 480 人,截至上年(1944 年)底,其淹毙人数约 325 037 人,逃亡人数约 631 070 人"[1]。铁路公路沿线,"则因敌我两军往返争夺,猛烈战争,轰炸炮击,庐舍为墟";其他山村地带,"则因敌寇扫荡游击,到处大肆烧杀,毁庄焚村,俱成焦土"。加之"连年水、旱、蝗、风、霜、雨、雹等灾相继为害,农事受此种种影响,收成锐减。……又复遭敌劫掠搜刮,取供军需,一般人民生活,达于绝境"[2]。以房屋损失而言,全省"因战灾被毁者约 9 377 220 间,因黄灾被毁者约 622 780 间,因沁、洛、颖等河泛滥被毁者约 300 000 间,因天灾人民逃亡失修破坏者,约 1 550 000 间,共 11 850 000 间"[3]。

为此,豫省民众"迫而外逃者,为数极众"[4]。据《河南省善后救济调查报告》,"逃往皖、陕、甘、宁、青、新、川、冀、晋、鄂、云南诸省者,达五百二十余万,约占全省人口百分之十六"[5]。另据《河南省善后救济调查报告修正报告》,除流徙外省无家可归难民 5 233 200 人外,在本省境内互徙之难民尚有 9 300 000 人,全省难民数达 14 533 200 人[6]。

现依据上述两份报告中之《河南省各县难民人数户数修正表》及《河南省抗战后各县灾情种类及无家可归难民数目表》,将该省各县战时流迁人数及流迁原因列表如下(表 4-8)。

河南省的流徙人口大部分属省内迁移,迁向省外者主要流向:

(1) 陕西、甘肃等西北地区,这是最主要的分布区。如开封,"多逃往西北陕甘及鄂川等省地,人数约占全县人口百分之十五,计有 70 800 人";氾水,"多逃往西安、宝鸡及甘鄂等省地,人数约占全县人口百分之廿,计 26 600 人";荥阳,"多逃往陕西各地,人数约占全县人

---

1 《河南战时损失调查报告》(1945 年 12 月),二档馆藏档,档号:廿一(2),409。
2 《河南省善后救济调查报告》,结论,二档馆藏档,档号:廿一(2),202。
3 《河南省善后救济调查项目》,二档馆藏档,档号:廿一(2),204。
4 《河南省善后救济调查报告》,结论,二档馆藏档,档号:廿一(2),202。
5 同上。
6 同上。

表 4-8　河南省战时各县流迁人数及流迁原因统计表

| 县名 | 无家可归难民人数 | | | 难民数占人口百分比（%） | 流迁原因 |
|---|---|---|---|---|---|
| | 共计 | 流徙外省者 | 本省境内者 | | |
| 全省总数 | 14 533 200 | 5 233 200 | 9 300 000 | 43.52 | |
| 开封 | 199 300 | 70 800 | 128 500 | 43.3 | 水、蝗、旱、战、黄泛 |
| 中牟 | 62 200 | 43 800 | 18 400 | 62.4 | 旱、风、雹、蝗、水泛、战 |
| 郑县 | 115 200 | 67 000 | 48 200 | 54.0 | 旱、风、霜、蝗、黄泛、战 |
| 广武 | 54 400 | 28 700 | 25 700 | 51.1 | 旱、风、霜、雹、蝗、水泛、战 |
| 汜水 | 61 800 | 26 600 | 35 200 | 46.4 | 旱、风、霜、蝗、水、雹、战 |
| 荥阳 | 87 400 | 42 700 | 44 700 | 49.1 | 旱、霜、风、雹、蝗、水、战 |
| 密县 | 119 800 | 30 000 | 89 800 | 39.7 | 旱、风、雹、蝗、水 |
| 禹县 | 195 300 | 49 000 | 146 300 | 39.7 | 风、雹、旱、霜、蝗、水 |
| 长葛 | 116 100 | 56 700 | 59 400 | 49.2 | 旱、风、蝗、雨、水、战 |
| 新郑 | 95 400 | 42 500 | 52 900 | 47.1 | 旱、风、雹、蝗、雾、霜、战 |
| 洧川 | 87 000 | 45 900 | 41 100 | 50.8 | 旱、风、雹、蝗、雨、水、虫、战 |
| 尉氏 | 192 000 | 143 500 | 48 500 | 66.2 | 旱、风、蝗、黄泛 |
| 宁陵 | 59 700 | 9 600 | 50 100 | 37.0 | 旱 |
| 柘城 | 91 100 | 14 700 | 76 400 | 37.0 | 旱 |
| 商丘 | 300 900 | 88 300 | 212 600 | 40.9 | 水、旱、蝗、战 |
| 虞城 | 67 400 | 19 600 | 47 800 | 41.1 | 旱、蝗、风、雹、战、匪 |
| 夏邑 | 107 000 | 17 300 | 89 700 | 37.0 | 旱、蝗 |
| 永城 | 200 700 | 27 600 | 173 100 | 36.4 | 旱、蝗 |
| 鹿邑 | 421 300 | 300 000 | 121 300 | 63.2 | 黄泛、蝗、旱、水、风、雹 |
| 武安 | 151 800 | 44 300 | 107 500 | 41.0 | 旱 |
| 涉县 | 54 800 | 21 800 | 33 000 | 45.1 | 战、旱、水、蝗 |
| 林县 | 187 800 | 83 700 | 104 100 | 47.1 | 战、旱、雨、雹、蝗 |
| 汲县 | 80 300 | 32 000 | 48 300 | 45.1 | 战、旱、蝗、水、雪 |
| 淇县 | 43 300 | 12 600 | 30 700 | 41.1 | 战、旱、水、蝗 |
| 汤阴 | 89 400 | 28 700 | 69 700 | 41.0 | 战、旱 |

续 表

| 县 名 | 无家可归难民人数 | | | 难民数占人口百分比（%） | 流 迁 原 因 |
|---|---|---|---|---|---|
| | 共 计 | 流徙外省者 | 本省境内者 | | |
| 安阳 | 279 700 | 97 400 | 182 300 | 43.1 | 战、旱、蝗、雹 |
| 临漳 | 85 500 | 17 400 | 68 100 | 44.3 | 旱 |
| 内黄 | 84 200 | 19 400 | 64 800 | 39.1 | 风、霜、旱、水、蝗、战 |
| 浚县 | 133 000 | 48 500 | 84 500 | 43.7 | 战、旱、水 |
| 滑县 | 308 500 | 107 400 | 201 100 | 43.1 | 战、旱、蝗 |
| 孟县 | 129 700 | 68 500 | 61 200 | 51.1 | 战、旱、风、蝗、水 |
| 济源 | 217 700 | 160 300 | 57 400 | 65.2 | 旱、蝗、战 |
| 沁阳 | 142 100 | 56 700 | 85 400 | 45.0 | 水、旱、蝗、战 |
| 博爱 | 126 200 | 50 000 | 76 200 | 45.0 | 旱、水、蝗、雹、战 |
| 修武 | 100 400 | 40 000 | 60 400 | 45.2 | 旱、风、战、水、蝗 |
| 武陟 | 142 000 | 49 400 | 92 600 | 43.1 | 战、旱、蝗 |
| 原武 | 26 300 | 4 200 | 22 100 | 37.1 | 旱 |
| 获嘉 | 70 000 | 16 000 | 54 000 | 39.0 | 旱、蝗、雹 |
| 辉县 | 120 200 | 41 800 | 78 400 | 43.1 | 旱、战、水 |
| 温县 | 100 900 | 49 300 | 51 600 | 49.1 | 旱、蝗、水 |
| 新乡 | 96 500 | 15 600 | 80 900 | 37.0 | 旱、水、虫、蝗 |
| 阳武 | 56 100 | 9 000 | 47 100 | 37.1 | 旱 |
| 延津 | 57 200 | 19 900 | 37 300 | 43.1 | 水、旱、蝗、风、匪、战 |
| 封丘 | 61 500 | 17 900 | 43 600 | 41.2 | 旱、蝗、战 |
| 鲁山 | 112 400 | 44 800 | 67 600 | 45.1 | 旱、风、蝗、水 |
| 宝丰 | 106 300 | 37 000 | 69 300 | 43.1 | 风、旱、蝗、水 |
| 郏县 | 104 800 | 41 800 | 63 000 | 45.1 | 风、旱、水、蝗、战 |
| 襄城 | 148 100 | 59 000 | 89 100 | 45.0 | 旱、霜、风、蝗、水、战 |
| 许昌 | 220 100 | 107 600 | 112 500 | 44.2 | 风、旱、霜、蝗、水、匪、雹、战 |
| 鄢陵 | 103 800 | 30 000 | 73 800 | 41.0 | 旱、风、黄泛、蝗 |
| 临颍 | 121 200 | 35 400 | 85 800 | 41.0 | 旱、水、蝗、雹、风 |
| 郾城 | 155 000 | 25 000 | 130 000 | 37.0 | 风、旱、蝗、水 |

续 表

| 县 名 | 无家可归难民人数 | | | 难民数占人口百分比(%) | 流迁原因 |
|---|---|---|---|---|---|
| | 共 计 | 流徙外省者 | 本省境内者 | | |
| 临汝 | 135 500 | 50 000 | 85 500 | 32.4 | 旱、风、蝗、雹、水、战 |
| 南阳 | 269 400 | 14 200 | 255 200 | 34.2 | 风、雨、雹、旱、水、蝗、战 |
| 内乡 | 177 700 | 65 600 | 112 100 | 43.9 | 旱、霜、雹、雨、风、水、蝗、战 |
| 南召 | 91 300 | 36 400 | 54 900 | 45.0 | 风、雨、旱、蝗、水、雹、战 |
| 方城 | 143 500 | 78 700 | 64 800 | 38.3 | 风、旱、蝗、雹、战 |
| 叶县 | 185 800 | 90 800 | 95 000 | 49.1 | 旱、风、水、蝗、雹、战 |
| 舞阳 | 206 800 | 92 200 | 114 600 | 47.1 | 旱、风、水、蝗、战 |
| 泌阳 | 165 100 | 65 900 | 99 200 | 45.1 | 旱、风、霜、虫、蝗、水、战 |
| 桐柏 | 48 300 | 11 100 | 37 200 | 39.0 | 战、旱、风、水、水、蝗 |
| 唐河 | 238 600 | 45 400 | 193 200 | 37.9 | 旱、风、水、蝗、雹、战 |
| 新野 | 107 900 | 24 800 | 83 100 | 39.0 | 旱、风、水、蝗、战 |
| 镇平 | 150 600 | 34 700 | 115 900 | 39.0 | 旱、风、霜、雹、蝗、战 |
| 邓县 | 213 500 | 49 200 | 164 300 | 37.0 | 旱、风、水、蝗、战 |
| 淅川 | 105 100 | 36 600 | 68 500 | 43.1 | 风、雨、水、蝗、雹、旱、战 |
| 淮阳 | 398 600 | 234 200 | 164 400 | 54.5 | 旱、风、雨、水、蝗、黄泛、战、雹 |
| 扶沟 | 189 300 | 134 800 | 54 500 | 63.2 | 风、旱、蝗、水、雨、黄泛、战 |
| 太康 | 331 200 | 235 900 | 95 300 | 63.2 | 水、战、旱、蝗、黄泛、风、雹 |
| 西华 | 204 000 | 145 300 | 58 700 | 63.2 | 旱、风、蝗、战、水、黄泛 |
| 商水 | 102 300 | 35 600 | 66 700 | 43.0 | 旱、风、雹、蝗、水 |
| 项城 | 128 600 | 29 600 | 99 000 | 39.0 | 旱、风、水、蝗 |
| 沈丘 | 82 500 | 35 500 | 47 000 | 46.4 | 风、水、虫、蝗、旱、黄泛、战 |
| 汝南 | 282 100 | 65 000 | 217 100 | 37.8 | 风、雹、水、蝗、旱、黄泛、战 |
| 西平 | 141 200 | 32 500 | 108 700 | 38.9 | 风、旱、蝗、水、雹、匪 |
| 遂平 | 118 300 | 34 500 | 83 800 | 41.1 | 风、雹、旱、蝗、水、虫、战 |

续 表

| 县 名 | 无家可归难民人数 | | | 难民数占人口百分比（%） | 流 迁 原 因 |
|---|---|---|---|---|---|
| | 共 计 | 流徙外省者 | 本省境内者 | | |
| 确山 | 125 100 | 36 500 | 88 600 | 41.0 | 风、雹、旱、蝗、战 |
| 正阳 | 115 100 | 18 600 | 96 500 | 37.0 | 雹、蝗、水、旱 |
| 新蔡 | 127 600 | 20 600 | 107 000 | 37.1 | 风、旱、水、蝗 |
| 上蔡 | 167 900 | 27 200 | 140 700 | 37.0 | 风、雨、旱、蝗、水 |
| 潢川 | 112 100 | 18 000 | 94 100 | 37.0 | 旱、雨、虫、蝗、水 |
| 信阳 | 170 900 | 50 000 | 120 900 | 41.0 | 战、旱、蝗、匪、风、雹 |
| 罗山 | 138 200 | 31 800 | 106 400 | 39.0 | 匪、旱、虫、蝗、水、战 |
| 息县 | 184 000 | 29 800 | 154 200 | 37.0 | 风、雹、旱、蝗、虫、水 |
| 光山 | 128 800 | 20 800 | 108 000 | 37.0 | 旱、蝗、水、战 |
| 经扶 | 37 100 | 6 000 | 31 100 | 37.0 | 旱、水、蝗 |
| 商城 | 87 900 | 14 200 | 73 700 | 37.0 | 风、雨、蝗、旱、战 |
| 固始 | 201 300 | 32 600 | 168 700 | 37.0 | 旱、蝗、水、战 |
| 洛阳 | 231 900 | 80 700 | 151 200 | 43.1 | 旱、风、雨、雾、霜、雹、蝗、水、战 |
| 宜阳 | 88 600 | 30 800 | 57 800 | 43.1 | 旱、风、雹、蝗、水、战 |
| 嵩县 | 111 400 | 42 600 | 68 800 | 49.5 | 旱、雹、蝗、水、战 |
| 伊阳 | 62 000 | 18 000 | 44 000 | 41.1 | 旱、蝗、霜、风、水 |
| 伊川 | 138 700 | 47 300 | 91 400 | 50.3 | 旱、风、霜、雹、蝗、水、战 |
| 偃师 | 96 300 | 38 400 | 57 900 | 45.1 | 旱、蝗、风、水 |
| 孟津 | 53 100 | 18 500 | 34 600 | 43.3 | 旱、蝗、霜、风、水、战 |
| 巩县 | 132 800 | 53 000 | 79 800 | 45.1 | 旱、风、雾、水、蝗 |
| 登封 | 109 900 | 49 000 | 60 900 | 47.1 | 旱、蝗、水、战 |
| 陕县 | 75 300 | 30 000 | 45 300 | 45.0 | 风、霜、雹、蝗 |
| 阌乡 | 27 500 | 3 500 | 24 000 | 37.8 | 雨、水、风、霜、蝗、旱 |
| 灵宝 | 68 100 | 19 800 | 48 300 | 41.1 | 风、霜、雨、旱、蝗、雹、战、虫 |
| 卢氏 | 75 900 | 10 400 | 65 500 | 36.4 | 风、霜、旱、雹、蝗、水 |
| 洛宁 | 76 700 | 22 400 | 54 300 | 41.0 | 旱、霜、雹、水、蝗 |

续表

| 县 名 | 无家可归难民人数 | | | 难民数占人口百分比（%） | 流迁原因 |
|---|---|---|---|---|---|
| | 共 计 | 流徙外省者 | 本省境内者 | | |
| 渑池 | 57 100 | 19 800 | 37 300 | 43.1 | 霜、风、旱、雪、蝗、雹、战 |
| 新安 | 61 100 | 17 800 | 43 300 | 41.1 | 旱、霜、水、蝗 |
| 通许 | 94 500 | 23 000 | 71 500 | 35.2 | 旱、风 |
| 考城 | 64 500 | 10 400 | 54 100 | 36.1 | 旱 |
| 兰封 | 45 700 | 10 500 | 35 200 | 39.1 | 旱、蝗、战 |
| 陈留 | 46 400 | 8 800 | 37 600 | 37.9 | 旱、风 |
| 杞县 | 157 500 | 36 300 | 121 200 | 39.0 | 旱、风、战 |
| 睢县 | 129 800 | 29 900 | 99 900 | 39.1 | 旱、蝗、战 |
| 民权 | 55 400 | 11 000 | 44 400 | 38.1 | 旱、风 |

口百分之廿四,计有 42 700 人";长葛,"多逃往陕甘各省,人数约占全县人口百分之廿四,计有 56 700 人";新郑,"多先后逃往西安、宝鸡等地,人数约占全县人口百分之廿一,计有 42 500 人";虞城,"多逃往豫西各县,继续逃往陕、甘、新疆等省,人数占 12%,计 19 600 人";鹿邑,"多逃往陕西及附近各省,约占 45%,计 30 万人";沁阳,"多逃往黄河以南及陕西等地";修武,"逃往西安、兰州等地";临颍,"逃往豫西及陕甘等地";郾城,"逃往陕西、甘肃等地";扶沟,"逃往陕西、甘肃、宁夏、新疆等省";遂平,"逃往陕甘等地";洛阳"多逃往陕、甘各省";商水,"多逃往西北陕甘等地";巩县,"多逃往陕、甘、宁、青、新各省";登封,"多逃往陕、甘等";陕县,"多逃往灵宝、洛宁、庐氏、阌乡、西安、宝鸡等地";渑池,"多逃往陕甘等省";沈丘,"多逃往西北陕甘一带";新蔡,"流徙陕川等省";卢氏,"多逃往陕西各县";经扶,"逃往豫西及陕西、汉中等地"[1]。豫西内乡、淅川等县 1944 年受日军进攻后,"农民相率逃往陕西与鄂北一带,交通要道各地多属十室九空"[2]。

（2）河北、山西、湖北、安徽、山东等邻近省份。如林县,既有逃往

---

[1] 据《河南省善后救济调查报告》第二章,各县受战事影响分类,二档馆藏档,档号：廿一（2）,202 整理。
[2] 《河南省战时损失调查报告》(1945 年 12 月)，二档馆藏档,档号：廿一（2）,409。

陕、甘等地,也有"逃往山西";汲县,"逃往山西";淇县,"逃往晋省及彰德、内黄各地";济源,"逃往漯河、界首、西安、宝鸡、许昌、襄城、南阳、洛阳、禹县等地";辉县,除逃往陕西外,"逃亡山西";延津,除逃往陕、甘外,"逃往山东等省";叶县,除逃往陕西外,"逃向鄂北等地";太康,除逃往陕、甘、宁、新各地外,"逃向鄂北、皖北等地";信阳,"多逃亡安徽、湖北等地";睢县,"逃往皖、鲁等省";项城,除迁向陕甘,"多流徙皖鄂"[1]。

(3)四川、云南、贵州等西南地区。如中牟,除逃往晋省垦荒,大多流入西部各省雇工;安阳,除逃往西安、宝鸡外,不少逃向成都、广元、重庆;西华,除逃往湖北之襄樊、陕西之宝鸡、汉中外,也逃向四川之广元、成都、重庆等地;南阳,大都逃入陕甘,也有流入四川;永城、郾城、巩县、新蒙、罗山等县都有大量人口迁入四川、云南等地[2]。另据1946年1月各省来渝难民调查,所查45 652名外地难民中,河南省籍占3 218名,其中从事工业556人,商业661人,交通运输业4人,公务1人,自由职业4人,人事服务718人,无业1 274人,失业323人,学生80人,其他871人[3]。贵阳难民疏送站1946年3月15日—7月31日登记合格予以遣送的25 430名难民中有河南籍919名[4]。昆明难民疏送站1946年4月—1947年1月遣送的11 226名难民中,有河南籍872人[5]。1946年6月,居留西康的4 344名外籍难民中有河南籍852人[6]。

此外,河南省难民也有不少流入其他省区,如武安,"多逃往关东等地雇工";内黄,"亦有逃至东三省者"[7]。又如,浙江省,1938年前后,世界红卍字会绍兴分会曾对其救济的部分难民共2 120名做过籍贯调查,外省籍计714人,其中有21人来自河南[8]。龙

---

1 《河南省战时损失调查报告》(1945年12月),二档馆藏档,档号:廿一(2),409。
2 同上。
3 《抗战期间各省来渝难民统计》,二档馆藏档,档号:廿一(2),604。
4 《行政院善后救济总署工作报告书贵阳难民疏送站(1946.3.15~7.31)》,二档馆藏档,档号:廿一(2),322。
5 《昆明难民侨民遣送经过》,二档馆藏档,档号:廿一(2),322。
6 《西康难民调查》(1946年6月),二档馆藏档,档号:廿一,2104。
7 《河南省善后救济调查报告》第二章,各县受战事影响分类,二档馆藏档,档号:廿一(2),202。
8 《世界红卍字会绍兴分会救济监理部工作报告》,上海市档案馆藏档,档号:Q113-2-13。

泉县战时的外省人口,除迁自江苏、上海、福建、江西等地外,也有不少来自河南、河北、山东、山西等地,当地还成立了"龙泉县冀鲁豫晋同乡会"[1]。

### (五) 山东省、青岛市

#### 1. 山东省

卢沟桥事变后,日军开始实施大规模的华北会战,其中一路沿津浦路南进,9月24日占领沧县,10月5日攻占德县,12月27日占领山东省会济南。随后日军兵分数路深入山东腹地。1938年1月上旬,肥城、泰安、兖州、曲阜、邹县、济宁、潍县相继失陷,此后山东西部、南部、东部相继沦于敌手。1938年3月中旬徐州会战开始,在山东战场,国民党军队与日军分三路展开激战,至5月15日,日军占领江苏徐州,山东大部分地区沦于敌手。"战祸所及(山东)百零七县,无一幸免"[2],"凡游击队所在之地,敌人跟踪烧杀,房屋之损失不可数计。敌匪更常以修筑工事,拆除民房,复以战略关系,平毁村庄,房屋损失,尤为惨痛","加以荒旱,灾害连年无已,人民颠沛流离,求生不遑"[3]。抗战进入相持阶段后,日军对共产党领导的抗日根据地进行全面的"扫荡""清剿"。1941年和1942年这两年中,日军千人以上的扫荡达70余次,万人以上的扫荡9次。到1942年底,山东抗日根据地面积缩小到2.5万平方公里,人口减少到730万。

据《山东省善后救济调查报告》,全省流亡人口及被敌征调者,"约计一千一百余万人"[4]。流离人口,除省内各县互避外,迁向省外者也不少。据不完全统计,1937—1945年因战事频繁、环境恶劣而迁入东北的人数有639万,回返人数350万,留住人数289万(见表4-9)。

---

1 闻东:《龙泉县冀鲁豫晋同乡会》,《龙泉文史资料》第7期,第154—155页。
2 《山东省善后救济调查报告》第一集,序言,二档馆藏档,档号:廿一,198。
3 同上。
4 同上。

表 4-9　沦陷期间山东移民东北人数统计表（单位：万人）

| 年　度 | 迁入数 | 回返数 | 留住数 |
| --- | --- | --- | --- |
| 1937 | 32 | 25 | 7 |
| 1938 | 41 | 20 | 21 |
| 1939 | 81 | 31.2 | 49.8 |
| 1940 | 105 | 65 | 40 |
| 1941 | 92 | 56 | 36 |
| 1942 | 95 | 47 | 48 |
| 1943 | 93 | 52.4 | 40.6 |
| 1944 | 60 | 28.3 | 31.7 |
| 1945 | 40 | 25.1 | 14.9 |

资料来源：刘大可：《抗日战争时期山东沦陷区农村经济》，《济南大学学报》2000 年第 6 期。

其余外迁难民"多数则散布于临近各省。山西一省即达二十余万；安徽数亦相当，盖省府迁阜阳后，皖省自成山东难民义民汇集之地也；江苏、河南、陕西亦为数甚多，劳力经商其已建立经济基础者，亦复不少；湖北、四川，甚至远至广西、贵州、云南，亦无不见山东难民之所在"[1]。

2. 青岛市

1937 年底，山东省大部分被日军占领，"青岛遂无据守之可能，市当局自动将市内重要建筑及工厂予以破坏后，亦率部撤退。其中一部退居附近山地，从事游击"[2]。随市政当局的迁移，部分民众也随之迁移，少数甚至流亡至西部地区。

但青岛市为日军侵华的重要基地，1937 年底被日军占领后，为实现其"以战养战"的目的，日军一面积极从事恢复生产，一面加紧发展市内之商业，故沦陷后未久，秩序即恢复常态，"附近各地之殷商难民，多为避免敌军之骚扰及游击队之惊吓，纷纷向市内搬迁，以谋生计"。沦陷区民众，"以安全及谋生关系，多集中大城市，日侨商人亦大量移

---

[1]《山东省善后救济调查报告》第一集第三章，二档馆藏档，档号：廿一，198。
[2]《山东省善后救济调查报告》第三册（青岛市），二档馆藏档，档号：廿一(2)，200。

入,故青岛市人口更形增加"[1]。1936年,青岛市人口为514 796人,至1942年时,已增为623 430人,"此增加之十万零八千六百余人中,除一部为新移入之日侨日商及我国商民外,其逃难至此求生者,至少当有十万人"[2]。

威海卫行政区由于人口较少,抗战期间难民迁移不多,本节不予论述。

### (六) 山西省

山西省是抗战时期重要的战场之一。1937年9月初,日军一路从平绥线侵入山西境内,占领天镇、阳高两县,随即攻占大同,沿同蒲线向南奔袭。另一路沿平汉线经石家庄从正太铁路突破娘子关,向太原方向进发,太原会战由此发生。太原失陷后,共产党领导的敌后游击战争占据重要的战略地位。

从1937年9月起山西省105县先后沦陷,"每县至少被敌蹂躏一次,甚有多至五次者"。至1945年初,被敌完全盘踞之县份,"仍八十有三,计占土地面积一二,九四四平方公里。"[3] 1944年6月至1945年2月,振(赈)济委员会曾派侯冠吾赴山西放赈,据其调查观察,"敌人进攻一个县城或村镇,没有不奸掠烧杀的","有的县城房屋全数烧尽,如朔县、保德、隰县、中阳、石楼、静乐、沁源等二十余县;有的尚残余一半,如吉县、大宁、襄宁、临汾、陵川、屯留、长子、沁水、垣曲等三十余县;所有沿交通线的地方,其较大建筑在敌机轰炸目标下,都成瓦砾。以上全省估计约占原有房屋百分之三十五以上"[4]。日军还在晋东北制造无人区,范围包括山西平定之东北部、盂县之东部、五台之东部、河北平山之西部,计南北长二百余里,东西宽五六十里。为制造无人区,日军大肆烧杀,大批民众被迫流迁。如1941年秋季大扫荡中,在五台县第三区,日军为制造"无人区",柏兰镇以东明查湾、东峪里、里

---

1 《山东省善后救济调查报告》第三册(青岛市),二档馆藏档,档号:廿一(2),200。
2 同上。
3 《山西省善后救济调查报告底稿》,二档馆藏档,档号:廿一(2),201。
4 《侯冠吾先生之谈话》,二档馆藏档,档号:廿一(2),201。

外河这一带大大小小 21 个村子全被日军放火烧光[1]。战时,山西许多县境,"迭受水灾、旱灾、蝗灾、雹灾之侵扰,于是造成饥民遍地之严重现象"[2]。

据《山西省善后救济调查报告底稿》,至 1945 年初,全省流亡各地的民众尚有 290 多万(见表 4-10),另据国民政府估计,抗战期间山西省难民与流离人民数达 4 753 842 人[3]。"其中约有十分之七系逃往偏僻安全之县区,或迁居于战后业已恢复秩序之县区,其余十分之三约八十余万人,则系逃往外省,最多者为陕豫,次为川甘绥宁。"

现将各县死伤人数、逃亡人数列表如下。

表 4-10 山西省各县战前战时人口比较表

| 县别 \ 项别 | 战前原有人数 | 死伤人数 | 逃亡人数 | 1945 年初人数 |
| --- | --- | --- | --- | --- |
| 阳曲 | 317 083 | 21 300 | 63 400 | 354 983 |
| 交城 | 94 441 | 934 | 32 000 | 75 146 |
| 介休 | 123 108 | 10 474 | 25 000 | 98 213 |
| 长治 | 189 673 | 21 406 | 52 000 | 131 765 |
| 平顺 | 92 090 | 3 192 | 20 000 | 86 411 |
| 和顺 | 71 731 | 2 651 | 39 000 | 32 120 |
| 盂县 | 196 196 | 14 300 | 30 000 | 172 808 |
| 灵丘 | 116 530 | 2 525 | 18 000 | 102 985 |
| 平鲁 | 33 212 | 858 | 4 600 | 31 040 |
| 静乐 | 103 759 | 6 312 | 15 000 | 90 473 |
| 临汾 | 161 994 | 2 145 | 40 000 | 124 265 |
| 翼城 | 99 982 | 4 652 | 45 000 | 61 089 |
| 万泉 | 74 760 | 490 | 21 000 | 59 937 |
| 新绛 | 98 820 | 120 | 38 000 | 53 628 |
| 灵石 | 81 835 | 2 955 | 10 000 | 84 720 |
| 太原 | 105 839 | 16 450 | 35 000 | 84 064 |

---

1 田苏苏:《日军在中国华北的战争犯罪述论》,《河北师范大学学报》2005 年第 4 期。
2 《山西省善后救济调查报告底稿》,二档馆藏档,档号:廿一(2),201。
3 《难民及流离人民数总表》,二档馆藏档,档号:廿一,221。

续 表

| 项别<br>县别 | 战前原有人数 | 死伤人数 | 逃亡人数 | 1945年初人数 |
|---|---|---|---|---|
| 文水 | 165 148 | 24 527 | 49 000 | 96 084 |
| 孝义 | 130 129 | 16 588 | 42 000 | 214 805 |
| 长子 | 150 645 | 1 021 | 56 000 | 119 306 |
| 晋城 | 298 019 | 7 108 | 60 000 | 260 761 |
| 榆社 | 59 081 | 7 492 | 22 000 | 44 936 |
| 寿阳 | 156 764 | 20 920 | 35 000 | 116 158 |
| 广灵 | 84 914 | 3 679 | 10 000 | 80 562 |
| 绛县 | 59 590 | 2 485 | 24 000 | 39 757 |
| 大宁 | 16 968 | 840 | 8 000 | 19 024 |
| 徐沟 | 43 320 | 3 094 | 14 000 | 43 828 |
| 汾阳 | 149 160 | 15 046 | 36 000 | 116 424 |
| 方山 | 35 912 | 5 456 | 10 000 | 40 758 |
| 黎城 | 77 542 | 8 662 | 14 000 | 81 371 |
| 沁水 | 116 373 | 2 740 | 45 000 | 96 425 |
| 平定 | 316 129 | 31 700 | 63 000 | 243 068 |
| 怀仁 | 79 230 | 2 640 | 19 000 | 61 932 |
| 朔县 | 133 928 | 9 781 | 25 000 | 110 746 |
| 忻县 | 232 703 | 16 245 | 65 000 | 202 963 |
| 保德 | 53 304 | 2 351 | 10 000 | 67 026 |
| 安泽 | 72 863 | 4 482 | 20 000 | 58 649 |
| 虞乡 | 59 505 | 1 240 | 22 000 | 41 954 |
| 平陆 | 87 056 | 13 777 | 22 480 | 74 162 |
| 垣曲 | 61 917 | 5 810 | 20 000 | 46 285 |
| 永和 | 19 476 | 1 084 | 6 000 | 42 307 |
| 清源 | 78 520 | 6 131 | 15 000 | 87 899 |
| 平遥 | 240 061 | 25 200 | 35 000 | 197 482 |
| 中阳 | 70 671 | 10 371 | 14 000 | 60 673 |
| 壶关 | 121 118 | 2 483 | 24 000 | 94 863 |
| 辽县 | 71 396 | 19 810 | 32 000 | 63 741 |
| 昔阳 | 129 423 | 22 900 | 25 000 | 84 274 |

续 表

| 县别\项别 | 战前原有人数 | 死伤人数 | 逃亡人数 | 1945年初人数 |
|---|---|---|---|---|
| 山阴 | 59 226 | 2 019 | 10 000 | 50 469 |
| 左云 | 76 636 | 1 028 | 12 000 | 69 147 |
| 襄垣 | 142 182 | 4 451 | 28 000 | 129 640 |
| 阳城 | 200 495 | 6 191 | 45 000 | 196 203 |
| 沁源 | 80 319 | 43 520 | 16 000 | 39 746 |
| 浑源 | 176 872 | 2 400 | 35 000 | 161 004 |
| 天镇 | 110 604 | 7 300 | 21 000 | 95 573 |
| 偏关 | 38 767 | 4 505 | 15 000 | 21 630 |
| 繁峙 | 111 177 | 6 805 | 38 000 | 72 456 |
| 浮山 | 53 408 | 5 043 | 10 000 | 42 651 |
| 永济 | 119 336 | 4 195 | 54 000 | 64 668 |
| 安邑 | 99 537 | 8 360 | 29 000 | 75 867 |
| 稷山 | 110 984 | 23 009 | 43 000 | 92 987 |
| 隰县 | 64 139 | 2 650 | 18 000 | 80 635 |
| 祁县 | 121 909 | 2 136 | 30 000 | 9 7 874 |
| 兴县 | 80 371 | 9 500 | 24 000 | 86 625 |
| 离石 | 154 586 | 52 572 | 56 000 | 52 060 |
| 潞城 | 108 798 | 2 588 | 25 000 | 88 462 |
| 陵川 | 136 238 | 9 254 | 36 000 | 96 856 |
| 武乡 | 145 530 | 4 360 | 28 000 | 126 418 |
| 应县 | 108 847 | 8 273 | 20 000 | 91 465 |
| 右玉 | 82 806 | 2 248 | 14 000 | 76 300 |
| 五寨 | 47 320 | 1 885 | 10 000 | 44 193 |
| 崞县 | 238 654 | 47 200 | 95 000 | 120 941 |
| 汾城 | 82 228 | 2 085 | 20 000 | 62 866 |
| 临晋 | 75 956 | 368 | 10 000 | 67 105 |
| 夏县 | 127 178 | 6 092 | 30 000 | 101 304 |
| 宁武 | 70 130 | 12 753 | 21 000 | 47 755 |
| 代县 | 112 176 | 4 280 | 29 000 | 80 673 |
| 襄陵 | 78 018 | 2 137 | 36 000 | 41 706 |

续 表

| 项别<br>县别 | 战前原有人数 | 死伤人数 | 逃亡人数 | 1945年初人数 |
|---|---|---|---|---|
| 吉县 | 30 049 | 1 490 | 20 000 | 218 066 |
| 猗氏 | 77 937 | 924 | 22 000 | 84 065 |
| 河津 | 98 214 | 1 930 | 15 000 | 82 846 |
| 赵城 | 86 853 | 5 111 | 35 000 | 58 983 |
| 榆次 | 139 314 | 18 025 | 25 000 | 110 984 |
| 岢岚 | 72 398 | 7 309 | 12 000 | 70 163 |
| 临县 | 206 541 | 62 601 | 40 000 | 118 703 |
| 屯留 | 123 231 | 3 443 | 24 000 | 116 097 |
| 高平 | 244 583 | 4 748 | 48 000 | 208 469 |
| 沁县 | 116 329 | 35 094 | 53 000 | 33 624 |
| 大同 | 299 236 | 1 040 | 25 000 | 341 088 |
| 阳高 | 115 105 | 8 161 | 10 000 | 126 764 |
| 神池 | 49 084 | 1 861 | 16 000 | 34 692 |
| 五台 | 197 804 | 11 550 | 55 000 | 157 592 |
| 洪洞 | 112 300 | 2 874 | 28 000 | 86 077 |
| 乡宁 | 67 386 | 1 065 | 10 000 | 91 462 |
| 解县 | 58 092 | 2 356 | 9 000 | 43 340 |
| 闻喜 | 134 501 | 788 | 32 000 | 108 828 |
| 汾西 | 51 446 | 2 165 | 10 000 | 59 062 |
| 太谷 | 111 719 | 5 289 | 45 000 | 94 131 |
| 岚县 | 72 398 | 6 410 | 15 000 | 64 214 |
| 石楼 | 34 982 | 2 615 | 12 000 | 48 274 |
| 定襄 | 121 460 | 2 160 | 61 000 | 109 888 |
| 河曲 | 112 130 | 1 745 | 22 000 | 138 510 |
| 曲沃 | 86 037 | 2 839 | 20 000 | 83 622 |
| 荣河 | 74 071 | 862 | 15 000 | 68 461 |
| 芮城 | 66 239 | 3 815 | 29 000 | 36 486 |
| 霍县 | 62 311 | 2 143 | 15 000 | 49 648 |
| 蒲县 | 32 424 | 2 672 | 10 000 | 70 913 |
| 总计 | 11 600 519 | 898 719 | 2 921 480 | 9 942 201 |

资料来源：《山西省善后救济调查报告底稿》，二档馆藏档，档号：廿一（2），201。总计数笔者已作校正。

### (七) 察哈尔省

1935年1—6月,日本关东军制造察东事件和张北事件,迫使国民政府于7月27日签订了《秦德纯土肥原协定》,从此,日军控制了察东、察北的主权[1]。

日军占领察哈尔后,"农民逃亡,耕地荒芜,产量锐减",兼以日军大量掠夺,"致造成饥民遍野,流离逃亡之惨象"[2]。全省原有房屋2 049 670间,被损毁236 737间,其中以万全、宣化、怀安、张北等县损毁最重,占15%;赤城、龙关、阳原、蔚县、涿鹿、商都等县次之,占10%;延庆、康保、沽源、多伦、宝昌较轻,占5%[3]。大批民众流亡省内外,"不计一切困苦,来归大后方之义民,日有所闻,其在沦陷区之人民,因不甘敌伪压迫,亦多相率避居山中,离乡背井,备尝艰辛"[4]。

万全、怀安二县,因平绥铁路经过,地处要冲,日军入境之初,即与中方军队有过激战,"因之该二县人民,多有逃居他县者",其他如宣化、蔚县、怀来、涿鹿四县之边区,及南部山中,因我方义民及游击队之活动,日军把它划入所谓"剿匪区","对该地带烧杀甚惨,人民不得安居,亦多避居异地"[5]。察省除兵灾之外,于民国二十九年、三十一年、三十二年先后遭受旱灾,"农民歉收,为饥饿所迫,多有转徙邻省者"[6]。

据各方调查及同乡会之估计,察省共有难民225 673人(见表4-11),"此等难民大都流至沦陷区各地流浪,一部来归后方,散居各省,操各项职业者均有,尤以荷戈杀敌,寄身行伍者为多"[7]。

---

[1] 谢忠厚主编:《日军侵略华北罪行史稿》,社会科学文献出版社2005年版,第3页。
[2] 《察哈尔省善后救济调查报告底稿》第二章,各县受战争影响分类,二档馆藏档,档号:廿一(2),206。
[3] 同上。
[4] 《察哈尔省善后救济调查报告底稿》第一章,总论,二档馆藏档,档号:廿一(2),206。
[5] 同上。
[6] 同上。
[7] 同上。

表 4-11 察哈尔省难民人数估计表

| 县 别 | 战前人口 | 估计难民百分数 | 难民人数 |
|---|---|---|---|
| 万全 | 229 443 | 15% | 34 417 |
| 宣化 | 222 929 | 10% | 22 293 |
| 赤城 | 81 051 | 5% | 4 053 |
| 龙关 | 79 827 | 10% | 7 983 |
| 怀来 | 163 306 | 15% | 24 496 |
| 阳原 | 116 820 | 5% | 5 841 |
| 怀安 | 131 789 | 15% | 19 768 |
| 蔚县 | 299 358 | 15% | 44 904 |
| 延庆 | 110 472 | 5% | 5 522 |
| 涿鹿 | 107 101 | 10% | 10 710 |
| 张北 | 198 472 | 15% | 29 778 |
| 商都 | 104 311 | 5% | 5 216 |
| 康保 | 102 153 | 5% | 5 107 |
| 沽源 | 22 974 | 10% | 2 297 |
| 多伦 | 19 570 | 5% | 969 |
| 宝昌 | 46 381 | 5% | 2 319 |
| 总计 | 2 035 957 | | 225 673 |

资料来源：中国第二历史档案馆馆藏《察哈尔省善后救济调查报告底稿》，廿一（2），206，附表一。

上表中，万全难民较多，有 34 417 人；蔚县因迭经战役，数量更超过万全，约有 44 904 人；其他各县如宣化、怀来、张北，均在 2 万以上，怀安、涿鹿二县也达 1 万以上，最少者为多伦县，约 900 余人。

### （八）绥远省

1936 年 10 月，日本关东军召开军事会议，决定以"大汉义军"为前锋，蒙古军两个军为左右两翼，分三路进犯绥东。傅作义将军指挥军队在红格尔图、百灵庙等地进行了抗战。卢沟桥事变发生后,日本发动了对华北的全面进攻,其中一路于 10 月 13 日攻陷绥远省省会归绥,此后相继占领了绥远省大部分地区,成立了伪蒙古联盟自治政府。国民党绥远省政府仅保有伊克昭盟(大部分)和河套地区各旗县。

战争使绥远经济也遭受严重破坏。1937 年粮食总产量为 861 050 公吨,1944 年度为 338 489 公吨,减少 522 561 公吨;战前有房屋 918 342 间,战时被毁的约占总数的 30%,五原、临河、安北毁损的则为 60%;骡、马、牛、骆驼、驴较此前减少五分之四[1]。

据绥远省民政厅调查,战前省内 18 个县治人口,总数为 1 770 776 人,至抗战胜利前夕,有 1 585 866 人,死亡逃走及失踪者 184 910 人,有赤贫难民 689 721 人,外来难民 206 960 人,共有难民 896 681 人[2]。另据国民政府调查,战时绥远省难民及流离人民共计 675 715 人[3]。

## 二 长江中下游地区

本节界定的长江中下游地区,是指战前上海市、南京市、江苏省、安徽省、江西省、湖北省、湖南省所辖区域。

### (一) 上海市

自八一三淞沪开战至上海沦陷,为时约三个月,上海受战事影响损失极为严重。如工业,战前有华商工厂 5 200 多家,战时"合计被毁者,当在 70% 左右"[4]。又如房屋,"除两特区无损失外,其余各区之损失如下:闸北十分之九,吴淞十分之九,江湾十分之九,彭浦十分之八,市中心十分之八,引翔十分之八,真如十分之七,殷行十分之六,高行十分之五,漕泾十分之五,南市十分之五,蒲淞十分之四,陆行十分之四,洋泾十分之二,上唐桥十分之二,法华十分之二,杨思十分之一,

---

[1] 《绥远省善后救济调查报告底稿》,二档馆藏档,档号:廿一(2),207。
[2] 同上。
[3] 《难民及流离人民数总表》,二档馆藏档,档号:廿一,221。
[4] 《上海各业损失概况》(1941 年 12 月),上海市档案馆编:《日本在华中经济掠夺史料(1937—1945)》,第 74 页。

高桥十分之一"[1]。全市损失建筑物60万间、住房16万间[2]，其中尤以闸北、吴淞、江湾、彭浦、引翔等地损失最为严重，"这几区人民之因战事而流离失所者，平均至少在百分之五十以上。其中稍有资产者，当战事降临时，俱设法避难于他处"[3]。

租界是迁移的主要目标。淞沪会战前夕，租界外民众已开始有人向公共租界和法租界迁移。战事发生后，华界及附近的民众更是大批涌向租界。几天内，先后渡过苏州河到达租界的"达三十余万人，所有租界内之各小菜场、游艺场，以及街头巷尾，触目皆是难民"[4]。虹口、闸北、杨树浦一带是中日军队重要的交战之地，此地民众迁入租界者甚多，仅世界红卍字会先后在虹口一带救出之难民即有8万余人[5]。10月26日，大场失守，闸北、江湾之中国守军撤至江桥、南翔一线，"江桥、南翔以东，特别是闸北、江湾、大场，真如一带战区的难民恐慌到极点，便沿着沪杭铁路滚滚南下，想通过公共租界的西部防御线，投入租界"[6]。10月中旬开始，由于浦东战事吃紧，前期被同乡会遣送回籍的浦东难民又大批涌向浦西，其中由同乡会收容及分送之难民有11 300余人[7]。11月10日，日军在浦东登陆，猛攻南市，"南市及远至徐家汇的华界随时有被日军占领的可能，这一带的居民已毫无安全可言，于是汹涌之潮涌向相邻的法租界"[8]。随着战区的扩大和战火向江浙地区的蔓延，江浙诸省的难民也大量涌入，最高峰时达70多万。

淞沪会战期间迁回原籍的比例也较高。从《申报》刊登的同乡会遣送难民的公告可以得知，宁波同乡会、浦东同乡会、丹阳同乡会、河南同乡会、湖社、绍兴旅沪同乡会、四川旅沪同乡会、徽宁旅沪同乡会、

---

1 《上海市善后救济调查报告》，二档馆藏档，档号：廿一(2)，218。
2 《上海市地政局抗战时期房地产损失调查表(1947年12月)》，上海市档案馆编：《日本在华中经济掠夺史料(1937—1945)》，第74页。
3 《上海市善后救济调查报告》，二档馆藏档，档号：廿一(2)，218。
4 《世界红卍字会中华东南各会联合救济总监理部工作总报告》，《世界红卍字会中华东南各会联合总办事处八·一三救济征信录》，第22页。
5 同上，第24—25页。
6 郑祖安：《八一三事变中的租界与中国难民》，《史林》2002年第4期。
7 《救济工作概况》，载《浦东同乡会年报》，上海档案馆藏档，档号：Q117-1-43。
8 郑祖安：《八一三事变中的租界与中国难民》，《史林》2002年第4期。

无锡旅沪同乡会、无锡江阴旅沪同乡联合救济会、泉漳会馆、金庭会馆、广东旅沪同乡会、福建旅沪同乡会、苏州旅沪同乡会、宜兴旅沪同乡会、温州旅沪同乡会、洞庭东山旅沪同乡会、通如崇海启旅沪同乡会、常熟旅沪同乡会、镇江五属旅沪同乡会、绍兴七县旅沪同乡会、扬属同乡会、山东会馆、云南旅沪同乡会、湖北旅沪同乡会、江西旅沪同乡会、潮州旅沪同乡会等都进行过同乡难民的遣送工作[1]。如宁波旅沪同乡会,"自1937年8月15日至9月17日,往返20次,疏散甬籍难民8万余人。许多甬籍市民闻讯麕集在外轮停靠之码头,要求附搭回籍,数在10万以上,2项合计近20万人"[2]。又如广东旅沪同乡会也派员和太古、怡和轮公司接洽,"包租轮船,分批遣送,先后遣送16批同胞,约万余人"[3]。洞庭东山旅沪同乡会,先后十次雇船运送同乡返籍,"共计遣送二千三百四十二人,未经登记者,约计亦有千余人"[4]。其他如浦东同乡会遣送近万人,丹阳同乡会遣送24 185人,河南同乡会遣送1 600人,湖社遣送1万余人,绍兴旅沪同乡会遣送2 000余人,无锡江阴旅沪同乡会遣送2 400人,泉漳会馆遣送600余人,福建旅沪同乡会遣送1 000余人等[5]。除同乡会外,世界红卍字会在淞沪会战期间也先后遣送难民28 899人,"其中苏、锡、常、镇、皖省籍难民16 503人,苏北各县籍难民4 819人,浙省籍难民6 113人,鲁、豫、湖广、闽厦、潮汕籍难民1 464人"[6]。

此外,也有不少上海市难民迁至西南地区及其他安全区。如据1946年1月国民政府对重庆部分难民的调查,在45 650名外省籍难民中,上海有2 443人,其中男1 235人,女1 208人[7]。又如,江苏之洞

---

[1] 高红霞:《从〈申报〉看同乡组织在淞沪抗战中的难民救助》,《上海纪念抗日战争胜利60周年研讨会论文集》,上海人民出版社2005年版,第193—195页。
[2] 宋钻友:《抗战时期上海会馆、同乡组织的难民工作初探》,《上海党史与党建》1995年第1期。
[3] 同上。
[4] 《沪战时同乡服务之一斑》,《洞庭东山旅沪同乡会卅周年纪念特刊》,上海档案馆藏档,档号:Q117-9-37。
[5] 高红霞:《从〈申报〉看同乡组织在淞沪抗战中的难民救助》,《上海纪念抗日战争胜利60周年研讨会论文集》,第193—194页。
[6] 《世界红卍字会中华东南各联合救济总监理部工作总报告》,《世界红卍字会中华东南各会联合总办事处八·一三救济征信录》,第57页。
[7] 《抗战期间各省来渝难民统计》,二档馆藏档,廿一(2),604。

庭东山,因僻处太湖,在淞沪会战后,各地难民(含大量上海市难民)纷纷前来避难,"人口激增至六七万,大街上行人肩摩踵接。有闲阶级,多藉听书消遣,书场骤增七处。余如茶肆、点心店、大饼摊等,更如雨后春笋,触目皆是。畸形繁荣,为地方有史以来未有"[1]。

### (二) 南京市

战前,南京市的辖区包括7个城区、4个乡区和1个陵园区。其市区范围,东以乌龙山、尧化门、仙鹤门、麒麟门、沧波门、高桥门为界,南以铁心桥、西善桥、大胜关为界,毗邻江宁县,西以长江、浦口界江浦县为界,北以长江界六合县为界,面积465.9平方公里。据南京市政府报告,至1937年4月,全市人口为1 018 795人,其中男608 999人,女409 796人[2]。

淞沪战事爆发后,南京即遭日机轰炸,先后"参加轰炸南京的飞机在800架次以上"[3]。这座文明古城遭受严重的破坏,如木材业集中之上新河一带、中山路、太平街等区域,"现皆凋零万状","夫子庙及下关一带,则房屋全毁,几无一存,商店自更绝迹不见矣"[4]。据金嘉斐回忆,南京市房屋损失,"城区,以东南京城损失较大,因敌人系光华门、中华门等处入城,此一带损失占一半;城西南一带占三分之一;城东北一带约五分之一;城西北因属难民区,损失较小,大约十分之一,但此一带机关房屋较多,如交通部、铁道部等大厦均告毁坏;下关损失较大,约在半数以上,浦口亦有损失。乡区,以东南区损失较大,因此一带曾有激烈作战之关系;南乡如雨花台附近花神庙、铁心桥,东乡如孝陵卫、马群、麒麟门一带,沿紫金山附近,均损失殆尽;西乡以附廓地带,如水西门外滨江乡等,亦遭大灾;北乡尧化门、乌龙山一带亦有若

---

[1] 陈留:《故乡事变追记》,《洞庭东山旅沪同乡会卅周年纪念特刊》,上海档案馆藏档,档号:Q117-9-37。
[2] 《南京市善后救济调查报告》,二档馆藏档,廿一(2),219。
[3] [英]田伯烈著,杨明译:《外人目睹中之日军暴行》,江西人民出版社1987年版,第80页。
[4] 《沪宁路沿线各地损失情形概况》(1941年12月),上海市档案编:《日本在华中经济掠夺史料(1937—1945)》,第145页。

干损失"[1]。战时南京市损失房屋共 170 394 间[2]。

因无家可归或避战祸,南京市民众纷纷进行迁移。迁移高潮主要发生在南京沦陷前夕,据张连红研究,1937 年 11 月初,城区人口迁移概率为 48.9%,乡区人口迁移概率为 17.6%[3]。另据赵洪宝研究,沦陷前,逃离的民众约有 40 万,其中 20 万是比较富裕的商民,包括资本家、地主、富户、商人等,他们避难于各埠,另外 20 万是无依无靠的老百姓,他们无法远走他乡,大都投奔四郊,暂避战火的侵袭[4]。1937 年 11 月 20 日,国民政府发表宣言,宣布迁都重庆,一部分民众也随之离开南京。这次迁移主要以公务人员为主,但也有部分难民。12 月初,日军已迫近南京,南京卫戍部队考虑军事作战的需要,放火焚烧了南京城外交通要道附近的居民房屋,并要求当地居民迁往南京城区避难。因此,在 12 月初,南京出现了一部分市民由乡区向城区迁移的现象[5]。

至日军攻占南京前夕,南京市人口总数在 53.5 万—63.5 万,其中原住南京的常住贫穷市民,人数在 30 万—40 万;滞留南京的外地难民达 3 万人以上;被日军俘虏和围困在城中的中国官员 3.7 万多人;南京乡区人口 16.8 万人[6]。1937 年 12 月 13 日,日军攻破南京,即开始大规模的屠杀,被杀民众总数达 30 余万人。

为便于在日军进攻南京期间为南京平民提供避难的场所,国际人士建立了一个 3.8 平方公里的难民区,即国际委员会安全区,它南以汉中路为界,东以中山路为界,北以山西路为界,西以西康路为界,内设 25 个难民收容所。1937 年 12 月 8 日,难民区对外开放后,即有部分南京市和外地难民前往。日军入城后,涌往安全区的人数猛增。1938 年 1 月 28 日,日军勒令 25 个收容所的难民一律迁出难民区。

---

1 《金嘉斐先生访问记》(1945 年 5 月 21 日),二档馆藏档,档号:廿一(2),219。
2 《南京市善后救济调查报告》,二档馆藏档,档号:廿一(2),219。
3 张连红:《南京大屠杀前夕南京人口的变化》,《民国档案》2004 年第 3 期。
4 赵洪宝:《"南京大屠杀"前后的南京人口问题》,《民国档案》1991 年第 3 期。
5 张连红:《南京大屠杀前夕南京人口的变化》,《民国档案》2004 年第 3 期。
6 同上。

同年2月4日,已有10万人自难民区迁至"南京自治委员会"规定的两区内居住[1]。

1940年3月,汪伪政府成立,定都南京,人口开始逐渐恢复,1941年3月,南京市增至619 406人,1944年2月为719 365人[2]。

### (三) 江苏省

江苏省在抗战时期遭受各种损失至惨至重,"省境遭两次大会战,地方糜烂,物质上之损害,其数至足惊人。房屋焚毁,庐舍荡尽,工厂破坏,堤防决口,路轨拆毁,公路破坏,轮船船只沉没,耕牛农具散失,药品器械损毁,人民私蓄沦洗。待秩序稍定,各种物资复经统制与掠夺,原有器材更遭搜罗与搬运,凡此损害实难统计"[3]。单房屋损失即达4 558 872间[4]。为避战祸,江苏民众纷纷迁移。其迁移情形大致分为两个阶段。

第一阶段:自1937年八一三淞沪会战至1938年11月武汉沦陷。

八一三抗战以来,日机即不断袭击京沪沿线。1937年11月12日,日军占领上海,立即兵分三路向南京进攻,常熟、苏州、无锡、常州、镇江相继失陷。12月13日,日军占领南京。日军进攻前夕和攻击期间,江苏民众四处逃难。苏州,"素为江南繁华之区,战前人口36万,战后仅2万余人"[5],"居民于风雨中纷纷迁避,市面顿形惨淡"[6]。无锡,在沪战初期即遭日机轰炸,"全市顿成萧条之象。各商店相率闭市,街头巷尾只见携老牵小争先恐后去乡逃避"[7]。青阳港阵线陷落

---

1 赵洪宝:《"南京大屠杀"前后的南京人口问题》,《民国档案》1991年第3期。
2 《南京市善后救济调查报告》,二档馆藏档,档号:廿一(2),219。
3 《江苏省善后救济调查报告底稿》,二档馆藏档,档号:廿一(2),208。
4 同上。
5 《沪宁路沿线各地损失情形概况》(1941年12月),上海市档案馆编:《日本在华中经济掠夺史料(1937—1945)》,第115—116页。
6 《中国旅行社苏州分社致总社函》(1937年9月21日),上海市档案馆编:《日本在华中经济掠夺史料(1937—1945)》,第108页。
7 《中国旅行社无锡分社致总社函》(1937年10月7日),上海市档案馆编:《日本在华中经济掠夺史料(1937—1945)》,第111页。

后,撤至锡邑的 5 万军队,因无地方当局接应,发生越轨行动,"在城厢内自动占据民房、车站及公园路至北门大街一带,商店被士兵占据,反客为主开店买卖,人民惊恐万状,逃避一空"[1]。松江,沪战一开"人心恐慌,居民相继离松避难"[2],"昔日人烟稠密人口十万之松江,今日该外人仅见区区于法国教会内之中国老者五人而已","上海南京间昔日人口稠密之区域,今已悉成焦土"[3]。旧松江府属其他各县,"一部人民入浙,一部赴沪暂避"[4]。常州镇宁府属各县民众,"消息传来,纷纷西奔……初无目的,分散于皖南、浙西一带,到处为家,其结集于芜湖、安庆者,则溯江西上,以武汉为目的地"[5]。如常州战前有人口 70 余万,战后大都外逃。据 1941 年日伪自治会调查,城区居民不足 5 万,不及战前三分之一[6]。"苏北铜山各属人民,一部沿陇海路至洛阳、西安,一部随国军西撤。又该区将领多为桂籍,故有不少徐属人士,日后以桂柳为避难所,而辗转又流亡至筑渝。通属各县于廿七年三四月沦陷,当时敌寇烧杀盛行,人民群向上海或沿海荒僻区奔避。扬属与镇江同时沦陷,人民分向汉沪逃避。泰海属各县沦陷较迟,人民流亡者较少。"[7]

第二阶段:自武汉沦陷至抗战胜利。

抗战进入相持阶段后,江苏省大规模的难民迁移开始减少,但由于敌我双方的战斗仍时常发生,日伪的骚扰从未停止,所以难民流离仍不绝于途。据《江苏省善后救济调查报告底稿》,这一时期,江苏省难民的迁移途径主要有 7 条:"(1)由上海循海道经海防入滇;(2)由上海取道香港,在沙鱼涌登陆,转曲江至衡桂达内地;(3)由上海循海道至广州湾,转郁林至柳州达内地;(4)由上海至宁波温州,转浙

---

[1] 《中国旅行社无锡分社撤退情形报告》(1937 年 11 月 29 日),上海市档案馆编:《日本在华中经济掠夺史料(1937—1945)》,第 112 页。
[2] 《中国银行松江分理处呈市行函》(1937 年 8 月 26 日),《日本在华中经济掠夺史料(1937—1945)》,第 66 页。
[3] 《上海十四日中央路透电》,《申报》1938 年 1 月 15 日。
[4] 《江苏省善后救济调查报告底稿》,二档馆藏档,档号:廿一(2),208。
[5] 同上。
[6] 《沪宁路沿线各地损失情形概况》(1941 年 12 月),上海档案馆编:《日本在华中经济掠夺史料(1937—1945)》,第 136 页。
[7] 《江苏省善后救济调查报告底稿》,二档馆藏档,档号:廿一(2),208。

赣路西进;(5)由上海至杭州,偷入自由区至金华,转内地;(6)由张渚镇入浙皖转后方;(7)自津浦路徐州或蚌埠经亳县或正阳关等地,取道界首达:① 洛阳、西安;② 南阳、汉中、宝鸡;③ 老河口、巴东,入川。"[1](1)(2)(3)路自 1941 年太平洋战争爆发后阻塞;(4)路 1944 年底阻隔;(5)路自 1942 年金华沦陷后阻塞;(6)路自 1943 年张渚沦陷后阻塞;(7)路自 1945 年 3 月日军攻占老河口、南阳后受阻。

  第一阶段中流离民众以农民为多,因战事初起,农村遭焚,农民普遍离村。据伪维新政府内政部调查,至 1938 年 5 月上旬止,江苏受灾农村占总数的 75% 以上,居华中沦陷区首位。"农民离村之原因,多为政治关系及农舍遭焚。有受中央政府宣传随国军西去者,有房屋被焚,无处容身而不得不流落异乡者。"[2] 第二阶段难民的迁移,则"以壮丁、学生、商人为多,壮丁因逃避兵役,学生因受爱国思想之激发,商人为利,于是结队西移"[3]。

  因资料的缺乏,要准确统计抗战期间江苏省难民迁移的数量是很难的。行政院善后救济总署曾依据 1936 年江苏省政府呈报内政部的人口数及 1938 年 5 月伪维新政府内政部统计司灾区难民调查表中的各县人口数,进行推算,至 1938 年 5 月,江苏流离人民总数为 7 767 510[4]。1944 年 6 月,国民政府内政部估计江苏流离民众人数为 900 万[5]。战后估计达 12 502 633 人,占总人口的 34.28%[6]。可见,抗战时期,江苏省人口迁移的数量是非常庞大的。这也可从以下镇江等 32 县 1941 年的人口密度与战前人口密度的比较中得到佐证(见表 4-12)。减少之人口,除部分死于战乱外,大部分属迁移人口。

---

1 《江苏省善后救济调查报告底稿》,二档馆藏档,档号:廿一(2),208。
2 同上。
3 同上。
4 同上。
5 同上。
6 《难民及流离人民数总表》,二档馆藏档,档号:廿一,221。

表 4-12　镇江等 32 县 1941 年人口密度与战前人口密度的比较

| 县名 | 战前密度（人口数/平方公里） | 1941年密度（人口数/平方公里） | 县名 | 战前密度（人口数/平方公里） | 1941年密度（人口数/平方公里） |
| --- | --- | --- | --- | --- | --- |
| 镇江 | 605 | 454 | 武进 | 631 | 144 |
| 太仓 | 486 | 473 | 宜兴 | 369 | 79 |
| 吴县 | 619 | 559 | 南通 | 639 | 102 |
| 常熟 | 630 | 571 | 如皋 | 453 | 46 |
| 昆山 | 297 | 262 | 江都 | 624 | 178 |
| 吴江 | 496 | 307 | 松江 | 482 | 141 |
| 无锡 | 901 | 724 | 青浦 | 365 | 160 |
| 江阴 | 674 | 648 | 金山 | 439 | 127 |
| 仪征 | 368 | 355 | 海门 | 628 | 187 |
| 江宁 | 248 | 198 | 靖江 | 634 | 238 |
| 句容 | 219 | 91 | 南汇 | 659 | 59 |
| 溧水 | 190 | 83 | 奉贤 | 380 | 28 |
| 江浦 | 183 | 64 | 川沙 | 629 | 132 |
| 六合 | 220 | 86 | 宝山 | 364 | 137 |
| 金坛 | 274 | 86 | 嘉定 | 685 | 86 |
| 丹阳 | 542 | 161 | 崇明 | 585 | 29 |

说　明：（1）战前密度系根据 1936 年内政部统计编制；（2）战后密度系根据 1941 年伪内政部调查编制；（3）转引自《江苏省善后救济调查报告底稿》，二档馆藏档，档号：廿一（2），208。

## （四）安徽省

抗战时期，尤其是抗战初期，安徽省是中日双方交战的重要战场之一。淞沪会战日军占领上海后，即分兵西进，会攻南京，其中一路相继占领了安徽境内之广德、宣城、芜湖等地；徐州会战开始后，津浦路南段、陇海线徐州以西成为重要的战区；武汉会战期间，武汉外围之皖境又成为中日双方激烈的交战区。在不到一年的时间内，日军相继占领了安徽沿江、沿淮和津浦、宁芜、淮南三条铁路沿线的城镇，其他许多县境相继遭到日军窜扰。据统计，安徽"全省六十二县中，始终未为敌踪所及仅十一县。在皖南为宁国、休宁、歙县、祁门、黟县、绩溪、旌德、太平、石埭等县，皖中则霍邱、岳西二县而已"[1]。部分县份中日军队曾展开激烈的争夺，数次易手。至抗战胜利前夕，全省境内"全部沦陷者十五县，部分沦陷者二十四县，完整者共二十三县，总计沦陷区面积约为六万方公里，占省总面积百分之四十一"[2]。

残酷的战争使安徽社会经济遭到严重的破坏，广大民众为生存计，不得不远走他乡。如南陵、繁昌、铜陵、青阳、石埭、贵池、东流等县"先后被敌窜扰，大小村庄、市镇全遭焚毁，未及逃出民众尽被枪杀或奸辱，农作物尽被践坏，耕牛悉被劫去，米盐物资被搜刮殆尽……数十万难民，流亡载道，哀惨情状，待赈孔殷"[3]。

战时安徽省灾害也十分频繁，致使大批灾民家破人亡，背井离乡。据孙语圣研究，整个民国时期，安徽"沿江一带大约每隔两年出现一次水旱灾害，江淮地区每隔一年多出现一次水旱灾害，而沿淮地区则每隔一年或不到一年就出现一次水旱灾害"[4]。在众多灾害中，淮河流域之水灾尤为惨重。1938年6月，国民党军队在河南郑县花园口、赵口一带决堤，也造成了安徽淮水流域18县被灾，"淹没田亩二千三百七十八万余亩，灾民达三百万人"[5]。更为严重的是，这次事件，带来无穷的后患，加剧了自然灾害的频度，"嗣是而后，黄泛主流，因挟沙过多，淤垫甚速，侵夺河道"[6]，致使淮水支流频繁决堤，灾情惨重。如，1939年，"阜阳被灾区域占全县十分之八，被淹田亩三百五十六万余亩，灾民七十余万；太和被淹区域占全县十分之七，待赈灾民四十余万；颍上被灾面积纵横百余里，灾民二十余万"[7]。"凤阳、霍邱、五河、寿县、泗县、临泉、灵璧、盱眙等县，水灾惨重，一片汪洋，百万灾黎，无衣无食，疫疠丛生，饥寒交迫。"[8]严重的自然灾害，使大批灾民家破人亡，相率离乡逃亡。

---

1 《安徽省善后救济调查报告底稿》第二章，各县受战争影响分类，二档馆藏档，档号：廿一(2)，209。
2 《安徽省善后救济调查报告底稿》第一章，总论，二档馆藏档，档号：廿一(2)，209。
3 《安徽省主席李品仙等致振济委员会》，二档馆藏档，一一六，496。
4 孙语圣：《民国时期安徽的自然灾害及其影响》，《安徽教育学院学报》2003年第1期。
5 《安徽省善后救济调查报告底稿》第三章，结论，二档馆藏档，档号：廿一(2)，209。
6 同上。
7 《廖主席电为淮堤溃决灾情惨重请拨发急振由》(1939年8月10日)，二档馆藏档，档号：一一六，425。
8 《国民政府军事委员会快邮代电》(1939年10月17日)，二档馆藏档，档号：一一六，425。

抗战时期安徽省流徙各地的难民人数,"因其流动性甚大,且常视战争之情况而增减,实难断言其确实数字"[1]。根据安徽省上报之善后调查结果,难民人数为 2 688 242 人[2]。其迁移情况极其复杂。现依据《安徽省善后救济调查报告底稿》,对敌踪所及之 51 县难民的流动与分布情况整理如下。

宿县:难民 26 000 余人,占全县人口的 3%,主要"迁至涡蒙阜阳,远则至川陕湘鄂"。

泗县:难民 20 000 余人,占全县人口的 3.3%,"多有迁地而互避者……大部在四围各县,少数分散到大后方,其散在近地者,以江苏之睢宁,本省之怀远为多,盱眙、明光两地次之"。

灵璧:难民约 70 000 余人,占全县人口的 14%,流徙方向,"远则湖湘川省,近则立煌、阜阳"。

五河:难民约 60 000 余人,"大多流离县境之外,以蚌埠为多,其离出省境者较少"。

滁县:"县民流散在境外者,约占总人口 10%",约半数陆续返还,流散在外者,计 5 800 余人,"大都散居皖省完整县份,其避来内地者为数甚少"。

定远:"逃出难民数量为全县总人口 14%,计 55 485 人。"

芜湖:"在战争初期,县民畏敌暴行,相率徙避,几达全县人口 50%,旋经忍苦还乡亦及大半,计现流徙境外者,约为 83 343 人,占全县人口 24% 弱,其中少数远走川湘,多数避居皖南各山县中。"

广德:"失陷至于五次之多,其逃出难民,当在 5% 上,惟多在附近各山县中……,其远走后方者,则为数不多",难民数"约为 39 791 人"。

当涂:"难民离境者甚多,当及全县民众 50%,远则湘鄂浙赣,近至江北和巢合各县……计 69 525 人。"

郎溪:五度沦陷,故"出境难民初期甚多,约占总数 41%,旋经忍苦还县,又及半数,目前流徙无归者,约及 20%,25 468 人"。

---

[1]《安徽省善后救济调查报告底稿》第三章,结论,二档馆藏档,档号:廿一(2),209。
[2]《难民及流离人民数总表》,二档馆藏档,档号:廿一,221。

盱眙："离境大部逃入沦陷区，小部流转后方，占全部人口20%，计56 745人。"

凤阳："其人民流徙出境者……约及50%，先至汉口西安，旋又分散，分散于湘黔桂蜀等地，而川蜀之万县、江津为多，重庆次之，逃至皖中如立煌、六安者，亦有少数。"

天长："流徙离境约及全县总人口11%，计25 477人。大多数在附近沦陷区如江苏江都、六合、高邮、镇江各地以及皖东古河，皖中立煌；其远走者，则为数寥落耳。"

来安："县境居民，初多麕集北部山地，后以乡居不安，相率迁返县城者，殆及十分之四，其终于迁出县境者，占全县人口总数10%，计12 785人，大多流寓滁县、浦口等地。"

嘉山："曾经五度沦陷，致县境沿津浦线各地人民相率弃家骇走，惟多走集距铁路较远之山区，而离县者甚少，其流徙于外者，以明光为多，总计约在5 795人，约占全县人口5%。其流徙方向为湘西，为贵阳，其入蜀者多集中于蓉渝两地。"

桐城："其平日往江南耕作者，多以万计，一时流出县境者，约达人口10%，县局稍平，仍相率返乡，苟自存活，计离境流徙者为34 179人，约占总人口14%弱。"

怀宁："流离于境外者计19 534人。"

无为：难民人数约为14 350人，"其流徙地区以在湘桂两省为多，在桂者曾一度集中于全县，近则流徙于黔矣"。

庐江："人民难乡者不下五万人，大多避居本县安全地区，其避入沦陷都市及后方者，系为10 259人。"

宿松："县民离境者，约为总人口数13%，44 878人……其流徙方向，多数为避居本省安全县份，少数流转后方。"

望江："人民流徙出境，络绎不绝，总计逃亡人数约为总人口的30%，20 528人。"

合肥："县境人民，初期逃出者达15%，经时既久，潜其乡者又居大半，其忍苦流离于后方者，总计不过达全县6%，76 463人。其流寄地区，大多在湘西及滇黔等地，其入川者则多寄寓重庆、江津，其在皖者则多归立煌、六安。"

寿县:"人民去其乡者,达30%,计125 842人,大多逃入附近或安全县份。"

全椒:"曾三度沦陷,县境经常被敌伪扫荡,人民流徙出乡者,约占人口5%,计9 073人。大多避来贵阳、重庆等地,近亦至立煌、六安。"

和县:"曾四度沦陷,又以距南京甚近,故被寇苦者最甚,其人民去其乡者,为数达21 162人,约占全人口6%,其旋去旋归者,当未计算在内,其逃亡后方者,多集中于都市,如西安、兰州、昆明、贵阳以及成都、重庆等处。"

巢县:"曾三度沦陷……故人民流徙出境者,达34 319人,占总人口7%。"

含山:"曾五度沦陷,当寇深时,人民相率出境或徙避附近山中,旋定旋归。其逃出县境而展转于后方者,约为2 064人,占总人口1%,分散于湘西黔南渝蓉昆等地。"

亳县:"曾两度沦陷,又为黄泛区域,且为敌我相持地区,故人民徙避出境者,占人口12%,计为71 504人,初则流入于豫东以及苏境铜山等地,中原战事起后,则又转徙于陕西矣。"

涡阳:"曾四度沦陷……加以黄泛,故人民徙避出乡者,占全县人口13%,计为61 033人,大部流入豫陕,亦有循津浦线而南北者。"

怀远:"计徙避出境者达全人口24%,共127 230人。远则流转甘陕湘桂黔蜀,近则流入沦陷都市之中,就中流寄蚌埠者为多数。"

凤台:"曾经五度沦陷,又被黄灾,故人民徙避离境者甚多,占全县40%,计为21 673人,大多逃流入豫中及本省安全地区,亦有循淮而东至蚌埠者,逃入后方者则甚少。"

宣城:"曾经六度沦陷,当寇氛最炽时,全县70%均经离境。但大多逃难泾县、宁国等县山中,其流入徽州屯溪而展转于赣湘黔桂者,约及逃出数二分之一,约为87 273人,占总人口30%。"

南陵:"曾三度沦陷,惟因系山县,故流徙难民为数仅及全人口6%,共15 129人,大多流入徽屯一带,其至后方者不及十分之一。"

繁昌:"曾六度沦陷,又为敌在皖南经济上搜刮重点所在,故人民被苦独深,而流徙出境者遂众,约占全人口20%,计为27 795人,大多归于湘桂两省。"

贵池:"曾二度沦陷,敌人不时奔突其间,故离境者占全县人口16%强,计为21 922人。大多逃入徽浙接壤山区中,流入后方者为少。"

至德:"曾二度沦陷……离乡者占全县人数3%,计为2 443人,大多避入赣东。"

东流:"离境难民极多,约占全人口46%,计为11 191人,大都流入安庆及皖南山区各县中,到后方者极少。"

青阳:"逃出者占人口总数3%,计为3 410人,多归于皖南山中及赣东。"

铜陵:"人民流徙出境者,约占全人口18%,计为29 314人。大多流向徽屯及赣湘一带。"

太湖:"曾三度沦陷,但均旋失旋得,县境西北又多山,寇至时,往往避入山中,寇窜去则又各自归来。……流亡人数总计为全县人口1%,计为3 287人。大多流入安全县区,少远适者。"

潜山:"曾三度沦陷,但为时均甚短,境内又多山,随时可避,故人民流徙出境者,占全县人口2%,计为5 306人。大多流寄湘西陕中。"

六安:"县境多山,易于趋避,故逃出境外者,仅及全县1%,7 023人……各县逃入其境以避寇氛者,实较本县流出人口为多,可谓为皖省难民流寄区也。"

立煌:"于(民国)三十二年一月一日沦陷,越三日即告收复,其逃出难民一时即达5万以上,但平静以后,又各返故居,其流寄未归者,不过占全县人口1%,2 657人。"

舒城:"曾一度沦陷,但人民流寓出境者,仅占人口1%,计为4 887人,少数逃至湖南、四川,约二千余人,余多走入合巢和芜等沦陷区中。"

霍山:"人民流徙境外者,约为全县人口1%,计1 398人。大多散居于附近山县中,流出省外者,大多在湘西。"

阜阳:"人民流徙出境者,为数达263 269人,占全县人口25%,大多逃入沦陷区及豫陕等地。"

蒙城:"曾五度沦陷,又被黄灾,故出境难民占全人口13％,计为61 033人,但大都走入沦区都市,其走入西安汉中湖南者亦约及流出人民10％。"

颍上:"曾一度沦陷,而大患则在黄灾,故其县人民流徙出境达27％,即为92 282人,初归豫境,终流陕中。"

太和:"虽仅一度沦陷,但被黄灾甚苦,其西北区则为泛区,一任洪流泛滥,故难民数达45％,计为213 925人,大多流苏北及皖中安全地带,其走入后方者,则多寄居西安汉中,为数究不多耳。"

临泉:"曾一度沦陷,亦因黄灾致难民较众,计占全人口25％,计为183 340人,其走入地区大致与太和同。"

泾县:"曾一度沦陷,越日光复,其境多山,敌至则深入岩阿,寇去则各远故居,其流徙者大都商贾。"

从上可知,抗战时期安徽省的难民既有省内迁移,也有迁向省外,省内迁移的情况主要有以下几类:

一是迁至皖南、皖西等省内国统区。此类人数至少在30万以上;二是迁入省内中小城市;三是迁至本县或邻县安全区域。如泗县,难民大部散落四周各县;来安,战初县境居民多麇集北部山地;嘉山,津浦沿线民众大多躲避本县山区;寿县、含山、六安、霍山及大部县份难民都逃入本县或邻县安全地带。

迁向省外的情况主要有:

一是迁向湘西、西南及西北各省。"其忍苦流离,避至后方者,约占流民总数五分之一,约为五十万人。其流寓地区:一为湘西各县,约为一五万人;二为桂北沿湘桂路线各县区,约为五万人;三为陕中,五万人;四为黔蜀各地,约为二五万人;五为其他各地约为五万人。就中避入川中者,又大都麇集于万县、重庆、江津、成都各地,而渝津两地尤众。"[1]迁至陕中及西北各地的难民主要来自皖北、皖西北的宿县、灵璧、泗县、亳县、怀远、涡阳、阜阳、蒙城、颍上、太和等县,迁往湘西、

---

[1]《安徽省善后救济调查报告底稿》第三章"结论",二档馆藏档,档号:廿—(2),209。

西南各省者主要来自皖东、皖西、皖中各地。

二是迁向浙、赣及其他邻近省份。如1938年前后,世界红卍字会绍兴分会曾对其救济的部分难民做过籍贯调查,741名外省籍难民主要来自江苏、上海、安徽等地[1]。另据战后"行总"浙江分署杭州站遣送资料,在其遣送的外省籍难民7 805人中,安徽籍达5 737人[2]。又如徐州会战、武汉会战导致的安徽难民不少流入江西境内,"安徽中部的难民从安徽的宿松经九江、南昌去往赣南"[3]。此外,江苏、河南等邻省也有部分皖省难民迁入。如,天长县的难民大都分布于江苏江都、六合、高邮、镇江,泗县难民不少分布于江苏睢宁等地,涡阳、阜阳难民分布于豫省各地。

### (五) 江西省

1938年6月,日军发动武汉战役,当月下旬,前锋攻入马当要塞,长江中游门户洞开,日军长驱直入,连下赣省彭泽、湖口、九江等重镇。此后,至抗战结束,江西省境相继经历了赣北抗战、南昌会战、上高会战、浙赣战役、赣西南战役和赣南战役等。赣省先后受日本窜扰与轰炸的市县达76个,"历时前后八载,创巨痛深,亘古未有"[4]。其中14个县市被日军占领。据江西省政府统计处1945年7月至12月的调查,战时赣省人口伤亡达504 450人,财产损失10 072亿元(以1945年9月的物价为准)[5]。其中损失较大的10个县市为:南昌市损失1 282亿元,南昌县591亿元,新建590亿元,高安580亿元,瑞昌237亿元,奉新235亿元,九江203亿元,永修119亿元,彭泽105亿元,湖口100亿元。全省战时损失房屋391 874栋[6]。

至1945年6月,江西境内,全沦陷区有彭泽、湖口、九江、星子、瑞昌、德安、永修、安义、武宁、新建、南昌、赣县、南康、大庾14县;半沦陷

---

1 《世界红卍字会绍兴分会救济监理部工作报告》,上海档案馆藏档,档号:Q113-2-13。
2 《行总浙江分署难民接送站杭州站工作报告》(1946年1月16日—1947年4月30日),二档馆藏档,档号:廿一,43。
3 陈达:《现代中国人口》,廖宝昀译,天津人民出版社1981年版,第93页。
4 江西省政府统计处编印:《江西省抗战损失调查总报告》,1946年4月,第1页。
5 同上。
6 同上书,第6页。

区有奉新、靖安、高安3县；一度受敌窜扰，已克复者有都昌、修水、进贤、临川、东乡、崇仁、宜黄、金溪、余江、玉山、广丰、南城、上饶、贵溪、余干、鄱阳、弋阳、横峰、萍乡、莲花、上高、宁冈、清江、新淦、永新、遂川、丰城等27县；其余39县为完整区。战争的巨大破坏给江西社会以重大的影响，大批民众为避战火，进行了迁移。

据1945年6月的统计，赣省流亡难民人数，全沦陷区为511 842人；半沦陷区为144 065人；克复区为632 572人；完整区为71 560人，总计1 360 039人（详见表4-13）[1]。

难民的主要流向是本省的赣南地区、邻省的闽北、浙南、皖南及鄂西北地区，也有不少难民迁入西部地区，尤其是西南地区。

表4-13 抗战时期江西省伤亡人数及流亡难民数统计表

| 县别 | 伤亡人数（人） | 流亡难民数（人） | 备注 | 县别 | 伤亡人数（人） | 流亡难民数（人） | 备注 |
| --- | --- | --- | --- | --- | --- | --- | --- |
| 彭泽 | 180 | 15 930 | 全沦陷区 | 奉新 | 226 | 36 200 | 半沦陷区 |
| 湖口 | 240 | 20 872 | 全沦陷区 | 都昌 | 80 | 25 734 | 克复区 |
| 九江 | 560 | 81 500 | 全沦陷区 | 修水 | 221 | 31 086 | 克复区 |
| 星子 | 135 | 15 325 | 全沦陷区 | 进贤 | 806 | 22 000 | 克复区 |
| 瑞昌 | 324 | 20 200 | 全沦陷区 | 临川 | 816 | 67 575 | 克复区 |
| 德安 | 242 | 10 339 | 全沦陷区 | 东乡 | 178 | 11 426 | 克复区 |
| 永修 | 60 | 20 400 | 全沦陷区 | 崇仁 | / | 25 322 | 克复区 |
| 安义 | 1 320 | 15 840 | 全沦陷区 | 宜黄 | 102 | 16 672 | 克复区 |
| 南昌 | 33 711 | 165 900 | 全沦陷区 | 金溪 | 24 | 15 654 | 克复区 |
| 新建 | 681 | 33 500 | 全沦陷区 | 余江 | 1 120 | 17 039 | 克复区 |
| 武宁 | 71 | 20 860 | 全沦陷区 | 玉山 | 1 610 | 21 929 | 克复区 |
| 赣县 | 2 529 | 43 470 | 全沦陷区 | 广丰 | 1 650 | 27 288 | 克复区 |
| 南康 | 614 | 30 886 | 全沦陷区 | 南城 | 1 058 | 28 070 | 克复区 |
| 大庾 | 930 | 16 820 | 全沦陷区 | 上饶 | 3 728 | 34 377 | 克复区 |
| 高安 | 416 | 90 391 | 半沦陷区 | 贵溪 | 583 | 20 651 | 克复区 |
| 靖安 | 173 | 17 474 | 半沦陷区 | 余干 | / | 22 996 | 克复区 |

---

1 《江西省善后救济调查报告底稿》（1945年6月），二档馆藏档，档号：廿一（2），214。

续表

| 县别 | 伤亡人数（人） | 流亡难民数（人） | 备注 | 县别 | 伤亡人数（人） | 流亡难民数（人） | 备注 |
| --- | --- | --- | --- | --- | --- | --- | --- |
| 鄱阳 | 4 475 | 30 642 | 克复区 | 黎川 | / | 4 991 | 完整区 |
| 弋阳 | 4 116 | 11 086 | 克复区 | 资溪 | / | 1 011 | 完整区 |
| 横峰 | 30 | 4 842 | 克复区 | 光泽 | 189 | / | 完整区 |
| 萍乡 | 1 040 | 38 221 | 克复区 | 铅山 | / | / | 完整区 |
| 莲花 | 1 480 | 10 700 | 克复区 | 德兴 | / | 605 | 完整区 |
| 上高 | 720 | 12 543 | 克复区 | 婺源 | / | 1 285 | 完整区 |
| 丰城 | / | 38 403 | 克复区 | 浮梁 | 4 451 | 819 | 完整区 |
| 宁冈 | 65 | 4 321 | 克复区 | 乐平 | 64 | 3 433 | 完整区 |
| 清江 | 145 | 22 783 | 克复区 | 万年 | / | 3 111 | 完整区 |
| 新淦 | 146 | 12 722 | 克复区 | 广昌 | / | / | 完整区 |
| 永新 | 3 845 | 22 046 | 克复区 | 宁都 | / | 660 | 完整区 |
| 遂川 | 160 | 36 444 | 克复区 | 兴国 | / | 1 547 | 完整区 |
| 铜鼓 | 221 | / | 完整区 | 万安 | / | 889 | 完整区 |
| 万载 | 394 | / | 完整区 | 上犹 | / | 190 | 完整区 |
| 宜丰 | 141 | 460 | 完整区 | 崇义 | / | / | 完整区 |
| 宜春 | 161 | 2 566 | 完整区 | 雩都 | / | 457 | 完整区 |
| 分宜 | 279 | / | 完整区 | 瑞金 | / | 399 | 完整区 |
| 新喻 | 103 | 425 | 完整区 | 会昌 | / | 44 | 完整区 |
| 峡江 | 26 | 2 476 | 完整区 | 信丰 | / | 256 | 完整区 |
| 安福 | 190 | 1 894 | 完整区 | 虔南 | / | / | 完整区 |
| 吉安 | 4 224 | 18 964 | 完整区 | 龙南 | 26 | / | 完整区 |
| 吉水 | 308 | 6 005 | 完整区 | 定南 | / | / | 完整区 |
| 永丰 | / | 4 484 | 完整区 | 安远 | / | / | 完整区 |
| 乐安 | / | 1 755 | 完整区 | 寻邬 | / | 78 | 完整区 |
| 泰和 | 618 | 5 800 | 完整区 | 石城 | / | / | 完整区 |
| 南丰 | 99 | 6 956 | 完整区 | 合计 | 82 104 | 1 360 039 | 完整区 |

说　明：（1）资料来源：据二档馆藏档[档号：廿一（2），214]《江西省善后救济调查报告底稿》中的附表"江西省全沦陷区人口伤亡及难民统计表""江西省半沦陷区人口伤亡及难民统计表""江西省克复区人口伤亡及难民统计表""江西省完整区人口伤亡及难民统计表"整理，个别属于计算错误之数据作了校正；（2）统计时间截至1945年6月。

## (六) 湖北省

湖北省地居全国中心,自七七事变起,华北一部分难民即辗转移居该省,继之淞沪战争爆发,长江下游各省难民相继内迁,鄂省人口骤增。

1938年6月12日,溯长江西犯的日军攻陷安庆,武汉会战的序幕拉开。会战前夕,武汉警备司令部、全省防空司令部为疏散武汉人口,于6月8日发布告各界同胞书,指出:"武汉人口稠密,万一敌机大举来袭,市区平民,也许要遭受重大的损害。……为着安定后方的秩序,为着减少不必要的死伤,我们急迫地要求所有的老弱妇孺,以及无乡逗停在武汉的人民,赶快设法离开武汉地区。乡下有家的,回乡下去;其他地方有亲戚朋友的,就到其他地方去。"[1]湖北省大规模的难民迁移由此开始。此后,日军相继占领了武汉和鄂东、鄂北、鄂南以及鄂中大片地区,"敌人所到之处,烧杀掳掠,无恶不作。广大民众,或因不甘当亡国奴,或不堪凌辱,或家园毁尽,纷纷背井离乡,逃往国统区,成为战争难民"[2]。如1938年10月底,武汉沦陷前夕,在3天内就有75万人撤离市区,逃往外地[3]。再如,鄂北和鄂西北地区,是第五、第六两大战区与日军对峙交界之区域,随枣、宜枣和豫西鄂北等几次大会战以及长期的拉锯战,极大地破坏了当地社会经济和民众的生产生活,大批平民死于战火或被迫逃亡,从而造成人口的空前下降[4]。

据《湖北省善后救济调查报告底稿》统计,"本省难民约7 690 000人,就中以武汉三镇为最多,其次为沔阳、江陵、宜昌、天门、黄陂等县"[5]。就难民来源而言,全部沦陷各县3 910 000人,局部沦陷各县2 530 000人,一度或数度沦陷各县1 250 000人[6]。具体情况见下表。

---

1 《武汉警备司令部、全省防空司令部为散疏人口告同胞书》(1938年6月8日),《武汉文史资料》1998年第3期,第226页。
2 徐旭阳:《对抗战时期湖北后方国统区赈济救灾工作的评述》,《湖北教育学院学报》2004年第3期。
3 武汉市地方志编纂委员会:《武汉市志·大事记》,武汉大学出版社1990年版,第131页。
4 徐旭阳、汪建武:《抗日战争时期湖北后方国统区人口的数量及其结构考察》,《湖北民族学院学报》2004年第3期。
5 二档馆藏档,档号:廿一(2),216。
6 《湖北省境内人口及难民总计表》,二档馆藏档,档号:廿一(2),216。

表4-14 湖北省境内全部沦陷各县难民估计数

| 县　名 | 估　计　难　民 | 县　名 | 估　计　难　民 |
|---|---|---|---|
| 武昌 | 400 000 | 天门 | 200 000 |
| 江陵 | 300 000 | 汉阳 | 300 000 |
| 沔阳 | 300 000 | 咸宁 | 70 000 |
| 监利 | 250 000 | 蒲圻 | 70 000 |
| 黄陂 | 200 000 | 黄梅 | 150 000 |
| 孝感 | 200 000 | 黄安 | 150 000 |
| 汉川 | 150 000 | 应城 | 150 000 |
| 潜江 | 200 000 | 石首 | 100 000 |
| 阳新 | 150 000 | 嘉鱼 | 70 000 |
| 大冶 | 200 000 | 云梦 | 100 000 |
| 鄂城 | 200 000 | 合计 | 3 910 000 |

表4-15 湖北省境内局部沦陷各县难民估计数

| 县　名 | 估　计　难　民 | 县　名 | 估　计　难　民 |
|---|---|---|---|
| 随县 | 200 000 | 广济 | 100 000 |
| 黄冈 | 200 000 | 崇阳 | 80 000 |
| 宜昌 | 250 000 | 宜都 | 80 000 |
| 浠水 | 150 000 | 枝江 | 50 000 |
| 荆门 | 250 000 | 安陆 | 50 000 |
| 麻城 | 150 000 | 应山 | 100 000 |
| 公安 | 100 000 | 当阳 | 100 000 |
| 松滋 | 100 000 | 礼山 | 20 000 |
| 蕲春 | 150 000 | 通城 | 80 000 |
| 钟祥 | 120 000 | 通山 | 50 000 |
| 京山 | 150 000 | 合计 | 2 530 000 |

表4-16 湖北省境内一度或数度被敌侵入各县难民估计数

| 县　名 | 估　计　难　民 | 县　名 | 估　计　难　民 |
|---|---|---|---|
| 襄阳 | 250 000 | 南漳 | 150 000 |
| 枣阳 | 250 000 | 宜城 | 120 000 |

续表

| 县 名 | 估计难民 | 县 名 | 估计难民 |
|---|---|---|---|
| 谷城 | 100 000 | 五峰 | 30 000 |
| 光化 | 100 000 | 英山 | 50 000 |
| 罗田 | 50 000 | 远安 | 50 000 |
| 长阳 | 50 000 | 合计 | 1 250 000 |
| 均县 | 50 000 | | |

鄂省的难民迁移,除逃往乡下避难外,以"逃至四川、湖南及鄂西一带为最多"[1]。尤其是鄂西为湖北省的后方国统区,省政府的迁入带动了大批人口的迁移,"省政府迁移鄂西后,流亡后方的难民日益增多"[2]。如1938年10月至1941年,先后迁入鄂西南后方各县人口多达十余万。另据《巴东县志》记载,抗战时期,迁入巴东县的政府职员、家属、学生和难民共计7 384人[3]。

### (七) 湖南省

八一三战事发生后,湖南境内各重要县市,如长沙、衡阳、常德、芷江、沅陵、邵阳、零陵、湘潭、益阳、祁阳等处,"先后遭受敌机滥炸,尤以衡阳、长沙、常德为最,所毁房屋甚多"[4]。1938年武汉会战后,日军进犯湘北,临湘、岳阳两县首先沦陷,同年11月长沙大火,"全城房屋建筑百分之九十以上尽付一炬,物资之损失,价值尤大"[5]。1939年、1941年、1942年,日军在湘北先后发动三次攻势,均被我军击退,"但湘阴、长沙、平江、浏阳、醴陵、湘潭各县,迭受敌兵蹂躏破坏,所至之处,烧杀掠夺,无不田园残破,庐舍为墟,灾黎遍野,疮痍满目"[6]。

---

1 《湖北省善后救济调查报告底稿》,二档馆藏档,档号:廿一(2),216。
2 徐旭阳:《对抗战时湖北后方国统区赈济救灾工作的评述》,《湖北教育学院学报》2004年第3期。
3 转引自徐旭阳、汪建武:《抗日战争时期湖北后方国统区人口的数量及其结构考察》,《湖北民族学院学报》2004年第3期。
4 《湖南省善后救济调查报告底稿》第二章"各县受战事影响分类",二档馆藏档,档号:廿一(2),215。
5 同上。
6 同上。

1943年春,日军又进犯滨湖各县,同年冬,常德会战展开,澧县、临澧、石门、慈利、常德、桃源均一度沦陷,"滨湖各县,又复受其荼毒"[1]。1944年,日军为打通大陆交通线,在湘北发动大规模攻势,"所有湖南境内沿粤汉、湘桂两铁路及其邻近各县,均先后被敌侵入,战争波及三十余县"[2]。1945年4—5月,又发生湘西会战,北起益阳,南沿资水以迄新宁,全线四百余公里,双方展开激战。

综计,湘省"八年来共进行八次大规模之战事,直接遭受战祸,被敌军侵入之县份达五十二县及长沙、衡阳二市,占全省县市总数三分之二强"[3]。至1945年6月,县城沦陷,县境内全部或大部分被敌盘踞者有26个县市;县城已收复、县境局部沦陷者有8县;县城未陷、县境小部分沦陷者有5县;曾经沦陷,业经全部收复者15县;从未受敌军侵入者仅24县,且所有沦陷县份,多为物产较丰、交通便利、人口较多之地区。

抗战期间,"湖南人民饱经战祸,生灵涂炭,田园残破。战区之广,损失之重,与河南、山东等省,不相上下"[4]。据统计,战时湘省难民及流离人民数达13 073 209人[5]。

现依据《湖南省善后救济调查报告底稿》,将湘省民众迁移的情况整理如下:

(1)长沙县。日军四次自湘北发动战事,长沙县首当其冲,战火遍及全县各地,尤以河东各乡镇如福临铺、金井、高桥、麻林桥、黄华市、朗梨市、长沙近郊及铁路、公路沿线受祸最重,"全县人口(长沙市人口不在内)1 113 940人(卅年六月份湘省府统计,以下各县同),几无不遭受流离之苦,百分之九十左右向四乡山地或偏僻村落暂避,逃出县外者约十万左右,多系向湘阴及湘南、湘西一带逃避,其循湘桂、黔桂铁路逃走,流落在黔桂湘边境及远来贵州、四川一带者,为数亦

---

1 《湖南省善后救济调查报告底稿》第二章"各县受战事影响分类",二档馆藏档,档号:廿一(2),215。
2 同上。
3 同上。
4 《湖南省善后救济调查报告底稿》第一章"总论",二档馆藏档,档号:廿一(2),215。
5 《难民及流离人民数总表》,二档馆藏档,档号:廿一,221。

不少"。

（2）岳阳。1938年陷于敌手，县城沦陷时，"城乡居民，大都避居县境东乡之山地，亦有逃往华容、南县、安乡及长沙、湘阴、邵阳、衡阳、零陵、耒阳等县者。该县共有人口492 461人，其遭受战祸流转四乡者，几及半数"。

（3）临湘。1938年沦陷，"居民多向四乡逃避，其逃至县外者极少，约数千人"。

（4）湘阴。共有人口673 577人，三次湘北战事，县境一部沦为战区，"居民多向境内东乡或西乡偏僻村落逃避，逃出县外者甚少。"

（5）华容。1943年3月被日军占领，"县北人民，多向市镇及附近乡间逃避。后以敌向南滋扰，又多向湖边逃避"，"逃往湘中一带者约四万人"。

（6）南县。1943年至1944年日军四次侵陷县城，肆意屠杀，死难者约二三万人，县城房屋全部焚毁。该县为湖沼地带，"敌艇纵横窜扰，遭难者甚多"，"该县城人口约五万以上，全部流离失所。城乡人民，大部分向四乡逃避，其逃往县外湘中、湘西一带者，约三万人以上"。

（7）沅江。1943年至1944年三度沦陷，"居民多向四乡逃避，避往县外者分为两个方向：一为向资水流域溯江而上，散布于益阳之桃花江、马迹塘及安化之江南、东坪一带，共约三万余人；二为向沅水流域上行至汉寿、常德一带，约一万余人。其余流亡在沅陵、贵阳、重庆各埠者约五千人，该县人口约278 824人，其遭受战祸，流离四乡者约占百分之六十以上"。

（8）湘潭。1944年6月沦陷，因邻近长沙，县属之株洲又为铁路公路交会处，"故数次湘北战事，均大受威胁，难民迭有逃出者。除大部向四乡逃避外，其逃出县外者：一部分逃向蓝田、安化及湘潭西北一带；一部分沿湘江及粤汉、湘桂两铁路，向西南散布在湘桂黔边境及筑渝一带，全县共有人口1 121 149人，其遭受战祸流离人口，约占百分之八十以上，逃亡县外者约十万人。"

（9）醴陵。1944年6月沦陷，"居民多向四乡逃避，亦有循粤汉铁路逃至县外者,该县共有人口 589 653 人,遭受战祸流离者,约百分之五十,逃出县外者,约占百分之二"。

(10)衡山。1944 年 6 月沦陷,所有公路、铁路沿线及自湘乡通县内之大道,沿线均遭敌军蹂躏,"全县共有人口 511 358 人,遭受战祸流离者占百分之五十,逃往县外者占百分之五"。

(11)衡阳。县境 1944 年 6 月下旬被敌侵入,四乡损失严重,"全县共有人口 1 153 568 人,估计全县遭受战祸流离县境内者,约百分之八十以上,其逃至县境以外者,多沿湘桂铁路逃至桂黔边境,或沿宝衡公路逃至湘西一带约五万,其逃至筑渝一带已有登记者,约五千余人(衡阳市人数未包括在内)"。

(12)耒阳。全县共 589 395 人,县城于 1944 年 7 月沦陷,"居民多向四乡逃避,逃往桂阳、永兴、新田、嘉禾一带者亦颇多,该县为铁路公路交叉处,敌军盘据纵横窜扰,居民受难甚惨,全县遭受战祸流离者,约占总人口的百分之六十,逃亡县外者约占百分之十"。

(13)郴县。共有人口 213 996 人,县城于 1945 年 1 月沦陷,"居民多向四乡逃避,亦有向桂阳一带远逃者,该县所有沿铁路两旁居民,均遭受战祸,约占百分之三十,其逃往县外者,约百分之七"。

(14)宜章。共有人口 196 004 人,县城于 1945 年 1 月沦陷,"居民多向四乡逃避,其逃往汝城、桂东一带者亦甚多,惟尚无统计数目,该县铁路及公路两旁,遭灾甚重,流离人口,约占百分之四十"。

(15)攸县。共有人口 381 561 人,县城于 1944 年 6 月沦陷,"居民多向四乡逃避,逃至县外者甚少,该县为北通醴陵,西至衡阳,东南经荣陵至江西公路之交点,县境内公路沿线两旁之居民,均遭受流离之苦,约占全县人口百分之四十以上"。

(16)常宁。共有人口 384 493 人,县城于 1944 年 7 月沦陷,"居民多向四乡逃避,或向桂阳、祁阳一带远逃,全县遭受战祸流离者约三分之一"。

(17)安仁。共有人口 179 674 人,县城于 1944 年 8 月沦陷,"居民多向四乡逃避,其逃往县外者,以向酃县、资兴、桂东一带者为多,全县流离人口约占百分之四十"。

(18) 益阳。共有人口 765 514 人，县境于 1944 年 6 月、1945 年 4 月被日军两度进犯，沦陷过半，"所有居民，多向四乡逃避，尤以沿资水上溯至马迹塘及安化、东坪、江南一带者为多，遭战祸流离之人民，达百分之七十以上"。

(19) 湘乡。共有人口 1 170 247 人，县境于 1944 年 6 月沦陷，"居民多向四乡逃避，富有者及商人、公教人员眷属与赤贫无家可归者，多有逃至安化、新化、宁乡一带者，县境沦陷过半，遭受战祸流离之人口，约六十万以上，逃去县外者，约占百分之五以上，惟战事稍定，多有仍回陷区者"。

(20) 宁乡。共有人口 707 894 人，县城于 1944 年 6 月沦陷，"所有东至长沙，北至益阳，南通湘乡，各公路沿线及自靖港至县城沩水流域地区，均遭受战事"，"人民多向四乡偏僻村逃避，亦有逃至安化、新化、益阳一带者，流离人民约在百分之五十以上"。

(21) 邵阳。共有人口 1 351 489 人（民国三十年 6 月统计数），1944 年 9 月沦陷，"全县四十八乡镇，全部沦陷者达三十一个乡镇，局部沦陷者九乡，受敌威胁间或窜扰者计有三乡镇"。截至 1945 年 2 月，被杀男女 5 614 人，被奸妇女 13 216 人，被掳失踪者 6 424 人。沦陷前，"人民多沿宝榆公路向西逃避。全县流离人口，约占百分之八十以上，其逃往溆浦县及新化境者，各约二万余人；逃往安化及武冈县境者，各约一万余人；逃往洪江、安江一带者，约三万余人；仍逗留于邵阳四乡者，约十余万人；逗留于东北山岳地区者，约五十余万人；散居于东南各乡山岳地区者，约三十万人；流离死亡者，约四万余人；因无法生活，而又回返陷区者，约四万余人"。1945 年 4 月，敌又自邵阳发动攻势，进犯芷江，"该县战区益广，死亡流离之数，更有增加"。

(22) 零陵。共有人口 479 015 人，1944 年 9 月沦陷，县境遭敌军蹂躏，"人民仓卒多向四乡逃避，商人及富有者与公教人员眷属等，亦多有逃往道县、宁远、东安及沿湘桂铁路逃往黔桂边境一带者，流离人口约占百分之六十以上，流亡在外者，约百分之五以上"。

(23) 祁阳。共有人口 773 901 人，1944 年 8 月沦陷，因敌军进犯甚速，变起仓卒，人民未能先逃，"直至敌军临境前一日，始向四乡山地逃避,故物资损失极重。人民迁徙流离者,约占百分之六十以上。逃出县外者,以向宁远、新田、邵阳一带者为多,逃出人口,约占百分之四左右"。

(24) 东安。共有人口239 382人,1944年9月沦陷,"人民仓卒逃难,多向四乡山地暂避,亦有沿湘桂铁路逃至黔桂边境者","流离逃难人口,约占百分之五十,逃出县外者,约占百分之五"。

(25) 浏阳。共有人口757 139人,县境三次经历湘北战争,"均受敌军侵窜,蹂躏甚惨,居民每次向四乡逃避,其逃入湘赣边境山岳地带甚多,亦有向株洲转粤汉、湘桂两铁路散布沿线各地者,综计该县遭战事流离之人口约占百分之七十,逃往县外者百分之十"。

(26) 平江。共有人口442 239人,"该县遭灾,流离民众约百分之六十,大多向四乡逃难,其远逃者多系向湘赣边区山地及湘中一带"。

(27) 茶陵。1944年7月沦陷,县城于1945年2月收复,"沦陷时居民多向四乡逃避,亦有逃至酃县及湘赣边区山岳地带者,全县人口248 570人,其遭受战祸死亡4 440人,伤亡数186 100人,流离人口约占百分之五十,逃往县外者约占百分之五"。

(28) 永兴。1945年1月被敌侵陷,1945年4月收复部分地区,"因粤汉铁路南北两段均陷敌,居民无法远逃,多向县境四乡逃避,间有逃至桂阳、资兴一带者。县境铁路沿线区域,均受敌军窜扰,全县共有人口264 749人,流离人口约百分之三十"。

(29) 新宁。1944年至1945年间,两次遭受战事,"全县人口219 558人,被敌侵扰流离迁徙者约占百分之四十以上"。

(30) 道县。1944年9月部分地区沦陷,县城于同年12月收复,"人民多向四乡逃难,亦有向宁远、永明、江华、蓝山及广西灌阳一带逃避者,该县共有346 714人,流离人口约百分之四十以上"。

(31) 永明。1944年9月沦陷,12月克复县城,"居民多向四乡逃难,该县共有人口116 293人,流离人口约百分之四十"。

(32) 江华。1944年9月沦陷,同年12月县城克复,"居民多向四乡逃难,亦有逃往蓝山及广西边境者,全县共有人口192 902人,流离人口约百分之三十五"。

(33) 桂阳。1945年1月,部分县境沦陷,"居民多向四乡逃难,该县共有人口334 713人,流离人民约占百分之二十"。

(34) 新化。县境一部于1945年4月被敌军侵入,洋溪一带经过多次激烈战事,"人民多向四乡山地逃避,亦多有逃往安化、溆浦一带者,该县共有834 522人,流离人民约占百分之六十以上,逃往外县者约百分之三"。

(35) 武冈。该县为1945年4—5月间湘西会战战事最激烈、损失最严重之县,"县内之洞口、竹篙塘、山门、高河、石下、江黑潭等处,均经过时间较长之拉锯战事,各该地市镇及附近村落,敌兵于溃退时,均予焚烧,且对当地人民任意杀戮,人民伤亡不下4 300人,被掳未归者6 000余名,该县共有人口809 748人,流离人口约百分之六十,逃往县外者,约百分之五,被辱妇女达2 800余人"。

(36) 溆浦。1945年5月县境东南部分被敌侵入,"居民多向县境西南或东北地区逃避,亦多有就地疏散于附近山林地区者,全县共有人口342 894人,流离人口占百分之二十以上"。

(37) 资兴。县境一部于1945年1月沦陷,"人民多向县境山地及桂东汝城一带逃避,全县共有151 224人,流离人口约占百分之二十以上"。

(38) 常德。为1943年冬敌军发动湘西攻势之主要目标,城市几乎全部毁灭,全县各乡镇均被敌侵入,所有离县城三十里以内偏僻乡村,均被洗劫、焚烧一空,灾情甚为惨重,"该县共有人口597 011人,当时遭战祸流离者,约占百分之八十以上;县城人口14万人,莫不流亡四方,破家荡产"。

(39) 安乡。该县于1943年、1944年数度被敌侵陷,敌我往返拉锯争夺,人民损失甚重。该县之东邻华容、南县为敌军占据,南有洞庭阻隔,西北又为日军进攻路线,"致人民每于敌军侵入时,均感无路逃避,多只能就地疏散,故被敌军骚扰掳杀。其向湘西逃避,亦每为敌军追踪蹂躏"。

(40) 汉寿。1943年5月,日军侵占县境之厂窖,屠杀难民近2万人。1943年11月常德会战,县境被敌军侵入。全县21个乡镇中,16

个乡镇皆有敌踪,同年12月收复县境。"居民多向附近偏僻乡村及益阳边境逃避。全县共有人口355 590人,受灾流离人口,约百分之七十。"

(41) 澧县。1943年11月沦陷,"所有县内二十八乡镇,均被敌军侵入,人民均就近避入偏僻乡村,自西北边境逃入石门西北部者亦颇多。全县共有567 135人,被灾人口,约占百分之八十"。

(42) 临澧。1943年11月、12月二度沦陷,均被我军收复,"全县十三乡镇,均被敌军往返窜扰,当地居民,除就近避入偏僻乡村外,并有一部分逃入石门、慈利,转入大庸、桑植一带者。全县人口222 262人,流离逃难者约在百分之八十以上"。

(43) 石门。1943年11月、12月二度沦陷,"全县二十一乡镇,受灾者达十六乡镇,人民多向四乡偏僻地区及慈利、桑植一带逃避。全县人口325 870人,遭战祸流离者,约百分之七十"。

(44) 慈利。1943年11月中旬沦陷,同月下旬经我军克复,"全县二十个乡镇,几乎全部均有敌踪,当时居民,除向四乡各偏僻乡村逃避外,多有逃至大庸、桑植一带者,全县人口365 319人,遭受战祸流离者,约占百分之六十五"。

(45) 桃源。1943年11月、12月二度沦陷,"该县共有三十六乡镇,被侵者达二十五乡镇,全县人口为556 144人,被灾人口,约占百分之六十"。

(46) 宁远、新田、蓝山、临武、嘉禾:该五县均于1945年1月被敌军一度侵入,不久即被我军收复,"当时人民均向四乡逃避,惟为时不久,即行回乡,流离人口,各约百分之十左右"。

(47) 城步、绥宁。1945年4月,湘西会战时,敌军自新宁经过城步县境侵入绥宁之梅口、武阳瓦屋塘等处,均曾发生激烈战事,不久被我军击溃,"当地人民均向四乡逃难,遭受战祸流离者,各约五万人以上"。

(48) 长沙市。1938年冬敌军进入湘境,长沙发生大火,"当时市区房屋,被自动破坏焚毁者,达百分之九十,人民逃避一空,流离失所者,达四十万人"。此后三次长沙会战,"全市人民,均被迫疏散,颠沛流离倾家破产者,不知凡几"。1944年6月,敌军攻陷长沙,"当时全市市民273 422人,皆仓卒离开市区,因交通工具多被军政机关统制,市民不易获得,复以敌军已攻占靖港、宁乡,西去益阳以转湘西之水陆交通线,亦先被截断。故所有商人及市民,除向四乡逃避者,约占半数外,其沿湘江上溯至湘潭转往蓝田而至湘西各地与经衡阳至湘桂黔边境者,亦占半数。现散在蓝田、安化、东坪、桥头河、烟溪、溆浦、新化、沅陵等地者,约四五万余人,散在湘桂黔桂边境及贵阳、重庆等处,约三四万人"。

（49）衡阳市。该市于1944年8月被敌侵占,"市民于六月中旬,开始紧急疏散,除本籍市民,分向衡阳县境各个乡村逃避外,其余客籍市民及公务员工眷属与工商厂家等,多向湘桂铁路沿线及湘江上游撤退",该市"共有人口138 454人,向衡阳县境逃避者,约占半数;散在湘江上游及黔桂边境及转入湘西与筑渝等处者,亦占半数。其中被敌掳杀及逃难途中患疾疫死亡者,至少在一万五千人口以上"。

其他未被日军侵占的24个县份,如湘西之沅陵、芷江、辰溪、麻阳、黔阳、怀化、晃县、会同、靖县、通道、凤凰、乾城、泸溪、永绥、保靖、古丈、永顺、龙山、大庸、桑植,湘东南之酃县、桂东、汝城,湘中之安化,虽遭敌机多次轰炸,但属相对安全区域,迁移的民众不多。

从上可见,湘省难民,除向附近四乡逃避者居多外,其逃出县境者,主要分布在三个区域:一是湘西各县。"此区系从湘中、湘北、湘西县份逃来者居多,亦有因逃至黔桂边境,生活困难,而转入湘西者。集中地点,为沅陵、辰溪、会同、芷江、靖县、常德、澧县一带。"[1]二是湘南地区。"湘中南各县难民,多逃至江华、永明、蓝山、临武,或桂东、酃县、资兴、汝城一带。"[2]三是黔桂边区。"此区难民皆系粤汉铁路自长沙至耒阳间各县,及湘桂铁路沿线各县,经铁路逃来者,多散在南丹至独山间。其远来黔川腹地者,亦约数万人,此等难民,以公教人员眷属及商人居多。"[3]

---

[1] 《湖南善后救济调查报告底稿》第三章"结论",二档馆藏档,档号:廿一(2),215。
[2] 同上。
[3] 同上。

## 三 东南沿海地区

本节界定的东南沿海地区,是指战前浙江省、福建省、广东省所辖地区。台湾地区 1895 年根据《马关条约》割让给日本,直至 1945 年 10 月才被中国收回,故本节不予论述。

### (一)浙江省

浙省战时"寇祸连年",多数市县相继沦于敌手,"未遭沦陷者亦皆迭经窜扰",其能免于寇患者,"仅龙泉、云和、庆元、景宁、泰顺、淳安、遂安、磐安等数县而已"[1]。敌骑所至,肆意烧杀,加之自然灾害频繁,"灾区人民,或避难他乡,或迁移内地"[2]。其迁移数量,浙省政府在战时曾进行过调查,难民总数,"达 500 万以上"[3]。抗战胜利后,沦陷区解放,各地迁移民众相率还乡。至 1945 年,据 72 市县上报材料统计,尚有难民 1 574 200 人[4]。战后,国民政府对战区各省市的难民及流离人民数进行过统计,其中浙江的难民及流离人民达 5 185 210 人,仅次于河南、江苏、湖北、湖南、河北、山东等省[5]。

浙省难民迁移主要发生在杭嘉湖沦陷时期、宁绍战役时期和浙赣战役时期。

八一三淞沪会战以后,江、浙、沪局势日趋紧张。11 月 5 日,日军在杭州湾登陆,战火烧到浙江。不久,日军相继占领嘉善、嘉兴、海盐、平湖、桐乡、吴兴、长兴、武康、德清、海宁、余杭、崇德、杭县、富阳及杭州的一些主要市镇,对其他区域也进行狂轰滥炸。杭嘉湖地区"充满了硫磺气,炸药气,厉气和杀气",许多地方"朝为繁华街,夕暮成死市"[6]。广大民众的生命财产受到严重威胁,只得抛弃家园,扶老携

---

1 《浙江省善后救济资料调查报告》,龙泉市档案馆藏档,档号:13,3,174,第 26 页。
2 同上。
3 同上。
4 据《浙江省善后救济资料调查报告》提供的数字计算;绍兴、新昌、衢县、武义、鄞县未报。
5 《难民及流离人民数总表》,二档馆藏档,档号:廿一,221。
6 丰子恺:《缘缘堂随笔集》,浙江文艺出版社 1983 年版,第 236 页。

幼,仓皇逃难。省府机关、社会团体、部分学校及工厂商店等陆续南迁。战前,杭州市有50多万人,沦陷时仅剩10万[1]。其他各县迁移人数也很多。伪浙江省政府秘书处曾于1938年11月底至1939年3月对杭嘉湖部分沦陷区进行过调查。杭县塘栖、瓶调、临乔、钦履、上四五区战前共有309 624人,调查时降至220 228人,减少28.87%;海宁一、二、四、五四区,由210 000人降至135 000人,减少35.71%;平湖城区及永丰、当湖、启元、东湖四镇,由23 506人降至12 358人,减少47.43%;德清,县属各处由176 963人降至139 800人,减少21%;嘉兴城区减少82.95%;嘉善一、二、三、四四区减少15.04%;崇德减少21.19%[2]。王惟英也曾根据一些资料对抗战初期的浙省难民进行了统计,迁入后方国统区有1 310 801人。其来源有三:一是杭嘉湖各旧府属人民,受战争影响,仓促离乡;二是后方各县在京沪及杭嘉湖一带经营农工商业者,如宁绍之商人,东阳之土木工人,温处之农户,骤告失业,迁避回籍;三是淞沪难民,迭次后移,流落浙境。其中战区各属民众数量最多[3]。战前杭嘉湖地区共有人口4 829 379人,至1946年降为4 099 018人,减少730 361人。其中杭属减少431 279人,嘉属减少57 742人,湖属减少241 340人[4]。除部分战时死亡外,大多都属迁移人口,不包括各县境之内的迁移。

宁绍战役时期,难民迁移极其频繁。如宁属之鄞县,自县境沦陷,"兵灾之余,庐舍为墟,人民流离失所"[5]。城区民众,"备受敌伪之蹂躏摧残,以致迁移靡定或因此而流离失所"[6]。许多乡镇也逃亡严重,如林锡乡,"迭遭兵灾匪祸,十室九空,满目疮痍,殊深悯恻"[7]。第九乡镇,"居民见敌临境,皆惊惶疏散,逃避一空"[8]。章蚕乡原有人口

---

[1] 杭州市档案馆编:《民国时期杭州市政府档案史料汇编(1927—1949年)》,1990年版,第233页。
[2] 伪浙江省政府秘书处第一科编印:《浙江省政府成立初周纪念特刊》,1939年,杭州泰昌印务局印刷。
[3] 王惟英:《抗战一年来浙江省救济难民概况》,浙江地方银行编辑发行,《浙光》第6期,1938年7月。
[4] 张根福:《抗战时期浙江省人口迁移与地域分布》,《历史研究》2000年第4期。
[5] 宁波市档案馆藏档,档号:5,1,270。
[6] 《鄞县城区唐塔镇公所呈鄞县县政府》,宁波市档案馆藏档,档号:5,1,96。
[7] 《据四明区署转报林锡乡遭受兵灾匪祸灾情惨重请予赈恤等情转请核示由》,宁波市档案馆藏档,档号:5,1,231。
[8] 《鄞县第九乡镇办事处呈鄞县县政府》,宁波市档案馆藏档,档号:5,1,231。

15 740 人,战时被害及逃亡人数占 20%;宝幢镇原有人口 6 209 人,被害及逃亡者占 20%;江东镇原有人口 40 000 人,被害及逃亡者占 30%;俞塘乡原有人口 2 878 人,被害及逃亡者占 14%。其他如和益乡、桃浦乡、丰南乡、龙墟乡、永南乡、瞻岐镇等人口逃亡也不少[1]。据有关统计,鄞县共"有灾民难民约数 20 余万人"[2]。又如镇海,自日军登陆后"商店业主和居民纷纷逃难,县城人口从五万降到六七千"[3]。宁绍其他各县人口也纷纷迁移。以战役前的人口数与 1946 年人口数相比,宁属各县共减少 493 885 人,绍属各县减少 482 475 人[4]。

1942 年 5 月,日军为了封锁浙闽沿海地区和浙赣路,破坏衢县、丽水、玉山等机场,以消除其对日本本土的威胁,发动了浙赣战役。这次战役历时 3 个多月,浙省 30 个县的县城沦于或一度沦于敌手,6 个县的县境曾遭日军窜扰,战区人口迁移络绎不绝。据吴之英《旅行金华战区记事》记载,从诸暨到义乌,"沿途绝少发现人民踪迹";从义乌至金华,民众大量逃亡,如苏溪镇"仅存少数之龙钟老妇而已",义亭镇"所留人民,不过百一而已,民房亦十室九空";金华城厢,"原有商民七万余人,另有流动商民三万余人",战后已成一座空城,"经派人四处巡查,得能在茅棚草舍,与夫其他偏僻处发见者,仅老弱妇孺十八人而已"[5]。原迁永康的省府机关、社会团体、金融机构及部分工厂商店等也转迁处属地区,永康因战事"无家可归,流浪各地难民计 12 000 人"[6]。战区其他各县人口逃亡也极其严重。36 县共减少 603 585 人,其中灾情较重的金华各县减少 175 622 人,衢县减少 182 333 人[7]。此数字除少量战时死亡人数外,也基本上为迁移人数。

至抗战后期,浙省战事相对比较平静,难民迁移也开始大幅度减少。1943 年 5 月至 12 月,浙省政府对孝丰、遂安、寿昌、江山、常山、

---

[1] 参章蚕乡、宝幢镇、江东镇、俞塘乡、和益乡、桃浦乡、丰南乡、龙墟乡、永南乡、瞻岐镇《战时农村灾害损失调查表》,宁波市档案馆藏档,档号:2,1,9。
[2] 《浙江省鄞县三十年度被灾情形及赈济办法》,宁波市档案馆藏档,档号:5,230。
[3] 王明、周绍裘:《民国时期的镇海县商业概况》,《镇海文史资料》第 4 辑,第 27 页。
[4] 张根福:《抗战时期浙江省人口迁移与地域分布》,《历史研究》2000 年第 4 期。
[5] 吴之英:《旅行金华战区记事》,《潮声》第 1 卷创刊号,1942 年 11 月 15 日。
[6] 《永康县敌灾损失调查》,永康市档案馆藏档,档号:425,4,245。
[7] 张根福:《抗战时期浙江省人口迁移与地域分布》,《历史研究》2000 年第 4 期。

温岭、瑞安、景宁、云和、宣平等11县的人口进行了统计。8个月中共迁移人口52 727人,其中迁入32 140人,迁出20 587人[1]。

1944年,为配合豫湘桂战役,日军又发动了第二次浙赣战役,受战事影响的龙(游)衢(县)地区及丽水、温州等地的民众也进行了迁移。因这次战役属局部的牵制性作战,规模不大,迁移人口比前几次要少得多。但抗战后期,浙江自然灾害比较严重,灾区民众受其影响也进行了不同程度的迁移。

迁向省外的浙省难民主要分布在闽、赣、皖,以及上海租界和西南各省。如抗战中后期,宁波、绍兴、金华、兰溪、衢县、江山等地人口"大批涌入闽北"[2],南平人口激增,住屋与旅馆均供不应求,公私立医院门诊"无不拥挤异常",其中以浙籍病家占最多数[3]。又如,根据国民政府制定的《难民输送计划大纲》,"浙江沿浙赣铁路及铁路以东各地难民,由浙赣路送至南昌,再由南昌沿赣江经丰城送至赣南安置","浙南永嘉、青田、丽水、松阳以南各地难民经浙云和、龙泉、闽浦城、建阳、邵武、赣光泽、黎川、南城、临川、崇仁送至赣南安置"[4],可见,赣南是浙江省难民的重要安置地。再如屯溪,战初曾是第三战区司令部所在地和第三救济区所在地,人口由战前的五六千增至20多万[5],其中就有许多迁自浙江。至1941年初,屯溪到处都是外地人,而"江浙人占了外乡人中的大半"[6]。

迁移上海租界及西南各省的浙省难民也不少,如1937年,重庆有浙籍人口3 150人,1945年增至48 799人[7]。在第二历史档案馆所藏《成都区难民待遣人数统计表》《善后救济总署重庆难民疏送站成都办事处第一批遣送侨民及难民名册》及贵阳、昆明的一些遣送、救济资料中都有大量的浙籍人口。

省内迁移的浙省难民主要是流向后方国统区或迁向游击区的安

---

1 《本省十一县市三十二年度五至十二月人口动态统计》,浙江省档案馆藏档,档号:29,2,24。
2 《东南日报》1942年9月1日。
3 《南平点滴》,《东南日报》1942年9月10日。
4 《难民输送计划大纲》(1938年7月),金华县档案馆藏档,档号:汤07,79。
5 孙艳魁:《苦难的人流——抗战时期的难民》,第268页。
6 率真:《屯溪写照》,《东南日报》1941年1月9日。
7 重庆市档案馆藏档,市政府,卷66。

全地带。如抗战初期,浙北地区大部分市县相继沦陷,淞沪及杭嘉湖战区的难民及部分在此经营农工商业的外地人口,大批渡过钱塘江,进入浙东、浙南等后方国统区。当时迁移的路线主要有三条:"(1)由海盐、海宁、杭县、富阳等处渡江者,大部自临浦沿浙赣铁路转入内地;另有一部,经绍兴再向东南各县迁移。(2)由富阳、临安、於潜、昌化等县向西南迁移者,一溯桐江上徙,一由陆路南迁,转入金、衢、严各旧府属。(3)此外亦有由上海乘轮径至宁波、温州转入内地者,但属少数。"王惟英根据调查资料,统计了迁至后方国统区的难民人数,至1938年7月共1 310 801人,其分布情形如下:绍属273 407人、宁属199 450人、金属390 623人、衢属95 414人、严属80 549人、台属60 525人、温属180 375人、处属30 458人[1]。其中迁入金属地区的最多,再则是绍属、宁属和温属各县。

宁绍战役期间,战区各县难民大部分避入乡下,不少撤至四明山区和会稽山区。其余则陆续后移,杭嘉湖地区原迁宁绍各属的难民亦纷纷南下,迁入金、衢、台、温等属国民党控制区域。以汤溪县收容的难民为例,1941年1—5月、7—9月及1942年1月九个月的统计中,汤溪县共收容难民1 292人,其中绍属地区868人,杭嘉湖地区426人,这些难民基本上迁自宁绍战区[2]。又如衢属之江山县,自1941年4月日军进扰浙东以来,宁绍等地人口陆续迁来,"本县人口增加数在叁万以上,粮食供应倍增,万难为继"[3]。龙游也于1941年度迁入人口5 856人[4]。处属之龙泉还成立了绍属七县旅龙泉同乡会[5],可见其迁入的人数也不少。浙赣战役以后,国统区被压缩至金华—兰溪一线以南地区。战区民众纷纷逃至山区避难,如金华城厢居民,在接到金兰司令部的撤退命令后,"不得不抛弃家业,逃避乡间"[6]。其中大部分避往安地山区。衢县居民则大都迁避石梁一带。同时,金衢各属民

---

[1] 王惟英:《抗战一年来浙江省救济难民概况》,《浙光》第6期,1938年7月,第5页。
[2] 《浙江省汤溪县现时收容难民移动月报表》,1941年1—5月、7—9月,1942年1月,金华县档案馆藏档,档号:07,3,102。
[3] 《浙省府快邮代电》(1941年10月21日),浙江省档案馆藏档,档号:57,7,1823。
[4] 《浙江省各县历代户口异动统计表》(龙游,1941年),浙江省图书馆藏。
[5] 《绍属七县旅龙泉同乡会理监事名册》,龙游市档案馆藏档,档号:13,3,社7。
[6] 吴之英:《旅行金华战区记事》,《潮声》第1卷创刊号,1942年11月15日。

众也有大批迁至处属和温属地区,使龙泉、云和及温属部分县的人口激增。如龙泉县,据1943年该县政府调查报告,"本县自三十一年度起人口激增,外来机关、军队、公共户口约3万余人,城镇房屋之租赁遂成为大问题"[1]。又如温属之永嘉1943年迁入10 444人[2]。至1945年6月,避难国统区后方的人口仍有651 055人[3]。

## (二) 福建省

1937年10月,日军侵占了厦门附近的金门岛,随后以金门岛为基地,对福建沿海地区进行了轰炸。1938年5月10日厦门沦陷,"当日有难民六七万逃到鼓浪屿"[4]。随之,川石岛、海坛岛、湄州岛、平海半岛、东山岛以及诏安县等地相继沦陷。1941年4月,福州第一次沦陷,1944年10月福州再度沦陷,附近郊县也遭受日军侵扰。

抗战时期,福建68市县中,"计全部沦陷者七县市,部分沦陷者十四县,受战事直接影响者七县,受轰炸损失惨重者五县,难胞计2 508 164人,占全人口百分之二十二左右"[5]。

另据《福建省善后救济调查报告底稿》[6],福州、闽侯等13县市至1945年6月共有难民1 065 467人(见表4-17)。

表4-17 福州、闽侯等13县市房屋损失及难民人数统计表

| 县市别 | 难民数(人) | 房屋损失(间) |
| --- | --- | --- |
| 福州 | 130 565 | 28 684 |
| 闽侯 | 282 088 | 30 325 |
| 福清 | 176 282 | 15 737 |
| 长乐 | 104 568 | 12 490 |
| 霞浦 | 19 604 | 6 396 |

---

1 龙泉县方志办藏资料。
2 《浙江省各县历代户口异动统计表》(永嘉,1943年),浙江省图书馆藏。
3 《战时浙江省沦陷市县及难民人数》1945年6月8日,浙江省档案馆、中共浙江省委党史研究室编:《日军侵略浙江实录(1937—1945)》,中共党史出版社1995年版,第804页。
4 章伯锋、庄建平主编:《血证——侵华日军暴行纪实日志》,成都出版社1995年版,第423页。
5 《卅五年度福建善救工作报告》,二档馆藏档,档号:廿一(2),259。
6 二档馆藏档,档号:廿一(2),210。

续 表

| 县市别 | 难民数（人） | 房屋损失（间） |
| --- | --- | --- |
| 连江 | 112 004 | 11 773 |
| 福鼎 | 22 957 | 8 081 |
| 罗源 | 10 578 | 3 495 |
| 平潭 | 63 103 | 5 873 |
| 东山 | 8 697 | 2 057 |
| 厦门 | 89 328 | 13 081 |
| 金门 | 24 675 | 931 |
| 诏安 | 21 018 | 5 842 |
| 总计 | 1 065 467 | 144 765 |

资料来源：《福建省善后救济调查报告底稿》，二档馆藏档，档号：廿一（2），210。

战时福建省沦陷的县份虽然较少，但"受敌机轰炸直接损失，亦是满目疮痍"，"抗战期间，人民伤亡者，计9 313人，财产损失19 869 848 435.25元"[1]。

福建省难民除逃往乡下避难及部分流入西部地区与浙江、江西等邻省外，大多流入闽西北地区。1938年，日军占领厦门后，福建省政府从福州迁至永安，军事机构迁至南平，大批人口也随之迁移。如永安，"在众多的内迁人口中，不乏富有者，除党政军界外，商人、企业家、医生、工程师、教师、自由职业者、技术工人等较多"[2]。又如南平，随着省内外沦陷区民众的不断迁入，"市区的居民从1万余人，猛增到10万人"[3]。

### （三）广东省

1938年10月，日军在大亚湾登陆，随后潮汕、珠江三角洲和琼崖地区相继沦陷。由于"日寇的侵略，战争的破坏，天灾人祸交相叠见，使得广东的经济严重受损，人员伤亡惨重，财产损失巨大，百姓流离失

---

[1] 付开达：《福建的抗战损失》，载福建省政府统计处主编：《福建统计》第27期，1947年1月15日。
[2] 杜香芹：《抗战时期省府内迁对后方社会的影响》，《三明论坛》2005年第4期。
[3] 刘光舟：《抗战时期的南平》，《闽北纵横》2005年第3期。

所,灾民、难民遍地,可谓哀鸿遍野,灾况十分严重"[1]。

广州是华南重镇,沦陷前即遭日军轰炸,从1937年8月31日至1938年10月,投弹2 630颗,炸死1 453人,受伤2 926人,毁房2 004间,市民被炸地点达300多个[2]。粤东的汕头、潮安、饶平、揭阳、潮阳、普宁、惠来、惠阳、博罗、梅县、兴宁、五华、蕉岭、丰顺、河源、龙川、紫金等县,粤北的乐昌、南雄、韶关(曲江)、英德、翁源、清远、佛冈等县、珠江三角洲的增城、东莞、花县、番禺、从化等县,西江地区的高要、三水、四会等地,南路和钦廉地区的阳江、高州、化州、电白、茂名等县遭袭也非常严重。据1941年《广东年鉴》统计,从1937年8月31日至1941年底,日机袭粤共19 281次,投弹33 857枚,共炸死7 153人,炸伤11 836人,毁屋18 021栋[3]。战时广东经济破坏严重,据韩启桐估算,1937年7月至1943年6月,广东工业资产损失达3 880 700元,损失程度为31‰[4]。广东的商业也一落千丈,各地商铺大量被炸和焚毁。就战时农业而言,全省水田损失(荒弃)300万市亩,旱田损失300万市亩,柑橘损失6万市亩,香蕉损失4万市亩,什果损失7万市亩,荔枝损失6万市亩,耕牛损失15万头[5]。1945年10月,广东省政府统计处公布1937年至1944年广东抗战损失,财产直接损失500 929 401.76元,财产间接损失53 091 855.00元,人口伤亡18 740人[6]。战争的破坏、财产的损失,迫使广东各地民众离开家园,四处逃难。

抗战期间,广东全省县境完全被敌占据者共42县,占据一部分者29县,曾受敌一度侵入,后恢复常态者10县,未受敌侵入者19县区[7]。

---

[1] 周蕴蓉:《抗战时期广东的灾况和社会救济》,暨南大学2004年硕士学位论文,第6页。
[2] 广东全省防空司令部:《广东省空袭损失统计表》,广州市档案馆藏档,全宗号401,目录号6,案卷号194-3。
[3] 左双义:《华南抗战史稿》,广东高等教育出版社2004年版,第12—13页。
[4] 《广东统计季刊》第2期,转引自周蕴蓉:《抗战时期广东的灾况和社会救济》,暨南大学2004年硕士学位论文,第12页。
[5] 《善后救济总署广东分署周报业务报告》,转引自周蕴蓉:《抗战时期广东的灾况和社会经济》,暨南大学2004年硕士学位论文,第12页。
[6] 广东省档案馆藏档案,政198.11①20,转引自黄菊艳:《抗日战争时期广东损失调查述略》,《抗日战争研究》2001年第1期。
[7] 《广东省善后救济调查报告底稿》,二档馆藏,档号:廿一(2),211。

现依据《广东省善后救济调查报告底稿》将广东各县市的难民人数及迁移情形列表如下。

表 4-18 广东省各市县难民人数及迁移情况

| 县名 | 乡镇数 | 乡镇受骚扰数 | 迁移情形 | 本地难民数（人） | 外来难民数（人） | 难民总数（人） |
|---|---|---|---|---|---|---|
| （一）县境完全被敌占据者 | | | | | | |
| 番禺 | 43 | 42 | 多逃往广州、香港、澳门，亦有深居乡村 | 52 898 | 13 351 | 66 249 |
| 中山 | 368 | 315 | 多逃往香港、澳门，也有散落乡间 | 91 581 | 1 868 | 93 449 |
| 顺德 | 114 | 95 | 多逃往香港、澳门、新会等地 | 66 690 | 637 | 67 327 |
| 曲江 | 19 | 16 | 多逃往仁化及湖南、广西等地 | 68 059 | / | 68 059 |
| 清远 | 49 | 31 | 多散居乡村 | 50 177 | 33 451 | 83 628 |
| 乐昌 | 12 | 8 | 多逃往仁化及湖南省境 | 2 654 | 23 881 | 26 535 |
| 从化 | 24 | 14 | / | 16 290 | / | 16 290 |
| 花县 | 53 | 53 | 多散居乡村 | 29 938 | 610 | 30 548 |
| 南海 | 82 | 81 | / | 80 075 | 808 | 80 883 |
| 三水 | 46 | 44 | 多散居乡村 | 18 018 | 165 | 18 183 |
| 四会 | 32 | 28 | 多逃往广西省境及散居乡村 | 13 048 | 3 262 | 16 310 |
| 惠阳 | 99 | 60 | 多逃往香港、九龙及散居乡村 | 47 469 | / | 47 469 |
| 东莞 | 102 | 100 | 多逃往香港、九龙及散居乡村 | 30 555 | / | 30 555 |
| 博罗 | 32 | 12 | 多散居乡村 | 17 742 | / | 17 742 |
| 增城 | 18 | 8 | 多散居乡村 | 26 286 | / | 26 286 |
| 海丰 | 40 | 30 | 多散居乡村 | 38 564 | / | 38 564 |
| 陆丰 | 48 | 20 | 多散居乡村 | 45 391 | / | 45 391 |
| 宝安 | 41 | 40 | 多逃往香港、九龙，留本县则散居乡村 | 16 297 | / | 16 297 |

续表

| 县名 | 乡镇数 | 乡镇受骚扰数 | 迁移情形 | 本地难民数（人） | 外来难民数（人） | 难民总数（人） |
|---|---|---|---|---|---|---|
| 潮安 | 65 | 35 | 多逃往乡村 | 90 413 | / | 90 413 |
| 潮阳 | 82 | 42 | 多散居乡村 | 70 736 | 356 | 71 092 |
| 揭阳 | 130 | 90 | 多逃往本县西郊避居 | 62 156 | 115 432 | 177 588 |
| 惠来 | 42 | 22 | 多散居乡村，逃往外地者不多 | 44 949 | 2 365 | 47 314 |
| 南澳 | 4 | 4 | 多困岛上，逃出者甚少 | 8 111 | / | 8 111 |
| 南山管理局 | 18 | 18 | 散居本县乡村为多，余逃往普宁、丰顺、紫金等地 | 4 264 | 43 | 4 307 |
| 海康 | 51 | 50 | 多逃往茂名、广州湾 | 14 625 | / | 14 625 |
| 遂溪 | 54 | 54 | 多逃往广州湾及廉江 | 16 535 | / | 16 535 |
| 琼山 | 67 |  | 大多困居岛上，逃出者甚少 | 206 962 | 18 814 | 225 776 |
| 文昌 | 118 | 40 | 大多困居岛上，逃出者甚少 | 234 112 | 21 282 | 255 394 |
| 定安 | 22 | 20 | 大多困居岛上，逃出者甚少 | 105 389 | 9 580 | 114 969 |
| 儋县 | 39 | 39 | 大多困居岛上，逃出者甚少 | 80 189 | / | 80 189 |
| 澄迈 | 36 | 30 | 大多困居岛上，逃出者甚少 | 96 518 | 8 774 | 105 292 |
| 临高 | 31 | 28 | 大多困居岛上，逃出者甚少 | 98 604 | / | 98 604 |
| 崖县 | 21 | 17 | 大多困居岛上，逃出者甚少 | 56 030 | / | 56 030 |
| 陵水 | 14 | 11 | 大多困居岛上，逃出者甚少 | 61 584 | / | 61 584 |
| 万宁 | 15 | 12 | 大多困居岛上，逃出者甚少 | 99 306 | / | 99 306 |
| 乐会 | 16 | 15 | 大多困居岛上，逃出者甚少 | 70 930 | / | 70 930 |
| 琼东 | 14 | 10 | 大多困居岛上，逃出者甚少 | 63 160 | / | 63 160 |

续表

| 县名 | 乡镇数 | 乡镇受骚扰数 | 迁移情形 | 本地难民数（人） | 外来难民数（人） | 难民总数（人） |
|---|---|---|---|---|---|---|
| 感恩 | 15 | 9 | 大多困居岛上，逃出者甚少 | 21 078 | / | 21 078 |
| 昌江 | 15 | 10 | 大多困居岛上，逃出者甚少 | 27 395 | / | 27 395 |
| 乐东 | / | / | / | 23 923 | 5 981 | 29 904 |
| 保亭 | / | / | 多困居岛上，逃出者甚少 | 29 394 | 9 798 | 39 192 |
| 白沙 | / | / | / | 64 471 | 27 615 | 92 086 |
| (二) 县境内被敌占据一部分者 | | | | | | |
| 新会 | 253 | 186 | 多逃往香港、澳门及南洋、美洲一带，其余居乡间 | 96 007 | 969 | 96 976 |
| 台山 | 157 | 78 | 多逃往香港、澳门及美洲各地 | 141 550 | / | 141 550 |
| 开平 | 60 | 29 | 多逃往香港、澳门及南洋、美洲一带，其余居乡村 | 45 915 | 3 993 | 49 908 |
| 南雄 | 27 | 13 | 多逃往江西省境及散居乡村 | 19 467 | 7 915 | 27 382 |
| 英德 | 36 | 20 | 多数居乡村 | 34 606 | 8 651 | 43 257 |
| 佛冈 | 13 | 6 | 多散居乡村及逃往江西省境 | 7 015 | / | 7 015 |
| 翁源 | 16 | / | 多逃往江西省境及散居乡村 | 16 013 | 4 049 | 20 062 |
| 始兴 | 19 | 16 | 多逃往仁化及江西省境 | 9 820 | 4 209 | 14 029 |
| 乳源 | 16 | 4 | 多散居乡村 | 1 045 | 4 181 | 5 226 |
| 高要 | 36 | 15 | 多散居乡村及逃往广西省境 | 64 632 | 11 405 | 76 037 |
| 云浮 | 46 | 8 | 多散居乡村 | 25 954 | 6 488 | 32 442 |
| 封川 | 21 | 15 | 多逃往广西省境及散居乡村 | 6 414 | / | 6 414 |

续表

| 县名 | 乡镇数 | 乡镇受骚扰数 | 迁移情形 | 本地难民数（人） | 外来难民数（人） | 难民总数（人） |
|---|---|---|---|---|---|---|
| 德庆 | 25 | 15 | 多逃往广西省境及散居乡村 | 18 020 | 948 | 18 968 |
| 鹤山 | 53 | 13 | 多散居乡村 | 30 378 | / | 30 378 |
| 高明 | 20 | 5 | 散居本县西南部 | 9 746 | 328 | 10 074 |
| 河源 | 30 | 12 | 多数散居乡村 | 9 529 | 6 353 | 15 882 |
| 新丰 | 14 | 6 | 多数散居乡村 | 3 684 | 409 | 4 093 |
| 龙门 | 18 | 7 | 多数散居乡村 | 7 901 | 1 251 | 9 152 |
| 澄海 | 63 | 63 | 多数散居乡村 | 25 958 | | 28 958 |
| 饶平 | 73 | 20 | 多逃往本县北部散居 | 53 491 | 35 660 | 89 151 |
| 普宁 | 73 | 20 | 多散居乡村，亦有自邻近各县逃来者 | 58 827 | 14 706 | 73 533 |
| 连平 | 28 | 12 | 多逃往县境东北部及江西省境 | 2 690 | 4 036 | 6 726 |
| 和平 | 24 | 8 | 多逃往县境东北部及江西省境 | 3 869 | 9 678 | 13 547 |
| 廉江 | 30 | 20 | 多逃往广州湾及茂名 | 13 423 | | 13 423 |
| 吴川 | 13 | 4 | 多逃往广州湾 | 11 137 | 961 | 12 098 |
| 合浦 | 51 | 30 | 多逃往安南境内及散居乡间 | 25 562 | 20 914 | 46 476 |
| 钦县 | 37 | 10 | 多逃往安南境内及散居乡间 | 10 833 | 4 642 | 15 475 |
| 防城 | 23 | 15 | 多逃往安南境各地 | 13 569 | 1 850 | 15 419 |
| 徐闻 | 15 | 6 | 多逃往海康及乡村暂居 | 6 122 | / | 6 122 |
| （三）县境曾受敌人一度侵入后恢复常态者 | | | | | | |
| 赤溪 | 9 | 2 | 多散居乡村 | 786 | 41 | 827 |
| 仁化 | 5 | 3 | 邻近各县难民多逃往本县东北部及湖南省境 | 835 | 7 512 | 8 347 |
| 广宁 | 35 | 15 | 多散居乡村及逃往广西省境 | 19 810 | 2 201 | 22 011 |

续 表

| 县名 | 乡镇数 | 乡镇受骚扰数 | 难民 迁移情形 | 本地难民数（人） | 外来难民数（人） | 难民总数（人） |
|---|---|---|---|---|---|---|
| 罗定 | 65 |  | 多散居乡村 | 33 991 | 6 001 | 39 992 |
| 郁南 | 30 | 15 | 多逃往广西境及散居本县西南部 | 2 447 | 9 115 | 11 562 |
| 新兴 | 33 | 6 | 邻近各县逃来者颇多 | 14 773 | 14 319 | 29 092 |
| 开建 | 11 | 8 | 沦陷时难民散居乡村 | 8 978 | 91 | 9 069 |
| 阳江 | 49 | 12 | 多逃往阳春及散居乡村 | 15 688 | 3 213 | 18 901 |
| 电白 | 46 | 8 | 部分难民多逃往阳春，亦有从吴川方向逃来者 | 14 571 | 9 681 | 24 252 |
| 灵山 | 65 | 14 | 沦陷时多逃往广西省境及散居乡村 | 14 986 | 4 995 | 19 981 |
| （四）县境内从未受敌侵入者 | | | | | | |
| 恩平 | 43 | / | 邻近各县难民多逃来寄居 | 4 333 | 24 553 | 28 886 |
| 连县 | 33 | / | 邻近各县难民多逃来寄居 | 1 882 | 35 752 | 37 634 |
| 连山 | 10 | / | 邻近各县难民多逃来寄居 | 743 | 2 973 | 3 716 |
| 阳山 | 20 | / | 邻近各县难民多逃来寄居 | 3 775 | 15 099 | 18 874 |
| 安化管理局 | / | / | 仅有少数自邻近各县逃来之难民 | / | / | / |
| 紫金 | 25 | / | 本县难民均为邻近各县逃来 | / | / | 1 443 |
| 丰顺 | 31 | / | 本县难民均为邻近各县逃来 | 917 | / | 4 584 |
| 兴宁 | 50 | / | 本县难民均为邻近各县逃来 | 17 217 | 28 866 | 46 083 |
| 梅县 | 52 | / |  | 24 648 | 57 513 | 82 161 |
| 五华县 | 54 | / | 多从邻近各县逃来寄居 | 16 438 | 16 469 | 32 907 |
| 平远 | 13 | / | 多从邻近各县逃来寄居 | 1 384 | 7 864 | 9 248 |

续 表

| 县名 | 乡镇数 | 乡镇受骚扰数 | 难民 | | | |
|---|---|---|---|---|---|---|
| | | | 迁移情形 | 本地难民数（人） | 外来难民数（人） | 难民总数（人） |
| 蕉岭 | 15 | / | 多从邻近各县逃来寄居 | 1 249 | 4 933 | 6 182 |
| 龙川 | 51 | / | 自韶关失陷后粤省府迁此县办公，外来难民随之迁来 | 876 | 38 500 | 39 376 |
| 大埔 | 48 | / | 多从邻近各县逃来寄居 | 4 343 | 21 878 | 26 221 |
| 茂名 | 46 | / | 多从邻近各县逃来寄居 | 17 544 | 26 331 | 43 875 |
| 化县 | 40 | / | 多从邻近各县逃来寄居 | 13 163 | 4 387 | 17 550 |
| 信宜 | 36 | / | 多从邻近各县逃来寄居 | 30 196 | 16 259 | 46 455 |
| 阳春 | 41 | / | 多从邻近各县逃来寄居 | 15 965 | 1 387 | 17 352 |
| 梅菉管理区 | 5 | / | 多从邻近各县逃来寄居 | 86 | 345 | 431 |
| （五）省内其他城市 | | | | | | |
| 广州市 | | | 战争初期多逃往香港、澳门及南洋、美洲一带，间或逃往乡间暂居 | 87 927 | 37 784 | 125 711 |
| 汕头市 | | | 本市难民多散居市郊，而邻近各县逃来之难民则占多数 | 23 298 | 41 254 | 64 552 |

资料来源：《广东省善后救济调查报告底稿》，二档馆藏档，档号：廿一（2），211。个别计算错误已作校正。

## 四 其他地区

### （一）东北地区

本节界定的东北地区，是指九一八事变前辽宁、吉林、黑龙江及热河四省所辖区域。民国时期，东北地区的行政区划极其复杂。1931年九一八事变后，日军侵占了辽宁、吉林、黑龙江三省。1932年3月，成立伪满洲国。1933年3月，又派兵侵占了热河，并将它划入"满洲国"版图。1934年12月1日施行新的行政区划，将原来的辽宁、吉林、黑龙江、热河 4 省改划为吉林、龙江、三江、黑河、滨江、间岛、安东、奉天、锦州、热河、兴安西、兴安南、兴安东、兴安北 14 省，改新京市为新京特别市。1940 年，析置北安、安东、牡丹江、通化 4 省，1941 年又析置四平省，共 19 省。1945 年抗战胜利后，国民政府对东北的行政区划进行多次调整，至 1947 年 6 月，东北共有 9 省、2 直辖市。

九一八事变后，随着东三省相继沦陷，原先居住在东北的大批民众相继流入关内。据东北抗敌协会及东北大学东北问题研究所之调查，九一八事变后，东北流入关内的难民，分布情形如下表所示。

表 4-19　九一八事变后东北入关难民分布表

| 分布地点 | 人数 | 分布地点 | 人数 |
| --- | --- | --- | --- |
| 重庆 | 35 000 | 陕西 | 4 000 |
| 成都 | 15 000 | 万县 | 3 000 |
| 三台 | 2 500 | 自由中国其他各地 | 100 000 |
| 自流井 | 1 500 | 上海 | 10 000 |
| 迪化 | 5 000 | 北平 | 200 000 |
| 昆明 | 5 000 | 天津 | 100 000 |
| 贵州 | 5 000（有广西撤退者在内） | 总计 | 490 000 |
| 兰州 | 4 000 | | |

资料来源：《东北四省调查报告底稿》第二章"分论"，二档馆藏档，档号：廿一（2），205。总计数已作校正。

日军占领东北后，为巩固其殖民统治，实行一系列灭绝人性的残暴措施，使用武力实行集家并村，制造"无人区"等，致使大批民众流落他乡。据申玉山、赵志伟研究，20 世纪 30 年代秋至 40 年代初，侵华日军仅在热河省强行集家并村过程中，即有 618 590 人被迫离开原住村落（见表 4-20）。

表 4-20　敌伪时期热河省集团部落迁移户数、人口比较表

| 县别 | 户数 | | | 人口 | | |
| --- | --- | --- | --- | --- | --- | --- |
| | 总数 | 迁移数 | 百分比（%） | 总数 | 迁移数 | 百分比（%） |
| 承德县 | 56 462 | 13 184 | 23 | 320 894 | 65 920 | 21 |
| 兴隆县 | 28 940 | 14 271 | 49 | 138 939 | 71 355 | 51 |

续表

| 县 别 | 户 数 | | | 人 口 | | |
|---|---|---|---|---|---|---|
| | 总 数 | 迁移数 | 百分比（%） | 总 数 | 迁移数 | 百分比（%） |
| 滦平县 | 43 574 | 25 648 | 59 | 245 411 | 128 240 | 52 |
| 丰宁县 | 50 930 | 17 520 | 34 | 254 683 | 87 600 | 34 |
| 隆化县 | 33 511 | 2 528 | 7.5 | 192 552 | 12 640 | 6.6 |
| 围场县 | 52 581 | 2 013 | 3.8 | 272 226 | 10 065 | 3.7 |
| 青龙县 | 71 188 | 23 520 | 33 | 439 600 | 117 600 | 27 |
| 建平县（喀右） | 88 757 | 6 400 | 7.2 | 580 635 | 32 000 | 5.5 |
| 平泉县（喀中） | 87 532 | 7 410 | 8.5 | 499 019 | 37 050 | 7.4 |
| 凌源县（喀左） | 128 039 | 11 224 | 8.8 | 781 940 | 56 120 | 7.2 |
| 总计 | 651 514 | 123 718 | 19.3 | 3 725 899 | 618 590 | 16.6 |

资料来源：申玉山、赵志伟：《侵华日军在华北制造"无人区"若干史实考辨》，《山西大学学报》2005年第5期。部分百分比作了校正。

1938年后，日本对东北的统治政策发生了改变。随着战局的演变，日本急于开发东北的战略资源，制定了所谓1938—1941年"生产力扩充四年计划"，大力发展钢铁、煤炭、电力、轻金属、化学工业和一些轻工业，迫切需要劳力，因而改变了过去的做法，采取鼓励乃至强制关内人口迁入东北的做法。1938年，迁入东北的人口为49.2万，1941年为91.8万，1942年更上升至100多万[1]。当然这一时期，也有不少民众迁出东北，如1938年离开东北的人数为25.9万，1941年为68.8万，1942年为58.3万[2]。据战后国民政府调查，九一八事变以来，东北四省难民及流离人民数达4 297 100人[3]。

### （二）西部地区

西部地区虽为战时大后方，但部分省区如广西、云南曾一度受日军侵入，入侵之地的社会经济遭到严重破坏，重庆、成都、昆明、西安、兰州等城市也数度遭日机轰炸。这都致使大批民众发生迁移。

---

1 《满洲矿工年鉴》(1944年)，第70页。
2 同上。
3 《难民及流离人民数总表》，二档馆藏档，档号：廿一，221。

广西在战时两次遭受日军入侵。1939年11月,日军为切断桂越公路,阻止国外援华物资输入,在钦州湾强行登陆,先后攻陷邕宁、武鸣、上林、宾阳、永淳、横县、扶南、绥渌、上思、思乐、明江、上金、宁明、凭祥、龙津、崇善、左县、同正、迁江等桂南19县。至1940年11月,日军方行撤退,此次入侵,人民被敌杀害与财产损失,为数亦颇巨大[1],估计财产损失146 631 853元(1940年时之币值),死亡人口11 147人[2]。为避战火,桂南民众纷纷外逃。第二次入侵发生在1944年,日军为打通大陆交通线,发动了豫湘桂战役。8月下旬,日军共10万兵力向湘桂线推进,9月下旬攻入广西。不久,占领梧州、桂林、柳州等城市及大片地区。此次遭受寇祸之地域,"占全省四分之三"[3]。广西1 526个乡镇中有1 101个受损,原有的16 434个村街中有9 214个村街受损,占总数的56.7%,有679 794户受损,财产损失共计3 628亿元[4]。据《广西善后救济调查报告》,战时广西共有难民2 562 400人(见表4-21)。

表4-21 广西战时难民人数统计

| 县别 | 沦陷部分占全数百分比(%) | 难民数(人) | 县别 | 沦陷部分占全数百分比(%) | 难民数(人) |
| --- | --- | --- | --- | --- | --- |
| 桂林(市) | 100 | 100 000 | 永福 | 100 | 19 500 |
| 临桂 | 100 | 100 000 | 阳朔 | 100 | 16 700 |
| 灵川 | 100 | 42 000 | 怀集 | 40 | 1 500 |
| 灌阳 | 80 | 28 000 | 信都 | 40 | 700 |
| 兴安 | 100 | 48 700 | 昭平 | 40 | 20 000 |
| 全县 | 100 | 105 000 | 钟山 | 40 | 500 |
| 资源 | 60 | 2 900 | 富川 | 40 | 500 |
| 龙胜 | 60 | 13 500 | 恭城 | 100 | 29 000 |
| 义宁 | 100 | 9 000 | 平乐 | 80 | 37 000 |
| 百寿 | 100 | 20 000 | 荔浦 | 100 | 37 000 |

---

1 《广西省抗战损失调查经过》,章伯锋、庄建平主编:《抗日战争》第二卷军事(下),四川大学出版社1997年版,第2569页。
2 《桂南调查》,章伯锋、庄建平主编:《抗日战争》第二卷军事(下),第2573页。
3 《广西善后救济调查报告》,二档馆藏档,档号:廿一(2),213。
4 《广西省抗战损失调查统计》,广西省政府统计处编,1946年版。

续 表

| 县 别 | 沦陷部分占全数百分比（%） | 难民数（人） | 县 别 | 沦陷部分占全数百分比（%） | 难民数（人） |
|---|---|---|---|---|---|
| 蒙山 | 90 | 37 300 | 北流 | 10 | 700 |
| 修仁 | 90 | 15 000 | 陆川 | 10 | 600 |
| 柳江 | 100 | 88 900 | 博白 | 5 | 500 |
| 忻城 | 100 | 31 600 | 邕宁 | 95 | 158 000 |
| 迁江 | 100 | 28 800 | 永淳 | 80 | 4 000 |
| 来宾 | 100 | 30 000 | 横县 | 50 | 2 000 |
| 象县 | 100 | 14 000 | 宾阳 | 100 | 87 500 |
| 雒容 | 100 | 15 000 | 上林 | 95 | 46 000 |
| 榴江 | 100 | 20 000 | 武鸣 | 100 | 52 000 |
| 中渡 | 100 | 12 000 | 隆山 | 65 | 2 500 |
| 柳城 | 100 | 31 500 | 都安 | 75 | 12 500 |
| 融县 | 80 | 51 500 | 那马 | 90 | 1 000 |
| 三江 | 50 | 5 000 | 平治 | 7 | 500 |
| 罗城 | 80 | 41 600 | 果德 | 25 | 500 |
| 天河 | 100 | 24 800 | 隆安 | 95 | 2 500 |
| 宜北 | 80 | 7 500 | 同正 | 60 | 7 000 |
| 思恩 | 80 | 20 000 | 扶南 | 100 | 21 000 |
| 宜山 | 100 | 90 000 | 绥渌 | 100 | 18 000 |
| 河池 | 100 | 37 500 | 上思 | 80 | 2 200 |
| 南丹 | 50 | 27 000 | 靖西 | 10 | 500 |
| 金秀（设治局） | 80 | 10 000 | 龙津 | 80 | 33 000 |
| 苍梧 | 100 | 156 000 | 上金 | 50 | 15 000 |
| 藤县 | 100 | 78 600 | 左县 | 20 | 1 000 |
| 岑溪 | 60 | 20 000 | 崇善 | 70 | 16 500 |
| 容县 | 60 | 15 000 | 思乐 | 40 | 10 000 |
| 平南 | 100 | 93 000 | 明江 | 100 | 15 000 |
| 桂平 | 100 | 250 000 | 宁明 | 100 | 14 000 |
| 武宣 | 100 | 37 800 | 凭祥 | 100 | 15 000 |
| 贵县 | 100 | 102 500 | 总计 |  | 2 562 400 |

说　　明：本表资料统计时间为 1945 年 7 月底。
资料来源：《广西善后救济调查报告》，二档馆藏档，档号：廿一（2），213。

广西难民虽有逃至贵州、云南一带者,但更多的民众"眼见近年来外省人在他们家乡那种狼狈无依的情景,与其远逃,不如近躲"[1]。因此,桂省难民大多是在省内迁移,就近躲避。

抗战中后期,云南省西部怒江以西部分县(局)一度被日军侵占。1942年4月下旬,日军在缅甸分三路向缅北全面推进,其中一路于5月侵占我国滇西的腾冲、龙陵、潞西、勐卯(瑞丽)、南甸(梁河)、莲山(盈江)、陇川、泸水等县(局)。日军入侵时,沿途烧杀不断,滇西同胞四处避难。如敌军逼近腾冲县城时,"全城民众同仇敌忾,相率撤离一空"[2]。在腾冲农村,"敌兵奸淫抢掳,无所不为,居民视如恶兽,敌兵至村寨,即逃散一空"[3]。其他县治也是如此。

抗战时期日军为削弱后方国统区的经济与军事实力,摧毁中国人民的抗战意志,还对西部地区的一些主要城市如重庆、成都、兰州、西安、贵阳、昆明等地进行了持续轰炸,造成许多民众妻离子散,无家可归。为躲避日机的轰炸,这些城市的市民都进行了不同程度的疏散,这也可以说是一次次难民的迁移。

如重庆市,据统计,从1938年2月18日至1943年8月23日,日机轰炸重庆218次,出动飞机9 513架次,炸死市民11 889人,伤14 100人,炸毁房屋17 608幢。仅1939年的"五三""五四"大轰炸,日机即投爆炸弹176枚、燃烧弹116枚,炸死市民3 991人,重伤2 323人,市区10余条主要街道被炸成废墟,数十条街巷的房屋起火[4]。重庆的公私财产损失难以计数,"繁荣市场,顿成瓦砾,若干街衢,一片焦土"[5]。许多居民由于失去房屋财产,居无定所,流离失所,成为被炸难民。如在1940年8月19日的轰炸中,就有2 000余市民成为无家可归的难民[6]。为疏散市区

---

1 窦季良:《湘桂内迁难民就业问题选样研究》,《社会工作通讯》第2卷第4期,1945年。
2 孙代兴、吴宝璋主编:《云南抗日战争史(1937—1945年)》,云南大学出版社1995年版,第137页。
3 方国瑜:《抗日战争渝西战事》,《云南文史资料选辑》第19辑,第9页。
4 潘洵:《论重庆大轰炸对重庆市民社会心理的影响》,《重庆师范大学学报》2005年第4期。
5 许可、游仲文:《重庆古今谈》,重庆出版社1984年版,第332页。
6 《敌机昨两度偷袭》,《新华日报》1940年8月20日。

人口,国民政府还成立了重庆市疏散委员会和疏建委员会,制定了一系列有利于疏散的政策与措施,并责令中央、中国、交通、农民四行沿成渝、川黔公路两侧修建平民住宅,并划定江北、巴县、璧山、合川、綦江等县为疏建区[1]。在日军大规模轰炸的三年中,重庆每年疏散的人口都超过20万人[2]。

又如成都,1938年至1944年,日军出动飞机485架次,投弹1 967枚,炸死炸伤3 396人,房屋损失8 824间,毁房1 883间[3]。其中,"盐市口一带几乎被炸成废墟,少城公园、猛追湾一带,尸体遍野,目不忍睹,人民生命财产损失惨重,多少人妻离子散,无家可归"[4]。为避敌机轰炸,1938年11月10日,四川全省防空司令部发布了《成都市人口疏散办法》,规定以成都市为中心,距城30华里为半径之圆周内各乡镇划为避难区域。1939年3月18日,又发布《成都市疏散实施方案》,计划将省会警察局东、南、西、北、外东五区之350 110人口疏散于成都城区以外成都、双流、温江、华阳、金堂、简阳、郫县、新繁、新都9县的郊区。5月3—4日,受敌机轰炸后,市民开始疏散,至1939年6月11日,成都已有20万人疏散出城区[5]。

再如兰州市,战时遭日机空袭36次,670架次,投弹2 738枚,炸死406人,损毁房屋21 669间[6],也造成了不少难民的迁移。

---

1 周勇主编:《重庆:一个内陆城市的崛起》,重庆出版社1989年版,第277页。
2 潘洵、杨光彦:《论重庆大轰炸》,《西南师范大学学报》1999年第6期。
3 张鹤鸣、刘海:《成都八年抗战的特点及贡献》,《成都大学学报》2005年第4期。
4 同上。
5 龚克、刘言:《曾经的伤痛 难泯的记忆——抗战时期的成都人口疏散情况》,《四川档案》2005年第3期。
6 《日军轰炸兰州及甘肃各地实录》,《档案》2005年第2期。

## 第四节

## 人口迁移对西部地区的影响

### 一 人口迁移与抗战局势

抗日战争是一场伟大的民族解放战争,在全面抗战的历史进程中,中国人民在抗日民族统一战线的旗帜下,通过各种形式、各种途径开展救亡图存的活动。人口迁移作为救亡图存的重要组成部分,对中国的抗战局势产生了重大的影响。

首先,人口迁移特别是国民政府的迁移,形成了新的抗战中心。1937年11月,国民政府移驻重庆,其后政府各主要机关、党务部门和社会团体相继迁渝,重庆成为中华民国的战时首都,成为战时国统区的政治中心。国民政府迁渝带动了中国东部和中部地区工厂企业、金融机构、高校、文化机构的大规模内迁,给西部地区的经济、文化教育事业创造了前所未有的发展机遇,重庆也发展成为战时大后方的经济和文化中心。国民政府的迁移,不但带动了大批人口迁入西部地区,为后方国统区积聚起必要的人力资源,更重要的是它"打破了日本帝国主义威逼我首都,迫使国民政府签订城下之盟的阴谋,表明了国民政府坚决抗战、长期抗战的决心和信心,从而大大鼓舞了沦陷区、战区及大后方人民的抗日斗志,在广大人民的心理上、思想上起到了支柱性的作用"[1]。

其次,人口迁移推动了后方国统区经济的开发,从而在物质上支援了抗战。抗战期间,在国民政府的推动下,有数万吨的新式机器、数

---

[1] 唐润明:《国民政府迁都重庆及其作用考评》,《档案史料与研究》2002年第1期。

万名技术工人及数亿元的工业资本迁入西部地区。至1940年底,在后方地区已经形成了15个新的工业中心区域[1]。四川成为中国战时最主要的兵工生产基地和后方最大的新兴工业区。在西北也形成了以西安—宝鸡为轴心的秦、宝工业区,初步奠定了西部地区兵工、机械、化工、钢铁等部门的工业基础,从而为前方提供了大量重要的战略物资。至1945年,西南的20家兵工厂,每月最大产量可达七九步枪11 600支、捷式轻机枪1 150挺、九七枪弹1 460万枚、地雷1.7万枚、6公分迫击炮弹8万枚、12公分的迫击炮弹2.4万枚[2],在供应国防急需、抵抗日军侵略方面起了重要作用。此外,国民政府迁移还推动了后方地区工业、农业、商业、金融、交通、城市的大力开发,为抗战胜利提供了强大的物资支持。

最后,战时人口迁移还极大地促进了民众民族和国家意识的觉醒。中国近代意义上的民族和国家意识,是在半殖民地半封建的中国社会这一特殊历史条件下,在各族人民反抗外来侵略、争取民族独立的斗争中逐渐形成的。抗日战争则使这种民族国家意识得到空前的提高。日本帝国主义野蛮和残暴的侵略使中华民族面临亡国灭种的危险,只有全民族团结抗战,中国才能得以生存和发展。为激发全民族抗日救亡的自觉性,国共两党和社会各界都进行了积极的努力。可以这么说,抗日战争"对中华民族和中国人民来说,既是一次最大规模的救亡,又是一次最广泛最深刻的民族民主启蒙"[3]。在这场救亡和启蒙运动中,迁移人口发挥了积极的作用。迁居后方的政府机关、文艺团体、青年学生、新闻工作者及其他爱国人士还开展了各种形式的民众动员活动。他们或通过政府的基层组织做垂直动员,或深入民间直接进行社会动员。各种团体游行、街头演剧、义演义卖、捐物献金、下乡宣传、火线慰问等活动如火如荼、层出不穷,使国统区民众的觉悟有了很大的提高,改变了一些民众落后的家族中心观,极大地增强了后方国统区民众的民族自尊心、自信心和自豪感,提高了他们的政治

---

1 翁文灏:《经济部的战时工业建设》,《资源委员会公报》第1期,1941年7月,第93页。
2 章伯锋、庄建平主编:《抗日战争》第五卷经济,第458—459页。
3 李侃:《抗日战争与知识分子》,《抗日战争研究》1993年第1期,第6页。

觉悟和挽救祖国、民族命运的历史责任感,从而壮大了抗日救亡的队伍。抗日战争之所以能成为全民族广泛动员的人民战争,与民众民族国家意识的觉醒息息相关。

## 二 人口迁移与大后方的经济开发

人口迁移,特别是国民政府、工商金融界的迁移,对大后方国统区的经济开发,尤其是工、农、商、金融、交通运输等各业的发展起到了重要的作用。

### (一) 工业方面

抗战前的西南、西北地区是中国工业最落后的地区,现代工业几乎为零。1936 年时,符合工厂法登记之工厂(30 人以上或使用电力)仅 504 家,工厂数量、资本额、工人数仅占全国工业的 6.1%[1],"较具规模之民营厂家,在四川仅有电力厂 1,水泥厂 1,面粉厂 5,纸厂 1,机器厂 2;陕西有纱厂 1,面粉厂 2;贵州有纸厂 1"[2]。战时工厂及其职员的迁移,不但给西部弱小的工业注入了新的活力,而且通过自身的扩展和示范作用,带动了新企业的建立。加之随国民政府迁移,大批人口涌向西部地区。战争的消耗与群众的生活均需大批军工民用物资,而战时沿海港口被封锁,国外商品输入受阻,这为西部地区工业的发展提供了客观的需要和广阔的市场,使西部的工厂数量迅速增加。至 1942 年,西部的工厂总数达到 3 188 家,资本额由 1 500 多万元增到 2.9 亿元,增长了 19 倍[3],从而奠定了西部地区现代工业发展的基础。

工业界的迁移使大后方的产业结构得到了提升。战前西部地区的工业只有少量的纺织、面粉和日用化工,其他工业非常薄弱,"抗战以后,情形为之转变,政府力求树立重工业之规模,故协助之迁建之厂

---

1 章伯锋、庄建平主编:《抗日战争》第五卷经济,第 230 页。
2 经济部统计处编印:《后方工业概况统计》,载章伯锋、庄建平主编:《抗日战争》第五卷经济,第 253 页。
3 孙健:《中国经济史・近代部分(1840~1949 年)》,中国人民大学出版社 1989 年版,第 634—635 页。

矿,即以军需及在国防上确有需要者,如机器、化学、冶炼、动力、材料、交通器材、医药等厂为主","使中国工业更易过去发展之畸形"[1]。据统计,经工矿调整处协助内迁的448家厂矿中,机械工业占40.4%,纺织工业占21.7%,化学工业占12.5%,教育用品工业占8.2%,电器制造工业占6.5%,食品工业占4.9%,矿业占1.8%,钢铁工业占0.2%,其他工业占3.8%[2]。又据1943年3月对四川省1326家厂矿的分类,其中机械210家,纺织207家,酸盐29家,炼油47家,酿酒77家,制药29家,造纸25家,制革27家,皂烛53家,火柴48家,电气40家,电气制造34家,矿冶62家,五金47家,化工41家,印刷54家,文具21家,建材27家,陶瓷、玻璃44家,食品45家,烟草94家,其他100余家,所产物品达4780余种[3],门类比较齐全,填补了战前的一些空白。重工业的比重也得到了增加。以兵器工业内迁为例,战时迁入四川的兵工厂有13家,迁入云南的2家,迁入贵州的3家。其中"重庆市兵工系统拥有各种工作母机一万六千余部,职工二万六千余名,占全市产业职工总数的四分之一强"[4]。兵器工业将全国的精华部分都迁移到了西部,从而"根本改变了中国兵器工业自清末洋务运动以后所形成的布局,其重心从战前所在的东部沿海地区和中部地区转移到了西部地区,使西南地区,特别是四川重庆地区成为中国兵器工业的最重要的基地"[5]。

### (二) 农业方面

西迁人口,特别是农技人员在垦荒、推广优良品种、传播生产技术、兴修农田水利方面作出了卓越的贡献。

战前,西部地区农业生产比较落后,大量荒地没有开发。战时随着大批人口和难民的西迁,开垦荒地成为国民政府安置难民、发展农

---

1 经济部统计处编印:《后方工业概况统计》,载章伯锋、庄建平主编:《抗日战争》第五卷经济,第255页。
2 《厂矿拆建统计》,二档馆藏档,档号:三七五②-62。
3 《新华日报》1943年4月18日。
4 周勇主编:《重庆通史》第三卷近代史(下),第1010页。
5 黄立人、张有高:《抗日战争时期中国兵器工业内迁初论》,《历史档案》1991年第2期。

业生产的重要举措。据统计,至1942年7月底,"农林部直辖各垦区,共有垦民38 175人,垦地322 870亩,栽培作物188 750亩"[1]。至1943年底,陕西黄龙山垦区已有垦民55 375人,垦地307 016亩;陕西黎坪垦区有垦民5 014人,垦地46 636亩[2]。此外,其他垦区,如甘肃岷县垦区、河西永昌垦区、四川东西山屯垦实验区、西康西昌垦牧实验场、贵州六龙山屯垦实验区、云南思普沿边地带、蒙自草坝垦荒区等均吸引了大量的难民移垦。陕甘宁边区在中国共产党领导下,在移民垦荒方面也取得巨大成绩,至1945年全边区共安置移难民6.39万户、26.67万人,占当时边区总户数的20%,占人口数的16.7%[3]。据1943年2月统计,边区5年扩大耕地240万亩,其中200万亩是移难民开荒增加的。1943年增产细粮8万石,60%是移难民完成的[4]。

在西迁农技人员的努力下,农作物和优良品种得到推广。水稻方面,"中农4号""月湖籼""中农7号"等在川、桂推广,产量较一般农产品种增加14%[5]。双季稻在大后方开始出现,"双季稻每亩可增产200斤,在川南颇受农民欢迎,已开四川农业之新纪录"[6]。小麦方面,优良品种"中农166号"、"中农690号"、"中农62号"、"金太2095"、"定农1号"、金大西北系列、武功系列、西农系列的推广取得明显的成效,"如'中农166号',较农家种多产百分之十九至百分之六十三;'中农690号'多产百分之十九至百分之二十八;'中农62号'多产百分之二十至百分之四十二;均系早熟坚秆,且能抵抗条锈病、黑穗病"[7]。棉花方面,中央农业实验所在"西南各省宜棉区域试种推广,其中四川一省自豫西引种德字棉,结果良好,平均产量较土棉超出百分之三十五。同时普及陕西关中平原斯字棉之种类,生长优良,产量较当地土棉超出百

---

1 沈鸿烈:《全国之农业建设》,《中农月刊》第4卷第1期,1943年1月30日。
2 沈鸿烈:《一年来之我国农业建设》,《中农月刊》第5卷第1期,1944年4月30日。
3 李智勇:《陕甘宁边区政权形态与社会发展(1937—1945)》,中国社会科学出版社2001年版,第118页。
4 《大量移民》,《解放日报》1943年2月22日,社论。
5 翁文灏:《行政院工作报告》(节录),章伯锋、庄建平主编:《抗日战争》第五卷经济,第660—661页。
6 同上书,第658页。
7 同上书,第661页。

分之六十五"[1]。据1944年统计,仅陕、川、滇三省改良棉栽培面积,即扩充219万市亩[2]。油菜、烟草、甘蔗等方面的培育也取得较好成绩。

国民政府及西迁人员在兴修农田水利方面所起的作用主要表现在三个方面:一是国民政府在行政上给予积极的支持;二是各银行在贷款上予以便利;三是内迁专家与技术人员给予技术上的帮助。当时兴修的农田水利,属于灌溉性质者,为数最多,小型水利工程为建设的重点,它们包括:"(1)凿塘浚塘;(2)凿井淘井;(3)开挖或整理沟渠;(4)修建闸坝涵洞;(5)修建堤圩;(6)修治沟洫;(7)保持农田表土及各种防冲工程;(8)堵水蓄水工程;(9)放淤成田;(10)去碱或其他改善土壤工程;(11)涠地排水工程;(12)购置及建修汲水农具;(13)拦蓄潜流及泉源;(14)其他有关农田水利工程。"[3]其中以四川、陕西、甘肃成效最大。四川省仅四川盆地就凿堰130多处,完成塘陂500余处,受益田亩不下600万亩[4]。在陕西,对泾渭渠、渭惠渠、梅惠渠、黑惠渠、汉惠渠等12条灌溉渠道进行了整修,扩大灌溉面积242.1万亩。在甘肃,先后修建洮惠渠、湟惠渠、溥济渠,并自1943年起,由国民政府拨款,督导甘肃水利林牧公司负责办理河西永登至敦煌17县的农田水利,当年整修旧渠受益田亩1 002 240亩,翌年增加813 372亩[5]。云南、贵州、广西等省的农田水利建设也取得不俗的成绩,对西部地区农业生产的发展和抗灾能力的增强起到了积极的作用。

### (三) 商业方面

战前,西部地区的商业非常落后,商业资本少,规模小。重庆作为西南最大的商埠,1937年向市政府登记的商业企业仅1 007家,而资本在2 000元以上者,只有700余家[6]。西北地区,"除西安稍为繁荣

---

[1] 翁文灏:《行政院工作报告》(节录),章伯锋、庄建平主编:《抗日战争》第五卷经济,第659页。
[2] 同上。
[3] 成治田:《战时甘肃省小型农田水利概述》,《中农月刊》第5卷第9、10期合刊,1944年10月。
[4] 陈国生:《战时四川的农业改良与农村经济》,《抗日战争研究》1999年第4期。
[5] 章伯锋、庄建平主编:《抗日战争》第五卷经济,第665—666页。
[6] 《四川月报》第10卷第4期,1937年2月。转引自陆仰渊、方庆秋:《民国社会经济史》,中国经济出版社1991年版,第634页。

外,即使兰州等城市也无大的商业机构"[1]。抗战后,随着大规模人口的西迁、国民政府商业发展举措的实施,及商业的高额利润与社会资金的大量涌入等,使西部地区的商业发生了很大的变化。

首先,商号店铺剧增,从商人口增加。譬如重庆,至1941年,商业字号已增至14 262家,1942年为25 920家[2],1941年,重庆从事商业的人口为106 083人,占重庆总人数的15.1%,至1945年底,从事商业的人数已达234 278人,占总人口的18.8%[3]。又如甘肃,1943年全省已有商店25 000余家,店员约有10万人。其中岷县有商店2 177家,店员6 500人;兰州有商店2 095家,店员约13 000人[4]。

其次,行业日益增多,商业资本不断扩大。如重庆,1937年经政府批准成立的工商业同业公会14个,1937年增至39个,1943年增至116个,1945年4月达123个,扣除40个工业公会,抗战末期重庆商业行会已达120个[5]。行业主要有花纱布、丝绸、呢绒、煤炭、粮食、食油、盐、糖、中西药、蔬菜水果、木材、五金电料、纸、图书教育用品、山货、煤油、百货、餐旅及其他行业,资本总额已达10 227.25万元[6]。还出现了许多资本额在百万元以上的大型商业企业,如棉花业上百万资本的企业就有7家。另据1941年统计,仅四川、西康、广西、云南、贵州5省就有商会316个、同业公会2 506个,其中四川一省就有商会131个、同业公会1 640个[7]。

最后,企业公司出现,市场行为近代化。战时许多城市的商业改变了过去以零售为主、个体经营为主的方式,出现了一批拥有一定资本的合资公司。如合川的商号在战前"纯系旧式经营",直到抗战后因经营业务的扩大及盈余颇多,"多改为公司组织,经营方法,

---

[1] 陆仰渊、方庆秋:《民国社会经济史》,第634页。
[2] 重庆市档案馆载:卷号103,转引自周勇主编:《重庆通史》第三卷近代史(下),第1115页。
[3] 隗瀛涛主编:《近代长江上游城乡关系研究》,天地出版社2003年版,第154页。
[4] 陈鸿胪:《论甘肃的贸易》,《甘肃贸易》第4期,1943年。
[5] 四川省地方志编纂委员会编纂:《四川省志·商业志》,四川科学技术出版社1996年版,第39页。
[6] 周勇:《重庆通史》第三卷近代史(下),第1117页。
[7] 周显理:《抗战时期西南之商业概论》,转引自陆仰渊、方庆秋:《民国社会经济史》,第635页。

自与旧时有异"[1]。据统计,1939年至1941年,重庆、四川、云南、贵州、广西、西康6省市经经济部核准开业的公司达90家,资本6812万元[2]。许多商业企业的市场行为日益转向近代化,设立董事会,改用经理聘任制,实行两权分立,经理对董事会负责,有权处理管理中的重大事务等。如抗战时期重庆磁器口的生产合作社大多采用此种形式[3]。

### (四)金融方面

战前,我国金融机构大都集中于沿海地区,西部地区为数甚少。战时银行界的西迁与西部金融网的构建一定程度上改变了这种不平衡状况,形成了战时新的金融中心。至1942年底,西部地区739个县市中,已设有银行之总分支行处1138所,分布于374个县市中[4]。1945年,西部地区已拥有各类银行1887家,其中中央及特许银行402家,省县地方银行693家,商业银行792家(见表4-22)。其中四川(除重庆)有各类金融机构851家,约占全国总数的四分之一,重庆拥有157家,而同期上海仅43家。

表4-22　1945年西南西北地区银行分布　　　单位:家

| | 总计 | | | 中央及特许银行 | | | 省县地方银行 | | | 商业银行 | | |
|---|---|---|---|---|---|---|---|---|---|---|---|---|
| | 共计 | 总行 | 分支行处 | 小计 | 总行 | 分支行处 | 小计 | 总行 | 分支行处 | 小计 | 总行 | 分支行处 |
| 四川 | 851 | 201 | 650 | 136 | / | 136 | 311 | 106 | 205 | 404 | 95 | 309 |
| 重庆市 | 157 | 67 | 90 | 32 | 4 | 28 | 17 | 2 | 15 | 108 | 61 | 47 |
| 西康 | 56 | 8 | 48 | 10 | / | 10 | 16 | 5 | 11 | 30 | 3 | 27 |
| 贵州 | 86 | 8 | 78 | 45 | / | 45 | 22 | 6 | 16 | 19 | 2 | 17 |
| 云南 | 129 | 14 | 115 | 37 | / | 37 | 15 | 6 | 9 | 77 | 8 | 69 |
| 广西 | 139 | 2 | 137 | 49 | / | 49 | 58 | 2 | 56 | 32 | / | 32 |
| 陕西 | 254 | 122 | 132 | 38 | / | 38 | 125 | 58 | 67 | 91 | 64 | 27 |

---

1 《合川县经济概况》,《四川经济季刊》第1卷第1期。
2 陆仲渊、方庆秋:《民国社会经济史》,第635页。
3 重庆市沙坪坝区地方志办公室编著:《古镇磁器口》,四川人民出版社2000年版,第124页。
4 中央银行经济研究处编印:《十年来中国金融史略》,第169页。

续表

|  | 总计 | | | 中央及特许银行 | | | 省县地方银行 | | | 商业银行 | | |
| --- | --- | --- | --- | --- | --- | --- | --- | --- | --- | --- | --- | --- |
|  | 共计 | 总行 | 分支行处 | 小计 | 总行 | 分支行处 | 小计 | 总行 | 分支行处 | 小计 | 总行 | 分支行处 |
| 甘肃 | 158 | 9 | 149 | 47 | / | 47 | 82 | 2 | 80 | 29 | 7 | 22 |
| 宁夏 | 6 | / | 6 | 4 | / | 4 | / | / | / | 2 | / | 2 |
| 青海 | 3 | / | 3 | 3 | / | 3 | / | / | / | / | / | / |
| 新疆 | 48 | 1 | 47 | 1 | / | 1 | 47 | 1 | 46 | / | / | / |
| 总计 | 1887 | 432 | 1455 | 402 | 4 | 398 | 693 | 188 | 505 | 792 | 240 | 552 |

资料来源：据财政部统计处编《中华民国战时财政金融统计》表18"战时全国银行总分支行处分布"中的数字整理，四川省档案馆藏档，档号：6-39-4。

自"从中中交农四行总处之迁渝，遂使银行业在川奠定根基。迄至沪港沦陷，重庆已成为全国唯一之金融中枢"[1]。原汇集于上海的各大银行中枢机构迁移至四川重庆，成为战时全国金融中心西移的最显著的标志。到1943年，中、中、交、农四行已与四川、云南、贵州、广西等省市的35个城市建立了稳定的贴放款关系。重庆地方商业银行也与四川、云南、湖南等省的15个城市建立了稳定的业务联系，形成了以重庆为中心，以国统区为活动范围的新的金融市场和金融网络[2]。

其他如交通、城市等方面在人口迁移的推动下，也都取得了重大的进展，从而有力地促进了大后方经济的开发。

## 三 人口迁移与西部地区的社会变迁

目前，学术界对抗战时期西部地区社会生活的变迁已展开初步的研究，徐杨、李云峰、刘俊凤、张成洁、莫宏伟、朱丹彤、徐晓旭、艾萍等发表了一些相关的成果[3]。笔者试图在参考他们研究成果的基础

---

[1] 四川省政府统计处：《四川省银行业分布之分析》，1943年9月，四川省档案馆藏档，档号：6，460，3。
[2] 周勇主编：《重庆通史》第三卷近代史（下），第1078—1079页。
[3] 徐杨：《试论抗战时期西南城市民众生活习俗的变迁》，《贵州师范大学学报》2004年第3期；李云峰、刘俊凤：《抗日时期西北地区社会生活的变迁》，《西北大学学报》2004年第5期；张成洁、莫宏伟：《论抗战时期高校内迁对西南地区观念近代化的影响》，《贵州文史丛刊》2002年第3期；朱丹彤、徐晓旭：《抗战时期国民政府迁都对重庆市民生活的影响》，《四川师范大学学报》2004年第3期；艾萍、王荣环：《抗战时期人口内迁与后方社会意识的变动》，《安庆师范学院学报》2004年第1期。

上,围绕社会生活、婚姻生活、妇女地位、民众意识等视角,对抗战时期人口西迁对西部地区社会的影响作进一步的分析。

## (一) 社会生活

### 1. 饮食方面

抗战期间,全国各地的名厨大批迁入西南各城市,广东的冠生园、大三元,苏州的陆稿荐,江浙的状元楼,湖北的四象村等外地人经营的餐馆纷纷开张,粤菜、湘菜、浙菜、京菜、苏菜、鲁菜等菜系相继进入,大大丰富了西南地区的饮食文化。在当时的贵阳,各种风味的餐馆鳞次栉比,滇菜的缘鹤村、粤菜的岭南楼、珠江酒家、南华酒家、广东酒家,川菜的豆花村、会仙楼,北菜的天津餐馆、北味村,黔味的中和天、天顺园等应有尽有。西餐馆、咖啡厅也大举进入西南,如重庆,西餐馆从抗战初期的 5 家增至 1943 年的 30 多家[1]。在成都,战时餐馆发展到 3 000 多家,平均 130 个人就有一家。粤菜馆"津上"和供应广式早茶早点的"冠生园",江浙风味的大可楼、四五六,北方菜馆"明湖春"等都是在这一时期开设的[2]。对外来风味乃至西式糕点、餐饮的喜爱,已成为战时西南几大城市饮食习惯的一个特色。如重庆沙坪坝地区食俗有较大变化。"早上吃干饭的人日少,代之以豆浆、油条、点心,学生早上吃稀饭,中晚两餐仍食大米饭,也有的吃面条的。场镇上除川菜馆外,还有江浙馆、广东馆、北方馆,饮食结构趋于多样化。"[3] 由于与不同地域民众生活在一起,西南部分地区的饮食习惯也发生了变化。以昆明为例,战前昆明人无论城乡每天只吃两餐,分别在上午 9 时和下午 4 时;抗战以后变成了每天三餐,这倒不是人均生活水平提高了,而多半只能说是生活习惯改变了[4]。

在西北地区,虽基本沿用原来的饮食习惯,但随着战时西北的开发和人口的迁入,传统的饮食结构和习惯也或多或少地发生了变化。

---

1 徐杨:《试论抗战时期西南城市民众生活习俗的变迁》,《贵州师范大学学报》2004 年第 3 期。
2 四川省地方志编纂委员会编:《四川省志·商业志》,四川科技出版社 1996 年版,第 374 页。
3 重庆市沙坪坝区志编纂委员会编纂:《重庆市沙坪坝区志》,四川人民出版社 1995 年版,第 855 页。
4 孙艳魁:《苦难的人流——抗战时期的难民》,第 314 页。

譬如,西餐也开始传入西北地区,在一些沿铁路新兴的城市和各省的省会城市,各种经营西式面包、糕点和饮料的食品店、糕点店与各式传统食品店一起丰富了人们的饮食。又如,随着战时人口的迁入,各路菜系在西北地区聚集并相互交融,当时的西安,京菜、川菜、粤菜、清真菜均相当有名。与此同时,具有各种地方特色的小吃店、小饭馆也纷纷兴起。越来越多的人开始习惯不在家中用餐,大饭店、酒楼、小饭店、工厂食堂成为不同职业和阶层的人们就餐的场所[1]。

2. 服饰方面

战前,西南地区的服饰比较简单,常见的是内穿短褂,外着右襟长衫,下为长裤,以蓝色、青色和灰色为主。如成都,"因交通不便,对于京沪流行之时装,鲜少接触。故男女服装,多以布为原料,男常着海昌蓝布或灰色布,女常着阴丹士林布,朴素之风亦自可尚"。战时,迁移人口带来新服饰装扮,美丽、方便的装束使当地民众纷纷效仿。在成都,"省外人士来蓉日众,西服旗袍时时翻新。成都人性固乐新异,男女服装遂日新月异,今昔相较,迥然不同。一般时髦仕女,亦有以电影时装资为楷模者,服装更不统一"[2]。据郭视崧回忆:战时成都华西坝集中了较多的内迁者,加上外省教会学校的风气开放,带动了华西坝大学生的服饰变化,带动了成都市经济条件较好的市民的服饰变化。其中最引人瞩目的自然是女大学生,只要有位女大学生哪天穿出一种新服,第二天就会在同学中出现复制品;再一天,市民中也必定有了。而且彼此争奇斗艳,几乎天天更新[3]。在昆明,"瓜皮小帽,现在普遍以毡帽来代替了,棉布鞋以皮鞋来代替了,女子和妇人因山野间的鲜花得来容易,故再也不用人工制造的花来装饰了"[4]。在西南其他城市也是如此,"男子穿长袍者渐少,留'东洋头',着淡灰色布料中山服者日众,冬季多穿皮西装,博士帽也随之流行。城镇妇女穿旗袍、戴戒指、金圈、玉镯,长袜皮鞋,短发戴帽,并饰口红、香脂、烫发。妇女

---

1 刘俊凤:《20世纪三四十年代西北地区社会生活方式的变迁》,西北大学2003年硕士学位论文。
2 周芷颖编:《新成都》,成都复兴书局1943年版,第144页。
3 转引自张丽萍、郭勇:《抗战时期成都华西坝的港澳学子》,《文史杂志》2004年第3期。
4 陈达:《现代中国人口》,第77页。

的袜子普遍是针织棉、纱丝袜,从中筒到长筒跳舞袜子。女工的鞋子从圆口提笼布鞋、绣花缎鞋到平底、中跟、高跟皮鞋。此外,各种时髦妆扮也不时出现在西南各城市的街头"[1]。

在西北地区,战前,"一般民众不分男女均为上袄下裤,袄分为对襟、偏襟、大襟,裤则多为长腰、宽裆,裤腿处或较窄或另以布带裹束,以取其保暖好、起蹲方便的实用效果……服饰的颜色以蓝、墨、白为主色,多由家庭土染而成"[2]。在人口迁移浪潮的推动下,西北地区的服饰也出现较大的改观,"中西合璧的新式服装——中山装,不仅成为公务人员的普遍穿着,更在中学生、知识青年中广为流行;女学生们则青睐于满族原来的服饰——旗袍,亦成为西北地区城市青年妇女的'时装'。在一般市民的穿戴中,工人服、两用衫、夹克衫也纷纷出现。除此外,对于传统服装,人们也在悄悄地吸收西式服装的特点进行改造"[3]。甚至一些少数民族中的上层人士和商人,也穿起了西装。少数民族的一些服饰习惯也得到改良。

3. 居住方面

与战前相比,战时西部地区在居住方面的变化,虽不及饮食与服饰的变化,但也出现了一些新的气象。一是兴建了一些西式楼房和新式住宅区。伴随国民政府的迁移,大批军政人员、文教、工商人士也随之而来。在陪都重庆及一些西部的主要城市都出现了一些新式的住宅。如重庆"五三""五四"大轰炸后,政府机关及市区人口疏散至歌乐山、青木关及北碚之间,并定此地区为迁建区。在此修建了少数国民政府及各部官员的高级住宅区,如嘉陵新村等。在昆明,对旧城进行了改造,"(街道)两旁的建筑相当的现代化,入夜霓虹灯照耀着,无线电收音机广播着各种音乐歌唱。这一切的声色以形成昆明为西南边疆的大都会,当无愧色"[4]。同时还兴建了篆塘新村、靖国新村、吴井新村等新型住宅区。在西北地区,"千百年来代代相传的平静、封闭、

---

[1] 徐杨:《试论抗战时期西南城市民众生活习俗的变迁》,《贵州师范大学学报》2004年第3期。
[2] 李云峰、刘俊凤:《抗日时期西北地区社会生活的变迁》,《西北大学学报》2004年第5期。
[3] 同上。
[4] 《到西南去·昆明的素描》,民众书店1939年版,第33页。转引自徐杨:《试论抗战时期西南城市民众生活习俗的变迁》,《贵州师范大学学报》2004年第3期。

分散、亲土而又落后的农村文明下的生活居住方式,却被火车的轰鸣、汽车的急驶以及纷沓而至的商行、银行、机关、学校、工厂企业所打破。新式的以钢筋、水泥为材料的建筑物在铁路所到之处渐渐竖起。在一些城市,逐渐出现了新居住区,其中多为官僚或资本家所居的新式洋房和豪宅"[1]。当然,这些西式楼房的新式住宅主要集中于城市,在广大的农村,传统的民居并无实质性的变化。

二是,伴随大批难民的迁入,各种临时房子、简易工棚随处可见。以重庆为例,各迁渝单位或租赁房屋或新建房棚,城市规模迅速膨胀。旧城区、新市区的旧有空地和化龙桥、土湾、沙坪坝、小龙坝、海棠溪、龙门浩、玄土云庙、弹子石及江北老城、溉澜溪、陈家馆、香国寺、猫儿石一带,各种简易房屋、厂房、工棚拔地而起[2]。重庆磁器口,在20世纪三四十年代,房屋建筑除旧式木壁砖墙屋、旧式普通木架屋、新式别墅、棚户、船户外,抗战中临时房屋,"以结构论,有下列数种:(1)捆绑竹木架,屋顶为茅草或单层瓦顶;(2)木架竹篾墙,多采用近代小住宅式,为较优之铺房及住宅所通用者;(3)砖柱土墙,多仿钢筋混凝土之结构装潢;(4)钢筋混凝土架,为数最少;(5)阁楼,在木架屋之上或下,再架新屋,横枕竖梁,捆绑排列"[3]。这些简易房子的出现与难民的迁移有着密切的关系。

### (二) 婚姻生活

中国的传统婚姻向来讲究"父母之命,媒妁之言""门当户对""嫁鸡随鸡,嫁狗随狗"等,"三从四德"严重束缚着妇女的命运。"五四"运动提倡妇女解放,反对包办婚姻,争取恋爱自由,给东部沿海地区带来新的气象,但在闭塞的西部地区却未能激起大的涟漪。抗战时期的人口迁移,给西部地区的妇女提供了新的机遇,"新式学校内迁及外来人口的涌入,带来了开放的现代文化风气,大量宣传婚姻自由的书籍报刊被介绍到西南,教授也在大学讲台上引导学生为反对包办婚姻而

---

[1] 李云峰、刘俊凤:《抗日时期西北地区社会生活的变迁》,《西北大学学报》2004年第5期。
[2] 周勇主编:《重庆通史》第三卷近代史(下),第876页。
[3] 重庆市沙坪坝区地方志办公室编著:《古镇磁器口》,第103—105页。

抗争,校园内男女同学自由广泛地自然交往,已成为普遍性的常事。这种新气象、新观念给西南人极大的震荡"[1]。西部地区的婚姻观和婚姻行为发生了明显的变化。

1. 婚姻圈的扩大

由于交通的闭塞和经济的不发达,战前西部地区民众间的交往及通婚半径是非常有限的,婚姻圈也经常是稳定的。战时大规模的人口西迁,增加了人们接触的机会,新思想、新观念的传播也有利于打破传统观念的束缚,从而使西部地区民众通婚的范围大大拓展。在西迁人口中,以男青年居多,不但迁移人口互相通婚极为普遍,与迁入地女性结婚也占有相当大的比例。正像美国作家白修德、贾安娜在《中国的惊雷》一书中所写的:"北平籍的男孩子与四川籍的女孩子结婚了,上海家庭里的女儿嫁给了广东人。"[2] 在云南,自滇缅公路开放,数以千计的公家及私家大卡车从事运输及做出入口生意,汽车司机"大约有65%是和云南女子结婚的,而大多数属于初婚。在这些家庭中,从妻子方面很容易见出本地的社会风气"[3]。

其他类似情况尚有很多,"于是本地居民与移民间接触渐多,感情渐洽,不知不觉间渐渐互通婚姻,使我国东部与西部人民间,血统上发生融合的现象,此乃大移民必然的结果"[4]。通婚圈的扩大,不但有利于血统的改进,对提高人口素质也是十分有益的。

2. 婚恋自主性的提高

战前,西部地区女性的地位低下,无自主婚恋可言,全凭"父母之命,媒妁之言"。战后,一方面由于西迁的单身者远离故乡,在战争环境下,很大程度上摆脱了家庭对其婚恋的干涉,自由恋爱占有很大的比例;另一方面,西迁的女性,尤其是知识女性对迁入地的婚恋观的转变起了很大的作用。如广西,当地"平素束缚已惯的妇女,看见疏散而

---

[1] 张成洁、莫宏伟:《论抗战时期高校内迁对西南地区观念近代化的影响》,《贵州文史丛刊》2002年第3期。
[2] [美]白修德、贾安娜:《中国的惊雷》,第18页。
[3] 陈达:《现代中国人口》,第97页。
[4] 孙本文:《现代中国社会问题》第二册,第264页。

来的妇女生活,也慢慢觉得男女原应该自由平等的"[1]。在当时西部的主要报刊都刊有相似的结婚启示:我俩情投意合,经双方家长同意,兹定于某月某日在某地结婚。因抗战期间,免除一切仪式[2]。追求婚恋自主反映了妇女追求个人幸福、要求成为自身命运主宰的意识的觉醒。

婚姻自主还表现在解除婚姻的自由度增加上。传统中国极为重视婚约,离婚往往受到民风的谴责,为人所不齿。因此离婚案的出现和上升,意味着人们突破传统婚姻束缚的勇气和追求自由婚姻的意识的增强。战时,西部地区随着婚恋自由度的提高,离婚率也有所上升。据统计,1939年昆明市受理的离婚案仅8件,至1944年上升至541件[3]。1934年,广西各地法院填报的31县共受理离婚案件746件,到1941年上升为1 033件[4]。另据朱丹彤对《大公报》自1939年至1945年刊登的离婚启事的统计,1937年重庆离婚案只有17起,至1943年、1944年,分别达到265起和244起[5]。离婚的原因中除妇女没有生育、虐待、遗弃、重婚等外,意见不合、反对包办婚姻占有主要比例。在战时的西南,"妇女婚姻不幸可以请求离婚,已成为多数人的共识。西南人民开始意识到,包办婚姻造就了女性的不幸"[6]。在西北地区,受外迁人口的影响下,也出现了要求解除包办婚姻、追求自由婚姻的现象,如民风淳朴的同官县,"近来教育发达,女权渐伸,离婚案件已开端倪"[7]。离婚率的上升是衡量战时西部地区婚姻自主权的一个重要标志。

3. 婚姻习俗与形式的变革

战时人口迁移对西部地区的婚姻习俗与形式也起到了改良的作用。如重庆沙坪坝地区,战前"大多数人,尤其是农村,嫁娶几乎全沿

---

[1] 《乡村演剧零感》,《广西日报》1945年7月14日。
[2] 艾萍、王荣环:《抗战时期人口内迁与后方社会意识的变动》,《安庆师范学院学报》2004年第1期。
[3] 孙艳魁:《苦难的人流——抗战时期的难民》,第320页。
[4] 广西省政府统计处编:《广西年鉴》(第三回)(下),1948年,第1456页。
[5] 转引自朱丹彤:《抗战时期重庆的婚姻问题初探》,《西南师范大学学报》2004年第5期。
[6] 张成洁、莫宏伟:《论抗战时期高校内迁对西南地区观念近代化的影响》,《贵州文史丛刊》2002年第3期。
[7] 《同官县志》,1944年铅印本。

旧习"。抗战开始,"下江人(当时,重庆人对外省人的通称)大量涌进沙坪坝地区,风气发生很大变化,农村中的包办婚姻逐渐减少,婚礼也化繁为简,只保留了'六礼'中的纳吉(即订婚,民间叫'插香')和亲迎(即结婚,民间叫'做酒')两项。在城镇,大多是自由恋爱,文明结婚。婚礼分为订婚和结婚两步"[1]。

一些年轻人放弃了传统的结婚仪式,采用新式婚礼、集体婚礼形式。如成都市新生活集团结婚办法规定:"第一条,本市为推行新运提倡俭约起见,举办集团结婚;第二条,本市市民举行结婚,须申请参加集团结婚典礼;第三条,本市集团结婚典礼,每年于春夏秋冬四季,各举行一次,由市长证婚;第四条,参加者每对应缴法币五十元……"[2] 重庆、贵阳等地的集团婚礼也渐渐增多。据不完全统计,从1937年到1940年,重庆举行过三届集团结婚,有62对新人参加;从1941年到1943年,贵阳共举办四届集团结婚,共35对新人参加。参加的人数虽有限,但它毕竟说明新的婚礼习俗在西南地区被人们所采用[3]。集团婚礼隆重而简单,礼节无非是鸣炮、奏乐、唱国歌、鞠躬、致辞等,不但可节约婚礼开支,而且大大增加喜庆的场面,受到新派男女的欢迎。

### (三) 妇女地位

中国的妇女运动虽发轫于辛亥革命以前,但至抗战前,因数千年来社会传统旧习俗积重难返,妇女运动实际的成就仍较小。直至抗战发生,"由于战争洪流的激荡,不独妇女本身有了深刻的惊觉,就是有朝野人士,对于妇女的责任与能力,也有了一番新的认识与估量,中国的妇女运动才真正走上了建设的道路,中国妇女运动的历史,也从而步上一个新的时期"[4]。战时大批人口,尤其是高校师生的西迁,推动了西部地区文化教育的开展,民众的视野得以开阔,社会风气日趋开化,妇女地位得到较大程度的提高。

---

1 重庆市沙坪坝区志编纂委员会编:《重庆市沙坪坝区志》,第853页。
2 周芷颖编:《新成都》,1943年,第100页。
3 徐杨:《试论抗战时期西南城市民众生活习俗的变迁》,《贵州师范大学学报》2004年第3期。
4 陈庭珍编:《抗战以来妇女问题言论集》,青年出版社1945年版,第1页。

1. 妇女政治参与意识的增强

在内迁文化人士的主持或推动下,西部地区一批宣传妇女解放、主张男女平等、婚恋自由的书籍相继问世。8年中出版的妇女刊物就有《妇女共鸣》《妇女生活》《妇女文化》(战时特刊)、《妇女新运》《妇女工作》《中国妇女》《妇运月刊》《妇女新运通讯》《广西妇女》《中国女青年》《时代妇女》《妇女之路》《云南妇女》《中国妇女》《新疆妇女》《妇女工作》《家庭妇女》《妇女园地》《现代妇女》《妇女合作运动》《职业妇女》《妇女与儿童》等。出版的有关妇女问题及工作的著作有《战时妇女动员问题》《宪法实施与妇女》《民族解放战争与妇女》《战时的妇女工作》《大时代的妇女》《妇女运动的理论与实践》《现代妇女问题丛书》《怎样动员妇女》《民族抗战与妇女的任务》《战地妇女工作》《新妇女生活讲座》《唯物恋爱观》《女权论辩》《婚姻问题通讯集》等[1]。这些书刊对启迪民智、转变西部地区的女性观念起了至关重要的作用。

战时大批内迁人员和学生,深入街头巷尾、工厂农村,进行各种形式的宣传与动员,争取妇女的自由与解放。加之,一批受过高等教育的现代女性涌入西部,"她们观念开放,衣着现代,言谈举止文明,使长期受旧礼教束缚的西南妇女,看到了一个崭新而异样的世界,感受到文化上的强烈反差,耳濡目染,于是也要求平等,倡导教育,追求社会参与……掀起了一场妇女解放的潮流"[2]。一些封建的观念与陋习,如"三纲五常""女子无才便是德""大门不出,二门不迈"得到不同程度的改变。许多妇女开始认识到自身的地位与价值,增强了时代的使命感,从而将自身与祖国的命运、社会的命运联系在一起,积极投身于抗战的洪流之中,开展抗日救亡的宣传,政治参与意识大大增强。

2. 女子受教育机会的增加与识字率的提高

大批内迁学校都吸收了当地女子入学,各类女子学校也相继兴起,内迁学校的社会教育如女童识字班、妇女补习班、扫盲教育班如火

---

1 参见林琼:《八年来妇女文化出版工作总结》,现代妇女社编印:《现代妇女》第3卷第6期,1945年12月。
2 张成洁、莫宏伟:《论抗战时期高校内迁对西南地区观念近代化的影响》,《贵州文史丛刊》2002年第3期。

如荼,女子入学读书在西部地区的重要城市成为普遍现象,部分偏远山区也习以为常,从而使战时女子受教育程度得到明显提高。如贵州省,战前仅有私立大学 1 所、专科学校 1 所、高级中学 5 所,战后"迁入或设立者如雨后春笋,文化提高实有俾助。本省识字人口据廿八年统计有 939 309 人,内男子识字者 820 030 人,女子识字者 119 279 人"[1]。另据张成洁等人的研究,贵阳市,1937 年识字妇女为 4 962 人,占妇女人数的 7% 左右,至 1942 年底,已增至 20 716 人,识字率达 24.6%,同战前相较,提高了三倍。其中接受初中教育的妇女达 5 195 人,占妇女总数的 6.2%,接受高中教育的为 2 207 人,占妇女人数的 2.6%,接受专科以上教育的为 419 人,占妇女人数的 0.8%。昆明市妇女,1937 年识字人数为 12 831 人,识字率为 24%,而 1944 年则增至 38 528 人,识字率达 90%,其中接受初中教育者为 27 552 人,占妇女人数的 60% 以上,接受中学教育者达 7 142 人,占妇女数的 17%,接受高等教育者 180 人,占妇女人数的 4%。四川女子受教育程度高于滇、黔两省,1946 年,四川受中等教育者为 248 017 人,其中女生 70 447 人,超过三分之一[2]。

3. 走出家庭,参与社会工作的女子增多

自抗战开始,"全国妇女已是很英勇地和男子站在同一立场上担任着艰苦的工作,不论在前方后方,不论在保育、慰劳、救济、募捐、看护、医疗、教育等工作中,以及在工业、农业各种生产部门方面,妇女们都表现出相当的成绩"[3]。在西部地区,受内迁职业女性的示范影响,许多妇女开始走出家庭,走向社会。据统计,1945 年,重庆市从事农业的妇女有 38 522 人,占妇女人数的 7.7%,从事商业者为 87 809 人,占 17.6%,从事交通业者为 7 644 人,占 1.5%,从事公务业者为 35 001 人,占 7.0%[4]。1944 年初,昆明市从事农业的妇女为 655 人,

---

[1] 《新贵州概况》,贵阳中央日报 1944 年初版,第 60 页。
[2] 张成洁、莫宏伟:《论抗战时期高校内迁对西南地区观念近代化的影响》,《贵州文史丛刊》2002 年第 3 期。
[3] 重庆市档案馆整理:《中国妇运之回顾与瞻望》(1940 年),《档案史料与研究》2002 年第 1 期。
[4] 张成洁、莫宏伟:《论抗战时期高校内迁对西南地区观念近代化的影响》,《贵州文史丛刊》2002 年第 3 期。

占妇女人数的1.8%，从事工业者6 296人，占17%，从事商业者4 858人，占13%，从事交通运输者3 129人，占9%，从事公务业者2 698人，占7%。无业妇女仅占9%左右[1]。

在西北地区，不少妇女也开始摆脱对家庭的依赖，投身到各项社会工作中。西北作为羊毛之乡，"过去手工编织物也都是男人的事"，战后，妇女加入进来，"她们从最落后的环境里，走到工业的最前线"[2]。"甘肃的广大妇女，也正在向这条路上发展。工合每年度的百万条军毯运动，三分之二以上的工作是靠着成千妇女的手脚来完成的，无论老幼都愿意来参加纺毛工作，比较艰苦的弹毛的一部分，也有女工参加，她们并经常和男工举行着工作竞赛。""假若说小脚娘脏而懒，应该怪过去没有人好好领导，这优异的成绩，已充分表现了她们的能力。"[3]

甚至一些繁重的工作，如修筑铁路、公路等，也由妇女来承担。如，"湘桂铁路的筑成，是五万以上湘西南农妇的殊勋。甘川公路是中国妇女的新光辉，她们已将甘肃省内最艰难的一部分，就是横贯岷山木塞岭的一段完工了。全程计一千四百华里，岷山前线，三、四里的崇山峻岭，过去许多勘测的工程师，都感觉很棘手，但是岷山县的妇女，毫不疑惧地将它开凿并且已克服了困难而告竣工了"[4]。滇缅公路和西北通往苏联的公路，即"战斗中国在海岸遭日本封锁后积极开辟的两条对外交通线——大部分是由女工完成的"[5]。妇女就业面的扩大，意味着妇女一定程度上摆脱了家庭的依附关系，提高了自身的社会地位，"这既有利于女性自身主体地位的觉醒，也有利于社会重新认识女性权利及价值，从而导致更深层次的女性观念的现代化"[6]。

---

1 云南省档案馆：《云南档案资料丛编·近代云南人口资料》，1987年版，第118页。转引自张成洁、莫宏伟：《论抗战时期高校内迁对西南地区观念近代化的影响》，《贵州文史丛刊》2002年第3期。
2 浦熙修：《开发西北声中之西北的妇女》，《现代妇女》第1卷第3期，1943年。
3 同上。
4 梁占梅编著：《中国妇女奋斗史话》，建中出版社1943年版，第118页。
5 宋庆龄：《中国妇女为自由而战》，载陈庭珍编：《抗战以来妇女问题言论集》，第7页。
6 张成洁、莫宏伟：《论抗战时期高校内迁对西南地区观念近代化的影响》，《贵州文史丛刊》2002年第3期。

### (四) 民众意识

战时的人口迁移对西部地区地域观念的淡化、民智民风的开启产生了积极的影响。

#### 1. 地域观念的淡化

战前,西部地区因幅员广阔,民众多安土而重迁,"平时除极少数经商游宦求学作工等人外,其余大都不出乡关,与外省人接触既少,地域观念自必甚深。无论在工商教育政治等各方面,可以发现'此疆彼界'的限制极严"。战时大规模的人口西迁,使得来自不同省份的人口与西部民众有了广泛的接触机会,"一则安土重迁的人民,不远数千里跋涉而遍历风土人情大不相同的各城市乡村;一则从未出乡的居民,得见来自各地风土人情大不相同的人民,而与之发生各方面的接触,如此交互影响,不仅可以增加双方人民的见闻交际,而且可以渐渐破除历来根底甚深的地域观念"[1]。

譬如,从前四川人称呼外省人为下江人或脚底下人,与人谈话,多以"老子"自称。抗战开始后,大量外省人入川,其经济力量雄厚,文化也较发达,他们将苏、浙、沪一带的主流文化传递至四川,使得重庆市民受外来影响,渐染渐深,无论饮食、娱乐、商业、市容、建筑、交通、习俗、观念、行为习惯等,无不渐趋于"下江化"。从社会底层激起对外部现代因素的向往与认同,这也成为当时整个大后方的一大特色[2]。正如张恨水在《重庆旅感录》中所写的:"自去年十月起,脚底下人与脚底下货,充溢重庆市上。市招飘展,不书南京,即书上海。而小步五支衢头,南北方言,溢洋盈耳。客主之势既移,上下江之别,殆亦维持不易矣。"[3]

此外,人口迁移也促进了不同地域语言的相互交流与融合,它不但使内迁人口的语言受到当地方言的影响,而且更使当地方言受到外来语言的冲击。如在云南,一部分流亡来滇的西南联大学生来到荒僻的路南县尾则地区开展社会工作,到后来,这里的"好些夷胞儿童都

---

[1] 孙本文:《现代中国社会问题》第二册,第263—264页。
[2] 朱丹彤、徐晓旭:《抗战时期国民政府迁都重庆对市民生活的影响》,《四川师范大学学报》2004年第3期。
[3] 《重庆旅感录》,曾智中、尤德彦编:《张恨水说重庆》,四川文艺出版社2001年版,第45页。

会讲汉话了"[1]。不同地域语言的交流,在一定程度上消除了民众间交往的障碍,冲击了西部地区的方言体系,从而也起到淡化地域观念的作用。

2. 民智民风的开启

人口迁移对西部地区的民智民风也产生了一定程度的影响。如"黔省文化水准,较东南各省为低,抗战后文物西迁,渐臻发达"[2]。黔北在贵州虽属较好的地区,但在20世纪40年代仍非常封闭,对现代科技知识很少触及。浙大师生的到来,"使当地父老百姓有大开眼界、耳目一新之感。况且浙大有工、农、文、理、师范诸多学科,对社会生活的诸多方面都发生影响,甚至产生某种轰动效应"[3]。当时,遵义百姓尚不知"电""引擎"为何物,浙大工学院便特地在遵义展出飞机残骸和电话、电灯、发电机等,并现场表演电焊及土木工程方面的拉力、压力等实验,起到了启发民智、普及现代科技常识的作用。浙大严谨刻苦的学风在当地产生深刻的影响,"遵义青年以往常以经商、做小职员、当兵为前途,自此也发生重大变化,读书的风气浓厚,大学生和中学生的人数有了很大增加"[4]。遵义居民"原有一些不良习俗,烟民较多,身体孱弱",竺可桢校长曾亲自组织学生为贫苦烟民戒毒募集经费而义演。学校还与地方政府合办一所戒烟处,免费为穷人戒烟,"使地方卫生院顺利推行戒烟令,对移风易俗、戒绝恶习起到良好的作用"[5]。

广西不少地方因交通闭塞,与外界缺乏交流,地方观念根深蒂固,土客冲突层出不穷,战时大批人口的迁入,使外地民众与本地居民有了广泛的接触,文化得以交流,观念也得到较大的改变,"相互从疑惧对抗到了解融合,本地居民逐渐打破了乡土观念壁垒,放弃了顽固的地方观念"[6]。西部一些封闭落后的地区,战前思想观念比较保守,随着人口的迁入,特别是一些高校的迁入,落后的观念也发生了转变。

---

[1] 孙艳魁:《苦难的人流——抗战时期的难民》,第315页。
[2] 《新贵州概况》,第60页。
[3] 贵州省遵义地区地方志编纂委员会:《浙江大学在遵义》,浙江大学出版社1990年版,第37页。
[4] 同上书,第38页。
[5] 同上书,第41页。
[6] 艾萍、王荣环:《抗战时期人口内迁与后方社会意识的变动》,《安庆师范学院学报》2004年第1期。

如国立剧专迁到江安时,江安还是一个弥漫着封建思想的落后小城,学生读书历来是男女分校,看到剧专的男女学生同学习、同歌舞、同上街,夏天还同江游泳,江安人始有微词,天长日久即见惯不惊了[1]。

人口迁移还使西部地区的一些陈规陋俗得以革新。正如近代社会学家孙本文指出的那样,东部各省人民移入西部,使东西两部风俗得接触的机会,"不仅使一般人民知道全国风俗的不同,而且因相互观摩,而得接触和改良的利益。加诸,抗战期间,生活上一切因陋就简,可以省却平时的许多繁文缛节。我国社会上不少风俗礼仪或可因此而得合理化与简单化的机会"[2]。如重庆的浴室,在战前"每家浴室均有家庭间,携眷同浴,固属正当。召妓戏谑,亦非所忌"[3]。战时受东部民众思想的影响,重庆居民认为此举有碍风化,不合礼数。1939年3月,重庆警察局发布公告,取缔男女同浴的风俗[4]。又如,交谊的礼仪,重庆沙坪坝地区战前"农村中仍行拱手礼,磁器口等商业发达的场镇受外来风气影响,逐渐代之以鞠躬礼","亲族往来,同辈相互行拱手礼;幼辈见尊长则幼辈先作揖或行鞠躬礼,尊长颔首还礼。远出或远归,幼辈向尊长行跪拜礼或三鞠躬礼"。抗战期间,大量人口迁入沙坪坝地区,"人际交流频繁,握手成了最时兴的社交礼仪","跪拜、作揖、拱手在农村的部分人中还保留着,在城镇几乎全部废弃。鞠躬礼也大大减少"[5]。可见,人口迁移对移旧俗、倡新风起到了积极的作用。

## 四 人口迁移的负面影响

### (一)民众负担加重

国民政府西迁后,为解决前后方部队军粮及迁入人口、西部民众的生计问题,对税收体制和征税数量进行过多次调整。田赋在1941年以前为地方税,课征货币。1941年4月,国民政府决议将各省田赋

---

[1] 肖能芳:《国立戏剧专科学校在江安》,《抗战时期内迁西南的高等学校》,第350页。
[2] 孙本文:《现代中国社会问题》第二册,第261页。
[3] 《重庆旅感录》,曾智中、尤德彦编:《张恨水说重庆》,第46页。
[4] 思红:《重庆生活片断》,《旅行杂志》1940年第14期。
[5] 重庆市沙坪坝区志编纂委员会编:《重庆市沙坪坝区志》,第854页。

暂归中央接管，依据战时需要及各地生产交通状况，将田赋之一部分或全部以实物征收。田赋征实用行政权力集中大批粮食，以供军需民用，对于维护后方稳定、保证抗战胜利，具有重要的意义。但田赋征实也同时加重了农民的负担。1941年度，四川省田赋预征额为6 000 000石，征起数为6 880 328石，征起数占预征数的114%；贵州省预征额为747 900石，征起数为997 782石，占133%；云南省预征额为900 000石，征起数为1 283 287石，占142%；广西省预征额为1 571 744石，征起数为1 391 554石，占88%；西康省预征额为299 116石，征起数为240 295石，占80%；陕西省预征额1 000 000石，征起额为995 401石，占99%；甘肃省预征额872 401石，征起额为614 273石，占70%；宁夏省预征额为317 000石，征起额为317 141石，占100%；青海省预征额为719 710石，征起额为67 055石，占93%[1]。此后，大多省份田赋征实、征购、征借的数额都有增加。1942年，四川、贵州、云南、广西、西康、陕西、甘肃、宁夏、青海诸省共征田赋32 296 247石，折合法币3 229 624 700元；1943年，上述各省再加上新疆，共征田赋31 775 998石，折合法币6 252 594 900元；1944年，共征田赋34 338 683石，折合法币6 640 885 530元[2]。虽然田赋表面上是由土地所有者缴纳，但地主一般都通过提高地租率把增加的田赋转移到农民身上，征实后"重庆附近的地租从主产品收获量的十分之五增加到十分之六，渠河流域地租有的已达到收获量的七成，川西一带有超过七成以上的，原来负担地租比较轻的土地多被地主任意撤换租佃权。在人多地少的情形下，佃农对于无论怎样苛刻的条件也只能忍受"[3]。加之，征收人员的营私舞弊，如擅加配额、昌斗浮收、暗改斗秤、借题敲诈等，使"危害人民增加其负担外，在催收方面，如粮丁们的勒索敲诈，亦尽其苛扰之能事，重累于中小粮民"[4]。

---

1 《各省市田赋征实数额》(民国30年度)，财政部统计处编：《中华民国战时财政金融统计》，四川省档案馆藏档，档号：6,39/4。
2 据财政部编《中华民国战时财政金融统计》中《战时各省市田赋征实、征购、征借及折合法币数额》整理计算。
3 转引自钟思远：《抗日战争时期国民政府的财政收入与物价》，《天府新论》1998年第6期。
4 章伯锋、庄建平主编：《抗日战争》第五卷经济，第705页。

此外，由于政府各种摊派日益加重，各地遂巧立名目，肆意加征捐税，如乡镇公粮、米津捐、积谷捐、优待义丁谷、巡逻队费、自卫队费、军服费、冬防费等，更加重了民众的负担。1939 年，国民参政会川康建设视察团在报告书中披露，"保长派款，每年必有五、六次乃至八、九次，不分贫富，按户摊派，佃户与苦力，无一幸免，实在苦不胜言"[1]。另据调查，1942 年四川华阳、资中、灌县、广汉、眉山等 18 县的地方摊派，除名称和内容相同者外，共 240 种，若综合并存摊派总数达 616 种，包括抗战建国者 61 种，官公事业者 26 种，乡保事业者 107 种，社会团体活动者 13 种，巧立名目者 23 种[2]。陕西省冯尚文在 1943 年 6 月 24 日给国民政府财政部的代电中也提到，"捐税奇重，除正式海关税、直接税、间接税等不计外，尚有军事征用费、国防工业费以及军费，如晋陕军运车骡派款，西安近郊征购费，新兵征集所经费，核心工事工料赔偿费，节约储蓄款，晋陕军运车骡差价及杂费，同盟胜利公债等，种种摊派约数十种之多"[3]。

因战时政府机构、人口的大量迁入，当地民众的负担骤然加重，举债借粮成为不少民众的生活常态。

据国民政府《农林部二十九年度工作报告》，1940 年西部各省农村粮食借贷情况如下表：

表 4-23 1940 年西部各省农村粮食借贷调查表

| 省 名 | 借粮农家% | 借粮方法% | | | 借粮还粮利率% | | 借粮还钱利率% |
|---|---|---|---|---|---|---|---|
| | | 信用 | 保证 | 抵押 | 三个月 | 六个月 | 六个月 |
| 宁夏 | 51 | | | 100 | 35 | 62 | 58 |
| 青海 | 48 | 25 | 45 | 30 | 19 | 31 | 59 |
| 甘肃 | 39 | 15 | 29 | 56 | 27 | 44 | 52 |
| 陕西 | 33 | 15 | 44 | 41 | 26 | 46 | 52 |
| 四川 | 30 | 19 | 34 | 47 | 25 | 40 | 47 |

---

1 《国民参政会川康建设视察团报告书》(1939 年 8 月)，转引自金德群：《抗战时期国民党的土地政策》，《民国档案》1988 年第 4 期。
2 《四川的地方摊派》，《四川经济季刊》1944 年第 2 期。
3 二档馆藏国民政府财政部档案，转引自周岚：《抗战期间国民政府赋税政策述略》，《民国档案》1991 年第 1 期。

续 表

| 省 名 | 借粮农家% | 借粮方法% | | 借粮还粮利率% | | 借粮还钱利率% |
|---|---|---|---|---|---|---|
| | | 信用 | 保证 | 抵押 | 三个月 | 六个月 | 六个月 |
| 云南 | 43 | 20 | 50 | 30 | 20 | 43 | 56 |
| 贵州 | 35 | 5 | 21 | 74 | 27 | 40 | 49 |
| 广西 | 39 | 41 | 33 | 26 | 33 | 48 | 47 |

资料来源:《农林部二十九年度工作报告》(1940年)中表一"民国二十九年各省农村金融调查"(乙.粮食借贷)。

从表中可看到,西部各省借粮农家均在30%以上,宁夏则高达51%;借粮方法以青苗作抵押较为普遍。如借粮三个月,还粮时需加利,低者为19%,高者为35%;借粮六个月,还粮时需加利,低者为31%,高者达62%。

另据1944年7月调查,四川璧山附郭四乡261家农户中,负债者即达129家,约占50%,平均每户负债9 353元[1]。借贷利率也颇高,乐山县1938年农民借贷利率为二分八厘,1939年增至三分一厘,1940年、1941年达三分八厘,"其以谷物缴纳利息者,谷价愈高,则债务人吃亏愈甚,无力偿还,拖成呆账者,亦所在多有。"[2]国民参政会川康建设视察团在报告书中也提到:"各县债息之高,至足惊人,普遍者为三四分,最高者存有五日加二之息(即五日为一场,每场收取息金二分)。"[3]

(二) 物价飞涨

抗战时期,特别是1942年以后,西部地区物价扶摇直上,近乎达到疯狂的程度。如重庆,以1937年上半年主要商品物价指数为基数100,至1945年已高达156 195,物价上涨了1 560倍[4]。桂林,同样以1937年上半年的平均物价为基数100,至1943年物价指数已涨至

---

[1] 转引自毛磊、项晨光:《抗战时期西南农村经济的矛盾发展》,《档案史料与研究》1998年第1期。
[2] 中国农民银行四川省农村经济调查委员会:《乐山县农村经济调查初步报告》,《中农月刊》第3卷第1期,1942年1月30日。
[3] 《国民参政会川康建设视察团报告书》(1939年8月),转引自金德群:《抗战时期国民党的土地政策》,《民国档案》1988年第4期。
[4] 张公权:《中国通货膨胀史(1937—1949)》,文史资料出版社1986年版,第242页。

12 075.64,1944年更达42 083[1]。其他城市,如成都、康定、西安、兰州、昆明、贵阳等也涨势惊人,1945年的物价指数与1937年相比,少则上涨800多倍,多则上涨2 000多倍[2]。

一些关系国计民生的物价,如粮价也步步上涨,以重庆、成都、兰州、西安为例,若以1931年上半年平均粮价指数为100,则1937年平均粮价指数分别为94.7、99.2、119.5、110.2;1940年已分别涨至535.6、424.6、391.4、504.0;1942年9月更分别达2 789.2、5 255.8、3 624.9和7 061.2[3]。造成物价上涨的原因是多方面的,如通货膨胀、商品供不应求、囤积居奇、战争破坏等,但人口骤增,对日常必需品的需求激增,无疑也是一个重要的因素。

物价的上涨给大后方民众的生活水平以重大的影响,"物价上涨影响所及,致使民不聊生,困苦颠连,卖儿鬻女者亦时有所闻。就一般靠工资生活者而论,以微薄之薪水,怎受得住这样高涨的物价?其困苦之状,实非言语所能形容!"[4]教师、职员等工薪阶层首当其冲,因他们的薪俸在一个阶段相对固定,不能像物价一样快速上涨,使他们的生活质量明显下降。1943年6月23日《云南日报》发表的社论《提高教授的待遇》内称:"以昆明物价为例,一般生活费指数达到200左右,而教授们最高薪津米贴总额不过2 000元,折合薪津指数为4至6[皆以(民国)26年7月为基期]。就实际开支而言,教授们多有眷属,平均每家4口,伙食费用至少须2 000元,其他房租、衣着、零用、子女教育费,都无着落,若遇疾病,只好听天摆布。大学教师中除教授外,尚有讲师、教员、助教等,名位较低,收入较教授更少,如亦有家庭负担,苦痛更甚。"所以"常可见到教授们出入旧书摊、拍卖行,或在公米店、公盐店前鹄候终日"[5]。至于出卖劳动力为生的工人阶层,虽然他们的工资一般以米价为标准,随工人生活费指数的变动按其比例进行

---

1 广西省政府统计处编:《广西年鉴》第三回(下),1948年版,第729—730页。
2 章伯锋、庄建平主编:《抗日战争》第五卷经济,第756页。
3 《1937年至1942年9月各地零售物价及粮价指数比较表(一)》,载章伯锋、庄建平主编:《抗日战争》第五卷经济,第757页。
4 李行健:《抗战时期昆明的物价》,载章伯锋、庄建平主编:《抗日战争》第五卷经济,第795页。
5 转引自章伯锋、庄建平主编:《抗日战争》第五卷经济,第807页。

调整，"但迄抗战胜利时止，各地工人工资之增加，始终较生活费指数之增加为少，且恒处于被动地位"[1]。以重庆、成都、自贡、内江、乐山、万县、西安、兰州、昆明等城市工人生活费指数与实际收入指数的比较为例，可见一斑（见下表）。

表4-24 抗战期间后方各县市工人生活费指数、实际收入指数及真实工资指数

| 城市区 | 1943年 | | | 1944年 | | | 1945年 | | |
| --- | --- | --- | --- | --- | --- | --- | --- | --- | --- |
| | 生活费指数 | 实际收入指数 | 真实工资指数 | 生活费指数 | 实际收入指数 | 真实工资指数 | 生活费指数 | 实际收入指数 | 真实工资指数 |
| 重庆 | 197.5 | 181.0 | 91.6 | 671.6 | 615.3 | 91.6 | 2 470.2 | 2 070.2 | 83.8 |
| 成都 | | | | 955.4 | 601.9 | 63.7 | 2 633.6 | 2 063.7 | 77.3 |
| 自贡 | 223.4 | 180.5 | 80.8 | 820.1 | 738.5 | 90.0 | 2 443.6 | 1 901.2 | 79.8 |
| 内江 | 228.9 | 179.4 | 78.4 | 815.4 | 674.0 | 83.7 | 2 614.8 | 2 163.1 | 80.4 |
| 乐山 | 251.7 | 146.3 | 58.1 | 972.8 | 638.8 | 65.7 | 2 677.7 | 2 400.0 | 83.7 |
| 万县 | 259.6 | 207.5 | 79.9 | 887.8 | 637.0 | 95.2 | 2 687.4 | 2 892.3 | 108.7 |
| 西安 | 287.4 | 166.6 | 49.6 | 574.4 | 305.0 | 55.5 | 2 307.9 | 1 416.6 | 64.8 |
| 兰州 | 203.5 | 218.9 | 107.6 | 511.5 | 540.1 | 105.6 | 2 253.5 | 2 387.5 | 103.9 |
| 昆明 | 232.7 | 197.1 | 84.7 | 720.3 | 562.3 | 78.8 | 4 320.3 | 3 218.0 | 42.4 |

说　明：本表资料根据社会统计处编印之工人生活费指数月报及工资指数月报，载章伯锋、庄建平主编：《抗日战争》第五卷经济，第787页。

重庆市1943年的工人生活费指数为197.5，而工资指数仅为181.0；1944年，生活费指数为671.6，工资指数为615.3；1945年生活费指数为2 470.2，工资指数仅为2 070.2。成都，1944年生活费指数为955.4，而工资指数为601.9；1945年生活费指数为2 633.6，而工资指数为2 063.7。西安，1943年工人生活费指数为287.4，而工资指数仅为166.6；1944年生活费指数为574.4，工资指数仅为305.0；1945年生活费指数为2 307.9，工资指数仅为1 416.6。其他城市除兰州外，自贡、内江、乐山、万县、昆明等地工人工资的增加，都跟不上生活费用的增加。

---

1 汪龙：《抗战前后中国工人工资与生活费用》，《社会工作通讯月刊》第4卷第8期，1947年8月15日。

## (三) 日常生活的艰辛

战时西部地区的大中城市人口激增,使得一些生活必需品,如水、电的用量猛增,各地的市政建设虽有很大的发展,但仍无法跟上人口增加的需要,从而给民众的生活带来严重的影响。以重庆为例,重庆城市供水系统在20世纪30年代才开始形成,此前,重庆"负山为城,崖石层叠,凿井不易,低下处间有泉水,率臭秽不堪。全市饮水概系取之临江各城门外河边,渣滓秽水萃汇于兹,水质淤浊,汲运不便"[1]。1932年自来水厂建成,至抗战爆发前夕,日供水量达4 000吨,能够满足部分民众用水需要。抗战时期,随着人口的大规模迁入,用水量猛增,重庆自来水公司虽建立了高压水塔,使磁器口、沙坪坝一带能享用自来水,但"沙磁区地广人多,自来水仍不敷使用"[2],民众用水深为不便,对此张恨水先生在《山城回忆录》中有一记载,足可反映市民用水之困难:

> 战前,渝市仅四十万人口,机器水逾额供应,初不虑匮乏。及二十七年,一跃而达百万人,水乃不敷饮用。加之爆炸频仍,电力时断,水量则差缺益多。渝又为山城,下江汲水,负担而上,登坡数百级,市民之需机器水益急。
> 
> 且除大机关与工厂,无自设水管者。故百万市民,均仰给于机器水之供应站。站例设长管二,置龙头十余,以二三人董其事。需水者各雇水夫,鸡鸣而起,排班置扁杖木桶于站外,依次而进。进时,置桶与扁杖之两端,以桶就饮龙头下,一盈,更以另一桶承之。两桶俱盈,尚未移步,而其后之候缺者,已蹴踵而上矣。七八年来,渝市机器水站前之担桶拥挤,始终如一,别山城二年,未知已改观否也?
> 
> 更有一事,足以证重庆双水荒。凡街头水管,偶有破漏,管旁水坑,方圆不盈天,而附近居民,则提壶携勺,如蝇趋蚁附,争取一掬之水。虽间或泥土掺杂,清流变色,而取之者不顾。却此一端,

---

[1] 《九年来之重庆市政》第3辑第1章。
[2] 重庆市沙坪坝地区地方志办公室编:《抗战时期的陪都——沙磁文化区》,科学技术文献出版社重庆分社1989年版,第163页。

抗战司令台畔之八年生活,亦大有可念者矣。[1]

用电紧张情形也是如此。抗战期间,重庆用电主要靠重庆电力股份有限公司供应,其最大供应量为 11 000 千瓦,而市区所需电量最低限度为 17 000 千瓦。所以拉闸限电、分区限电成为家常便饭。如 1941 年为缓和供需矛盾,采取了分区轮流停电办法,"整个市区划分为:① 菜园坝至储奇门、陕西街至千厮门一带;② 张家花园至中一路、七星岗、回水沟、民主路、民权路一带;③ 董家溪至江北城、曾家岩一带;④ 虎头岩至土湾磁器口、杨公桥一带等四路,实行轮流停电"。[2] 民众生活极为不便。

至于住的方面,虽然战时在西部地区修建了一批新型的住宅,但同时肮脏简陋的捆绑式临时房屋也充斥各地,"这样的房子一般可支撑两三年,多则不过六七年",但即便这样的房屋仍供不应求,如在重庆,对内迁人口来说,如没有熟人介绍,也很难租到。"好个重庆城,山高路不平;捆绑房屋多,悬得吓死人,住房真难寻。"[3] 这首民谣真实地反映了抗战时期重庆房屋简陋和房源紧张的情形。

### (四) 疾病流行

抗战时期,西部地区霍乱横行,四川、云南、贵州、广西等地均发生过严重的疫情。造成霍乱流行的原因是多方面的,但人口的流动和迁移加速了疫情的蔓延和扩大。

以四川省为例,1939 年 5 月,重庆地区的难民中发生霍乱,随着人口的迁移,霍乱很快蔓延开来。6 月传至自贡。7 月传至成都、郫县、德阳、崇庆以及川北一带。8 月经乐山、洪雅传至雅安等西康地区。流行区域计巫山、奉节、万县、彭水、秀山、梁山、垫江、宣汉、涪陵、綦江、巴县、江北、合川、武胜、璧山、合江、大邑、安岳、泸县、新都、什邡、新津、大足、眉山、夹江、荣昌、高顺、内江等共 50 余县市。自贡疫

---

[1] 曾智中、尤德彦编:《张恨水说重庆》,第 9 页。
[2] 周勇主编:《重庆通史》第三卷近代史(下),第 1151 页。
[3] 苏智良等著:《去大后方——中国抗战内迁实录》,第 394 页。

情最为严重,"半边街、五星街、大坟堡、凉高山、抓抓井一带成片生病,死亡最多,棺木工匠及巫师道士日夜忙碌"。成都市霍乱也遍及全城,"根据警察局发出的'埋葬证',全市死于霍乱的共二千三百三十七人"[1]。1940年,川北疫情再度爆发,剑阁受害尤重,"初死二三百人,七至八月,死亡即达七千余人,疫区广达金仙场、罐儿铺、店子口、大环寺、埠垭、白龙场、开封场、仁和场、大兴场、武连镇、柳沟、江口、汉阳铺、剑门关、张王庙、江石垭、木马寺、元山场、王家河、马近寺、四方坝、普安镇、田家庙,纵横三百余里,约占全县面积三分之二"[2]。其他地区,如三台、蓬溪、昭化、阆中、盐亭、梓潼、广元等地随人口流动也发生了霍乱,"造成川北三万五千零二十人死亡,占流行总人口百分之五"[3]。1945年,四川爆发了战时全省最大的一次霍乱流行。6月初,由内江首发,迅速延及资中、泸县,又经富顺传至自贡,再由乐山向西康扩展。数日后,重庆发生霍乱,继而传遍江津、涪陵、璧山、合川等整个川东。6月24日,成都受染,四向蔓延至金堂、华阳、郫县,并沿川陕公路直上广元。疫区计达北碚、叙永、遂宁、巴县、内江、铜梁、泸县、重庆、乐山、资中、自贡、荣昌、长寿、江津、涪陵、璧山、成都、宜宾、合川、忠县、威远、南溪、彭山、岳池、奉节等93个县市[4]。

西部其他省市霍乱也时有发生,据车溢湘调查,"民国27年长江流域之流行霍乱,已蔓延至长沙贵阳","夏季更波及昆明"[5]。另据赈济委员会代委员长许世英报告,难民"在金城山、独山两处之麕集者,霍乱流行死亡率更大"[6]。可见,人口迁移无疑是疫情扩大的重要原因。

在迁移人口中大部分为平民,生活困难,长期的奔波劳累、风餐露

---

[1] 四川省志卫生志编辑组:《解放前四川疫情》,《四川文史资料选辑》第16辑,第176页。
[2] 同上书,第177页。
[3] 《四川省卫生处二十九年度工作报告》,转引自《解放前四川疫情》,《四川文史资料选辑》第16辑,第177页。
[4] 《四川省卫生统计总报告》,转引自《解放前四川疫情》,《四川文史资料选辑》第16辑,第177—178页。
[5] 车溢湘:《昆明市健康及卫生之调查》,李文海主编:《民国时期社会调查丛编(社会保障卷)》,福建教育出版社2004年版,第74页。
[6] 许世英:《振济委员会办理湘桂难民救济之经过》,转引自孙艳魁:《苦难的人流——抗战时期的难民》,第327页。

宿,加之生活、卫生条件得不到保障,大大削弱了对疾病的抵抗能力,从而为其他一些疾病如猩红热、伤寒、疟疾、沙眼、流行性感冒、脑膜炎等提供了温床。如昆明,1938年猩红热"曾有大规模之流行","患者多为外来者","工作人员中,如医师、护士及工人亦有被传染者,此外来探视病者既无严密之管理规则,一任其自出自入,是故颇易将细菌带至别处"[1]。疟疾,"外地来者甚易感染,此或因习惯上抵抗力较弱之故,全年四季均有之"。流行性感冒,"此种病一年中感染之者,实不可胜数,尤以外地来者因不习惯于昆明之气候关系,特别容易感染"[2]。

流亡西部的学生也常常受到疾病的侵扰。驻地校舍因欠清洁,卫生设备简陋,影响学生健康匪浅。以西南联大女生宿舍为例,"联大女宿舍,因人数太多,地方过小,每房最少有床位30余",因房间狭窄拥挤,很难清理屋角与床底,"故每届寒假或暑假大扫除之际,则必可得垃圾盈箱,衣箱内更有发现小鼠成群者。……故若遇有传染病发生时,实难免于传播也"。学校所用之水汲自水井,每逢春末水井旱时,用水常感不足,"除饮水较澄清外,使用之水黄浊不堪,沉淀物甚多","根据校医室工作报告中,学生患痢症之人数甚多,想饮水亦不无有关也"。在伙食方面,因物价高涨,"以每月14元之资,饭菜固然不佳,饭亦时感不足,学生中多不能饱食之,则更难谈及营养之问题矣"[3]。生病自然也就不可避免。

难民中疾病的流行反过来也影响到驻地民众的身体健康。据《广西省抗战损失调查统计》,1944年9月至1945年8月,广西共有497 364人死亡,其中染病死亡的人数达282 256,占总数的56%强,患病人数达1 281 936[4]。这些死亡或患病的民众,其中有相当部分就是受流行病影响的人。

---

[1] 车溢湘:《昆明市健康及卫生之调查》,李文海主编:《民国时期社会调查丛编(社会保障卷)》,第76页。
[2] 同上书,第77页。
[3] 同上书,第89页。
[4] 转引自艾萍:《抗战时期人口内迁与广西社会变迁》,广西师范大学2004年硕士学位论文。